사회학총서 11

꿈의 사회학

박명규 · 김홍중 · 구도완 · 구자혁 · 김학재 · 김혜경
박해남 · 배　영 · 신경아 · 이현송 · 주윤정 · 최종렬

다산출판사

기획의 글

박명규 · 김홍중

사회학은 21세기의 문명전환기를 맞이하여 다양하고 새로운 도전에 직면해 있다. 서유럽에 기원을 둔 근대문명의 제도, 장치, 이념, 문화 등이 근본적인 변화를 겪거나 위기에 빠져 재구성을 요하고 있으며, 테크놀로지의 급격한 발전이 가져온 일상적 삶의 혁신은 SF 소설에서나 볼 수 있던 상상들을 현실화시켰다. 온난화로 대표되는 기상변화가 파국적으로 진행되고 있고, 자본주의의 승리가 야기한 사회적 불평등의 문제, 세계화가 야기한 인종주의, 난민, 테러리즘, 폭력의 문제가 새로운 양상으로 전개되고 있다. 이 대전환은 특히 압축적인 방식으로 근대를 형성한 한국 사회의 경우에 더 극적이며 역동적인 모습을 띠고 나타난다. 2018년 현재 우리는 한반도 냉전질서의 격변과 더불어 이른바 4차 산업혁명이라 불리는 산업/경제의 구조변동, 그리고 사회 곳곳에서 분출하는 평등, 민주, 해방의 욕구와 같은 복합적 문화변동을 체험하고 있다.

우리가 이 저서에서 제시하고자 하는 '꿈의 사회학'은 이처럼 변화무쌍한 리얼리티를 탐구하기 위해서 사회학에 적극적으로 요구되는 실험과 성찰의 한 시도라 할 수 있다. 우리는 인간 행위자들이 상징적으로 생산한 미래(꿈)와 이를 추동하는 감정동학이라는 맥락에서 사회현실을 바라보기를 제안한다. 꿈은 단순한 백일몽이나 환상이 아니라, 사회적 행위자들의 욕망을 반영하고, 그것에 구체적인 상징을 부여하여 그들의 행위를 촉발하고, 거기에 방향을 제시하는 힘을 갖는 집합표상이다. 합리성과 제도성에 초점을 맞추어 온 20세기 사회학이 비교적 잔여범주로 처리해 왔던 이 꿈과 희망의 중요성은 사실상 20세기 후반 이래, 행위자들의 심적 역동이 사회적 현실에 미치는 영향을 새롭게 인지하기 시작한 여러 흐름들에 의해 주목받기 시작하였다. 그것은 사회적 현실의 탐구에 있어 '미래성(futurity)'이 차지하는 핵심적 위치의 재발견이라 할 수 있다. 꿈의 사회학은 인간 행위자들이 스스로의 미래를 적극적으로 창조하고, 그에 맞추어 현실을 만들어 간다는 관점을 채택한다. 행위자들은 사고하는 존재, 합리적 계산의 존재, 행동하는 존재이기 이전에, 꿈꾸는 존재, 창조적 행위능력을 갖고 있는 존재이다. 이들은 자신들의 고통, 불행, 문제, 열망, 상처, 기쁨을 바탕으로 미래를 구상한다. 미래는 저절로 도래하는 시간이 아니라 생산되는 의미구성체이며, 사회는 미래의 시간 지평이 제공하는 가능성과 한계의 내부에서 구조적으로 작동하며 변화해 간다. 우리가 목도하는 21세기란 과거의 어느 시기에 누군가가 꿈꾼 현실이 도래한 것과 다름이 없다. 사회학이 다루는 수많은 주제들은 이러한 '꿈의 시각'을 통해서 한 번 성찰되고 접근되어 해석될 필요가 있다.

이런 관점에서 이 저서는 크게 네 가지 주제를 집중적으로 다룬다. 제1부 '사회학에서의 꿈과 희망'에서는, 사회학의 꿈과 약속, 꿈의 사회학의 가능성을 이론적으로 점검한다. 제2부 '근대질서 속에서의 국가별 꿈'에서는 아메리칸 드림, 중국몽, 현대 일본의 꿈, 그리고 근대 한국인들의 꿈꾸는 방식들을 탐구한다. 제3부 '후기근대로의 사회변동과 꿈의 가능성'에서는 가족, 위험, 지구화의 맥락에서 각각 근대의 꿈과 다른 어떤 새로운 꿈의 양태가 한국 사회에 등장하고 있는지를 탐구한다. 마지막으로 제4부 '21세기로 열린 꿈/희망의 재구성'에서는 21세기의 꿈의 풍경이라 할 수 있는 지능정보사회, 생태민주주의, 그리고 한반도 평화의 문제를 꿈의 시각에서 다루어 본다. 우리의 이 시도가 한국사회학회가 발간하는 총서의 한 기획으로 묶여 나오게 된 것을 기쁘게 생각하며, 향후 이 주제를 좀 더 심화시키고 발전시키는 다양한 연구들이 산출되기를 기대한다.

차 례

제 1 부 사회학에서의 꿈과 희망

제 2 부 근대질서 속에서의 국가별 꿈

제 6 장 한국적 꿈꾸기의 역설 / 구자혁

제 3 부 후기근대로의 사회변동과 꿈의 가능성

제 4 부 21세기로 열린 꿈/희망의 재구성

제 1 부

사회학에서의 꿈과 희망

제 1 장 꿈, 희망, 그리고 사회학
제 2 장 꿈의 사회학 서설

제 1 장

꿈, 희망, 그리고 사회학

| 박명규(서울대 사회학과) |

1. 희망 약화의 시대

우리 시대 특징의 하나는 '희망'에 대한 확신이 감소하는 것이다. 장밋빛 미래상을 약속하는 슬로건이 없어서가 아니고 성공을 바라는 사회 구성원들의 노력이 없어서도 아니다. 고도성장 시대의 단선적 발전론이 더 이상 지속되기 어려워진 현실의 반영이다. 실제로 지난 수십 년간 익숙했던 생활수준의 전면적 개선, 세대 간 지위상승의 기대는 이제 점점 더 어려워졌다. 경쟁은 나날이 심해지고 이로 인한 피로감, 사회적 불평등, 직종 간 · 직위 간 격차는 오히려 커지고 있다. 희망의 약화는 이런 구조적 불일치와 밀접히 연관되는 사회역사적 현상이다.[1]

희망의 약화는 미래에 대한 디스토피아적 전망의 산물이기도 하다. 환경재앙은 더 이상 공상과학영화의 일이 아니라 우리의 공기와 식수, 토양과 직접 연결된 현안이 되었다. 위험사회의 징후들이 일상화하고 각종 재난과 위험이 삶의 곳곳에 출몰한다. 인공지능의 혁명적 발전이 인류를 거대한 매트릭스에 가두는 괴물이 될지 모른다는 불안한 묵시록도 문학과 영화의 소재로 자주 등장한다. 그런가 하면 개인을 보호해 주고 안전을 지켜줄 공동체의 힘은 점점 약화되고 있다. 가족은 오랜 영향력을 급속하게 잃어가고 있고 일생을 투자할 평생직장도 사라지고 있다. 지역사회가 공동체적 근린성을 잃어버린 지는 이미 오래고 국가나 민족이 개인의 미래를 책임지지도 못한다. 20세기 사회의 핵심적 제도 장치들이 액화되거나 느슨해지면서, 사회적 안전망에 의해 보호받지 못하는 존재들이 다량 배출되고 있는 것이다.[2]

---

1) 최근 한국 사회와 관련하여 출간된 책자들의 제목에 사용된 어휘들, 예컨대 단절사회, 피로사회, 격차사회, 계급사회 등은 이런 현실을 잘 드러낸다.

2) 바우만은 이렇게 말했다. "고체 근대의 핵심은 미래를 규정하고 조정하는 데 있지만, 액체 근대의 핵심은 미래를 담보하는 것을 기피합니다"(인디고 연구소, 2014: 188).

그래서인지 개인이나 집단이나 꿈을 이야기하는 목소리가 잘 들리지 않는다. 오히려 절망, 좌절, 비관, 탄식의 소리들이 더 크게 울린다. 꿈은 미래를 기대하고 투자하며 준비하는 열정이고 동기이며 비전이다. 부모는 아이에 앞서 그의 인생을 예상하면서 꿈을 가르치고 꿈의 실현을 고대한다. 기업은 보다 경쟁력 있고 탄탄한 미래의 회사를 꿈꾸면서 경쟁과 혁신을 경주한다. 분쟁상태의 지역이 평화를 갈망하고 분단된 민족이 통일을 바라며 분열된 사회가 통합된 질서를 기대하는 것도 집합적인 꿈꾸기의 하나다. 꿈은 개인의 일상을 추동하는 자산임과 동시에 한 시대 공동체를 활성화시키는 공공의 자산이다. 희망의 약화는 이런 꿈의 역동성을 잠식한다.

꿈의 중요성, 희망의 가능성, 전망의 공간을 종합적으로 모색하려는 지적 노력이 사회학의 전통 속에는 적지 않게 발견된다. 사회학의 창시자 콩트는 전인류의 진보와 연대를 위해 실증과학과 실증종교를 기획했고 뒤르켐은 공화주의와 연대주의에 기반해 종교가 사라진 시대 사회의 신성성을 재구축하려고 노력했다(코저, 2016). 콜린스(Randall Collins)는 의례와 상징적 삶의 사회학을 이상과 목표로 삼아 그 최대치를 설계하는 '꿈의 사회학'을 실제로 주창한 바 있고, 카이유와(Roger Caillois)나 바스티드(Roger Bastide)는 '각성의 세계뿐 아니라 몽상의 세계'도 의미 있는 사회학적 연구대상이 되어야 함을 강조한 바 있다(김홍중, 2016: 33). 바우만(Zygmunt Bauman) 전집을 편집한 야콥슨(Michael Jacobsen)은 그의 사회학을 요약하면서 "아직 발견되지 않았거나 미지의 영토로 남아 있는 새로운 지평을 열려 있는 가능성과 대안들로서 사람들에게 열어 보이는 것"이라 했다(야콥슨, 2014: 256). 미국의 대표적 사회학자의 한 명인 라이트(Erik Wright)는 자본주의의 한계를 넘어서는 대안들을 『리얼 유토피아』라는 책 속에 담았다. 권력 · 특권 · 불평등 구조가 낳는 문제점을 일시에 해소하는 것이 쉽지 않지만 '좋은 사회를 향한 열망'을 지켜가는 것이야말로 진정한 유토피아로의 길이 될 수 있다고 보는 것이다(라이트, 2012). 한국 사회에서도 사회학적 시각이 보다 나은 공동체를 만드는 데 긴요하다는 강한 기대가 오랫동안 공유되어 왔다. 이 연구는 사회학계 내에 지속되어 오던 이런 문제의식에 공감하면서 21세기 '꿈의 사회학'의 필요성과 가능성을 탐색하고자 하는 노력의 하나다.

2. 근대의 희망기획

돌이켜 보면 한국 사회는 물론이고 전 세계가 더 나은 미래, 더 많은 소유, 더 높은 지위를 향한 열망을 오랫동안 견지해 왔다. 출세, 진보, 발전, 근대화 등 익숙하던 목표설정 속에 개인의 꿈과 집단의 희망이 담겨 있었다. 정부는 이런 목표의 달성을 약속함으로써 권력의 정당성을 얻었다. 어느 국가, 어느 정부든지 더 많은 생산, 더 좋은 삶, 더 풍성한 기회창출을 목표로 내걸었다. 비서구사회가 이런 서구의 문명과 근대성을 열렬히 수용하고 추구했던 것도 그것이 자신들의 희망으로 받아들여졌기 때문이었다.

문명화 · 근대화에 대한 전 지구적 공감은 계몽적 지식이 가져온 성취에 기초한 것이었다. 자연과학 분야를 중심으로 인류가 발전시킨 기술적 진전과 생산의 역량, 제어능력 등은 실생활에 혁명적 변화를 초래했다. 방직기와 증기기관으로 표상되는 산업혁명은 인간의 생활세계에 획기적 진전을 가져다주었다. 자동차의 발명은 거리를 놀라울 정도로 단축시켰고 전기의 발명은 밤과 낮의 경계를 무너뜨렸다. 무기와 총포의 위력이 획기적으로 높아졌고 강대국은 더 많은 식민지를 경영할 수 있었다. 제3세계 약소국의 지식인들도 선진문명국의 힘을 부러워했고 결과적으로 반제국주의 투쟁조차 문명적 기획을 모방하는 역설을 드러내기도 했다. '아는 것이 힘이다' 라는 지식중심주의, 과학주의의 정신은 보편적 원리로 수용되어 교육은 발전을 위한 동력이 되었고 학력은 개인 출세의 사다리가 되었다. 근대의 두 주체, 즉 국가와 개인도 이 꿈에 근거하여 자신의 역할과 정체성을 구성했다. 신분적 차별과 인종적 배제를 넘어 모든 인간이 개별자로 독립하고 주권자로 인정받기 위해 농민들이, 여성과 아동들이, 식민지 인민과 소수 인종들이 싸우고 피를 흘렸다. 이 과정을 통해 낡은 봉건적 지배, 전통적 권력으로부터 벗어난 문명적인 국가만들기 프로젝트가 전 지구적으로 확산되었다. 동시에 개인의 주체성 · 자발성을 강조하는 자유주의 기획도 사회적 역동성을 확보했다. 당대에 이룰 수 없었던 꿈은 그 자녀세대에게 이어질 만큼 강렬한 꿈이자 희망이었다.[3]

이런 집합적 열정, 공동체의 꿈을 체계화한 유토피아의 청사진은 20세기에 들어와 두 개의 발전 이데올로기로 수렴되었다.[4] 자본주의 발전론은 자유주의와 시장경제를 바탕으로 물질적 풍요와 개인적 자유, 다양한 생활을 약속했다. 개인의 자유와 이익은 부르주아와 근대국가체제가 약속한 꿈이었고 희망이었다. 이 약속에 추동되어 유럽과 아시아, 아프리카의 낡은 체제가 무너졌다. 때론 시장쟁탈의 전쟁으로, 때론 제국주의의 모습으로, 때론 제3세계 발전론의 모습으로 그 형태를 달리했지만 자본주의적 자유주의의 이념은 근대의 전시기를 관통하며 지속되었다. 시장은 개인의 자유와 혁신을 가능케 해 줄 자율공간으로 사유재산과 능력에 따른 성공을 최대한 약속함으로써 강력한 역동성을 확보했다. 국가도, 기업도, 개인도 물질적 성취를 발전의 제1목표로 삼아 경제의 성장, 교육의 확대, 과학기술

---

3) 이런 점에서 발전주의, 성공주의, 근대주의는 사회과학적 논리의 핵심이었을 뿐 아니라 근대 역사학의 핵심 주제이기도 했다. 특히 제국주의 침탈과 식민지의 아픔을 겪은 한국의 경우 민족주의가 발전주의와 근대주의를 자신의 핵심논리로 수용하는 것이 일반적이었다. 신용하(1989) 참조.

4) 20세기의 탁월한 경제학자로 평가되는 슘페터는 『자본주의, 사회주의, 민주주의』를 비교하는 책을 서술하였고 윌리 톰슨은 자유주의, 보수주의, 공산주의, 파시즘을 『20세기 이데올로기』라는 책에서 다루었다. 이념과 체제의 양면에서 가장 지속적인 영향을 남긴 것으로 여기서는 자본주의와 공산주의의 두 이데올로기로 포괄한다.

의 진전을 꾀했다. 모든 국가가 발전할 수 있고 모든 개인이 더 나은 지위를 얻게 될 것이며 더 많은 자유와 풍요, 기회가 주어질 미래가 다가오리라는 전망은 자본주의와 자유주의 기획이 그린 꿈과 희망이었다.

또 다른 발전 이데올로기인 공산주의 이념은 이와는 전혀 다른 관점에 기초한다. 공산주의의 시각에 따르면 자본주의적 발전 모델은 약자, 소수자, 약소국의 희생을 초래하고 불평등을 제도화하는 승자 중심의 제도일 뿐이다. 대신 공산주의는 계획경제와 집산주의에 기초한 유토피아적 미래를 내걸었다. 자유주의자들이 중시하는 개인적 자유와 다양성 대신 평등의 가치, 생산노동자 중심, 협력적 정신의 숭고함을 체제의 꿈으로 내세웠다. 시장의 자율성은 국가의 계획기구로 대체되었고 기업가의 역할은 관료가 대신했다. 러시아 혁명의 성공과 소비에트 정부의 출현을 계기로 시장과 재산이 주도하지 않는 노동자, 농민의 국가가 실질적으로 가능함이 증명되었고 국가적 자원동원에 기초하여 빠른 성장효과를 보이기도 했다. 그 결과 한동안 피지배층과 후진국에서 자본주의 발전론과 대조되는 대안적 발전모델로 환영을 받기도 했다. 냉전의 시기는 실상 서로 다른 발전모델 간의 주도권 싸움이었다고 해도 과언이 아니다.

냉전이 지속되는 전 기간 두 발전 이데올로기는 상호 대립성과 유사성을 공유했다. 20세기 체제경쟁과정에서 공산주의는 자본주의의 물신성을 비판하고 시장제도가 초래하는 불평등사회의 문제점을 비판하는 데 큰 영향력을 지녔지만, 많은 경우 국가주의와 관료주의, 일인 숭배와 전체주의의 틀로 퇴화하고 말았다. 강력한 당 주도 국가 발전주의를 표방하고 더 신속한 개발과 풍요를 약속했지만 권위주의와 일당독재가 가져오는 부패와 비효율의 덫을 벗어나지 못했다. 그 결과 공산주의는 체제붕괴의 도미노 현상을 피하지 못하고 전 세계적으로 몰락하였고 전 세계는 오랜 이데올로기 대립 상태로부터 벗어나기에 이르렀다. 탈냉전 이후 세계화가 진전되면서 이데올로기의 소멸이 당연시되었고 자본주의와 자유주의로 일원화된

지구공동체가 도래하리라는 기대를 낳기도 했다.[5]

탈냉전 이후의 변화를 자본주의, 자유주의 기획의 성공으로 파악하는 입장에서는 새로운 시대는 시장의 효율성과 자유주의의 결합으로 보다 나은 미래가 열릴 것으로 평가되었다. 역사의 종언, 지구공동체, 다원주의적 발전의 가능성 등이 이런 차원에서 구상되었고 부분적으로 실현되기도 했다. 국경을 넘어 실시간으로 움직이는 국제자본과 기술, 그리고 세계화된 전문인력들을 바탕으로 한동안 신자유주의는 강력한 성장력을 보여주었다. 기업들은 전 세계의 다양한 곳으로 더 좋은 노동과 자원을 찾아 분산되었고 저개발의 족쇄에 메여 있던 빈곤국가의 일정부분이 개발의 과실을 나누어 가질 수도 있게 되었다. 비효율의 대명사와도 같았던 동구권이 새로운 자본주의 시장경제체제로 전환함으로써 보다 효율적이고 투명한 사회로 이행했다는 평가를 받기도 했고 유럽은 이런 자신감에 바탕을 두고 오랜 국민국가체제의 틀을 넘어서는 유럽연합의 실험을 본격화할 수 있었다. 세계뉴스가 국가별 뉴스보다 더 중시되는 상황도 나타났고 전 세계의 다원적 가치와 문명들 간에 상호 소통과 공존의 가능성도 전례 없이 높아졌다. 신자유주의가 가져다준 기회의 공간은 국민국가의 경계나 특정 문화권에 한정되지 않아서 글로벌한 활동의 가능성을 열어 주었고 유능한 비서구 사회의 개인들로 하여금 더 나은 개인적 성취를 맛보게 해 준 것도 사실이다. 한국의 한 기업가가 이 즈음에 출간했던 책의 제목, 『세계는 넓고 할 일은 많다』는 슬로건은 이런 관점에서 재구성된 희망기획을 잘 표현한 것이라 하겠다.

---

5) 프란시스 후쿠야마는 1989년에 "역사의 종언"이란 논문에서 사회주의는 자본주의에, 권위주의는 자유주의에 완전히 패퇴한 대전환이라 주장한 바 있다. 사회학자 카스텔은 이 시기의 전환을 이데올로기의 차원보다도 과학기술문명과 네트워크 사회의 진전에서 초래된 것으로 파악했다(카스텔, 2003).

3. 발전주의의 위기와 성공시대의 종언

21세기 희망의 전반적 약화는 사회적으로 발전의 위기가 뚜렷해지고 개인적으로 성공적 계층이동이 더 이상 불가능해진 시대상의 반영이다. 근대의 기획이 열렬히 수용되었던 두 개의 축, 다시 말해 국가의 발전과 개인의 성공이라는 미래전망이 모두 흐릿해지는 상황에서 불안과 불만, 당혹감과 좌절감이 커지는 것은 당연할지 모른다. 이런 현실은 역설적으로 새로운 희망을 찾으려는 기획은 근대주의 기획의 한계에 대한 냉정한 성찰로부터 시작되어야 함을 말해 준다. 근대화, 과학주의, 발전주의로 표상되었던 집합적 기획과 성공주의, 물질주의, 개인주의의 열망을 극대화시켰던 심리적 기제에 대한 총체적인 재점검이 요구되는 것이다.

1) 발전주의의 성찰

탈냉전 이후 신자유주의적 세계화가 발전주의의 동력을 더욱 강화시키리라는 기대는 얼마되지 않아 깨어졌다. 시장자본주의의 자기혁신능력과 경제적 지역통합의 진전이 국민국가 단위의 분할과 대결의 틀을 극복하게 하리라는 기대는 발칸반도의 전쟁과 9·11 테러, 문명 간 갈등과 충돌의 격화로 크게 약화되었다. 무엇보다도 신자유주의 세계질서가 평등과 자유, 인권과 생태 가치를 오히려 악화시키고 있다는 비판이 고조되었다. 세계금융자본은 고도의 정보력과 유동성을 앞세워 전 세계를 연결시키기에 이르렀지만 자유의 종합적 의미를 시장의 자유, 부자의 자유, 힘센 자의 자유로 치환함으로써 빈국, 낙오자, 소수자의 어려움을 가중시키는 결과를 초래했다는 비난도 심화되었다. '월가를 점령하라'는 거대한 시위대가 뉴욕의 금융가를 휘저은 것, 시애틀의 세계사회포럼에 모여든 시민운동 단체들이 자본주의의 위기를 지적한 것은 그런 흐름의 대표적 사례에 해당한다.

실제로 자유무역에 기초한 세계질서는 지역 간, 계층 간, 직종 간 불평등으로 몸살을 앓고 있고 미국과 중국의 패권경쟁에서 보듯 국가 간 갈등도 여전하다. 젊은층의 좌절과 불만은 전 세계적인 현상이 되어 더 이상 계층상승의 꿈을 갖지 못한 채 비정규노동의 불안정한 삶을 영위해야 하는 프레카리아트 계급이 확산되고 있다는 논의가 이어진다. 20세기 이데올로기 대립의 배경이 되었던 익숙한 현상들, 즉 사회적 불평등, 집단적 불만, 시장과 국가의 실패 등이 여전히 해결되지 않은 상태에서 불안과 갈등은 커지고 있다. 사회 전반의 희망 약화, 꿈의 소멸도 이런 환경과 밀접하게 연결되어 있는 현상이다. 더 이상 근대기획이 사회 구성원의 희망과 꿈의 기반이 될 수 없다는 점도 분명해지고 있는 것이다.[6]

위기의 근대기획을 성찰하는 작업은 발전주의 패러다임의 실질적 주체인 국민국가에 대한 재점검에서 시작되어야 한다. 국가의 힘으로 21세기 인간이 경험하는 좌절과 무기력, 불신과 절망의 덫을 벗어나기 어렵다는 점은 점점 상식이 되고 있다. 그럼에도 불구하고 국가의 위용은 여전히 변함이 없고 오히려 지구화의 위험부담을 기화로 국가주의가 더 강화되기도 한다. 세계 최대의 강대국인 미국이 '미국제일주의'를 부르짖고 그 뒤를 좇는 중국이 '중국몽'을 앞세워 부국강병책을 내놓고 추구하는 상황에서 국가 간 갈등과 대립은 더욱 커질 전망이다. 한동안 관심을 끌었던 국가 이외에 다양한 조직과 행위자들, 시민사회의 NGO와 그 역동성에 대한 기대도 국가주의의 강력한 힘 앞에서 여전히 주춤거리고 있는 것이 현실이다. 한마디로 우리의 상상력의 한계가 국가 중심적 발전론을 넘어서지 못하고 있다. 그럼에도 불구하고 문화와 정보, 기술과 상품은 이미 국경을 넘은 지 오래고 정보네트워크의 혁명적 변화가 전례 없는 초연결사회를 앞당기고 있다는 새로운 현실을 주목해야 한다. 공공성의 실현주체라는 국가의 정당

6) 월러스틴은 우리가 아는 세계가 근본적으로 변했다고 주장하면서 사회과학 패러다임 자체가 재구성되어야 한다고 강조한다(월러스틴, 2001).

성도 여러 분야에서 도전을 받고 있다. 연평균 성장률 7~8% 이상을 구가하던 저개발국 및 개발도상국의 국가 주도 발전주의 기획도 현재 소수의 예외적 국가를 제외하면 실현가능성이 매우 낮다. 전 지구적으로 저성장의 시대로 접어들 것이란 예측이 있는 수준을 넘어 인류적 과제로 '제로 성장'을 목표로 해야 한다는 주장이 확산되고 있는 점도 주목해야 한다. 이런 흐름을 가장 명확하게 표방하고 있는 주체의 하나가 유엔이다. 유엔은 일찍부터 근대주의, 발전주의가 인류공동체 차원에서는 지속가능하지 않으며 환경문제나 기후문제와 같은 심각한 위기로 이어질 것임을 지적해 왔다. 유엔은 1987년 개최된 환경 및 발전에 관한 세계위원회에서 '지속가능발전' 개념을 내세웠고 이후 지속가능성을 해치는 기존의 성장주의 발전전략을 대신할 포괄적인 대안모색에 진력해 왔다. 2015년 9월 제70차 유엔총회에서 지속가능한 발전을 위한 17개 항목의 행동계획이자 목표를 합의 채택하였다. SDGs로 불리는 이 항목들은 빈곤의 종식, 식량안보와 영양개선, 건강한 삶, 포용적이고 공평한 교육과 평생학습 기회, 성평등과 여성 및 아동역량 강화, 식수 및 위생시설의 접근성 확보, 적정가격의 에너지 보장, 생산적 고용과 양질의 일자리, 포용력 있는 산업화와 혁신, 국가간 불평등의 완화, 지속가능한 도시와 거주지, 지속가능한 소비와 생산양식, 기후변화에 대응, 대양과 해양자원의 보호, 생태계 보호와 생물다양성, 평화롭고 포용적인 사회와 신뢰제도, 글로벌 파트너십 등을 포괄하고 있다(박명규 · 이재열 편, 2018: 376-377). 이 목록들은 역설적으로 근대주의적 발전주의가 갖는 한계를 망라하여 보여주고 있다.

21세기의 급격한 과학기술 발전이 가져다주는 질적 전환 역시 발전주의의 한계를 심화시킨다. 나노, 빅데이터, 사물인터넷, 인공지능 등의 급진전은 이미 우리의 일상에 깊숙이 들어오고 있고 국가적 경계를 점점 허물고 있다. 아직도 기술혁명의 효과를 국가단위의 발전주의 맥락에서 논의하는 경향이 강하지만 디지털 혁명이 가져오는 초연결성이 국가와 문화 단위를 넘어서 새로운 활동공간과 상호 작용의 가능성을 열어 놓고 있는 것은 분명하다. 또한 노동의 정상성에 기초한 근대주의에도 근본적인 변화를 초래한다. 시장을 중시했던 아담 스미스와 노동가치를 강조한 칼 마르크스가 모두 당연시했던 일=노동 패러다임이 향후 근본적인 변화에 부딪칠 것은 분명해 보인다. 국제노동기구를 비롯한 세계기구들이 '미래의 일'을 현 시점에서 최대의 인류적 과제로 설정한 이유이기도 하다. 당연히 노동의 정상성에 기초하여 조직화된 사회질서와 제도들 역시 근본적으로 재구성되어야 할 상황이 도래할 것이다. 아렌트(Hannah Arendt)는 일찍이 『인간의 조건』에서 "자동화는 몇십 년 안에 공장을 텅 비게 만들 것이고 인간을 노동과 필연성에의 구속이라는 가장 자연적이고 오래된 속박으로부터 해방시킬 것"이라고 주장한 바 있는데 노동의 해방이라는 기술적 조건과 노동의 정상성이라는 제도적 관행이 어떻게 조합될 것인가는 매우 중요한 쟁점이다. 프레인(David Frayne)의 『일하지 않을 권리』는 이러한 일=노동 중심의 패러다임에 대한 가장 직접적인 비판이자 반론이라 할 수 있는데 그는 노동윤리에 대응하는 '쓸모의 윤리'를 강조하면서 사회 구성원은 다양한 방식으로 자신의 쓸모를 증명할 수 있다고 주장한다(프레인, 2017). 불안정고용, 비정규직, 임시직 등으로 불리는 일의 형태를 프레카리아트의 확산으로만 보는 것에 그치지 않고 전례 없이 새로운 삶의 가능성에 주목하는 것이 요청된다는 것이다. 비정규/비정상/주변부 노동에 대한 부정적 평가 위에 취업난과 불안정을 우려하는 차원을 넘어서 다양한 일에 대한 확대, 유연한 생활양식, 일과 노동과 놀이가 새로이 결합하는 미래를 꿈꾸는 것이 필요하다는 주장은 동의 여부와 무관하게 기존의 발전주의의 한계를 깊이 숙고하게 만든다.

이런 접근은 결국 행위자에 대한 새로운 이해를 요구한다. 다시 말해 세계화하고 초연결화하는 디지털 환경에서 행위자의 자율성, 독자성, 주체성을 어떻게 보장하고 실현할 것인가의 문제를 숙고하는 것이 희망찾기의 핵심적 과제가 된다. 다양한 주체들을 포용하면서 인권을 보장하는 법적 조치들에 관심이 커지는 것도 자칫 효율성 논리와 기술합리성 앞에서 부차화되기 쉬운 행위자의 중요성을 각인시키는 흐름이다. 소통과 대화를 강조한 하버마스(Jurgen Habermas)가 숙의민주주의, 개인주체의 다원성에 대한 강조, 공론장의 역동성을 강조한 것도 국가권력이 생활세계 전반을 식민화할 것을 우려하면서 자율의 공간을 확장하려는 노력이라 하겠다. 이런 맥락에서 고도의 기술주의와 소비주의가 인간을 소외시키고 사회를 단선화하는 점을 지적하면서 산업사회의 발전주의를 탐구했던 프랑크푸르트학파의 비판이론을 21세기에 다시 들여다보는 것은 유용하고 시의적절하다. 예컨대 프롬(Erich Fromm)은 소유 중심의 삶이 가져오는 위기와 문제를 존재 중심의 삶으로 바꾸기를 주장했고 마르쿠제(Herbert Marcuse)는 산업사회의 동질화, 1차원적 사회로의 이행을 비판적으로 점검하면서 역동적 주체의 존재공간을 확보하고자 노력했다(라이엔, 2000; 프롬, 2007). 현대사회를 위험사회로 규정한 벡(Ulrich Beck)의 논지 역시 기술문명의 한계를 지적하는 흐름과 밀접히 연결되어 있다(벡, 2014). 일부 사회학자들은 전례없는 시공간의 초월, 초연결적 네트워크, 고도의 유동화와 공유플랫폼의 확장 등을 통해 개인이 수행할 수 있는 활동의 폭과 깊이가 현저하게 달라지고 있음을 지적하고 있다.[7] 디지털 기술이 유토피아보다는 디스토피아로 이어질 것이라는 우려에도 귀를 기울일 필요가 있지만 그런 총체적 전망이나 정서적 반응보다는 초연결사회가 제공하는 새로운 기회와 한계, 가능성과 부작용을 종합적으로 고려하는 복합적 대응이 더욱 긴요하다.

7) 대표적으로 카스텔(Manuel Castells)의 네트워크 3부작을 들 수 있다. 어리(John Urry) 역시 새로운 사회학의 기본 화두로 '모빌리티'를 꼽았다(어리, 2014).

2) 희망함과 마음체제 : 신학과 사회학의 접점

희망의 문제는 행위자의 내면세계와 연결된다. 외부의 조건과 사회적 기회구조가 매우 중요한 것은 사실이지만 그런 환경을 평가하고 수용하면서 자신의 미래행동을 선택하고 조율하는 자아의 작동공간, 마음의 체제가 희망과 절망을 가르는 중요한 변수이기 때문이다. 내면의 자아나 성취동기, 그에 기반한 퍼스낼리티 체제 자체가 사회적으로 구성된 것이라는 사회학적 시각을 수용하지만 그것이 곧 내면세계가 외부적 변수에 종속된다는 환원주의를 지지하는 것은 아니다. 자아와 퍼스낼리티는 사회적으로 구성되지만 그 내면의 독자성이 또한 개성적인 환경과 사회상황을 창출하기도 한다.

근대사회는 물질적 풍요와 소비의 미덕을 상찬하고 경쟁사회에 적합한 인간형을 보편적 퍼스낼리티로 강조했다. 교육제도와 계층제도는 차별화된 지위, 성취지향적 동기를 수용하는 인간형을 장려해 왔고 문화와 예술, 종교의 영역까지도 이런 흐름을 뒷받침했다. 그 결과 성취동기가 약하거나 효율적 업무수행에 부적합한 사회적 약자나 아웃사이더들은 더더욱 도태되고 배제되는 상황을 낳았다. 강력한 성공에의 희구는 실패할 가능성에 대한 항상적 염려와 불안을 동반한다. 그 심한 스트레스가 더 짙은 좌절감으로 이어져 심리적 우울과 좌절을 더 강하게 겪는 역설이 나타나기도 한다. 과잉도시화의 여러 문제들, 예컨대 주택난, 일자리 부족, 만성적 피로와 비인간화가 일상화되어 버린 대도시의 삶에 힘겨워하면서도 많은 사람들이 여전히 탈도시화, 생태적 삶으로의 전환을 결단하지 못하는 이유도 도시생활의 편리성과 기술문명에의 친근함, 경쟁의 기회가 주는 역동성을 마음으로부터 받아들이기 때문이다. 한마디로 물질적 풍요, 경쟁에서의 승리, 더 높은 지위와 보상이라는 사회적 원리를 넘어서 희망과 꿈을 찾아낼 새로운 마음체제, 동기기제가 형성되지 않으면 현재의 좌절감도 좀처럼 해

소되기 어렵다고 할 것이다.[8)]

이런 점에서 희망의 사회학은 역설적이게도 사회적 조건을 넘어서 인간 내면의 동기, 의미영역에까지 가닿아야 할 것이 요구된다. 생태주의, 영성주의, 탈근대주의 등의 흐름들이 인간의 존재양식 그 자체에 대한 깊고 넓은 이해로 이어지는 이유이기도 하다. 17세에 참혹한 전장에 투입되었고 전쟁 포로로 3년간 수용소에서 생활하면서 비극적 현실 앞에 좌절했던 몰트만(Jurgen Moltmann)은 일생에 걸쳐 '희망'이란 화두를 붙들고 씨름했다. 아인슈타인을 따라 수학과 원자물리학을 전공하고자 했던 꿈을 접고 『희망의 역사』를 저술했던 마르크스주의 역사학자 블로흐(Marc Bloch)의 논지를 깊이 분석했다. 결국 인간의 문제를 다룸에 있어서 유물론이 갖는 한계가 결정적이라고 판단한 몰트만은 『희망의 신학』을 그 대안으로 내놓았다. 몰트만 역시 희망은 현재의 조건에 의해 결정되지 않으며 미래는 현재와 과거에 대하여 '존재론적으로 선행'한다고 본 점에서는 블로흐와 유사하다. 하지만 몰트만은 '아직-아님'의 상태를 대면하게 만드는 '미래에의 약속'은 종말론적 사유에 기초한 신학적 믿음을 요구한다고 보았다(몰트만, 2002). 맥락은 조금 다르지만 사회적인 것의 강조가 오히려 인간행위성의 진정성을 해친다고 본 아렌트(Hannah Arendt)의 논지도 이와 함께 검토해 볼 여지가 있다. 김홍중에 의하면 아렌트의 진정한 논점은 평면적으로 사회적인 것과 공적인 것을 대비시키는 것이 아니라, 보이지 않는 손을 강조하면서 사회를 신성시하는 관점을 문제시하는 것이었다. 아렌트가 '사회적인 것'의 대표제도로 파악한 시장과 복지국가는 모두 '사회로 변신한 신'과 다름이 없다(김홍중, 2009: 439-460). 아렌트가 자기목적적으로 추구하는 행위를 주목한 것은 이런 사회신학에 대항하려는 것이었는바, 이

8) 탈근대주의를 지향하는 사회이론들은 대체로 이러한 문제의식을 공유하고 있다. 새로운 발전가치, 대안적 근대성을 모색하는 것은 개개인의 마음체계를 생존주의의 질곡으로부터 해방시키는 노력의 일환으로 이해될 수 있다.

행위에 '기적'이 수반되는 어떤 신학적 속성을 부여한다. 다시 말해 그 어떤 조건으로 환원되지 않고 예측할 수도, 예견할 수도 없이 무언가를 개시할 수 있는 행위의 힘은 그 자체로 일종의 기적이다. 다시 김홍중의 표현을 빌면 아렌트의 작업은 사회신학을 해체할 수 있을 행위신학을 내세우고자 했던 것이다.[9]

절대자와 신학에 기초하여 대안적 마음체제를 구축하기에는 21세기 사회변동이 너무 무신론적이어서 몰트만류의 『희망의 신학』이나 아렌트의 탄생성을 굳이 들먹일 필요는 없을지 모른다. 하지만 '아직-아님'의 현재와 맞서서 더 나은 미래의 가능성 속에서 희망의 근거를 찾기 위한 노력은 여전히 중요하며 특히 행위자의 주체성을 주목한 아렌트의 문제의식은 여전히 소중하다. 꿈은 본질적으로 제도적 반영물이 아니다. '아직-아님'의 현실에도 불구하고 바라는 것들을 꿈꾸고 희망할 수 있다는 믿음, 전망, 가능성이야말로 꿈을 힘으로 만드는 요건일 것이다. 실제로 몰트만의 희망신학은 한때 제3세계의 민중, 민주화를 꿈꾸던 청년들의 세속적 운동에도 강한 친화력을 제공한 바 있다. 최근 이기적 욕망과 경쟁에서의 승리, 물질주의적 풍요와는 다른 협력적 동기, 공감과 소통, 비물질주의적 행복을 추구하는 새로운 노력들이 사회적 가치에 대한 관심으로 나타나고 있다(박명규 · 이재열 편, 2018). 사회적 가치를 실현하는 구체적 실험으로 사회적 경제, 사회적 기업, 대안공동체 등이 모색되고 있다. 하지만 협동조합이든, 대안적 공동체든, 공공기관이든 사회적 가치의 핵심은 물질주의, 경쟁주의의 패러다임을 벗어날 수 있는 새로운 가치체계를 구축할 수 있는가에 있다. 사회학적 전망은 개인주체의 내면적 결단, 메시아적 종말론을 강조하는 행위신학의 문제의식을 수용하면서도 그것이 사회적으로 외화되고 가

9) 실제로 그는 탄생성을 강조하면서 일종의 메시아주의를 드러낸다. "새로운 인간의 탄생과 새로운 시작, 즉 인간이 탄생함으로써 할 수 있는 행위 … 이 능력의 완전한 경험만이 인간사에 희망과 믿음을 부여할 수 있다." 김홍중(2009: 457) 재인용.

능성의 공간으로 구성되는 차원을 주목해야 한다. 꿈의 사회학이 희망의 신학과 달라질 지점이 바로 그곳에 있다고 여겨진다.[10]

4. 꿈의 사회학과 새로운 상상력

사회학의 전통 속에는 종교적 지향과 유사한 특성이 의외로 강하게 존재한다. 콩트는 실증주의에 기초한 사회학에 사랑과 질서와 진보를 결합시키려는 야심을 품었고 결국 노년에 냉철한 사회학자로부터 감성적인 인류교의 수장으로 변모했다. 흥미롭게도 콩트 말년의 노력은 제3세계의 공동체 운동에 적지 않은 영향을 미쳐 인도의 지성 타고르의 사상과 브라질의 국기에 담긴 실증협회의 운동 속으로 이어졌다. 『이데올로기와 유토피아』라는 명저를 남겼던 만하임(Karl Mannheim)은 나치즘과 2차대전의 비극적 시기를 지나면서 포괄적이고 종합적인 유토피아 기획을 포기하고 대신 냉정한 사회학적 분석에 기초한 건설적인 미래기획에 진력했다. 그는 이런 노력을 '전망적 사고'라고 이름했고 자유부동한 지식인들이 그 역할을 담당해야 할 것이라 주장했다. 파크(Robert E. Park)는 다양한 직업과 인종이 뒤섞이는 근대도시의 공간에서 사회통합을 달성할 수 있는 사회학적 지혜를 모색하고자 애썼고 역시 말년에는 흑인공동체를 위한 운동에 열정을 쏟았다. 러시아 혁명과정에서 구사일생으로 목숨을 건져 이후 하바드 사회학과의 중추적 인물이 된 소로킨(Pitirim A. Sorokin)이 말년에 탐구한 연구주제는 '이타주의'였다.[11]

사회학자 밀즈(Charles W. Mills)는 사회학에 담겨 있는 이런 지향들을

---

10) 종교가 수행했던 역할을 오늘날 사회학이 수행해야 한다고 보았던 뒤르켐의 시각을 빌어 말한다면 '희망의 신학'이 '희망의 사회학'으로 바뀌어야 한다는 주장도 가능할 것이다.

11) 이들 사회학자들의 사상과 생애와 관련해서는 코저(2016) 참조.

'사회학적 상상력'이란 말로 개념화했다(밀즈, 2004). 그가 말하는 사회학적 상상력이란 역사의 흐름과 개인의 삶, 거시구조적 변화와 일상생활의 경험 사이를 이론적이고 개념적으로 연결시키고 그 연동성을 포착하는 지적 능력을 의미한다. 개인들의 내면 의식에서 작동하는 미래를 향한 꿈과 희망, 좌절과 절망의 정서들을 경제자원의 차등적 분배구조, 권력의 불균등한 작동방식, 상황을 정의하는 상징적 해석체계 등에 근거하여 설명하고 해석하며 변형시키는 역량이 사회학적 상상력인 것이다. 사회학적 상상력은 막연한 공상이나 내면의 바람 차원을 넘어서 현실 속에서 구현가능한 미래상태, 새로운 꿈꾸기의 가능성을 찾아내는 지적 시야를 제공해 준다. 21세기 디지털 기술혁신이 인간의 실존적 조건과 생활세계 전반에 어떤 영향을 미칠 것인지를 깊이 탐구하는 것도 사회학적 상상력의 한 영역이 된다. 4차 산업혁명은 더 이상 인간의 힘을 빌리지 않고서도 고도의 생산력 증대가 가능해지는 시대를 예상하고 있는데, 과연 혁신적 생산성 증대가 일의 성격에 어떤 변화를 초래할 것인지, 노동시간 감축효과를 어떻게 재분배할 것인지는 고도의 사회학적 상상력이 수반되어야 할 쟁점들이다. "생산성이 높아지면 필수노동의 총량은 줄어들 수 있어도 그 결과로 얻는 시간의 해방이 저절로 모두를 위한 해방이 되는 것은 아니"기 때문에 "시간을 둘러싼 정치"도 불가피한데 이것이 어떤 방향으로 진행될지도 향후의 꿈과 희망에 큰 영향을 미칠 변수라 하겠다(던럽, 2016: 52).

탈냉전과 세계화가 급속히 진행된 21세기에 접어들면서 사회학은 다양성, 인권, 페미니즘, 소수자, 개성과 자율 등의 가치와 강한 친화력을 보이고 있다. 전체주의, 가부장주의, 국가주의, 자민족주의를 비판하면서 경계와 범주를 넘어서는 새로운 융합, 복합, 재구성의 흐름을 뒷받침하는 새로운 약속을 모색하고 있다. 시민사회의 대두, 사회적 자율공간의 신장을 강조하면서 환경운동, 여성운동, 소수자운동, 문화운동 영역에서 사회학의 약속들이 의미 있게 자리잡고 있다. 비록 이전에 비해 사회학에 대한 기대,

사회학 스스로의 소명감은 약화되었지만 사회학이 제공하는 상상력은 여전히 소중하고 역동적이다. 바우만은 그의 저서 『사회주의, 생동하는 유토피아』에서 제도화되어 있는 소시오타스와 대비되는 코뮤니타스의 출현적 속성, 열린 가능성을 강조하면서 희망의 본질을 "사회의 재정치화, 재도덕화, 재구조화"에서 찾고자 했다(야콥슨, 2014: 256). 듀이(John Dewey)의 프래그마티즘 전통을 받아들인 로티(Richard M. Rorty)는 이론적이고 관념적인 차원에서 벗어나 경제적 양극화와 문화적 차별을 극복하는 현실적 기획을 '사회적 희망'이라는 개념으로 강조하기도 했다. 이런 노력들은 모두 21세기적 조건 속에서 희망과 꿈을 되살리려는 사회학적 접근들이라 할 것이다. 사회학적 상상력을 최대한 가동함으로써 '개인의 실존적 문제를 구조적 요인과 결합시켜 이해할 수 있는 능력'을 키우는 것이 멈퍼드가 말하는 '가능성의 저장고'를 찾아내기 위한 유용한 전략이 될 것이다.

또한 '희망'과 '꿈'이란 화두를 무용하게 만드는 사회적 조건들을 진지하게 탐구하는 노력이 필요하다. 아마도 그 첫 출발은 현대사회의 유동성이 초래하는 변화가 가져다주는 생활세계의 위기구조를 해명하는 일일 터이다. 일상에서 겪고 있는 다양한 경험들, 불안, 위기, 혐오, 좌절의 감정들을 '해석적으로 이해'하면서 그 배후에 존재하는 사회적 조건을 섬세하게 확인하는 작업이 더욱 치밀하게 이루어져야 한다. 구조, 기술, 문명, 사회의 힘들을 불변의 힘, 운명적 조건으로 보이게 하는 '거대한 세상'도 실상은 여러 주체들이 공유한 상황정의, 관습화된 태도, 공모하는 기대, 상호작용의 일상으로 이루어져 있음을 드러냄으로써 구조의 틈새, 제도의 불완전성, 변동의 내재성을 밝혀야 한다. 현실은 우리가 객관적으로 탐구해야 할 대상이지만 그것이 행위자의 자율성과 대안창출능력을 가로막을 수는 없다는 것을 드러내는 작업은 그 자체로 희망의 공간을 확인하는 길이 된다. 계층구조가 공고해지고 직업의 서열구조가 강해도 늘 변동하고 모순을 내재한 사회적 구성이어서 가능성의 공간이 곳곳에 존재함을 보여주는 것이 필요하고 또 가능하다. 특히 경제적 가치나 권력적 자원과 구분되는 사회적 가치의 확인, 사회적 책임과 사회적 연대를 통해 찾아지는 공동체의 신뢰자산, 근대주의가 소홀히 했던 감정의 작용, 집단정서와 규율의 현장을 사회학의 핵심의제로 탐구해 가는 일이 소중하다. 시민으로서의 참여를 독려하는 것과 더불어 삶에 지치기 쉬운 현대인들에게, 특히 젊은 세대에게 시민으로서의 자부심, 주체적 존재감을 확인하도록 돕는 일은 현단계 한국의 사회학이 주목해야 할 과제다.

한국에서는 한때 '잉여' 라는 말과 '삼포, 오포' 등의 말이 유행했고 최근에는 '취준생', '희망고문' 등의 말이 널리 회자된다. 젊은 세대는 정규직 취업을 위해 졸업을 연기하고 수년을 낭비한다. 미래에 대한 꿈이 약화되고 좌절감이 커지는 이 상황 앞에서 한국의 사회학은 미래에의 꿈꾸기를 뒷받침할 전망을 내놓아야 한다. 역사적으로 한국의 사회학은 늘 새로운 시대, 미래를 향한 꿈꾸기의 지적 자산으로 기능해 왔다. 20세기 초에는 근대문명과 실사구시, 계몽주의와 사회적 실천을 통해 이 땅에 희망과 꿈을 상상하도록 했다. 해방의 공간에서는 국민국가의 형성에, 60년대 발전주의 시대에는 근대화의 논리와 동력 제공에 사회학 지식이 적지 않게 활용되었다. 80년대 이후의 민주화과정에서는 시민사회의 역동성과 시민적 주체, 인권의 성장에 가장 크게 기여한 학문이었다. 이제 불확실성의 시대, 양극화의 시대, 탈경계의 시대, 디지털 혁명을 맞이하여 사회학의 새로운 희망찾기 프로젝트가 시작되어야 한다. 박정희와 정주영에게서 전형적으로 나타났던 성공에의 꿈, 강력한 국가, 성공한 기업, 출세한 개인을 모델로 하는 꿈을 넘어서는 새로운 희망기획에 사회학적 지혜가 접목되어야 한다. 관성화된 물질주의적 발전주의를 벗어나 새로운 상상력을 지니게 될 때 촛불시위의 놀라운 결집력, 시민성, 사회성이 희망의 장으로 부각될 수 있다. 생존주의에 매몰된 피로사회의 덫을 넘어서 행위주체의 자율성과 삶의 다면성을 깊이 들여다볼 때 잠재적인 꿈의 자원들이 드러날 수 있을 것이다. 분단된 국민국가체제를 어떻게 넘어설 수 있을지, 한반도에 평화와 통일이라는 꿈은 여전히 유의미하게 개인과 집단의 삶과 결합될 수 있을지, 에너지 과소비형 생활양식을 넘어선 생태적 전망이 우리의 미래와 어떻게 결합될 수 있을지를 묻는 질문도 이런 작업과 무관치 않다. 희망의 사회학을 내건 이 연구가 개인과 사회 공동체 모두가 미래지향적인 꿈을 재구성하는 데 일조할 수 있기를 기대한다.

제 2 장

꿈의 사회학 서설

| 김홍중(서울대 사회학과) |

1. 서 론

2015년의 논문 "꿈에 대한 사회학적 성찰"에서 나는 '꿈의 사회학'이라 불릴 수 있는 연구기획의 기초를 다각적으로 탐색한 바 있다(김홍중, 2015a). 이 기획의 가장 근본적인 이론적 스탠스는, 사회적 행위자가 효용을 극대화하려는 목적하에서 비용/이득의 계산에 몰두하는 산술인이 아니라, 꿈을 통해 미래를 창출해 나가는 몽상인(dreamer)이라는 관점에 있다. 이에 의하면 인간 행위자는 감정과 정동의 작용에 큰 영향을 받으며, 마음으로부터 창발해 나오는 충동, 의지, 욕망의 힘을 구비한 복합적 존재이다(김홍중, 2014). 이러한 행위자들이 구성하는 사회세계는 그리하여 합리성에 기초한 조직, 시스템, 구조인 동시에 욕망과 희망의 에너지에 의해 조형되는 '꿈꾸어진 세계'이기도 하다.

사회학이 전통적으로 사회적인 것(the social)과 심적인 것(the psychic)의 존재론적 차이를 강조해 왔음에도 불구하고, 심리와 사회의 상호 작용에 대한 관심은 사회학 내부에서 흥미로운 논쟁점이자 관심대상으로 지속해 왔다(Leledakis, 1995; Endleman, 1981). 특히 20세기 중반 이후 다양한 지적 흐름들(사회학, 심리학, 정신분석학, 교육학)의 융합을 시도하는 간학제적 관점이 활발하게 형성되었는데, 프랑스의 '심리사회학(psycho-sociologie)'(Mariet, 1993; Prades, 2014; Citeau and Engelhardt-Bitrian, 1999)과 영국의 '심리사회연구(psychosocial studies)'가 그 대표적 실례라 할 수 있다(Woodward, 2015; Clarke and Hoggett, 2009). 이들은 공히 범죄, 노동, 조직, 섹슈얼리티, 정신병리, 패션, 공간, 커뮤니케이션, 교육, 젠더, 양육 등 다양한 사회현상의 기저에서 작용하는 심적 논리를 탐구하고, 이에 적극적으로 개입할 수 있는 실천적 가능성을 모색하려는 시도로서, 꿈을 포괄하는 심리현상이 사회현상과 맺는 관계에 대한 탐구에 중요한 이론적 · 방법적 · 정책적 자원을 제공한다.

이와 더불어 주목할 것은 주로 문화사회학 혹은 문화연구에서 활성화되고 있는 일련의 연구경향이다. 다수 연구들이, 행위자들의 서사와 상상에 의해 미래가 생산되는 방식에 주목하면서, 행위자가 동원하는 문화적 자원의 성격과 그 불평등한 분배와 재생산을 탐구하고 있다. 이 과정에서 동기, 욕망, 상상, 미래, 사회이동 등의 테마들이 심도 깊게 논의되면서, 계급재생산과 불평등의 문제에서 '꿈이라는 관점'이 중요하게 다루어지고 있다(Cuzzocrea and Mandich, 2016; Weinberger, Zavisca and Silva, 2017; Silva and Corse, 2018; Threadgold, 2012; Woodman, 2011; Hart, 2012; Hochschild, 2004; Skrbis, Woodward and Bean, 2014). 문화, 심리, 미래, 희망, 꿈에 대한 문제의식의 중요성은 21세기의 새로운 사회환경(위험사회, 환경위기, 저성장, 근대성의 신화의 붕괴)을 배경으로 더욱 중요한 분야로 부상하고 있으며, 바로 그런 의미에서 '꿈의 사회학'의 제안은 학문적 적합성을 갖는다. 이 글은 앞서 언급한 논문에서 제시되었던 몇 가지 주제들을 좀 더 심층적으로 고찰하고, '꿈의 사회학'이 어떻게 실현가능한지, 그 함의가 무엇인지를 적극적으로 모색하는 것을 목적으로 한다. 논의는 다음과 같은 순서로 진행될 것이다.

첫째, 꿈의 사회학의 이론적 토대가 되는 주제로서 '사회적인 것의 미래성'을 성찰한다. 미래는 자동적으로 도래하는 시간이 아니라 인간이 생산하는 의미론적 재화이다. 또한 20세기 후반 이래 근대적 미래 관념이 위기에 빠지는 현상을 진단하고, 그런 상황에서 사회과학의 영역에서 꿈의 중요성에 대해 주목하는 여러 흐름들을 소개한다.

둘째, 몽상현상을 규정하는 세 가지 사회학적 조형원리를 제시한다. 그것은 주관적 희망과 합리적 계산의 변증법, 진정성과 순응주의의 변증법, 그리고 내밀성과 사회성의 변증법이다. 꿈이 기본적으로 현실을 초월하여 불가능하고 새로운 세계를 구성하는 행위임에도 불구하고, 그것은 언제나 사회적 힘에 의해 규제되며 통제되고 굴절된다. 꿈에 대한 사회학적 탐구는 순수한 환몽이나 비현실적 환상의 탐구가 아니라 현실과 몽상의 이 변증법적 상호 작용 속에서 꿈이 조형되는 구체적 방식에 대한 탐구임을 주장하고자 한다.

셋째, '꿈-자본' 개념과 그 측정과정을 소개한다. 꿈-자본을 이루는 네 가지 구성요소들(상상력, 낙관력, 희망력, 회복탄력성)의 의미를 상술하고, 서베이를 통해 한국의 청년들의 꿈-자본을 측정한 결과를 소략하게 제시하겠다. 꿈-자본의 양적 측정은 꿈에 대한 실증적이고 경험적인 탐구가능성을 실험적으로 확장한다는 의미를 품고 있다.

넷째, 꿈의 여러 수준이 개인의 정체정과 연결되는 방식을 살펴본다. 다양한 정체성을 동시에 운영하는 사회적 행위자는 자신의 정체성의 수준에 부합하는 꿈들을 다수 품을 수 있으며, 이런 점에서 꿈은 사회적 정체성의 핵심을 이룬다. 개인/가족적 수준, 집단/조직의 수준, 국가/민족의 수준에 각각 조응하는 꿈의 형태에 주어진 개념을 상술하고, 이에 관한 경험연구사례를 소개한다.

다섯째, 꿈이 사회변동과 맺는 관계, 사회변동의 탐구에 있어서 꿈의 탐구가 갖는 중요성을 논의한다. 이를 통해, 공유된 유토피아 속에서 집합적 주체들이 상상력을 발휘하여 역사적 실천을 수행하고 실패하고 재기하며, 희망하는 꿈의 드라마가 사회변동의 핵심 영역이라는 사실을 주장하고자 한다.

2. 왜 사회학은 꿈을 탐구하는가?

1) 사회적인 것의 미래성

꿈의 사회학은 꿈이 개인의 심리적 체험일 뿐 아니라 사회현상에서도 중요한 역할을 수행한다는 통찰에 기초하고 있다. 여기에서 강조되는 것은 사회적 행위자가 자신의 미래를 능동적이고 적극적으로 구성하는 존재라는 사실, 미래는 '생산', '창조', '구성' 되는 것이라는 사실에 대한 인식과 더불어 미래가 결코 오지 않은 시간 속에 자리 잡고 있는 순수한 '미지(未知)' 가 아니라, 미래에 대한 투사적(projective) 실천들을 통해서 이미 현재 속에 침투해 있다는 인식이다.[1]

우리는 흔히 미래를 현재가 지나가면서 저절로 다가오는 시간으로 간주하는 경향이 있다. 미래는 내일이나 내년처럼 기다리면 자동적으로 도래하는 무엇이며, 자연적으로 다가오는 사태라고 느낀다. 그러나 행위자들이 실제로 미래를 만들어 가는 과정을 잘 살펴보면, 미래가 결코 모두에게 시시각각 다가오는, 고정되고 자명한 시간이 아니라는 사실을 쉽게 알 수 있다. "미래(futur)는 단지 내일이나 모레 오는 것이 아니라, 우리를 현재로부터 떼어 내고, 동시에 우리를 어떤 관점, 사유, 혹은 투사(projection) 속에 위치시키는 것 … 간략히 말해서, 미래는 무엇보다도 하나의 개념인 것이다."라는 언명은 이를 정확히 표현하고 있다(Benasayag and Schmit, 2003: 32).[2]

행위자들은 미래가 오기 이전에 이미 기다림, 예기(豫期), 욕망, 희망을 통해 미래를 '구축' 한다(Minkowski, 1995: 73).[3] 약속, 협약, 종교적 예언

---

1) 인간은 미래를 생산할 뿐 아니라 과거도 생산한다. 코젤렉(Reinhart Koselleck)의 용어를 빌려 말하자면, 인간 행위자는 '경험공간' 과 '기대지평' 사이의 어딘가에 위치해 있다(Koselleck, 1979: 264). 그는 과거에 축적된 기억과 미래에 투사된 기대들 사이에서 삶의 공간을 만들어 가는데, 이때 경험과 기대는 물화되고 경화된 고정사실들로서 그를 압박해 오는 것이 아니라, 끝없는 재해석과 재구성의 과정을 거치면서 변화해 간다. 과거와 미래 양자는 어느 것도 고정되어 있지 않다. 양자는 모두 의미론적으로 '구성' 되는 시간이다.

2) 미래에 대한 사회학적 성찰로는 다음을 참조할 것(Urry, 2016).

3) 아우구스티누스는 자신의 『고백록』 11권 제10장에서 인간이 체험하는 세 가지 다른 현재의 상이한 시간성을 언급한다. 그것은 "과거의 현재", "현재의 현재", 그리고 "미래의 현재"이다(Augustin, 1964: 269). 과거의 현재는 지나간 것들이 지금과 맺는 연관인 기억이며, 현재의 현재는 직접적 직관 혹은 감각의 시간이며, 미래의 현재는 아직 오지 않은 것을 현재의 시간에 포착하는 예기(attente)를 가리킨다.

이나 묵시 역시 미래를 생산하는 한 방식이다. 그런 행위들 속에서 미래는 실체를 부여받는다. 미래라는 것은 어떤 현실적 사태로서 촉발되고 발생하며, 구체적 물질의 형태를 빌려 작용하면서, 현재의 핵심으로 들어와 현재의 활동과 행위를 변형시킨다. 꿈이란 행위자가 미래를 만들어 내는 가장 포괄적인 형식과 역능에 붙여진 이름이다. 이런 의미의 꿈에는 희망, 전망, 낙관, 상상, 염원, 망상, 몽상, 환상 등 수많은 행위들이 포함될 수 있다.

서문에서 언급했던 논문에서 나는 꿈을 "i) 욕망과 희망의 작용을 통해 구성/교섭/변형되며, ii) 실천의 흐름에 방향과 의미를 부여하는 iii) 미래의 소망표상"으로 정의하였다(김홍중, 2015a: 41). 꿈은 소망이미지, 즉 "상상된 미래(imagined future)"이다(Beckert, 2011). 현실에 아직 존재하지 않거나, 경험적으로 확인할 수 없거나, 심지어 현실화되는 것이 불가능한 사태를 변형시켜 새로운 현실을 만들어 내려는 상상의 행위, 그런 미래를 상상력을 통해 창조하는 행위가 꿈꾸기이다. 이런 점에서 꿈꾸기는 이미지 생산(image-making)인 동시에 스토리 생산(story-making)이다. 환언하면 꿈은 우리에게 영상적 표상물이나 서사적 표상물로 나타난다. 그리고 이런 힘의 원천에는 행위자들이 발휘하거나, 행위자들을 통해 작용되는 욕망과 희망의 에너지가 있다. 현실 그 자체와 상상된 미래 사이의 간극 속에서 행위와 실천이 발생하는데, 이 역동적 과정은 꿈의 지속적 변화를 동반한다. 꿈 혹은 꿈들은 시시각각 변화하는 상황들 속에서 항상적으로 조정된다.

위의 정의에서 중요한 테마로 언급되어야 하는 것은 꿈이 '행위능력(agency)'의 원천이 됨으로써, 실천을 촉발하는 역능을 갖고 있으며, 바로 그 역능의 작용을 통해서 사회적인 것의 구성에 핵심적 기능을 수행한다는 것이다. 꿈은 욕망/희망의 힘의 결과로 생성된 이미지의 질서이지만, 이미지는 죽은 것이 아니라 사람들의 마음속에 각인되고 전염되고 전파되고 억압되고 회귀하면서 적절한 시간을 만났을 때, 현실구성의 동력으로 분출한다. 이런 점에서 꿈은 들뢰즈(Gilles Deleuze)나 가타리(Felix Guattari)가 말하는 정동(affect), 즉 무언가에 의해 변용되며(affected) 또한 무언가를 변형시키는(affect) 능력을 내포한다(Massumi, 1988: xvi). 꿈을 꾸는 사람이 사회적 행위자(actor)라면, 그가 꾸는 꿈 그 자체도 행위능력(agency)을 갖는다. 누가 꿈꾸느냐가 중요하다기보다는 어떤 꿈이 어떻게 생산되어, 무엇을 생산하는가가 중요한 관점이다. 즉 꿈(미래표상)의 내용과 더불어 그것의 발생과 수행이 모두 연구의 중요한 테마를 이룬다.

인간 행위자는 미래를 합리적으로 계산하는 존재가 아니다. 왜냐하면 미래는 계산에 요청되는 정보와 지식의 외부에서 '예측할 수 없는 새로움'을 품고 있기 때문이다. 미래와 행위가 연관되는 형식은 그리하여 '합리성'이 아니라 '픽션(fiction)'의 형식을 띤다. 베커트(Jens Beckert)는 이렇게 쓴다. "미래의 세계의 상태가 계산될 수 없는 그런 불확실성의 조건하에서, 사회공간의 행위자들에 의해 창조된 픽션들은 미래 사태와 미래 사건에 대한 계산에 기초한 예측(이런 예측은 사실 불가능한 것인데)을 대체한다. 허구적 기대들은 행위자로 하여금 미래 사건의 표상을 창조하고, 이 가정된 미래에 대하여 의도를 갖고 행위할 수 있도록 해 준다. 그러나 사실이 미래란 알 수 없는 것이며 예기할 수 없는 것이다"(Beckert, 2011: 6). 허구성(fictionality)은 행위의 미래 투사성(projectivity)에서 오는 것이다(Emirbayer and Mische, 1998: 991).

행위자는 미래를 꿈꿈으로써 미래에 대비하고, 미래를 초청하고, 미래를 창출한다. 예컨대 부모가 된다는 것은 아이를 낳고 나서 시작되는 사건이 아니다. 부모는 아이가 잉태되기 오래전부터 이미 자신의 상상 속에서 부모의 위치를 점유하고 아이를 꿈꾼다. 아이를 어떻게 양육하고 교육시킬 것이며, 무엇을 먹이고 입히고 어떤 직업을 갖고, 어떤 환경과 사회에서 살기를 구체적으로 희망하면서 그의 미래를 머리에 그려 보는 것이다. 아이는 세상에 태어나기 이전에 이미 부모들의 의미세계에는 살아 있는 존재로서 도래해 있다. 모든 인간 존재는 이처럼 그가 태어나기 이전에 그의 부모와 친족 그리고 그가 속한 사회가 꿈꾸어 온 존재들인 것이다(비단 개인이나 가족뿐 아니라 조직과 단체들도 유사한 방식으로 꿈을 꾼다.). 미래는 사회적인 것의 구성에 다양한 형태로 삼투되어 있다. 사회는 과거에 의해서뿐 아니라 미래에 의해서도 규정된다.

2) 미래의 빈곤

그런데 20세기 후반 소위 사회적인 것(the social)이 위기를 체험하면서 '미래' 라는 관념 또한 위기에 빠지는 현상이 광범위하게 관찰되었다. 서구의 경우 소위 '발전' 의 시대, '조직 자본주의' 의 시대, 중산층 팽창의 시대, 프랑스인들이 '영광의 30년' 이라 부르는 복지국가의 시대가 저물고 위험사회, 포스트모던사회 혹은 후기 근대사회가 도래하면서, 근대적 미래 관념에 근본적 변화가 야기되기 시작한다(Lash and Urry, 2014; Fourastié, 1979; 바우만, 2009: 249-250; Kumar, 1995). 이런 경향은 기후변화를 위시한 각종 환경재난이 인류의 생존을 위협하는 상황에서, 인류세(anthropocene)에 대한 다각적 성찰을 통해 더욱 강화되는 상황이다.

좀 더 미시적인 차원에서 말하자면, 미래에 대한 낙관에 기초한 진보적 역사철학이 쇠퇴하고 대안적 사회형태에 대한 상상력이 퇴조하며,[4] 또한 현재의 의미를 미래에 획득하게 될 열매에서 찾고자 금욕적으로 노동하고 절약하는 근대적 에토스가 약화되면서, 소위 "탈미래화(defuturizing)"[5] 경향이 광범위하게 관찰되고 있다. 마페졸리(Michel Mafessoli)는 이를 "영원

---

4) 지젝(Slavoj Žižek)은 이렇게 쓴다. "아무도 이제 자본주의의 대안에 대해서 진지하게 고려하지 않는다. 대신, 대중적 상상력은 곧 다가오는 '자연의 붕괴', 지구에서의 모든 생명의 중단의 비전에 시달리고 있다. 생산양식에서의 훨씬 더 온건한 변화보다 '세계의 종말'을 상상하는 것이 더 쉬워 보인다"(Žižek, 1999c: 55).

5) 탈미래화는 "자신을 현재의 참호 속에 파묻기 위해서, 미래에 대한 구성적 사고로부터 퇴각(retreat from constructive thinking)하는 것"을 의미한다(Polak, 1973: 195).

한 현재(présent éternel)"라는 표현으로 포착하는데, 이는 미래를 위해 현재를 희생하는 "미래로 투사된 시간"이 아닌 "경험된 순간의 영원성과 그것의 강렬함"에 대한 포스트모던 문화의 감수성에 기초한 새로운 시간체험 스타일을 가리킨다(마페졸리, 2010: 67, 81). 노워트니(Helga Nowotny)는 이를 "확장된 현재(extended present)"라 부른다. 미래로 직진하는 시간이 포스트모던 시대에 붕괴하면서 장기적 미래를 사고하는 것이 어려워지고, 그에 대한 계획을 세우는 대신 사람들은 순환적인 것으로 체험되는 현재에 사로잡힌다는 것이다(Nowotny, 1994: 45–58).

이런 현상은 "미래의 종말"이라는 진단을 유도해 내기도 한다. 미래라는 시간감각과 그에 부여된 집합적 신념이 서구 근대의 신화임을 지적하면서, '비포'(Franco Berardi 'Bifo')는 1850년부터 1950년 사이가 미래 신화의 전성기였으며, 20세기 후반으로 접어들면서 서구 사회는 미래의 가능성에 대한 합의를 상실해 가고 있다고 본다. 그가 특히 주목하는 것은 1977년으로서, 그해에 유럽은 사회적 불안정과 정치적 폭력, 그리고 미학적 실험 등이 전방위적으로 진행되는 전환기를 체험한다('비포', 2013: 76–85). 이는 미국과 일본에서도 유사한 방식으로 발견되는 현상이다. 아메리칸 드림의 퇴조에 대한 진단들이 제출되고 있으며(퍼트넘, 2015), 일본 역시 고도성장에 기초한 사회적 희망의 생산이 종언을 고했다고 관찰된다. '희망격차사회' 개념을 제안한 야마다 마사히로(山田昌弘)에 의하면, 일본 사회가 이런 급격한 변화를 체험한 것은 1998년이다. 그는 이렇게 쓰고 있다. "일본 사회에서 희망이 사라진다, 즉 사람들이 노력에 대한 보상을 기대하지 않기 시작한 것이 1998년이라고 필자는 생각한다. 이것을 1998년 문제라고 부르고 싶다. 1998년은 실질 GDP 성장률이 마이너스 1%인 불황의 해로 기억되고 있다.… 단순한 불황과는 다른 '질적'인 전환이 그해에 있었다고 생각된다. 그것은 사회구조가 전환되어 리스크화, 양극화가 불가피하다는 것이 사람들 사이에서도 인식되기 시작했다고 하는 점이다"

(山田昌弘, 2012: 165-166).

한국 사회의 경우에도 '미래'에 대한 사회적 관념은 짧은 기간 동안 매우 급격하게 변화해 왔다. 예를 들어, 1960년대부터 1980년대까지 고도성장이 이루어지던 시기, 한국 사회에서 미래는 발전가능성, 확장가능성, 성장가능성에 대한 기대와 확신으로 충만한 물질성의 실감을 갖고 있는 무엇이었다. 경제는 지속적으로 성장하였고 부동산 가격은 상승했으며 물질적 삶의 수준이 꾸준히 향상되었다. 다수의 한국인들이 중산층의 꿈을 품었다. 아파트 건축양식은 일종의 "콘크리트 유토피아"로서, 이런 꿈들의 물적 상징이었다(박해천, 2011). 자신의 자녀들이 자신보다 더 많이 배우고 더 풍요로운 삶을 살 것이라는 이들의 기대는 확고했고 많은 경우 그대로 실현되었다. 더 민주화되고 선진화된 사회에 대한 공적 열망이 1980년대 후반 민주화대항쟁으로 표현되기도 하였다. 이 시기에 미래는 대량생산되고 있었다. 미래에 대한 믿음과 욕망의 에너지(Gabriel Tarde)가 한국 사회에 충만해 있었다.

그러나 21세기의 저성장시대에 돌입한 한국 사회는 '미래의 빈곤'을 겪고 있다. TV에서 우리가 관찰할 수 있는 이 빈곤은 두 가지 대표적 유형의 광고에서 확인된다. 하나는 암보험 광고이며 다른 하나는 대출 광고이다. 우리 시대 한국인들에게 미래는 이제 더 나은 진보의 이미지와 결합하지 못하고, 부채로 계산되거나 신체에 찾아들 암의 고통으로 표상되고 있다. 중산층의 신화는 붕괴했다. "개천에서 용난다."는 속담은 폐기되었다. 평생직장이 사라지고, 장기적 전망이 소멸하면서 긴 미래에 대한 "서사적 운동(narrative movement)"을 통해 연속적 시간 감각을 확보해 나가는 것이 점점 더 어려워지고 있다(세넷, 2009: 218). 더 나아가서 각종 환경문제와 재난, 리스크, 구조화된 실업, 경제적 양극화, 그리고 저출산과 고령화는 문명적 수준에서 진보된 미래를 상상하는 것을 어렵게 만들고 있다.

미래구성능력의 차이, 미래라는 자원을 향유할 수 있는 가능성의 불평등은 또한 동일한 시대를 사는 사람들의 사회적 경계(계급, 세대, 젠더, 지역)를 따라 나타난다. 최근 한국의 청년 세대는 스스로를 '7포 세대'라 부른다. 인생의 가장 꿈 많은 시절을 보낼 것으로 기대되는 청년들이 사실상 무언가를 '포기'하는 존재들로 변모했다는 사실을 이 용어는 암시한다. 그들이 포기한 것은 연애, 결혼, 출산, 인간관계, 집, 희망, 꿈과 같은 삶의 중요한 가치들이다. 더 나아가 이들은 한국 사회를 지옥과 같다는 의미의 '헬(Hell) 조선'으로 부르며 사회로부터의 이탈, 즉 '탈조선'을 제창하기도 한다.

계급적인 관점에서 말하자면 전통적 빈곤층과 다른 의미를 갖는 "형성 중인 계급"인 '프레카리아트'가 겪는 새로운 유형의 사회적 고통이 문제시되고 있다(Standing, 2011: 7). 그것은 현재의 빈곤이 아니라, 평생직장이나 사회안전망과 같은 장기적 전망의 결여에 뿌리를 내리고 있다. 부르디외(Pierre Bourdieu)는 이렇게 말한다. "오늘날 취약성(precarité)이 도처에 있다는 것은 자명해 보인다. … 취약성은 그것을 겪는 자들에게 깊은 영향력을 행사한다. 즉, 모든 미래를 불확실하게 만듦으로써, 합리적 기대와 특히 가장 가혹한 현재에 대해서 (집합적으로) 저항하기 위해 필요한, 미래에 대한 최소한의 믿음과 희망을 금지시키는 것이다"(Bourdieu, 1998: 97). 프레카리아트에게 박탈된 것은 부(富)가 아니라 부의 가능성이다. 부를 가질 수 있다는 "믿음과 희망"이다. 이런 점에서 프레카리아트는 단순한 무산자가 아니라 "미래 없는 인간(homme sans avenir)"(Bourdieu, 1977a: 89–90) 혹은 "희망 없는 인간(no-hoper)"(Hage, 2001)이다. 빈곤의 극복가능성에 대한 믿음과 기대의 빈곤, "열망의 능력(capacity to aspire)"(Appadurai, 2004)의 빈곤이라는 새로운 유형의 빈곤은 오직 우리가 미래를 시간적 개념으로부터 좀 더 물질적인 재화의 개념으로 전환시켜 사고할 때만 가시화된다. 여성이기 때문에, 지방 출신이기 때문에, 혹은 특정 사회적 속성으로 인해서 미래의 빈곤으로 시달리는 현상을 이해하기 위해서는, 이처럼 '시간으로서의 미래'가 아닌 '의미론적 구성물' 혹은 '공공재로서의 미래'라는 관점이 요청된다.

3. 꿈 현상의 형성원리

꿈에 대한 사회학적 탐구는 몽상행위가 상상력의 의식적, 무의식적 작용이며 이를 통해 새로운 현실을 구성하는 자발적 창조력을 내포한다는 사실에 대한 학문적 인정을 그 출발점으로 하지만,[6] 이와 동시에 몽상적 자유가 일상적 삶에서 어떻게 사회적 힘과 부딪치면서 타협되고 변형되며 재구성되는가라는 문제에 대하여 집중된 관심을 기울인다. 즉, 현실 속에서 꿈이 형성되는 과정의 복합성과 다면성에 주목한다.

결론적으로 말하자면, 몽상현상은 인간 행위자가 품고 있는 현실초월적 욕망과 이를 억압하는 사회적 강제력 사이에서 펼쳐지는 협상, 조율, 갈등, 조정, 교섭의 드라마로 구성되어 있다. 꿈이 사회적으로 조형되는 것은 개인의 환상의 논리에 의해서(마치 사회적 진공상태에서처럼) 이루어지는 것

6) 서구 철학의 이성주의적 전통은 이미지에 대한 상징의 우위를 바탕으로, 상상된 것(imaginé), 상상계(imaginaire), 그리고 상상력(imagination)에 대한 이론적 폄하의 경향을 보여 왔다(Durand, 1964: 7-20; Poirier, 2004: 91-101). 이에 대한 일종의 문제제기로서 소위 '상상력의 역습'이라 부를 수 있는 지적 경향이 등장하기 시작하는데, 이는 특히 프랑스 학자들에게 현저히 나타난 바 있다. 이미지를 형성(former)하는 힘을 의미하는 '재생적 상상력'을 넘어서 이미지를 변형(déformer)하는 힘을 가리키는 '창조적 상상력'을 논한 바슐라르(Gaston Bachelard), 상상력의 인류학적 구조를 탐구하는 뒤랑(Gilbert Durand), 그리고 실제의 꿈과 인간 사회의 여러 관계들에 대한 흥미로운 탐구를 시도한 카이유와(Roger Caillois)와 바스티드(Roger Bastide) 그리고 최근에 프로이트 『꿈의 해석』을 사회학적으로 재해석한 라이르(Bernard Lahire)에 이르기까지(Bachelard, 1943: 7; Durand, 1993; Von Grunebaum and Caillois, 1967; Bastide, 2003; Lahire, 2018), 인간 주체의 꿈꾸는 능력에 내재하는 초월적 가능성에 대한 이들 관점은 사회이론에도 중요한 시사점을 제공하고 있다. 이들은 몽상, 몽환, 상상, 그리고 신화의 중요성과 잠재력을 강조해 왔다.

이 아니라, 개인적 욕망과 사회적 규제라는 대립하는 두 힘 사이에서 이루어지는 변증법적 과정이다. 그 과정의 세 가지 양태를 i) 주관적 희망과 합리적 계산의 변증법, ii) 진정성(authenticity)과 순응주의(conformism)의 변증법, iii) 내밀성(intimacy)과 소통의 변증법으로 구별하여 논의해 보고자 한다.

첫째, 꿈은 주관적 환상의 자발성뿐 아니라, 그와 대립되는 합리적 판단과 평가의 개입을 통해 조형된다. 꿈꾸는 행위자는 자신의 열망의 실현 가능성 혹은 불가능성을 부단히 예측하고 그 판단들에 기초하여 꿈의 강도와 내용을 조정해 가는 합리적 조율을 수행한다. 이런 이유로 순수하게 허황되고 어처구니없는 야망을 품고 그것을 추구하는 행위자를 사회세계에서 발견하는 것은 언제나 생각보다 어려운 일이다(Bourdieu, 1997: 311-312).[7] 가령, 부르디외가 알제리 현장조사에서 발견한 것은, 미래를 만들어 갈 수 있는 합리적 가능성을 박탈당한 하층 프롤레타리아들이 예외적으로 미래에 대해 허황된 꿈을 품고 있는 존재들이라는 사실이다. 그 이유는 "미래의 전망은 그 형태와 양상에 있어서 … 사회적 지위와 생활의 물적 조건에 의해 규정되는 객관적 잠재성에 긴밀히 좌우"되기 때문이다(Bourdieu, 1977a: 79-80). 이처럼 행위자들의 "주관적 희망"과 "객관적 기회" 사이에는 여러 형태의 합리적 조정의 영역이 펼쳐진다(Bourdieu, 1997: 312). 꿈은 순전히 몽환적 세계에서의 창조가 아니라, 현실적 고려와

7) 이런 맥락에서 흥미로운 연구주제가 바로 요행(僥倖), 행운(幸運) 혹은 사행심(射倖心)에 대한 사회학이다. 이들은 모두 불확실성에 점령된 미래에 대한 비합리적 희망, 소망, 기대를 행위의 동력으로 전환시키는 의미의 시스템과 연관되어 있다. 희소한 가능성에 거대한 심리적 투자를 하고, 이것이 금전이나 경제적 투자와 연관되는 현상으로 나타나는 경우가 그것이다. 복권, 도박, 카지노 등은 국가에 의해 운영되어 온 '희망판매(selling hope)'의 영역이었고(Cloterfelt and Cook, 1991), 이는 신자유주의적 금융경제 시스템하에서는 특수 영역이 아닌 일반적인 현상으로 나타나고 있다. 투자와 투기의 구분이 애매해지며, 미래가 합리적 경영과 예측이 불가능한 혼돈으로 다가올 때, 꿈은 노골적인 사행성과 결합하여 이른바 "오컬트 경제(occult economy)"의 형태를 띤다(Comaroff and Comaroff, 2001: 19-27).

가능성에 대한 합리적 타진 속에서 조형된다. 사회학적으로 의미 있는 꿈의 현상들은 언제나 일정 정도 '계산된 몽상'의 형태를 띠고 있다.

둘째, 사회적 행위자들이 꿈을 추구해 나가는 과정은 자기 자신의 욕망에의 충실함, 즉 꿈의 진정성(authenticity)과 사회의 지배적 가치에 대한 순응 사이에서 발생하는 복잡다단한 교섭, 충돌, 갈등, 타협의 연속으로 이루어진다. 진정성이란 성찰을 통해 삶의 기준을 자신 내면의 목소리에서 찾고자 하는 윤리적 태도를 가리키는데(테일러, 2001: 40-46), 꿈의 진정성은 개인이 품고 있는 염원이나 소망의 이미지를 다른 사람들의 반대에도 불구하고 추구하고 관철해 나가려는 의지를 가리킨다. 그러나 이런 의지는 언제나 사회현실이나 개인적 조건에의 순응과정에서 굴절되고 변형된다. 꿈은 순수한 자기욕망에의 충실성이 아니라, 지배적 가치나 현실적 압력과의 관계 속에서 조형된 타협물이다. 사회학적으로 의미 있는 꿈의 현상들은 언제나 일정 정도 '순응된 몽상'의 형태를 띠고 있다.

셋째, 꿈은 개인들의 가장 은밀한 심적 영역을 점령하고 있는 생각, 감정, 의지이다. 꿈은 때로 개인 그 자신마저도 명증하게 인식하지 못하는 무의식의 영역에 뿌리를 내린다. 그러나 이와 동시에 꿈은 언제나 의미 있는 타자들에게 소통되고, 여러 형태의 관계 속에서 강화/약화되고, 전염되거나 전파된다. 가장 개인적인 것으로 보이는 꿈도 많은 경우 타인들이 다양한 경로로 행사한 영향력의 산물이다. 가족적 삶에서, 매스 커뮤니케이션의 영역에서, 혹은 여러 형태의 사회적 관계들 속에서 감화되고 영감을 얻어 타인들과 유사한 꿈을 꾸는 경우가 그것이다. 더 나아가서 사회적 행위자가 자신의 꿈을 관리하고 경영하는 과정에서, 자신의 꿈을 의식화하고 언어화하며 그 꿈에 대한 타자들의 인정이나 격려를 획득하는 상호 작용은 핵심적 의미를 지닌다. 이런 이유로 인해서 유사한 꿈을 갖고 있는 구성원들이 모인 집단은 쉽게 공동체를 이루거나 경우에 따라서 효과적인 집합행동을 하기도 한다. 꿈의 영역에서는 이처럼 내밀성과 사회성이 뫼비우스의 띠처럼 얽혀 있다. 사회학적으로 의미 있는 몽상들은 언제나 일정 정도 '소통된 몽상'이다.

4. 꿈-자본

1) 개념구성

서론에서 언급한 것처럼 나는 꿈에 대한 미시사회학의 핵심 용어로서 '꿈-자본'이라는 개념을 제안했고, 이를 그 이후 진행된 공동 경험연구에서 활용해 오고 있다. 사실, 부르디외 사회학에서 자본은 사회공간을 구성하는 기본적 에너지인 동시에, 행위자들이 추구하는 내기물(stakes)이다(Bourdieu, 1979; Bourdieu, 1986: 241). 그것은 사회관계 속에서 "추구될 가치가 있는 것으로 스스로를 드러내는 물질적이고 상징적인 모든 재화"로 정의되며(Bourdieu, 1977b: 178) 경제자본, 사회자본, 문화자본으로 대별된다(Bourdieu, 1986). 하지만 분화된 소규모 사회공간의 성격과 구조에 따라서 자본 역시 다양화될 수 있다. 가령, 학자는 학문자본을 추구하고, 성직자는 종교자본을, 정치가는 정치자본을 추구한다. 이 자본들은 각자의 사회공간에서 그것을 소유한 자에게 위신과 존경과 권력을 가져다주는 상징적 권위로 기능한다.

그런데 부르디외의 자본개념에는 미래에 더 많은 자본을 획득하겠다는 꿈, 욕망, 희망과 같은 심적 동기의 역량은 정작 포함되지 않았다. 부르디외가 말하는 자본은 이미 축적되고 획득된 재화(경제자본), 관계(사회자본), 교양(문화자본)만을 포함한다. 하지만 그런 자본들을 향한 욕심, 탐심, 희망, 소망은 자본 개념에서 제외되어 있다. 아직 획득되지 못한 미래의 자본들에 대한 꿈, 그 자체 역시 나는 개인행위자에 의해 소유되고 축적되며 관리되는 중요한 자본으로 파악한다. 그리고 이를 꿈-자본이라 부른다(김홍중, 2015a: 48-52).

꿈-자본은 행위자가 미래상을 품는 강도와 확신과 욕망의 총체이다. 그것은 유년기부터 부모에 의해 꾸준히 상속되고 유지되는 것일 수도 있고, 자신의 운명에 대한 점복적 지식이나 종교적 신앙과의 연관 속에서 강화될 수도 있다. 특정 사회가 이상화하는 인물유형과 그의 라이프스타일(정치가, 기업가, 군인, 연예인, 과학자, 법조인 등)에 대한 선망과도 무관하지 않으며, 매스미디어와의 연관성도 상당하리라 생각된다. 조직이나 국가, 사회가 만들어 내는 이데올로기, 프로파간다, 캠페인 등은 개인들의 꿈-자본에 질료를 제공할 것이다. 이처럼 다양한 원천과 형성경로를 갖고 있는 꿈-자본의 존재론적 특이성은, 그것이 다른 형태의 자본들 이전에 존재하는 원형적인 자본 형태이라는 사실이다. 한 알의 씨앗처럼 그것은 그 자체로는 아직 실체적 자본이 아니다. 그러나 그 씨앗은 시간 속에서 실천으로 발아하고 화폐로, 관계로, 교양으로 개화하는 과정을 겪게 된다. 이런 점에서 꿈-자본은 비가시적이고 비물질적이다. 그러나 그것의 작용으로 가시적 성과와 물질적 결과가 생산된다. 앞서 살펴본 것처럼, 우리가 미래를 객관적 시간이 아니라 의미론적으로 구성되는 자원으로 이해한다면, 이 자원의 생산, 향유, 재생산 가능성은 미래와의 의미연관을 만들어 낼 수 있는 개인적/집합적 능력(꿈-자본)의 차등적 구성 속에서 이미 차별화되어 있다고 볼 수 있다. 꿈-자본 개념은 사회적 불평등의 문제와 직접적으로 연관된다.

환언하면, 경제자본, 문화자본, 사회자본과 같은 여타 형태의 자본들처럼 꿈-자본도 축적되고 배분되고 관리되며 상속된다. 다른 자본 형식들이 불평등하게 생산되고 배분되듯이 꿈-자본도 특정 경계를 따라서 차별적으로 분포되어 있다. 같은 사회 안에서도 누군가는 더 꿈꾸고 누군가는 덜 꿈꾼다. 누구는 더 밝은 미래를 소유하고 누구에게는 미래 자체가 결핍되어 있다. 이 차이가 바로 사회학적 설명의 대상이 된다. 꿈-자본의 수준에서 나타나는 이 불평등은 어떻게 만들어지고 재생산되는가? 어떤 사회경제적 변수들이 어떤 기제를 통해서 꿈-자본의 양과 질을 결정하는가?

2) 경험적 탐구

여러 형태의 몽상현상은 사회과학의 실증적 방법으로는 잘 포착되지 않는 깊은 해석학적 차원을 갖고 있다. 꿈은 쉽게 언어화되지 않는다. 분석에 저항한다. 사회적 행위자들은 자신의 꿈에 대해 깊이 성찰해 보지 않았을 수도 있고, 그에 대한 논리적 담화에 익숙하지 않을 수도 있다. 또한 꿈이란 그 양상과 내용이 매우 다양하여 투명한 지식의 형태로 이를 다루는 것은 쉽지 않은 일이다. 거기에는 인간 욕망의 다각적 양상들이 응축되어 있다.

이런 난점을 극복하기 위한 한 방편은 심층인터뷰와 참여관찰에 기초한 사례연구이다. 나는 지난 수년 동안 한국 청년들이 미래를 구성하는 실천과 꿈-자본의 형성과정에 대한 탐구를 시도해 왔고 유사한 연구를 수행하는 학생들을 지도하고 있다. 시동인집단을 만들어 활동하는 청년들의 '창조적 자아에 대한 꿈'을 발견한 연구를 수행했고(김홍중, 2016), 힙합씬에 투신해서 래퍼가 되기를 꿈꾸는 청년들을 탐구하고 있다. 인도여행을 통해 새로운 세상의 꿈을 꾸는 청년들에 대한 사례연구(김유하, 2016)가 있고, 단순하고 소박한 미학적 삶을 추구하는 집단에 대한 연구들도 진행되어 있으며(박주현, 2017), 새로운 공간을 문화적으로 창출해 가는 예술가집단에 대한 연구(윤혜수, 2016), 새로운 정치적 주체 혹은 시민성을 추구하는 청년들에 대한 연구도 수행되었다(김은지, 2018). 이런 사례연구들은 한 사회의 다양한 꿈들의 모자이크를 그려내는 것을 목적으로 한다.

또 다른 방법은 꿈-자본을 양적으로 측정하는 것이다. 나와 동료 연구

팀은 꿈의 능력을 여러 설문 문항을 통해 측정하는 연구를 진행하고 있다. 연구는 구체적으로 한국과 중국의 창의적 청년 세대(문학, 예술, 방송, 영화, 인터넷 작가 등)의 꿈-자본의 양과 형성경로, 꿈-자본의 결정메커니즘 등을 탐구하여 비교하는 것을 목적으로 하는데, 우리가 구성한 꿈-자본의 분석적 개념지도는 다음과 같다(김석호 외, 2017: 18-23).

i) 미래를 상상을 통해 구성하는 힘인 상상력(imagination)
ii) 미래에 대한 긍정적 인지능력인 낙관(optimism)
iii) 꿈꾸는 것이 달성되리라는 감정능력인 희망(hope)
iv) 좌절이나 난관을 극복할 수 있는 능력인 회복력(resilience)

꿈-자본의 첫 번째 구성요소인 상상력은 전통적 인식론의 관점에서 말하자면 이미지를 만들어 낼 수 있는 능력, 즉 구상력을 가리킨다. 그것은 부재하는 것을 의식에 현존시킬 수 있는 힘이다. 하지만 우리가 수행한 서베이에서 상상력은 좀 더 구체적으로, 응답자가 자신의 미래를 얼마나 자주, 얼마나 강렬하게, 또한 얼마나 자발적으로 상상하는가를 묻는 질문들에 의해 측정되었다. 이를 파악하기 위해 '나는 미래를 상상하는 것이 즐겁다', '나는 성공한 미래를 자주 상상한다' 등 5~6개의 문항을 제시하고, 문항 각각에 7점 척도를 부여하여 위 사항들에 대한 동의 정도를 측정하였다.

낙관력은 미래에 대한 '인지적' 긍정의 힘으로서 자신의 미래에 대해 얼마나 낙관적인 생각을 하고 있는지를 의미한다. 이를 살펴보기 위해 우리가 제시한 문항들은 가령 '나의 미래는 현재보다 더 나아질 것이다' 혹은 '나는 성공적인 삶을 살아가고 있다' 등 5~6개로 구성되어 있다. 이들에 대해서 역시 7점 척도를 부여하여 동의 정도를 측정하였다.

미래에 대한 '인지적' 능력인 낙관과 달리, 희망은 미래에 대한 '감정적' 긍정의 힘으로 정립된 사회심리학적 개념이다(Lazarus, 1999: 663-665). 낙관할 수 없는 상황을 인지하고 있음에도 불구하고 희망의 감정이 솟아나는 경우가 있으며, 바로 이런 감정의 가능성을 희망의 항목에서 측정하고자 했다. 구체적으로 말하자면, 가령 '나는 미래에 대해 희망적으로 느낀다', '나는 희망하는 것을 반드시 이루고 싶다' 등의 5~6개 항목을 제시하고 여기에 7점 척도를 부여하여 동의 정도를 확인하였다.

마지막으로 꿈의 능력에 우리는 회복력(resilience)을 포함시킨다. 이 용어는 원래 "외부의 교란들을 흡수해 낼 수 있는 시스템의 역량"을 가리키지만(루이스 · 코너티, 2015: 510), 심리적인 맥락에 적용되면 꿈의 실현과정에서 나타나는 좌절과 문제를 극복할 수 있는 능력을 가리킬 수 있다(Seligman *et al*., 2007). '나는 좌절의 경험으로부터 쉽게 회복하는 사람이다', '나는 어떤 난관이 닥쳐도 극복할 수 있다' 등 5~6개 항목에 부여된 7점 척도의 점수를 합계하여 회복력을 측정하였다.

꿈-자본 개념을 조작하여 위와 같은 측정도구를 마련한 후, 우리는 온라인 설문조사를 통해 20~34세 사이의 한국 청년 800명을 조사하였다. 이들의 경우 꿈-자본의 양이 총 7점 만점에 3.75점으로 측량되었다. 사회인구학적 특성 중에서는(성별, 출신지역, 출신고등학교 유형 등) 교육수준만이 꿈-자본의 양에 있어서 유의미한 것으로 나타났다는 점과, 교육수준이 높을수록 꿈-자본이 낮게 나온 것이 이채로운 점으로 발견되었다(김석호 외, 2017: 30-31). 우리 팀은 중국의 파트너들과 함께[8] 한국 청년세대와 중국 청년세대의 꿈-자본에 대한 비교연구를 시도하고 있다. 중국 쪽의 데이터가 수집되어 분석되면 더 풍부한 논의의 내용이 확보될 것으로 예상해 본다.

이상에서 살펴본 꿈-자본 개념은 사회적 불평등을 물질적 재화의 수준에서만 다루지 않고, 보이지 않는 심적 능력으로까지 확장시켜 논의하는 것을 가능하게 할 것으로 기대된다. 사회통합이 평등을 요구한다면, 평등은 꿈의 평등을 내포한다. 분배적 정의는 꿈-자본의 정의로운 분배의 관점

---

8) 중국 청년들의 꿈-자본에 대한 서베이는 중국 칭화대의 진지엔빈 교수 그리고 푸단대의 추야지 교수와의 협업을 통해 진행 중이다.

에서도 논의될 필요가 있다. 만일 누군가 과도한 꿈-자본을 소유하고 그것의 실현을 통해 그 자본을 더 증강시켜 갈 수 있는 데 반해, 같은 사회의 다른 구성원은 꿈-자본이 결핍되어 비관과 우울로 고통받고 그 결과 다시 더 빈곤한 미래상을 갖게 된다면, 그런 사회는 근본적 통합가능성을 상실하고 있는 사회이며 근본적으로 정의롭지 않은 사회이다. 부, 권력 그리고 교양과 지식이 차별적으로 분배되어 있다 할지라도, 미래에 그런 차이를 극복하고 더 나은 존재로 스스로를 만들어 갈 수 있다는 믿음이 가능하다면 그 사회는 가능성의 공평한 배분을 통해 사회적 정의의 기초를 구비하고 있는 사회라 말할 수 있다. 사회통합은 이념이나 프로파간다가 아니라, 현재적 불평등을 넘어서는 사회이동에의 꿈 위에서 가능하다. 18세기의 루소가 부와 권력의 불평등에 주목했고, 19세기에 마르크스가 프롤레타리아트의 구조화된 빈곤과 소외 그리고 착취에 주목했다면, 21세기 사회과학은 그런 사회적인 것의 근저에서 움직이는 꿈-자본의 불평등에 주목할 필요가 있다.

5. 꿈과 정체성

사회적 행위자들은 각자의 정체성에 따라서 다차원적 내용의 꿈들을 품게 된다.[9] 개인은 다중적 정체성을 갖고 있는데, 이 각각의 정체성에는 고유의 꿈들이 조응하고 있다. 그리고 이 꿈들은 미시적 차원을 벗어난 거시적 관계와 조직 그리고 상상된 공동체들에도 뿌리를 내리고 있다. 꿈이 정체성과 연관되어 있다는 것은 사회학적 꿈의 이해에서 매우 중요한 쟁점을 제기한다. 그것은 꿈이 '도덕적' 함의를 갖고 있다는 점이다. 꿈을 통해

9) 요아스의 정의에 의하면 정체성은 "한 사람이 자신과 맺고 있는 소통적이며 구성적인 관계"이다(Joas, 2001: 160 재인용. Frye, 2012: 1575).

생산되는 미래의 이미지는 행위자들이 도덕적으로 이상화하고, 바람직한 것으로 여기는 바와 연관된다. 그것은 일종의 "자기-변환(self-transformation)을 위한 모델"(Frye, 2012: 1567)의 의미를 갖는다. 사람들은 합리적 계산을 통해 이득이 되는 것을 꿈꾸는 것이 아니라, 자신이 속해 있는 문화가 제공하는 자신의 미래를 꿈꾸는 것이다. 이런 점에서 정체성과 연결되는 꿈은 기본적으로 "도덕적 요구(moral claim)"의 성격을 갖는다(Frye, 2012: 1566).

이런 관점에서 우리는 꿈과 정체성이 조응을 통해 구성되는 세 가지 상이한 차원을 나누어 생각해 볼 수 있다. 하나는 자아와 가족을 포함한 친밀성의 차원이고, 둘째는 그가 속한 다양한 사회적 관계와 조직들의 차원, 마지막으로 국가/민족과 같은 거대 정치체의 차원이다. 이들 각각에 따라서 꿈의 내용과 양상은 큰 차이를 보인다.

편의를 위해 서울에 거주하는 40대 남성 자영업자를 상상해 보자. 그에게는 단독자로서, 한 인간으로서, 마음에 품고 있는 모종의 실존적 미래상이 있을 수 있다. 그는 생계를 위해 하고 있는 자영업 외의 일, 가령 화가나 작가라는 은밀한 꿈을 꾸고 있을 수도 있다. 실현시키기 어렵겠지만 지금 주어진 삶을 떠나 다른 새로운 세계에서의 삶에 대한 환상도 있을 수 있다(영화나 소설은 현대인의 이런 은밀한 환상을 여행이나 모험의 형태로 충족시킨다.). 그러나 아마도 그는 가장으로서, 자신의 아이들과 배우자에 대해 보다 현실적인 소망들을 갖고 있을 것이다. 생존하기 위해서 풀어야 하는 수많은 문제들이 해결되어, 경제적 삶이 안정되기를 희망할 것이다. 부모의 건강과 행복을 꿈꿀 수도 있다. 이처럼 한 개인이 자신의 존재, 그리고 친밀성의 관계 속에서 갖고 있는 꿈들을 사몽(私夢, private dream)이라 부른다(김홍중, 2015a: 53). 사몽은 자기애 그리고 그것의 혈연적 확장인 가족에 대한 사랑과 의무, 자신과 가족의 생명유지와 생존에 대한 요구와 필연성에 뿌리를 내린다. 사몽의 수준에서 형성되는 자본은 유아기로부터 친밀한 가족적 애정관계를 통해 암시되고 육성된 자신에 대한 믿음과 낙관, 그리고 희망의 능력에 기초한다. '나는 잘될 거야.' 라는 자기 확신, 종교적 자기암시, 혹은 부모로부터 상속된 야심과 포부 등이 그것이다. 사몽은 사회적이고 공적인 몽상을 특징짓는 규범으로부터 상대적으로 자유롭다. 그것은 사적 이해관계(self-interest)의 추구에 대한 열망이며, 규범적이고 도덕적인 규제의 시선 외부에 존재하는 가장 원초적인 자기보존과 확장의 욕망과 연관되어 있다. 그런 점에서 사몽은 때로는 반사회적일 수도 있고, 몰사회적일 수도 있다.

앞서 예를 든 40대 남성 자영업자의 정체성은 방금 언급한 친밀성의 수준을 넘어서는 다양한 '사회적' 차원에도 접합되어 있을 것이다. 그는 자신의 점포가 있는 지역의 주민이며, 모 종교의 신자이고, 동창회의 멤버이며, 사회단체나 특정 정당에 참여하고 있을 수도 있다. 그리고 그 각각에 조응하는 상이한 꿈들이 그에게 복합적으로 존재할 수 있다. 이 꿈들은 단순히 개인적 이해관계에 국한되지 않는 직능적/종교적/시민적/공동체적 이해관계와 연관된다. '나' 의 미래가 아니라 '우리' 의 미래, 즉 우리 학교, 우리가 하는 일, 우리가 믿는 신과 신도와 교단, 그리고 정치적 견해와 믿음을 같이하는 '우리' 의 꿈이 그것이다. 이런 점에서 이 꿈들의 내용과 범위는 사몽을 뛰어넘는 공적(共的) 성격을 지니며, 이를 포괄적인 의미에서 공몽(共夢, common dream)이라 부를 수 있다(김홍중, 2015a: 54-55). 공몽(共夢)은 중범위수준의 사회조직체들이 주체 혹은 단위로서 형성시키는 미래상이다. 이는 그 구성원들의 몽상세계에 소속감과 정체성을 매개로 접합되어 나타난다. 공몽(共夢)에 이르면 꿈은 단순한 사적 욕망의 좁은 범위를 벗어나 공동체의 공통운명과 미래에 대한 정신적 지향으로 상승한다. 행위자는 사몽의 존재인 동시에 공몽(共夢)의 존재, 즉 사회적 존재로서 꿈꾸는 자이기도 하다.

마지막으로 사적 정체성과 공동체적 정체성을 넘어서는 국가/민족/사회적 정체성과 연관되어 있는 꿈의 수준이 존재한다. 그것은 개인이나 가족의 차원도 아니고 집단이나 조직의 차원도 아닌, 이들을 초월한 대규모의 정치문화적 공동체의 일원으로 품는 꿈이다. 공화국의 일원으로서, 민족의 일원으로서 혹은 한 사회의 시민, 공민(公民), 국민으로서 자신이 귀속감을 느끼는 그 정치체나 사회체가 좀 더 정의롭고 부강하고 평화롭고 아름다운 미래를 향해 성장하기를 꿈꾸는 것, 이런 마음의 지향이 존재한다.[10] 이는 사실 많은 경우 정치나 이념적으로 구현되는 세계상과 깊은 연관을 맺고 있으며, 바로 그런 점에서 국가의 다양한 상징적 행위들을 통해 실행되는 선전, 기획, 프로그램, 정책을 통해 구체화된다. 사몽이나 공몽(共夢)과 구별되는 공식적이고 이념적인 성격을 지닌 이 미래상을 공몽(公夢, official dream)이라 부를 수 있다(김홍중, 2015a: 55-56). 아메리칸 드림, 유러피언 드림, 혹은 중국몽 같은 헤게모니적 몽상구성체가 공몽(公夢)의 전형적 실례라 할 수 있다.[11] 공몽은 집합기억에 그 뿌리를 내리고 있는 경우가 많고, 때로는 신화화된 과거, 때로는 굴욕적 과거에 대한 공유된 정서를 유토피아적 미래상과 연결시키는 여러 상징들에 의존한다(Wang, 2014).[12]

---

10) "꿈은 강력한 힘을 갖는다. 꿈은 우리 욕망의 저장소이다. 꿈은 엔터테인먼트 산업을 부흥시키고 소비를 추동한다. 꿈은 사람들로 하여금 현실에 눈멀게 하며 정치적 공포에 대한 가림막을 제공하기도 한다. 그러나 꿈은 또한 우리에게 세상이 지금과 근본적으로 다를 수 있음을 상상하게 하고, 그 상상적 세계를 향하여 우리가 진보해 갈 수 있다는 믿음에 영감을 제공한다"(Duncombe, 2007: 182).

11) 가령, 로버트 케이건(Robert Kagan)은 미국, 중국, 인도, 일본, 러시아, 이슬람 등이 어떻게 과거의 영광을 다시 회복하려는 민족적/국가적 꿈을 꾸고 있는지를 분석함으로써, 꿈의 관점에서 국제정치를 파악하는 시도를 보여주고 있다(Kagan, 2009). 물론 국가를 넘어서는 수준의 천하(天下) 혹은 코즈모폴리턴 시민으로서 갖는 인류애적 수준의 꿈이 있다. 그것은 국민국가 단위의 공몽(公夢)보다 더 큰 공공성을 갖는 꿈이다.

12) 최근의 두 연구에서 나는 냉전 발전주의 시대 한국 사회를 이끈 이른바 '몽상연합(dream coalition)' 에 대한 분석을 시도했다. 몽상연합은 수많은 사몽의 에너지를 공몽(共夢)으로 조직해 내고, 이 공몽들의 규합된 에너지를 국가적 수준의 공몽(公夢)으로 결집, 통일, 집중하여 한 시대 특정 사회의 심적 역동의 영역에서(마음의 레짐의 영역) 형성된 꿈의 여러 단위들의 연합이다(김홍중, 2015b; Kim, 2018).

6. 꿈과 사회변동

한 시대를 움직여 가는 사회변동의 근본동력을 꿈에서 발견하려는 시도는, 변동을 물질적 하부구조(생산력과 생산관계)의 모순으로부터 발생하는 것으로 파악하는 유물론적 관점이나 정신, 이데올로기 혹은 가치와 같은 상부구조적 요인으로 설명하려는 관점과 동시에 거리를 두고 있다. 꿈이 사회를 바꾼다는 것은, 사회변동에서 행위자집단의 행위능력의 중요성에 대한 인식을 전제로 한다. 개인의 꿈뿐 아니라 집단의 꿈에 대한 이런 문제의식은 꿈의 사회학의 중요한 과제를 이룬다. 이에 의하면, 사회집단들은 나름의 방식으로 미래를 꿈꾸고, 서로 다른 꿈과 청사진 사이에는 격렬한 투쟁이 발생한다. 꿈의 동력으로 건물이 서고 도시가 만들어지며, 통치와 저항, 발전과 전쟁이 일어나고 사회가 변화해 나간다. 이념이나 세계관 혹은 시대정신과 비교하면 이런 집합몽상은 영상적이고(논리적이라기보다는) 전(前)-이론적이며, 비전인 동시에 판타지이기도 하다.[13] 그것은 의식이나 지식, 즉 이데올로기 수준으로 환원되지 않으며, 대신 감정적 수준으로부터 사람들을 동원해 내는 '신화'나 '유토피아'에 가깝다(Sorel, 1972; Bloch, 1977). 경제와 정치는 다양한 몽상구성체들이 경쟁하고 투쟁하는 공간이다.

앞서 언급한 졸고에서 살핀 것처럼, 벤야민(Walter Benjamin)이 유고로 남긴 『파사젠베르크』는 19세기 파리의 파사주(passage)를 둘러싼 수많은 꿈의 흔적들을 고고학적으로 탐사해 나가는, 집합몽상의 힘에 대한 기념비

---

13) 환상 개념은 주로 프로이트에서 라캉에 이르는 정신분석학적 논의를 창조적으로 재구성하는 지젝의 이론을 원용하고자 한다(Žižek, 1999a, 1999b). 한편, 사회운동에서 환상의 중요성과 역할에 대한 논의(Ormrod, 2014), 환상과 꿈의 관점에서 미국의 근대사를 고찰한 연구(Andersen, 2017), '환상-생산'이라는 개념으로 필리핀 사회를 탐구한 연구(Tadiar, 2004), '백인 환상'의 관점에서 호주 다문화사회를 탐구한 연구(Hage, 2000) 등이 이 맥락에서 주목할 만하다.

적 탐구이다. 이 연구를 상징하는 통찰은 미슐레(Jules Michelet)의 "모든 시대는 다음 시대를 꿈꾼다"(Michelet, 1926 인용; Benjamin, 1982: 46)라는 문장에서 왔다.[14] 판타지이면서 동시에 유토피아인 무언가가 역사를 움직여 간다. 이 유토피아는 건축물을 비롯한 인간 삶의 형상들 속에 물질적인 흔적을 남기는 실체적 힘으로 작용한다. 벤야민은 이런 통찰을 통해 마르크스주의적 사적유물론의 기본 도식에 꿈의 힘, 즉 "몽상력(capacity to dream)"이라는 새로운 차원을 삽입하고 있다(벅-모스, 2004: 163). 몽상력은 물질적 생산력이 아니며, 몽상만의 힘으로 역사가 추동되는 것은 물론 아니지만, 몽상력과 결합하지 않고 사회를 변동시키는 순수한 생산력이 존재하는 것도 아니다. 경제적 생산력의 발전에 조응하는 집합적 몽상구조는 유토피아적 힘을 발휘하면서 역사적 사회구성에 큰 영향을 미친다.

한편, 잡지 『사회주의냐 야만이냐(*Socialisme ou barbarie*)』를 통해 소비에트 관료제를 신랄하게 비판했고, 현실 사회주의의 모순을 신랄하게 지적하면서 결국 그 뿌리를 마르크스주의의 이성중심주의와 경제결정론에서 발견하여, 상상계(imaginaire)의 역동성과 역사적 주체의 창조성을 대안으로 설정했던 프랑스의 철학자 카스토리아디스(Cornelius Castoriadis)의 관점은 이 지점에서 벤야민의 통찰과 깊이 공명한다(Castoriadis, 1975).

이미 고정된 현실과 다른 현실을 상상을 통해 구성해 내는 꿈의 힘, 혹은 그가 상상적인 것이라 부르는 것의 힘이 '주체(sujet)'를 만드는 근본적 힘이라는 점을 지적하면서, 카스토리아디스는 몽상과 역사의 변증법적 착종에 대한 성찰을 유도한다. "상상계의 규정은 다음과 같은 핵심 질문 속

14) 하저(Ghassan Hage)에 의하면 이런 미슐레의 사유는 18세기 서구에서 부상하던 민족주의의 격랑 속에서 민족(nation)이 "희망의 분배기구"로 기능하면서 그 구성원들에게 더 나은 삶에 대한 꿈을 평등하고 공정하게 나누어 줌으로써, 그들에게 행위동기를 제공해 주었던 통합의 체험에 뿌리를 내리고 있다(Hage, 2003: 14). 즉, 근대사회란 자신의 구성원들에게 존재의 증강을 꿈꾸게 하는 "자기실현이라는 사회적 기회의 배분기(distributor)"로서 "사회적 희망(societal hope)"의 원천이 된다(Hage, 2003: 15).

에서 명확히 드러난다. 개인주체나 집합주체가 존재하기 위해 필요한 가장 일반적인 조건이 무엇인가? 그 조건들은 다음의 두 용어로 요약될 수 있다. 첫째, 저항력을 갖추고 있고 일관적이며 고갈되지 않는 바탕으로서의 현실이 주어져야 한다. 둘째 이와 상이한 또 다른 현실이 주어져야 한다. 이것은 실재(réel)의 (현실적) 부정이 아니라 비-현실(a-réalité)이다. 이 비-현실이 발원하기 위해서는 주체들에게 다음과 같은 … 능력이 요청된다. 즉 실재를 무시할 수 있는 능력, 실재로부터 떨어져 나올 수 있는 능력, 실재와 거리를 둘 수 있는 능력, 실재로부터 부과되는 관점과 다른 관점을 취할 수 있는 능력, 주어지지 않은 것을 스스로에게 표상해 내고, 그것을 만들어 낼 수 있는 능력, 가능한 것을 존재할 수 있게 하는 능력이 그것이다"(Castoriadis, 2007: 145-146). 카스토리아디스는 결국 다른 현실을 상상하고 꿈꿀 수 있는 능력에서 주체의 조건을 발견한다. 현실을 인식하는 것만으로 충분하지 않으며, 더 중요한 것은 '비-현실'을 창조할 수 있어야 한다는 것이다.

벤야민과 카스토리아디스의 논의를 매개하는 것은 이처럼 몽상력(夢想力)과 역사 그리고 역사변동의 주체라는 삼각형이다. 역사는 그 자체의 논리와 동력으로 움직여 가는 자동기계가 아니다. 역사의 중심축으로 기능하는 몽상은 꿈꾸는 주체들을 역사적 행위자로 불러 세운다. 그것이 계급이건 민족이건 젠더이건 세대이건 인종이나 특정 사회 그룹이건, 꿈의 주체는 몽상의 창조성과 열정을 질료로 일종의 사회집단(몽상공동체)을 형성하면서 역사에 개입해 들어온다. 전통적인 마르크스주의적 사적유물론에서 인간 행위자가 '노동'이라는 협소한 자리를 배당받았다면, 몽상의 역능에 대한 이런 사유 속에서 인간 행위자는 구조적 법칙의 자동인형이 아니라, 상상과 꿈을 통해 역사의 방향과 흐름을 결정하는 주인공들로 나타나고 있다. 더 나아가서 때로 역사와 사회를 변화시키는 힘은 살아 있는 인간집단으로부터 나오기 이전에, 이들 인간 행위자의 마음에 스며들어 가서 그들을 움직이는 죽은 자들의 꿈이기도 하다. 사자(死者)들은 죽음 속으로 사라져 갔지만, 그들이 품고 있던 실현되지 못한 몽상들은 산자들의 세계를 잠재성의 형식으로 떠돈다. 이 몽상은 현실을 변화시키는 힘으로 작용하지 못한 채 지배적 리얼리티의 주변에 기생하다가, 어떤 변화의 우발적 계기를 만나면 그것에 달라붙어, 마치 빙의현상처럼 산자들의 세계를 특정 방향으로 휘몰아 움직여 간다. 꿈은 상속되며 유전되고 사라지지 않는다. 꿈은 일종의 시대적 무의식에 잠재된 채 유령처럼 출몰한다(Derrida, 2006).

이런 시각에서 보면 역사는 지배적 몽상구성체의 부단한 교체과정으로 나타난다. 역사의 변동은 어떤 꿈이 지배적 위치를 차지하고 어떤 꿈이 그 자리에서 밀려나는가의 관점에서 설명될 수도 있다. 모든 유토피아가 실현되는 것은 아니지만, 역사의 집요하고 극적인 변화 뒤에는 언제나 오랫동안 실현되지 못했지만, 수많은 행위자들의 마음속에서 꿈꾸어 온 몽상의 에너지가 꿈틀거린다. 그것이 인간들을 움직이고, 사회를 변화시킨다.

한국의 지난 60여 년의 급격한 사회변동 역시 이 관점에서 조망될 수 있다. 1960년대부터 1980년대까지 한국 사회를 지배했던 대표적 몽상구성체는 '산업화의 꿈' 이다. 그것은 경제 발전의 꿈이기도 하고 빈곤 극복의 꿈이기도 하며, 민족적 안전보장의 꿈이기도 했다. 이 꿈이 사람들을 움직여 노동과 삶의 동력으로 기능했다. 그러나 그 시기 한국 사회에는 또 다른 지배적 몽상구성체가 성장해 가고 있었다. 그것이 바로 '민주화의 꿈' 이다. 소외되고 차별받는 자들의 존엄에 대한 꿈, 민주적 정치제도에 대한 꿈, 평등과 공존에 대한 꿈이 그것이다. 1987년 6월의 민주화대항쟁을 상징적 사건으로 하는 이 꿈은 산업화의 꿈과 경합하면서 1980년대와 1990년대 한국 사회의 기조음을 이루게 된다. 그 시기 학생운동, 노동운동, 시민운동에 투신한 수많은 주체들을 움직인 것은 바로 이 민주적 삶에 대한 열망이었다. 그러던 와중에 1997년 IMF 외환위기 이후 시행되기 시작한 신자유주의는 한국 사회에 강요되고 이식된 '세계화의 꿈' 의 시대를 연다.

세계화의 시대 한국 사회는 가혹한 경쟁 속에서 살아남는 꿈에 몰두하였다. 그것은 잘살겠다는 꿈도 아니고, 평등하게 공존하겠다는 꿈도 아니었다. 그것은 주어진 환경에서 일단 견디어 내겠다는 각자도생의 꿈이었고, 바로 그런 한에서 극심한 사회적 악몽들을 낳았다. 이제 2017년에 이르러, 한국 사회는 대통령 탄핵이라는 결정적 사건을 맞이하면서 과거의 꿈들과 다른 형태의 새로운 대안적 몽상구성체를 요청하고 있는 상황이다.

7. 마치며

꿈의 사회학은 미시와 거시 두 차원에서 모두 사회적인 것을 탐구하고 설명하는 새로운 관점, 개념, 과제를 스스로에게 부여한다. 미시적인 차원에서 그것은 인간 행위자들의 미래 생산능력의 불평등과 양극화를 논의의 출발점으로 삼고, 사람들이 자신들의 꿈을 형성시키는 여러 원리들을 추적해 간다. 꿈과 리얼리티 사이의 복잡다단한 관계를 조율하면서 인간들이 창조해 가는 사회적 세계의 양상을 그려보는 것이다. 이와 동시에 꿈의 사회학은 거시적 차원에 대한 관심을 놓치지 않는다. 꿈의 힘이 생산되는 기원을 사적 세계에서뿐만 아니라 다양한 공동체들과 국가에서도 발견하며, 그들의 연합과 접합을 탐색하고자 한다. 특히 역사의 변동과정에서 집합적 몽상구성체가 발휘하는 힘에 대한 적극적 해석을 통해서 사회변동의 근본 메커니즘에서 꿈의 역할을 분석하고자 한다. 꿈의 사회학은 아직 실현되지 않은 하나의 프로그램에 불과하다. 그러나 기왕의 사회학의 성과를 바탕으로 사회적인 것과 심적인 것의 특수한 결합, 현재지평과 미래지평의 상호작용, 그리고 사회적 필연성과 몽상의 자발성의 변증법을 섬세하게 고려하면서 꿈의 사회학이 다양한 사회현상과 사회변동을 설명하는 사회학의 새로운 시각으로 설립되기를 희망한다.

제 2 부

근대질서 속에서의 국가별 꿈

제 3 장 아메리칸 드림이란 무엇인가?

제 4 장 중국몽의 도상학

제 5 장 현대 일본 사회와 꿈의 사회사 : 이상의 시대부터 불가능성의 시대까지

제 6 장 한국적 꿈꾸기의 역설

제 3 장

아메리칸 드림이란 무엇인가?

| 이현송(한국외대 영어통번역학부) |

'아메리칸 드림'은 미국인의 일상에서 끊임없이 환기되는 용어이다. 이 용어는 대체로 '누구라도 열심히 노력하면 성공할 수 있다.'라는 지극히 평범한 메시지를 담고 있으나, 이를 사용하는 맥락은 다양하다. 가난한 이민자의 성공을 의미하는 원래의 의미에서부터, 출신 배경에 관계없이 누구라도 성공할 수 있다는 평등주의 이념으로, 미국이 인류사에서 완수해야 할 사명이라는 거창한 대의에 이르기까지 미국과 미국인의 희망과 성취를 의미하는 모든 맥락에서 쓰인다.

이 글에서는 '아메리칸 드림'이 어떤 의미를 담고 있으며, 어떻게 이렇게 강력한 설득력을 가진 이념으로 자리 잡게 되었는지 검토한다. '아메리칸 드림'은 미국인에게 너무도 익숙한 개념이어서인지 학문적 연구는 많지 않다. '아메리칸 드림'에 대한 기존 연구는 대부분 역사적 내지 문학적 접근이다(Cullen, 2004). 이 글에서는 사회학적 시각에서 이 개념의 의미, 정당화 기제, 사회적 영향을 분석한다.

1. 아메리칸 드림은 이념이다

'아메리칸 드림'은 미국인에게 삶의 목표를 제시하며, 미국 사회를 유지하는 데 중요한 역할을 담당한다. '아메리칸 드림'은 이념이다. 사회학 백과사전에 따르면 이념이란 체계적으로 조직화된 신념, 태도, 의견의 집합체로서, 현실을 왜곡하여 반영하며 행위의 방향을 제시하고 사회적으로 중요한 기능을 한다(Marshall, 1994: 234-235). 이념이란 이상적 사회에 관한 아이디어를 제시하는데, 이는 객관적인 현실과 거리가 있다. 이념은 가치 판단의 기준을 제시하며, 현실과 맞지 않은 부분에 대해 사람들은 어떻게든 합리화하려 한다. 미국인은 어렸을 때부터 일생토록 '아메리칸 드림' 이념을 교육받고 이에 설득된다. 이 이념에 세뇌된 정도는 사람에 따라 다르다. 어떤 사람은 이 이념이 절대적으로 옳다고 굳게 믿으나, 다른 일부 사람은 이 이념이 현실과 맞지 않는다고 부정하며, 이 양극단의 중간에는 다양한 정도로 이 이념을 추종하는 사람들이 존재한다.

모든 사회에는 성공에 대한 정의와 이를 달성하는 방법에 대한 사회적인 규범이 존재한다. '아메리칸 드림' 만큼 국민에게 강한 설득력을 가지고 공유되는 이념을 다른 사회에서는 찾기 어렵다. 여론 조사에 따르면 '열심히 노력하면 성공할 수 있다' 혹은 '나에게도 성공의 가능성이 있다' 는 견해에 각각 93%와 79%의 미국인이 동의한다. 이는 유럽 사람들이 이 질문에 대하여 각각 80%와 70%를 넘지 않는 것과 대비된다. 사회경제적 지위가 높을수록 이러한 견해에 동의하며, 흑인보다 백인과 아시아계가 더 강력하게 동의한다. 사회경제적 혹은 인종 구분에 따른 차이 또한 미국은 유럽에 비하여 현저히 작다. 요컨대 미국인은 대체로 자신의 출신 배경이나 현재의 지위에 관계없이 '아메리칸 드림' 에 강력히 동조한다(Hochschild and Scott, 1998; Citrin *et al*.,1994).

'아메리칸 드림' 이라는 용어가 사용되는 맥락은 크게 두 가지이다. 첫째는 개인의 성공과 관련된 경우이며, 둘째는 국가의 이상과 관련된 경우이다. 대다수의 미국인이 생각하는 '아메리칸 드림' 은 개인적 의미를 지닐 뿐 국가의 이상과는 거리가 멀다. 문학작품에서는 물론 신문기사나 연설문 등 일상적인 글에서 '아메리칸 드림' 은 대부분 개인적인 의미를 담고 있다(Gifford and Ingersoll, 1991).

미국인이 '아메리칸 드림' 을 언급할 때 생각하는 성공의 의미를 살펴보자. 벨라(Robert Bellah)와 그의 동료가 다양한 계층과 인종의 사람들을 조사한 결과, 그들이 '성공' 을 언급할 때 이는 대부분 상대적이고 경쟁적이고 개인주의적이며 물질적 성취를 의미한다(Bellah *et al*., 1986). 이러한 '성공' 의 개념은 '성공' 의 다양한 범주 중 제한된 일부만을 지칭한다. 성공은 절대적으로 혹은 상대적으로 평가할 수 있으며, 물질적 · 사회적 · 정신적 차원의 어떤 측면에서도 생각할 수 있으며, 집단적 혹은 개인적 차원에서도 생각할 수 있다. 절대적 성공이란 자신이 생각하는 절대적 수준에 도달했을 때 성공이라고 정의하는 것이다. 예컨대 많은 부를 축적하지 않았더라도 고상한 생활을 할 수 있을 때 성공했다고 정의할 수 있으며, 물질적으로는 풍족하지 않아도 정신적으로 큰 만족을 누리거나 사회적으로 존경을 받을 때 성공했다고 정의할 수 있다. 또한 개인의 성취보다는 내가 속한 집단의 향상을 성공의 척도로 삼을 수도 있다.

미국인이 추종하는 상대적인 성공이란 어떤 대상과 비교하여 더 나은가 여부를 성공의 척도로 삼는다. 상대적이고 개인주의적이며 물질적 성공은 경쟁적인 형태를 띤다. 왜냐하면 성공하기 위하여 타인과 나는 제한된 자원 혹은 지위를 놓고 서로 경쟁할 수밖에 없기 때문이다. 물론 미국의 지도자 중 집단의 성공을 개인의 성공보다 우선시하는 발언을 한 경우는 많다. 예컨대 케네디(John F. Kennedy) 대통령의 "국가가 너를 위해 무엇을 할 수 있는지 생각하지 말고, 국가를 위해 네가 무엇을 할 수 있는지 생각하라."라는 말이나, 킹(Martin Luther King, Jr) 목사의 연설은 대부분 사회와 국가를 나 자신보다 먼저 생각하라고 한다. 그러나 이러한 지도자의 발언은 '아메리칸 드림' 에 반영된 미국인의 심성과 배치된다.

둘째로 '아메리칸 드림' 이 국가의 이상과 관련된 경우를 보자. 일부 역사학자나 미국학자들은 미국의 역사에 이상이 지배한다고 주장한다. 이들은 시기에 따라 중심 이념에 변화가 있다고 주장하면서 다음과 같이 구분짓는다(Sussman, 1998; Karabell, 2001; Cullen, 2004). 첫째는 청교도 정착자들이 가졌던 이상으로 '기독교 이상이 구현된 나라(City upon a Hill)' 라는 개념이고, 둘째는 독립선언문과 헌법에서 나타난 '개인의 자유를 보장하는 나라' 라는 개념이며, 셋째는 19세기 후반의 산업발전 시기에 카네기(Andrew Carnegie)나 록펠러(John D. Rockefeller) 혹은 앨거(Horatio Alger)의 소설에서 이상화된 '역경을 딛고 노력으로 성공한다.' 는 이상이며, 넷째는 독립선언문에 나타나고 마틴 루터 킹 목사의 연설에서 극적으로 표현된 '평등'에 대한 이상이며, 다섯째는 1950~60년대에 최고조에 달한 '물질적 풍요'에 대한 이상이다. 미국 역사의 각 시기의 당면문제에 대응하면서 형성된 이러한 국가의 이상은 상황이 변한 후에도 미국인의 생각 속에 깊이 자리 잡아 '미국인의 신조(American Creed)'를 형성하였다. '미국의 예외주의(American Exceptionalism)'를 주장하는 사람들은 미국을 하나의 '상상의 공동체'로 만드는 중심에는 '이상'이 있다고 본다. 미국은 이러한 이상 혹은 이념을 중심으로 하는 국가라는 점에서 예외적이라고 지적한다(Lipset, 1996).[1] 이는 지구상 대부분의 나라가 이상이나 이념보다는 혈연이나 지연이 국민을 결속시키는 기제인 것과 대비된다. 유럽의 봉건주의 사회로부터 탈출하여 공화주의 정치체제의 자유롭고 평등한 사회를 구현하는 것이 바로 '아메리칸 드림'인 것이다.

'아메리칸 드림'을 미국의 국가 정체성으로 보는 이러한 주장은 비판의 여지가 있다. 미국은 기존에 북미 대륙에 거주하던 인디언을 정복하고 이들의 대부분을 죽이거나 서부의 사막으로 몰아낸 뒤 세운 나라이므로 역사상 수없이 전개된 정복국가 중 하나이다. 미국이란 나라는 식민지가 건설된 이래 400년이 지난 지금까지도 영국계 이민자를 최상위로 하여 인종과 민족을 교차하여 위계적인 사회를 형성하고 있으므로, 개인의 자유와 평등을 보장하는 사회를 건설한다는 '아메리칸 드림'과 현실 사이의 간극은 여전히 크다. 그들이 탈출한 서유럽 사회와 비교할 때 현재의 미국은 평균 소득은 높지만 더 불평등하며 인종 편견과 차별이 심하고, 범죄와 폭력이 난무한다는 면에서 '아메리칸 드림'이 아니라 '아메리칸 악몽'을 꾸고 있다고 냉소적으로 비판할 수 있다.

1) 미국의 예외주의에 대한 논쟁은 Shafer(1991) 참조.

2. '아메리칸 드림'과 개인주의

'아메리칸 드림' 이념은 개인주의 가치관을 전제로 한다. 개인주의란 개인을 사회와 삶의 중심에 두는 세계관이다(Lukes, 1972). 개인주의는 개인의 추구를 모든 것에 우선하며, 개인을 궁극적 목적으로 한다. 개인의 자유와 독립, 개인의 자조와 자기 책임, 개인의 성공을 강조하는 개인주의 가치관은 '아메리칸 드림'의 핵심이다. 개인주의 가치관이 지배하는 미국 사회에서 개인의 성공은 내가 속한 집단이나 국가의 성공에 앞선다. 미국인이 생각하는 '아메리칸 드림'에서 개인은 자신의 자원에 따라 살아야 하고, 개인의 성공이 삶의 목표가 되며, 성공과 실패에 대해 개인이 책임을 지고 보상을 누린다.

개인의 성공으로 정의되는 '아메리칸 드림'은 유럽으로부터 북미 대륙으로 건너온 이민자의 경험 및 미국의 동부 인구밀집지역으로부터 새로이 개척되는 서부 지역으로 이동한 이주자의 경험에서 비롯한다. 가난한 사회 배경을 뒤로 하고 새로운 땅으로 건너온 이민자가 열심히 노력하여 역경을 딛고 성공한다는 것은 '아메리칸 드림'의 전형이다. '아메리칸 드림'의 전형으로 숭상되는 카네기나 록펠러는 물론, 앨거의 소설에 등장하는 주인공은 모두 본인이 이민자이거나 혹은 이민자 2세이다. 19세기에 유럽의 이민자가 이러한 유형에 속한다면, 20세기에는 아시아와 중남미의 이민자가 '아메리칸 드림'을 일구고 있다. 근래에 '아메리칸 드림'의 전형으로 지목되는 캘리포니아 주지사 슈워제네거(Arnold Schwarzenegger)나 케냐 출신 흑인 유학생의 아들 오바마(Barack Obama)는 이러한 전형에 부합한다. 오바마가 자신의 성장과정을 서술한 자서전의 제목을 『아버지로부터의 꿈(*Dreams from My Father*)』이라고 지은 것은 이러한 심리를 반영한다.

근래에 자주 언급되는 '중국몽(中國夢)'과 비교할 때, '아메리칸 드림'의 개인주의적 성격은 뚜렷하다. '중국몽'은 중국이라는 국가가 세계적으로 강성해지는 것을 의미할 뿐, 중국인 개개인이 자신의 삶에서 성공한다는 개념은 포함하고 있지 않다. '중국몽'은 '중국인의 꿈'이 아니라 '중국의 꿈'이다. 반면 '아메리칸 드림'은 '미국의 꿈'이 아니라 '미국인의 꿈'이다. 개인의 성공을 추구하는 '아메리칸 드림'과 중국이라는 국가의 강성을 추구하는 '중국몽'은 전혀 다른 개념이다.

근래에 국내 언론에서 '아메리칸 드림'을 빗대어 '코리안 드림'이라는 용어를 사용한다. '코리안 드림'이란 대체로 동남아의 가난한 나라 출신의 외국인 노동자가 한국에서 열심히 일을 하여 저축한 돈으로 본국에 돌아가 자신의 집을 사거나 사업을 하여 성공한다는 뜻이다. '아메리칸 드림'과 '코리안 드림'은 둘 다 이민자의 경험을 기반으로 한다는 점에서 공통된다. 또한 사회적으로 아무런 기반이 없는 사람이 자신의 노력과 부지런함만으로 물질적인 성공을 거둔다는 점에서 두 개념은 유사하다. 그러나 '아메리칸 드림'과 '코리안 드림'은 적용되는 범위에 차이가 있다. '코리안 드림'은 한국에 입국하여 일하고 돌아가는 외국인에게만 적용되는 개념인데 반하여, '아메리칸 드림'은 미국에 건너온 이민자는 물론 미국에서 태어나 성장한 사람에게도 적용되는 이념이다. '코리안 드림'은 한국에 온 외국인의 꿈일 수는 있으나 한국에서 나고 자란 사람의 꿈이 될 수 없다. 한국인에게 자신의 성공은 '나의 꿈'인 것이지 '코리안 드림'이 아니다. 반면 '아메리칸 드림'은 미국인이면 모두 가지고 있는 꿈이다. 미국인은 미국에서 출생했는가 여부에 관계없이 어릴 때부터 이 이념을 끊임없이 교육받으며 성인이 되어서도 이 이념을 내면화하고 있다. 미국의 초·중등 학교의 국어 교과서에서는 물론 대학에서도 '아메리칸 드림'에 관한 언급이 다양하게 반복된다. '아메리칸 드림'은 최근에 이민 온 사람에게 한정되는 것이 아니라 미국의 정체성 그 자체라는 지적을 미국인의 일상에서 흔히 듣는다(Rudnick *et al.*, 2006).

3. '아메리칸 드림'의 네 가지 구성요소

호시차일드(Jennifer L. Hochschild)에 따르면 '아메리칸 드림'이 함축한 바는 네 가지로 분석된다(Hochschild, 1995). '아메리칸 드림'은 다음 네 가지의 질문과 이에 대한 답으로 요약할 수 있다. "'누가' 이를 추구할 수 있는가?", "'무엇'을 추구하는가?", "'어떻게' 추구하는가?", "'왜' 성공은 진정으로 추구할 가치가 있는가?"가 그것이다. 각각에 대해 미국인이 어떻게 생각하는지 검토해 보자.

첫째로, "'누가' '아메리칸 드림'을 추구할 수 있는가?" 하는 질문에 대하여, '아메리칸 드림'은 "모든 사람이 항시 성공을 추구할 수 있다."고 답한다. 개개인의 과거는 여하간에 누구라도 언제든지 성공을 추구하려 한다면 달성할 수 있다. 조사에 따르면 인종이나 성, 종교, 계급 등이 성공을 추구하는 데 중요하다고 생각하는 미국인은 응답자의 5분의 1도 되지 않는다. 심지어 가난한 사람조차 3분의 2이상은 앞으로 생활수준을 향상시킬 가능성이 충분하다고 답한다. 유럽 사람과 비교했을 때 세 배 이상 많은 미국인이 긍정적으로 답한다(Hampden-Turner and Trompenaars, 1993). '아메리칸 드림'은 대다수의 미국인에게 미래의 성공 가능성에 대해 낙관하도록 만든다.

둘째로, "'무엇'을 추구하는가?" 하는 질문에 대하여, '아메리칸 드림'은 "어느 정도의 물질적 풍요"라고 답한다. 미국인은 물질적 안락을 성공의 목표로 삼는다. 1960년대의 반문화운동이나 혹은 일부 종교집단에서 정신적 깨달음을 삶의 목표로 삼은 경우가 있지만 이는 대항문화일 뿐, 미국의 주류 사회에서 비물질적 가치가 물질적 가치를 앞선 경우는 없다. 미국 역사에서 가장 정신적 측면을 강조한 초기 청교도 정착자 사회에서도 물질적 풍요는 신의 구원에 대한 징표로 적극적으로 장려되었다(Norton *et al.*, 2007). 이 이념에 따르면 대다수의 미국인에게 물질적인 풍요는 헛된 꿈이 아니라 실현 가능한 것이다. 성공이 보장되어 있지는 않지만 물질적 성공을 추구하면 어느 정도 얻을 수 있다. 여론 조사에 따르면 물질적 성공의 가능성이 현실적으로 제한되어 있다고 생각하는 사람은 극소수이다 (Hochschild and Scott, 1998).

셋째로, "'어떻게' 추구하는가?"하는 질문에 대하여, "근면, 정직, 검약 등 청교도 윤리에 따라 열심히 노력하면" 성공할 수 있다고 답한다. 자신의 재능과 열성을 가지고 열심히 노력하는 만큼 성공할 수 있으며, 상황의 어려움을 극복할 수 있다. 가족 배경이나 운 등 개인이 통제할 수 없는 요인은 성공하는 데에 크게 중요하지 않다. 따라서 개인의 창의와 노력을 제한하는 어떤 것도 옳지 않으며, 개인의 노력에 따른 성과는 노력한 사람에게 돌아가야 한다. '아메리칸 드림'에서 볼 때, 가난한 사람은 충분히 노력하지 않은 사람이다. 다수의 유럽 사람이 환경이나 구조적 요인이 개인의 성취에 크게 영향을 미친다고 생각함에 비하여, 미국인은 환경이나 구조적 영향을 작게 평가하며 대신 개인이 통제하는 요인의 중요성을 훨씬 강조한다. 구조적 한계나 문제점을 지적하는 사람은 노력을 게을리하는 사람이고, 부정적인 세계관을 가진 사람이며 비미국적인(un-American) 혹은 공산주의적인 생각을 가지고 있는 사람으로 기피된다.[2)]

넷째로, "'왜' 성공은 진정으로 추구할 가치가 있는가?" 하는 질문에 대하여, "성공은 도덕적으로 옳고 바람직한 것이다."라고 답한다. 거꾸로 물질적으로 성공하지 못한 것, 즉 빈곤은 도덕적으로 정당화될 수 없다. 미국의 지도자들은 가난한 사람은 도덕적으로 올바로 살기 어려우며 책임 있

---

2) 미국 역사에서 비미국적인(un-American)이란 용어는 포괄적인 의미를 담고 다양한 맥락에서 사용되었다. 이 용어는 18세기 중반 비영국계 이민자가 쇄도했을 때 이들을 배격하거나, 1930년대 대공황 시절 루즈벨트 대통령의 뉴딜정책을 비판하거나, 1950년대 냉전시기에 지식인이나 중도계 정치인을 비판하는 데 사용되었다. '비미국적'이라는 용어는 미국적인 삶의 방식(American Way of Life)에 대한 반대의 의미로 사용되는데, 미국적인 삶의 방식이란 바로 미국인의 이념을 반영하는 것이다.

는 시민이 되기 힘들다고 강조했다. 제퍼슨(Thomas Jefferson)은 미국의 헌법을 기초하면서 선거권을 재산을 가진 사람으로 제한했으며, 프랭클린(Benjamin Franklin)은 도덕적인 사람과 부유한 사람을 동일시하였다. 미국인에게 물질적인 성공은 하나님의 축복과 구원의 징표이다. 베버(Max Weber)는 그 당시 미국의 중산층을 모범으로 하여 『프로테스탄트 윤리와 자본주의 정신』을 썼다. 부정한 방법으로 번 돈은 존경을 받을 수 없지만 정직과 근면으로 번 돈은 도덕적인 모범이다. 부자가 하늘나라에 들어가기 어렵다거나 가난한 사람은 복이 있다는 말은 '아메리칸 드림' 에서 볼 때 타당하지 않다.

이러한 네 가지 요소를 종합하면 다음과 같다. '아메리칸 드림' 에 따르면 모든 사람은 언제나 열심히 노력만 한다면 어느 정도의 물질적 풍요를 성취할 수 있으며 정당하게 획득한 부는 도덕적으로 바람직하다.

4. '아메리칸 드림' 의 숨은 메시지

'아메리칸 드림' 은 이를 따라 생각하고 행동하여 성공을 거둔 사람에게는 이것이 옳다는 확신을 강화시키며, 이를 따라 생각하고 행동하였음에도 성공을 거두지 못한 사람에게는 성공하지 못한 이유와 함께 미래의 약속을 제공한다. 성공을 하지 못했다는 것은 충분히 열심히 노력하지 않았거나 혹은 앞으로 성공이 올 것이므로 계속 열심히 노력하면 된다는 희망을 준다. '아메리칸 드림' 은 모든 책임을 행위자 개인에게 둠으로, 이 이념을 추종하는 한 성공이나 실패의 책임은 개인에게 있다. 이 이념을 추종하는 한, 성공을 위해 더 열심히 계속 노력하는 것만이 유일한 길이다.

출신 배경에 상관없이 열심히 노력하는 사람에게 성공이 주어진다는 것은 단순하면서 강력한 메시지이다. 현실에는 여러 요인이 복잡하게 얽혀 있으며 개인이 할 수 있는 것에 제한이 있고 세상의 많은 일에 우연이 작용함을 사람들은 안다. 모든 사람은 태어날 때부터 출발선이 다르며, 이는 개인이 어찌할 수 없지만 그 사람의 일생에 영향을 미치는 것임을 안다. 뒤르켐(Emile Durkheim)은 개인이 개입할 수 있는 범위를 벗어나 존재하는 사회적인 사실(social fact)이 존재한다고까지 주장하였다. 요컨대, 현실은 '아메리칸 드림' 이 제시하는 이상과 다르다는 것을 안다. 그럼에도 사람들은 어려운 현실 속에서 희망을 놓지 않으려 하고, 이것이 이루어지기를 고대한다. 미래의 희망을 버리지 않는 한, '아메리칸 드림' 을 근간에서부터 부정하기는 어렵다. 물론 거듭된 실패를 경험하면서 좌절한 사람에게 '아메리칸 드림' 은 거짓으로 인식될 것이다. 그러나 '아메리칸 드림' 에 환멸을 느끼는 것은 동시에 성공의 희망을 버리는 것이므로 대다수의 사람들은 하기 어렵다. '아메리칸 드림' 은 미래의 희망을 좇는 인간 심리에 부합한다.

'아메리칸 드림' 은 비현실적인 이상적 모델을 제시한다. '아메리칸 드림' 을 설교하는 교과서로 흔히 지적되는 앨거의 소설을 통해 이 점을 검토해 보자(Gifford and Ingersoll, 1991). 이 소설은 쓰인 지 100년 이상 지났지만 여전히 미국의 초등학교에서 미국적 가치를 가르치는 소재로 광범위하게 읽힌다. 19세기 후반 미국에서는 어려운 가정에서 태어나 성공하는 줄거리의 소설이 크게 유행했다. 이 소설은 어려운 가정에서 태어난 소년이 주어진 일을 열심히 하다가 우연히 부유한 사람에게 발탁되어 성공의 사다리를 타게 된다는 이야기이다. 그런데 이 이야기를 자세히 보면 중요한 인생의 전환점에는 항시 우연이 개입하며, 주인공이 성공하는 데 부와 권력을 가진 사람의 도움이 결정적 계기가 된다. 주인공이 구두닦이로 있다가 우연히 부호의 길 안내를 하게 되거나, 잃어버린 지갑을 주워 되돌려주거나 혹은 물에 빠진 부호의 딸을 건져 주면서 부호의 눈에 들게 되는 식이다. 작가는 우연한 사건이 성공에 결정적 요인이 되는 점을 의식해서인지, 이 소년이 불우한 환경에서 성장했지만 정직하며 주어진 일을 성실히 하는 성품을 지녔다는 것을 거듭 강조한다. 그러나 객관적인 시각에서 볼 때 주인공의 성공을 위해 성품도 중요하지만 그 못지않게 중요한 것은 우연한 사건이다. 그 당시 그의 소설은 1,500만 부나 팔렸다고 한다. 왜 이렇게 유치한 이야기에 사람들은 열광적으로 빠져들었을까?

이는 아마도 현실 세계에서는 이루어지기 어려운 꿈을 그리고 있기 때문이다. 독자들은 보통 사람으로는 아무리 열심히 일해도 성공의 길이 열리지 않는다는 것을 체험을 통해 알기 때문에 소설 속에서 대리만족을 찾는다. 가난한 사람이 종사하는 일은 대부분 상승 기회가 막힌 일이다. 예컨대 지하의 갱도에서 석탄을 파는 광부나, 열악한 환경의 공장에서 단순 노동을 하는 공원이나, 큰 상점에서 물건을 파는 점원이나, 식당과 호텔에서 설거지와 청소를 하는 노동자의 경우, 열심히 일한다고 해도 성공할 가능성은 희박하다. 그들은 성공을 하려면 배경과 운이 필요하며, 자신의 고된 노동만으로는 성공은커녕 가난과 고통에 시달리며 하루하루 살아가는 생활이 계속되리라는 것을 안다. 그들은 고생 끝에 성공하는 이야기를 읽으면서 한편으로는 실낱같은 희망을 유지하려고 하며, 다른 한편으로는 어려운 현실 속에서 이루어지기 힘든 꿈을 소설 속에서나마 맛보려 한다. 작가가 성공의 사다리를 타는 데에서 개인의 노력만이 아니라 우연의 개입을 중시한 것은, '아메리칸 드림' 과 현실의 간격을 잘 알기 때문일 것이다.

물론 '아메리칸 드림' 이 제시하는 메시지가 전적으로 그릇되지는 않다. 세상일에는 우연이나 사회구조적인 요인이 작용한다고 하여도, 같은 조건에서라면 성실히 노력하는 사람이 그렇지 않은 사람보다 조금이라도 앞설 가능성이 크다. 당대에는 실현되지 않더라도 꾸준히 노력하면 다음 세대에 성공을 거둘 수 있으며, 다음 세대에 되지 않으면 노력을 계속하는 한 이후의 세대에 성공할 가능성은 열려 있다. '아메리칸 드림' 은 노력하는 사람은 확정되지 않은 미래에 반드시 성공한다는 약속을 제시하기에 사람들에게 희망을 줄 수 있다.

연구결과 미국이 서유럽 사회에 비해 사회이동의 가능성이 더 높지 않은 것으로 거듭 밝혀졌다(Beeghley, 2000; Jantti *et al*., 2006). 서유럽과 미국을 비교한 결과, 가난한 집의 자녀가 가난을 물려받을 가능성은 미국이 유럽보다 훨씬 크다. 아버지로부터 자녀에게로 오면서 직업지위가 상승할 가능성은 미국이나 유럽 모두 크지 않다. 선진 산업사회에서 사회이동의 가능성은 모두 비슷하다. 산업사회의 사회이동은 개인적인 요인보다는 구조적인 요인 특히 산업 및 직업 구조의 변화에 의해 주로 결정된다. 미국은 서유럽보다 불평등이 훨씬 심하다. 미국의 소득 및 재산의 불평등은 서구 모든 사회보다 크며, 인종 간 격차는 두드러진다. 다른 선진 산업사회와 비교하여 미국에서 빈자와 부자 간 격차가 크고 계층이동이 용이하지 않음에도, '누구라도 노력하면 성공할 수 있다.' 는 메시지에 미국인이 크게 경도된 것은 특별한 설명을 요한다. '아메리칸 드림' 의 설득력은 메시지의 진위 여부에 있는 것이 아니라 다른 요인 때문이다.

5. '아메리칸 드림' 의 정당화 기제

'아메리칸 드림' 이 생성된 계기는 이민자로 이루어졌다는 미국의 특수성에 있다. 이 이념의 설득력 또한 이민자와 연관된 요인에서 찾을 수 있다. 이민자의 경험에서 비롯된 심리적 특성이 '아메리칸 드림' 을 내면화시키는 데 기여하며, 이민자가 계속하여 들어오는 것이 이 이념을 정당화시킨다(이현송, 2006: 154–160).

첫째, 많은 사람에게 미국으로의 이민은 물질적 향상을 뜻한다. 그들은 출신 국가에서 중류층 내지 중하층에 속하던 사람들로, 그 사회 현실에 불만족하거나 혹은 새로운 기회를 찾아 기존의 익숙한 환경을 뒤로 하고 이주를 결행한다(Gidley, 1993: 143–149). 가난한 나라에서 온 이민자는 평균적으로 보다 더 잘사는 미국에서 이주 전보다 조금이라도 더 낫게 살 가능성이 높다. 물론 미국으로 이민 온다고 하여 상대적인 의미에서 지위 상승을 하지는 않는다. 미국으로 온 이민자는 이주 초기에는 미국의 계층 체계에서 가장 하위에 편입된다. 본국에서 중상류층에 속하던 사람은 미국에 건너오면 상대적 지위의 하강을 경험하므로 이민을 선호하지 않는다. 미국에 와서 이주 전보다 더 낫게 살 가능성이 크지 않은 선진 산업국가의 사람들은 '아메리칸 드림' 에 현혹되지 않으며, 미국행 이민을 그다지 선호하지 않는다.

둘째, 이민자의 자기 선택과 자기 합리화 욕구는 '아메리칸 드림' 을 강화시킨다. 미국 사회에 성공할 기회가 적으며 구조적으로 기회가 불평등하게 배분되어 있다고 생각하는 사람은 처음부터 미국에 오지 않거나 혹은 미국에 왔다가 되돌아간다. 실제로 19세기 후반에서 20세기 초반에 걸쳐 유럽으로부터 이민자가 대규모로 몰리던 시절에도, 미국에 건너온 이민자 중 3분의 1은 본국으로 되돌아갔다. 이들은 '아메리칸 드림' 에 대한 사회적 담론에서 아예 배제된다. '아메리칸 드림' 에 설득당한 사람만 미국에 이주하여 정착하므로, 미국에 정착한 이주민 사이에 이 이념의 설득력은 높을 수밖에 없다.

이민자의 이민에 대한 자기 합리화 욕구 또한 '아메리칸 드림' 의 정당성을 높인다. 이민자는 미국에 이민 온 선택이 옳았다는 사실을 끊임없이 자신에게 설득한다. 과거 이민자들이 본국의 친지에게 보낸 편지나 혹은 서부로 이주한 사람이 동부의 친지에게 보낸 편지에서 그들은 새로운 땅에서 누리는 자유와 성공의 가능성을 끊임없이 언급한다. 그들은 남겨두고 온 친지에게 이러한 새로운 기회에 함께 동참할 것을 강력히 설득하였다 (Gidley, 1993: 11-12). 이들은 익숙한 환경에서 제한된 기회에 안주하기보다는 새로운 환경에서 불확실한 기회를 선호하는 사람이다. 미국으로 건너온 이민자들은 대체로 본국에서 사회구조적 변화에 따른 배출 요인에 의해 밀려서 익숙한 환경을 떠나야 했다. 17세기 영국의 인클로저 운동에 따른 농토의 결핍이나, 18세기 유럽 전역에서 전개된 인구 압력의 증가에 따른 생계 악화나, 아일랜드의 자연재해에 따른 기근이나, 산업도시의 열악한 환경과 일자리 부족이나, 정치적 박해 등이 대표적인 배출요인이다. 이민자는 순전히 개인의 결단에 의해 이민을 결행하는 것은 아니다. 그러나 같은 조건에서도 본국에 남기보다 새로운 환경으로 이주한 사람은 모험을 선호하는 사람일 가능성이 크다.

새로운 땅에 성공의 기회가 열려 있다는 믿음은 그들이 미국으로 이주한 후 어려운 현실을 이기는 데 심리적 지지대로 작용한다. 현실이 어렵고 불확실할수록 이러한 믿음에 더 매달리게 된다. 이러한 믿음에 매달리지 않는 사람은 실패한 사람이라는 자의식을 안고 본국으로 돌아갈 수밖에 없다. 이민자의 심리 상태는 '아메리칸 드림'이 조성하는 심리 상태와 선택적 적합성이 있다.

셋째, 이민자의 유입이 많은 사회는 이민자에게 상승이동의 가능성을 높인다. 외부로부터 인구 유입이나 혹은 국내 인구이동이 적은 안정된 사회에서는 부나 우월한 지위가 세대 간 계승되면서 기회의 불평등 구조가 확고하게 자리 잡는다. 반면 외부로부터 및 국내 이동이 빈번한 미국과 같은 사회는 사람들에게 새로운 곳에서 항시 새롭게 출발할 수 있다는 생각을 가지게 만든다. 미국에 이민 온 이민자는 이민의 초기에는 미국 사회의 최하층을 차지하나, 이후에 이민자들이 밀려오면서, 앞서 이민 온 사람은 뒤에 이주한 사람에게 그들이 지금까지 차지하던 사회경제적 역할을 물려주고 한 단계 상층으로 이동한다. 직장에서 최하층의 일자리를 새로 이주해 오는 사람에게 물려주고, 앞서 이주한 사람은 이들보다 보수와 권한에서 한 단계 위의 자리로 옮겨간다. 앞서 이주해 온 민족집단은 지금까지 살던 열악한 환경의 거주 지역은 새로 이주해 온 사람에게 팔거나 세를 주고 한 단계 더 나은 곳으로 이동한다.

새로 이주해 온 사람은 영어나 현지의 사정에 익숙하지 않으므로 사회경제적으로 가장 밑바닥의 자리를 차지하나, 이주한 후 시간이 지나고 영어와 미국의 생활 방식에 익숙해지면서, 이후에 이주한 사람보다 한 단계 우위의 조건을 갖게 된다. 새로 이민 온 사람은 앞서 이민 온 사람이 한 단계 사회적 지위가 상승하는 것을 보면서 자신에게도 앞으로 이러한 기회가 열려 있다고 생각한다. 이들은 미국을 시간이 지나면 노력하는 모든 사람에게 기회가 열리는 공평한 사회라고 생각한다. 근래에 이민 와 어려움을 겪는 이민자라도 자신보다 뒤에 와서 더 큰 어려움을 겪고 있는 사람이 주변에 있거나 혹은 앞으로 있을 것이라는 예상만으로도 '아메리칸 드림'이 제시하는 희망을 지탱하는 데 충분하다. 즉 이민자가 계속 몰려오는 한 사회적 상승이동을 약속하는 '아메리칸 드림'은 자동적으로 설득력을 갖는다. 근래에 미국에서 이민 제한을 둘러싼 논쟁에서 이민 문호를 계속 열어두어야 하는 이유로, 미국의 정체성을 형성하는 '아메리칸 드림'이 계속 재생산되도록 해야 한다는 언급은 바로 이러한 사회적 배경을 반영한다(Mills, 1994).

미국 사회는 북미 대륙에 이민 온 순서에 따라 민족집단별로 사회적 위계를 형성한다. 사회적 위계의 정상에는 가장 오래 전에 이민 온 영국계가 위치하고 스코틀랜드계, 독일계, 북유럽계, 아일랜드계, 남유럽 및 동유럽계가 차례로 하위를 차지한다.[3] 사회적 위계의 상위에 위치할수록 과거에 이민 온 집단으로 구성된다(Zelinsky, 1992: ch.1). 유럽계 백인은 민족집단에 따라 상이한 사회적 지위를 점하지만 '아메리칸 드림'을 내면화하고 있다는 점에서 동일하다. '아메리칸 드림'의 동조 성향에 대한 여론 조사에 따르면, 사회경제적인 지위에 따라 동조하는 정도에 약간의 차이가 있으나

3) 이민자의 이민 순서에 따른 사회적 지위의 동심원 유형에 예외가 있다면, 20세기 후반에 대규모로 건너온 아시아계이다. 아시아계는 이전의 유럽계와는 다른 조건에서 출발하며 적응의 방식도 상이하다. 그러나 이민자라는 면에서 과거의 유럽계와 아시아계는 유사한 심리 상태와 사회적 적응 방식을 보이고 있다(이현송, 2006: 352-361).

백인들 사이에 민족 간 차이는 거의 없다(Hochschild and Scott, 1998).

문제는 이민자로 출발하지 않은 흑인과 인디언이다. 이들은 자신의 선택으로 미국에 건너온 사람이 아니므로 이민자의 특성을 공유하지 않는다. 이들에게는 '아메리칸 드림'을 뒷받침하는 필요조건이 결여되어 있다. 이들은 다른 어느 미국인보다 북미 대륙에서 오랜 역사를 가진, 미국의 시작과 함께 살아온 사람들이다. 흑인과 인디언은 미국 사회의 위계체계에서 항시 최하위를 차지했다. 유럽에서 건너온 이민자들은 인종주의 덕분에 항시 이들보다 상위에서 미국 생활을 시작하였다. 흑인의 지위는 근래에 이민 온 중남미계나 아시아계 사람들보다 뒤져 있다. 그들은 과연 '아메리칸 드림'에 얼마나 동조할까?

조사에 따르면 대다수 흑인은 '아메리칸 드림'에 동조하는데, 다만 이들의 동조 비율은 백인보다 5~10% 정도 낮다. 흑인 내에서도 사회경제적 지위에 따라 동조하는 정도에 차이를 보인다. 특이한 점은 가난한 흑인은 대부분 '아메리칸 드림'에 동조하는 반면, 어느 정도 성공한 중류층 흑인은 오히려 이 이념에 비판적이다(Hochschild, 1995: 72-89). 가난한 흑인은 상승이동의 경험을 한 적이 없음에도 실패의 책임을 자신에게 돌리는 가치관에 동조한다. 반면 중류층 흑인은 실제 상승이동을 경험했으나 이 과정에서 개인이 노력해도 불합리하게 대우받는 차별의 경험을 수없이 겪으면서 '아메리칸 드림'에 환멸을 느낀다. 미국 사회의 최하층을 차지하며 '아메리칸 드림'을 실현할 가능성이 적은 가난한 흑인은 미국의 이념에 도전할 위협 세력이 되지 못한다. 이들은 '아메리칸 드림'에 따라 실천해 보고 실패한 뒤 이 이념의 진실성을 의심할 힘이 없다. 대신 빈곤의 책임이 노력을 게을리한 자신에게 있다고 자책하는 식으로 '아메리칸 드림'을 수동적으로 받아들인다.

인디언이 '아메리칸 드림'에 얼마나 동조하는지에 관한 연구는 거의 없다. 인디언은 흑인보다 더 교육수준이 낮고 가난하며 평균수명이 낮다.

인디언의 경우 미국의 지배 이념에 저항하기보다는 지배 이념에 대한 도전을 포기하고 후퇴하는 경향이 높다. 1990년대 들어 일부 인디언 부족이 자신들의 권리를 되찾기 위한 소송 운동을 전개하고, 지역 사회개발 사업을 추진하고 있다. 이들은 인디언 중 소수이기는 하지만 '아메리칸 드림'을 추종하는 집단이라고 볼 수 있다.

흑인과 인디언을 제외한 미국인 대다수는 이민자로 출발한 배경을 가지므로, 본인의 노력 때문이건 혹은 이민이 계속된 때문이건 '아메리칸 드림'이 지시하는 상승이동을 과거에 경험한 기억을 지니고 있다. 비록 자신은 이민 온 조상과 거리가 멀다고 해도, 조상의 이야기를 전해 듣거나 혹은 주변에서 근래에 이민 온 사람이 열심히 일하고 과거보다 나은 생활에 감사하는 것을 보고 들을 때, '우리나라에는 꿈이 살아 있다.' 하는 생각을 확인한다(Citrin *et al*., 1994).

6. '아메리칸 드림'의 긍정적 영향

'아메리칸 드림'은 국내외로 강력한 영향력을 발휘한다. '아메리칸 드림'을 좇아서 생산력이 높은 인구가 세계 각지로부터 미국으로 모여든다. 미국에서는 노력하면 반드시 그만큼 성공을 거둔다는 메시지와 대중문화에 비친 미국의 화려한 이미지는 모든 잠재적 이민자의 가슴을 설레게 한다. 불합리한 관행과 기득이권이 지배하는 개발도상국 사회에서 중간에 위치한 사람들에게, 미국으로 오면 출신 배경에 관계없이 자신의 능력과 노력만으로 성공할 수 있다는 희망은 큰 매력이다. 아시아나 동유럽으로부터 고급 두뇌는 물론이고, 중남미의 젊은 생산연령 인구가 대규모로 미국에 건너오는 것은 '아메리칸 드림' 덕분이다. '아메리칸 드림'이 강력하지 못하다면, 아무리 미국이 자신의 나라보다 부유하더라도 미국에 오지 않을 것이다. 출신 배경에 따라 기회가 심하게 불평등하게 배분되는 사회라고 알고 있다면, 극단적인 생존의 위협에 몰린 사람이 아닌 한, 누가 그런 나라에 자발적으로 가서 살려고 할 것인가. 현재에도 매년 100만 명 이상의 새로운 이민 인구가 유입되며, 미국 인구 10명중 1명이 외국 출생자라는 사실은 이러한 이념의 힘을 말해 준다.

'아메리칸 드림' 의 흡인력은 미국에 이민 오지 않는 사람을 보면 알 수 있다. 20세기 중반까지 미국 사회의 극심한 인종차별 때문에 아프리카 사람은 미국행 이민을 거의 시도하지 않았다. 그들에게는 '아메리칸 드림' 이 적용되지 않기 때문이다. 물론 미국에 아프리카의 흑인이 이민 오지 않은 것은 인종차별적인 이민정책도 한몫한다. 20세기 초반까지 미국은 유색인의 이민을 억제하는 정책으로 일관했다. 20세기 후반에 들어 이민 문호가 다시 개방되면서 아시아와 중남미로부터 이민자가 대규모로 들어오고 있으나 아프리카로부터는 상대적으로 저조하다. 케냐에서 온 유학생인 오바마의 아버지가 공부를 끝내고 미국에 남는 선택을 하지 않은 이유의 일부는 그가 흑인이기 때문이다. '아메리칸 드림' 은 국내는 물론 해외에서도 흑인보다 백인에게 설득력이 있다.

'아메리칸 드림' 이 지시하는 대로 생각하고 행동하여 궁극적으로 성공하는 사람은 많지 않을 것이다. 그러나 성공한 소수가 존재한다는 사실은 이 이념이 옳다는 믿음을 강화시킨다. '아메리칸 드림' 의 가장 큰 사회적 효과는 사람들에게 강력한 성취동기를 부여하며, 그 결과 일부에게는 엄청난 창의성과 생산성을 발휘할 수 있도록 한다는 점이다. 이 이념의 강점은 무엇보다 각 개인에게 자신의 재능과 열성을 다해 최선의 경주를 하도록 동기화하는 것이다. 각자는 자신의 성공을 위하여 마지막 한 방울의 피까지 짜내서 최선을 다하므로, 이 이념은 사회 구성원의 잠재적인 능력을 효과적으로 이끌어 낸다. '누구라도 노력하면 성공할 수 있다.' 는 믿음보다 사람을 움직이는 데 더 강력한 것이 어디 있겠는가.

'아메리칸 드림'과 자본주의의 시장 경쟁 원칙은 서로 상승효과를 발휘한다(Rank, Hirschl, and Foster, 2014). 자유로운 경쟁 속에서 개인의 창의력을 동원해 승리한 사람에게 물질적 성공이라는 보상이 돌아가는 모델은 인간의 능력을 끌어내는 강력한 유인 장치이다. 특히 새로운 기술 개발과 같이 개인의 창의와 엄청난 집중을 요하는 분야에서 이러한 모델은 빛을 발한다. 미국 내에서도 개인의 자유와 다양성을 최대한 허용하는 곳이 창의와 혁신을 가장 잘 끌어내며, 이곳으로 인재가 모여들고 번성한다는 플로리다((Richard Florida)의 분석은 '아메리칸 드림'의 강점이 무엇인지 잘 말해 준다(Florida, 2002).

출신 배경에 관계없이 노력하면 성공할 수 있다는 이념은 사회적 편견이나 환경의 구속으로부터 인간의 능력을 해방시켜 자유롭게 발휘하도록 부추기는 강력한 믿음이다. 사람은 누구나 자신의 과거에 구애되지 않고 새롭게 출발하고 싶은 욕구가 있다. '아메리칸 드림'은 언제라도 노력만 한다면 성취할 수 있는 성공을 약속한다. 이 믿음을 견지하는 한, 현실에서 아무리 험난한 장애에 부닥쳐도 노력으로 극복할 수 있다고 생각하므로, 지금까지의 난관에 굴하지 않고 계속 최선을 다할 수 있다. 노력하는 모든 사람에게 성공의 가능성이 열려 있다는 믿음이 있는 한, 소득 불평등은 노력과 창의에 대한 대가로 여겨지며 사람들을 더 열심히 매진하도록 하는 자극제가 된다. 여론 조사에 따르면 미국인은 유럽 사람들보다 훨씬 높은 정도의 소득 불평등을 용인한다. 또한 많은 미국인은 경쟁은 바람직한 것이며, 그 결과 만들어지는 어느 정도의 불평등은 사회적으로 자극제가 된다는 의견에 동의한다(Hampden-Turner and Trompenaars, 1993). 모두가 평등한 사회를 건설한다는 사회주의 이념을 미국인이 경멸하는 가장 큰 이유는 사회주의 사회에서는 성공을 향해 노력해야 할 동기가 부족하기 때문이다. 미국인에게 '아메리칸 드림'과 불평등은 동전의 양면처럼 자연스러운 조합이다.

7. '아메리칸 드림'의 부정적 영향

'아메리칸 드림'은 화려한 것만큼이나 어두운 그늘을 드리우고 있다. '아메리칸 드림'은 논리적 및 현실적 문제로 인하여 취약하다. 첫째, 이 이념은 개인 간의 경쟁을 전제로 하므로 협동적인 노력을 어렵게 한다. '아메리칸 드림'은 개인의 재능과 노력에 따른 성공을 제시할 뿐, 집단적 노력이나 집단적 성취에 관해서는 언급하지 않는다. '아메리칸 드림'을 철저하게 좇을 경우 사람들 간의 관계는 자신의 이익을 위해 상대를 이용하는 도구적 관계에 머무를 뿐 상대에 대한 전인적인 관심은 존재할 수 없다. '아메리칸 드림'에 따를 때 유일한 선택지는 경쟁을 통한 승리이다. 이 이념은 협력적인 관계 형성을 어렵게 하며, 사람들의 진심이 담긴 인간관계나 진정한 협력을 이끌어 내지 못한다. 미국의 조직문화를 다른 나라와 비교한 연구들이 한결같이 미국 조직이 구성원으로부터 협동을 이끌어 내는 데 취약하다고 지적하는 것은 개인주의에 기반한 '아메리칸 드림'의 당연한 귀결이다(Hofstede and Hofstede, 2005; Triandis, 1995).

'아메리칸 드림'이 권장하는 경쟁 우선의 방식은 공정한 성과 평가가 어려운 경우, 구성원 간에 갈등과 비효율을 낳는다. 세상의 많은 일은 여러 사람의 협력을 통해 이루어지며 이 경우 각자의 기여도를 엄격히 구분하기 어렵다. 나의 개인적 노력의 성과라고 생각하는 것이 실제는 남이 기여한 것을 보지 못하는 협소한 관점일 수 있다. '아메리칸 드림'은 남과 함께 배분해야 할 몫을 개인의 독점적 성과로 가로채고 이를 정당화시킬 위험이 있다. 이 이념에 따를 때 모두가 함께 잘사는 방법을 추구하기보다는, 각자의 능력에 따라 성공한 사람은 보상을 독차지하고, 반면 실패한 사람은 실패의 책임을 혼자 부담하는 것을 선호하게 된다. 이러한 태도는 보상을 둘러싸고 당사자 간에 이익이 대립되는 갈등관계를 조장한다. 미국의 노사관계가 대립적 관계로 설정된 것은 '아메리칸 드림'의 부작용이다.

둘째, '아메리칸 드림' 은 현실을 지나치게 단순화하며 구조적 접근을 어렵게 만든다. 선진 산업국의 가치관에 대한 비교 연구에 따르면 사회문제의 접근 방식에서 미국인은 유럽인과 비교하여 현저하게 개인적인 설명 및 개인적인 문제해결 방식을 선호한다(Hampden-Turner and Trompenaars, 1993). '아메리칸 드림' 은 세상의 일이 전적으로 자신이 통제할 수 있는 요소에 의해 좌우된다는 믿음을 제시한다. 이러한 믿음은 세상일의 운행에 대한 객관적인 인식을 차단함으로써 균형 잡힌 시각으로 일에 접근하는 것을 어렵게 만든다. '아메리칸 드림' 에 따를 때, 개인이 의욕을 가지고 접근하는 것은 좋으나, 세상일의 배후에 있는 구조적인 측면을 소홀히 하게 된다. 세상일에는 개인의 의지에 따른 주관적 개입이 의도하지 않은 결과를 초래하는 경우가 많다. 무엇이든지 '하면 된다.(can do)' 혹은 '일단 해봐라.(just do it)' 라는 조언은 상황에 따라서는 무책임할 수 있다. 개인으로 접근해서는 되지 않는 상황이 있으며, 하지 않는 것이 당장 하는 것보다 좋은 경우도 있다. 이 이념은 그러한 선택을 열등한 것으로 매도하며, 실패의 가능성에 대한 생각 자체를 겁쟁이나 패배주의자의 자기 정당화로 치부한다.

자본주의 시장에는 실패하는 기업이나 실패하는 사람이 항시 존재하며, 제한된 자리를 두고 경쟁하는 선거에는 한 명을 제외한 후보자는 모두 낙선한다. 부모의 사회경제적 지위는 자녀의 교육 및 직업에 절대적인 영향을 미친다. 정직, 근검, 규율 등의 청교도 윤리는 개인의 의지와 노력으로 획득하는 개인적인 자질이 아니라 중류층 부모의 자녀교육 방식을 통해 길러지는 구조적 속성이다. 도심의 가난한 흑인 미혼모로부터 태어난 아이는 자신의 재능과 의지에 관계없이 비참한 인생경로를 살아갈 가능성이 높다. 범죄자는 그 사람 자신의 잘못도 있지만 범죄자를 만드는 빈곤, 실업, 차별, 낙인찍기 등 사회적 배제 구조에 근본적인 원인이 있다. 그러나 '아메리칸 드림' 이념에서 볼 때 사회적 실패는 개인 행위의 귀결이다. 누구나 노력하면 성공할 수 있는데, 성공을 하지 못했다는 것은 노력을 하지 않은 그 사람의 잘못이다. 이러한 생각을 따라가면, 잘못한 개인을 처벌하는 것이 최선의 문제 해결책이다. 서구 선진 산업국 중 미국에서만 사회복지 제도가 빈약한 것은 이러한 이념의 결과이다(Rank, Hirschl, and Foster, 2014).

셋째, '아메리칸 드림' 은 사회질서의 유지에 높은 비용을 치르게 한다. '아메리칸 드림' 에 따르면 물질적 획득 경쟁에서 실패한 사람은 사회적으로 낙오자일 뿐만 아니라 도덕적으로 비난받을 사람이다. 실패의 책임을 개인이 전적으로 져야 하므로 실패자에게 가해지는 사회적 및 심리적 압박은 엄청나다. 그러나 문제는 그러한 사람이 잠자코 숨만 쉬며 엎드려 있지 않는다는 사실이다. 아무리 억압하고 격리하여도, 실패자 중 일부는 반항하며, 비도덕적인 것을 가리지 않고 저지른다. 사회가 그들을 포용하지 않는데 그들이 사회의 규칙을 준수하고 타인의 권리를 존중해야 할 이유가 없다. 반사회적인 사람들에 의해 질서가 무너지는 것을 막기 위해 많은 비용을 들여 그들을 처벌하고 격리하지만, 그들이 만들어 내는 문제를 틀어막는 데에는 한계가 있다. 그들은 크고 작은 사회문제를 발생시키며, 이에 대응하는 데 많은 사회비용을 치르게 한다. 심하게 반항하는 사람은 많지 않더라도 소수의 사람들이 문제를 발생시키는 것만으로 위험하고 불안정한 사회가 되는 데 충분하다(Chasin, 1997). 미국에서 공공기물을 파손하는 행위가 흔하며, 대낮에도 거리를 거니는 것에 위험을 느끼고, 때때로 집단적인 폭동이 일어나며, 강력 범죄의 비율이 높고, 사회에서 격리된 수감자가 놀랄 만큼 많은 것은 부분적으로 '아메리칸 드림' 의 부작용이다.

넷째, '아메리칸 드림' 은 미국인의 삶을 물질적인 성공으로 획일화한다. 이 이념은 성공을 상대적인 경쟁에 한정하기 때문에, 자신의 철학을 가지고 절대적인 가치 기준에 따라 사는 방식을 부정적으로 본다. 인생에서 성공이 반드시 경쟁의 승리나 물질적인 풍요에 한정될 필요는 없다. 정신적 성숙, 검소하게 사는 것, 지적인 풍요, 마음의 여유, 아름다움의 향유,

사회적 존경 등 성공적 인생에 관하여 다양한 철학과 기준을 생각할 수 있다. 그러나 '아메리칸 드림'은 물질적 성공 이외의 모든 방식을 사회적으로 혹은 정신적으로 비정상적인 것으로 치부한다.

미국인의 강한 집단 동조성은 미국 문화의 특징으로 수없이 지적되었다. 19세기 초반 미국을 방문한 프랑스인 토크빌(Alexis de Tocqueville)에서부터, 20세기 중반 사회학자 리스먼(David Riesman)과 인류학자 미드(Margaret Mead)에 이르기까지 미국인의 강한 집단 동조성을 지적했다. 경쟁에 이기는 것을 강조하는 환경에서 개인은 타인과의 비교에 항시 신경을 쓴다. 내적이며 절대적인 기준보다는 외적으로 확인할 수 있는 증거를 통해 타인과 비교하여 우월할 경우에만 미국인은 성공했다고 인정한다. 미국인이 과시적 소비에 집착하는 경향이나, 타인이 하는 것이면 나도 반드시 해야 한다는 강박적인 동조현상의 뒤에는 '아메리칸 드림'이 작용하고 있다.

다섯째, '아메리칸 드림'은 기득권 집단을 옹호하는 보수적 편파성을 지닌다. '아메리칸 드림'에 따를 때 사회적으로 높은 지위에 있는 사람은 그 자체로 성공한 사람이며 도덕적으로 올바르다. 미국 사회에서 이 이념은 성공에 이르는 과정의 도덕성보다는 경쟁의 결과로 획득한 부와 지위를 정당화하는 데 더 비중을 둔다. 부를 축적하는 과정이 설사 도덕적이지 않다고 해도, 경쟁에서 승리하여 물질적 성공을 획득한 사람에게 존경을 보낸다. 이러한 보수적 편향성은 '아메리칸 드림'의 전형으로 꼽히는 카네기의 "부의 복음(*The Gospel of Wealth*)"이라는 글에서 단적으로 제시된다. 그는 부의 추구는 그 자체가 도덕적이며 부의 성취는 신의 축복이라고 주장한다. 부의 축적과정이 도덕적인가의 여부는 그의 주장에서 거의 비중을 차지하지 않으며, 결과로서의 부만이 강조된다. 실제 카네기의 부의 축적과정은 도덕적으로 지탄의 대상이었다. 그는 경쟁업자를 비열한 방법으로 제거하고, 독점적인 지위를 이용하여 가격 조작과 시장 차별 등 비합리적인 방법으로 이윤을 획득하고, 정치권력과 결탁하여 이권을 획득하며, 열악한 임금과 노동 조건에 반대하는 노동자들을 무자비하게 탄압한 것으로 악명이 높다.

'아메리칸 드림'은 기존 체제에 대한 의심이나 개혁을 어렵게 한다. '아메리칸 드림'에 따르면 도덕적으로 우월한 성공한 사람이 도덕적으로 열악한 실패한 사람을 지배하는 것은 정당하다. 성공한 개인은 도덕적일 뿐만 아니라, 성공한 개인이 속한 집단 또한 실패한 사람이 속한 집단보다 도덕적으로 우월한 것으로 간주된다. 도덕적으로 열악한 지위에 있는 성공하지 못한 사람이 자신을 그렇게 만든 사회구조를 변혁하고자 할 때, '아메리칸 드림'은 장벽으로 작용한다. 미국에서 물질적으로 성공하지 못한 사람이나 집단의 주장은 일반 사람의 호응을 얻기 어렵다.

미국에는 물질적으로는 성공하지 못했지만 청렴한 정치 지도자나 정신적 지도자에 대한 긍정적 전형이 존재하지 않는다. 이것에 유일한 예외라면 마틴 루터 킹 목사일 것이다. 이는 인종문제가 '아메리칸 드림'과 관련하여 예외적 범주에 속하므로 가능한 일이다. 20세기 후반에 대안 이념으로 등장한 환경주의는 아직은 '아메리칸 드림'을 위협하는 지위에 오르지 못했다. 환경운동가 네이더(Ralph Nader)의 청렴한 이미지가 일부 미국인의 지지를 받은 것은 대안 이념의 영향력에 기인한다. 그러나 그가 대통령 후보에 출마했을 때 미국인은 그에게 거의 지지를 보내지 않았다. 미국인 중 대다수가 '아메리칸 드림'을 신봉하는 한, 이를 부정하는 대안 이념을 제시하면서 사회개혁을 도모하기는 어렵다. 미국에서 사회주의 이념이나 사회주의 정당이 뿌리를 내리지 못한 이유는 '아메리칸 드림'이 미국인의 마음을 강하게 사로잡고 있기 때문이다.

8. 맺음말

미국인은 '아메리칸 드림' 이념을 어렸을 때부터 끊임없이 주입받으며, 성인이 되어서도 대부분의 사회현상을 이 이념을 적용하여 해석한다. '아메리칸 드림' 은 상대적이고 개인주의적이며 물질적이며 경쟁적인 과정을 통해 성취하는 성공을 이념형으로 제시한다. 누구라도 열심히 노력하면 성공할 수 있다는 가치관은 미국이 아니라도 근대화된 사회에서는 대부분 어느 정도 신봉하지만, 미국인은 다른 어느 사회보다 이 이념에 경도해 있다. 세계 가치관 조사(World Values Survey)에 따르면 미국인은 다른 어느 나라 사람보다 자신의 성취 가능성에 대해 높게 평가하고 미래에 대해 낙관한다(Inglehart and Welzel, 2005). '아메리칸 드림' 은 이민자의 경험을 배경으로 하며, 이민자의 유입이 활발히 이루어지는 현재에도 강력한 설득력을 발휘한다.

'아메리칸 드림' 은 강력한 흡인력과 함께 사회적으로 취약한 면을 동시에 가진다. 이 이념은 미국과 같이 자연 환경이 풍부하고, 이민자의 유입이 계속되고, 경제가 계속 성장하는 사회에서 만들어질 수 있었다. 이 이념은 그러한 배경 요인이 지속되는 한 사람들에게 설득력을 발휘한다. 그러나 만일 인구 밀도가 높아져 자연 환경이 협소하고, 경쟁이 치열해지고, 이민자의 유입이 줄어들어 새로운 하층 계급의 공급을 통한 기존 이민자의 자동적인 신분 상승 기제가 중단되고, 경제가 정체하거나 후퇴하여 실업과 빈곤이 늘어나면서 높은 사회적 불평등이 사람들에게 노골적으로 인식된다면, '아메리칸 드림' 의 약점이 치명적으로 작용할 것이다.

'아메리칸 드림' 은 흑인과 인디언에게는 백인에게만큼 설득력이 강하지 않다. 이들은 교육과 사회생활에서 '아메리칸 드림' 을 지속적으로 주입받지만, 이민자의 경험을 기반으로 한 이 이념은 이들에게 체험의 기억으로 뒷받침되지 않는 허약한 믿음이다. 미국 사회에서 최하층을 차지하는 이들에게 '아메리칸 드림' 보다는 인종 편견과 차별이 더욱 설득력이 있는 경험이다. 이들의 사정은 '아메리칸 드림' 에 의해 도덕적으로 뒷받침될 수 없기에 체념하거나 혹은 반항하여 반사회적인 행위를 한다.

미국 사회의 불평등과 인종차별이 심하기 때문에 '아메리칸 드림' 은 불안정한 기반 위에 놓여 있다(Rank, Hirschl, and Foster, 2014). 경쟁에 실패하여 이 이념에 환멸을 느끼고 반항하는 사람이 늘 경우, 소수의 성공한 사람들을 통해 정당화되는 이념은 오래 버티기 어렵다. 실패하는 사례에게 가해지는 엄청난 압박과 희생 때문에 안에서부터 허물어질 위험이 크다. 이러한 실패자들이 사회에 피해를 입히지 못하도록 하는 데 과도하게 비용을 지출함으로써 그렇지 않은 사회에 비해 경쟁력이 떨어질 수 있다. 예컨대 미국에서 근래에 보안관련 산업이 성장 분야인데, 이는 국민총생산(GNP)을 증가시키나 미국 경제의 생산성과 미국인의 삶의 질을 향상시키지 않는다.

'아메리칸 드림' 의 강점과 약점을 비교할 때, 입장에 따라 강조하는 측면에 차이가 있다. 약자의 어려움에 동정적인 사람은 이 이념의 취약성에 비중을 둘 것이며, 반면 창의와 도전 및 이에 따른 생산성 향상을 높이 평가하는 사람은 이 이념의 강점에 더 큰 점수를 줄 것이다. 유사한 경제수준의 유럽과 미국 사회를 비교할 때, 전자는 유럽 사회를 더 긍정적으로 평가하는 반면, 후자는 미국 사회를 더 긍정적으로 평가한다. 사회 구성원 대다수에게 능력껏 최선을 다해 도전하고 경쟁해 보도록 동기화하는 힘 때문에 '아메리칸 드림' 은 지구상 어느 다른 체제보다 더 매력적이며 강력한 미국을 만들었다. 미국의 곳곳에서 극심한 가난을 발견하지만, 세계에 모든 재능 있는 사람이 미국으로 몰려들고, 세계의 새로운 발명의 절반 이상이 미국에서 이루어지고, 세계에서 가장 경쟁력이 있는 기업과 대학이 미국에 있고, 미국의 문화가 지구상에서 가장 다양성이 풍부하며, 물질적으로 가장 풍요로운 나라가 미국이라는 사실은 '아메리칸 드림' 의 강점이 결코 적지 않음을 말해 준다.

'아메리칸 드림'이 미국 사회의 불평등과 질서의 유지에 핵심적인 역할을 담당한다는 사실은 마르크시스트의 고전적인 자본주의 비판을 연상시킨다. 그러나 '아메리칸 드림'이 자본가의 노동자에 대한 착취라는 측면보다는 이민이나 중산층 의식과 연관되며, 사회와 경제의 활력을 유지하게 하는 긍정적인 측면 또한 적지 않다. '아메리칸 드림'의 긍정적인 측면을 도외시한다면 미국 사회에서 이민자의 역할을 이해할 수 없다. 이념의 뒤에 사회적 모순이 감추어진 것을 무시할 수 없지만, 사회 구성원에게 삶의 의미와 활력을 제공하는 강력한 믿음은 종교와 같다. 미국인은 '아메리칸 드림'이라는 삶에 희망을 주는 강력한 믿음을 가지고 있는 것이다. 물론 그 믿음은 신성성으로 포장되지 않은 세속적인 것이기에 취약한 것이 사실이다.

제 4 장

중국몽의 도상학

| 주윤정(서울대 사회발전연구소) |
| 김홍중(서울대 사회학과) |

1. 문제제기

이 글에서 우리는 2010년대 초반 이후 중국 공산당에 의해 공식적 의제로 제시되어 일종의 지도이념으로 기능하고 있는 '중국몽(中國夢)' 과 이를 구현하는 일군의 프로파간다 이미지들에 대한 탐구를 시도한다. 잘 알려진 것처럼, 시진핑 주석은 2012년 11월 29일 리커창, 장더장, 위정성, 류윈산, 왕치산, 장가오리 등 중국 공산당 중앙정치국 상무위원회 위원들과 함께 중국국가박물관을 찾아 〈부흥의 길〉이라는 전시를 돌아본 자리에서 처음으로 '중국몽' 담화를 연설한다. "누구에게나 이상과 추구하는 바가 있고 각자의 꿈이 있습니다. 요즘 '중국의 꿈' 이 화두가 되고 있습니다. 저는 중화민족의 위대한 부흥을 실현하는 것이 근대 이후 중화민족의 가장 위대한 꿈이라고 생각합니다. 여러 세대에 걸친 중국인의 숙원이 담겨 있고 중화민족과 중국 인민의 전반적 이익이 구현되어 있는 이 꿈은 모든 중국의 아들딸들이 공동으로 지닌 소망입니다"(시진핑, 2015: 53).

중화민족의 부흥에 초점이 맞추어진 중국몽 이념은 이후 시진핑의 여러 담화들에 다양한 방식으로 변주되고 확장되며 활용된다. '중국몽' 은 중국 공산당과 시진핑 지도체제가 중국 인민에게 제공하는 자신들의 정치적 핵심 메시지이자 하나의 "메타서사(metanarrative)" 혹은 "대표이념(signature ideology)"으로 기능해 왔다(Mahoney, 2014: 25; Wang, 2014). 그 배경에는 사실 2013년 11월 12일 중국 공산당 중앙위원회 제3차 전체회의에서 통과된 소위 '전면 심화 계획', 즉 "중국 특색의 신자유주의"(왕후이)로의 본격적 가속화라는 정책 기조가 존재한다(고윤실, 2015: 148-149). 본격적인 G2시대를 준비하면서 민족문제, 도농 격차, 빈부 격차, 부패, 당파주의, 경제 발전 등의 다양한 문제들을 해결해야 하는 국면에서 등장한 '중국몽' 프로그램은 그 이후 중국 정부에 의해서 광범위하게 선전되고 확산되었다. 중국 대도시 곳곳에는 중국몽 포스터 입간판과 벽보 등이

전시되거나 설치되어 있고, TV에서는 끊임없이 중국몽 광고가 흘러나온다. 또한 인민넷에서 '100인의 전문가가 말하는 중국몽', '100인의 서기와 함께 하는 중국몽에 관한 전문 인터뷰 시리즈', '동심으로 수놓는 중국몽, 메시지 남기기 활동' 등을 특집으로 꾸렸으며, 중국몽에 관련된 수많은 서적들과 학교 교육, 작문 등이 이루어지고 있다. 2013년에는 10대 유행어의 하나로 '중국몽'이 선정되기도 하였다. 가히 중국몽은 2010년대 중국 사회의 통치풍경의 가장 중요한 장면들을 이루는 핵심 키워드라 해도 결코 과언이 아니다.

이런 중국몽 현상은 크게 보아 i) 담론수준, ii) 이미지수준, iii) 수용/해석/실천수준으로 나누어 고찰될 수 있다.[1] 담론수준은 시진핑 담화와 후속 담론들의 총체를 가리키고, 이미지수준은 중국몽 포스터, 광고, 벽보 등에 사용된 도안과 영상물의 총체를 가리킨다. 이런 공식 기호들이 대중들의 삶과 만나는 접점에서 발생하는 중국몽 이념의 수용, 해석, 실천의 상호 작용은 이들과 다른 또 다른 차원을 이룬다. 이 글에서 우리는 중국몽의 이 세 차원 중에서 특히 이미지 차원에 초점을 맞추고, 중국몽이 구현하는 일련의 도상들에 대한 분석을 시도한다. 이런 전략을 취하는 이유는 중국몽 도상들이 담론과 실천을 연결하고 매개하는 역할을 수행하기 때문이다. 중국몽 도상들은 담론수준의 추상적 비전을 시각화하여 일상적 삶에 대한 상상된 미래상의 형식으로 그 비전을 구체화하고 있다. 더구나 그러한 이미지들이 방대한 물량으로 중국 사회의 주요 장소들에 전시됨으로써, 중국몽은 이제 사유, 개념, 정책의 수준이 아닌, 일상적 삶의 지각환경 속에 자리 잡게 된다. 〈이념→도상〉의 과정은 그리하여 일종의 '알레고리화(化)'의 과정인 동시에 중국 인민의 삶과 의식을 변형시키는 일종의 '정동적

1) 중국몽에 대한 연구는 비교적 다양한 분야에서 진행되고 있다. 중국과 문화정책(김태만, 2013)의 상관관계에 대한 연구, 홍색문화열과 중국몽의 관련성(이광수, 2013), 중국몽과 문화주의 전통의 연관성(전인갑, 2013), 중국의 대내적인 문화적 홍보전략으로서의 중국몽(서은영, 2014)에 대한 연구 등이 존재한다.

(affective) 효과' 의 생산과정이기도 하다.

이 글에서 우리는 이처럼 〈이념→도상→실천〉으로 구성되는 중국몽이라는 '몽상구성체'(김홍중, 2015: 62)의 여러 차원과 계기들 중에서 '도상' 차원을 집중적으로 분석하여, 일견 안정적이고 정합적으로 보이는 중국몽 이미지 안에 내재해 있는 다층적인 균열과 차이들을 읽어 내고자 한다. 도상의 분석에 사용될 자료는 중국 정부의 공식 선전 사이트인 인민망(www.people.com.cn)과 문명망(http://www.wenming.cn) 그리고 중국의 대표적인 포털 사이트 바이두(www.baidu.com)에서 수집된 300여 개 이상의 이미지이다. 이들 중에서 특히 대표적인 이미지를 선정하여 분석했다. 특히 문명망은 중국의 중앙선전부에서 운영하는 것으로 가장 공식적인 공익 광고와 선전물들이 수록되어 있다. 중국몽을 구현하는 공익 광고의 내용은 중국몽류, 애당애국(愛黨愛國)류, 전통미덕류, 도덕모범류, 환경보호류 등으로 구성되어 있는데, 각 영역당 약 20개에서 70개 정도의 이미지들이 용도에 따라 디자인되어 있다. 중국몽 광고는 그 용도에 따라 평면 광고, 게시판 광고, 휴대폰, 신문 등 다양한 사이즈와 형식으로 제작되어 있다. 마지막으로 웨이보 등 중국의 SNS를 활용하는 동시에, 중국 현지 조사 시 직접 촬영한 중국몽 광고사진을 활용하기도 했다.

2. 통치와 꿈에 대한 이론적 성찰

21세기 동아시아는 미국, 중국, 일본 등 주요 국가들이 벌이는 이른바 "꿈의 경쟁"(손열, 2015: 59)의 장이 되고 있다. 미국은 기왕의 '아메리칸 드림' 의 연장선상에서 태평양에 인접한 여러 아시아 국가들과 함께 성장해 가자는 이른바 '태평양의 꿈(Pacific Dream)' 을 펼쳐 가고 있고, 일본은 아베 신조 정권 이후 신보수주의적 정책을 추구하면서 새로운 지역질서의 패권을 꿈꾸고 있다. 중국몽은 바로 이런 헤게모니적 꿈의 투쟁을 배경으로 등장한 것이며, 국내정치와 국제정치의 이중적 통치논리의 동시적 고려에서 나타난 것이라고 할 수 있다(손열, 2015: 59-63).

사실, 중국몽 등장 이전에도 이미 중국은 19세기 중엽부터 민족적 수준의 꿈을 추구해 왔다. 아편전쟁의 패배가 야기한 충격을 극복하기 위해 시작된 '부국강병'의 꿈이 그 시작을 이루는데, 양무운동(1861~1874), 변법자강운동(1898), 신해혁명(1911)은 모두 이 꿈을 달성하기 위한 시도였다. 이들 노력이 실패하고 결국 사회주의 혁명이 성공하면서, 중국은 1949년 중화인민공화국의 수립과 함께 '사회주의'의 꿈의 시대를 시작한다. 사회주의 개조(1953~1956), 대약진운동(1958~1960), 문화대혁명(1966~1976)이 그 시도를 이룬다. 이 두 번째의 꿈 역시 큰 상처를 남기고 실패하자, 중국은 1978년 개혁개방정책을 시작하고 3단계 발전정책을 시작하면서, 1990년대 후반에 이르러 '중화민족의 위대한 중흥'이라는 개념에 도달한다. 자신감을 회복한 중국의 5세대 지도부는 이런 배경으로 '중국몽'을 공식천명하기에 이른 것이다(조영남, 2013: 6-7).[2] 국내적으로는 중국몽을 강조하고 세계적으로는 일대일로(一帶一路)를 통해 중국의 꿈을 구현하면서, 중국 공산당은 자신들의 통치성의 중요한 논리와 이미지를 선전하고 있다. 환언하면, 중국몽은 중국 사회 고유의 선전기제와 문화정치의 맥락에서 조망될 수 있다.[3]

사실, 중국 정치에서 문화적 치리(治理, cultural governance)는 정치의 중요한 부분으로 작용해 왔고, 이는 대개 선전이나 프로파간다의 형태로

2) 실제로 시진핑의 담화 이전에 이미 '중국몽'이라는 용어는 개혁개방 이후 소위 "욕망하는 중국"(Rofel, 2007)의 한 징후로서 나타난 바 있다(Wang, 2010).

3) 이광수는 다음과 같이 지적한다. "1921년에 생겨난 중국 공산당은 국공내전시기, 중일전쟁시기, 사회주의 개조시기, 문화대혁명시기, 개혁개방시기 등 각 시기별로 각기 다양한 선전 수단과 선전의 내용을 통해 정치적 안정과 경제적 성장이라는 목표를 달성하기 위해 정치선전을 지속적으로 시도해 왔다"(이광수, 2013: 327).

등장한다. 이때 문화는 중화민족의 상징적 통합의 주된 매체에 다름 아니다. 가령, 페리(Elizabeth J. Perry)는 중국 공산당의 통치전략에서 문화적 요소의 활용을 다음과 같이 강조한다. "중국이 개혁개방 이후 이데올로기적이나 제도적으로 상당히 변화했지만, 그럼에도 불구하고 여전히 문화적 거버넌스에 의존하고 있다. '전통적인' 것을 유지하면서도 또한 '과학적 발전관' 을 채택하고 있지만 중국 공산당은 통치에 대한 정당성을 확보하기 위하여 상징적 권력의 행사를 중시한다"(Perry, 2013: 5–6).

중국몽이 "중국 공산당 집권에 대한 합법성과 재합리화"의 전략과 연계되어 있다(리시광, 2013: 21)는 리시광(李希光)의 지적에서 보듯, 중국몽은 중국 정치권력의 정당성을 확보하기 위한 핵심적인 장치로 파악되는데, 이는 중국의 선전정치가 사회변화를 추동하기 위한 목적에서 사회안정과 공산당의 체제유지로 그 강조점을 옮겼음을 동시에 보여주는 것이기도 하다(Brady, 2007). 요컨대, 중국몽은 공산당이 판단하는 인민의 꿈을 반영, 재현하는 것이며, "나의 꿈이 중국의 꿈(我的夢, 中國夢)"인 세계, 내 욕망이 사회와 국가의 욕망과 결합되어 있는 세계, 자신의 꿈을 향해 돌진하는 스탠스 그 자체가 사회적으로 정당화되는 그런 세계의 비전/환상을 제공한다. "신자유주의적 논리와 사회주의적 주권의 밀착"(Ong and Zhang, 2008: 2)으로 특징지어지는 21세기 중국 사회는 "꿈-자본(dream-capital)"(김홍중, 2015: 48–52)의 방대한 생산과 분배의 능력을 보여주고 있지만, 그런 상상이 어떻게 구현될지는 사실 불확정적이다. 중국몽이 '수용' 되는 과정은 통치성의 구현과정인 동시에 통치의 꿈 그 자체가 실현, 좌절, 변형되는 과정이기 때문이다. 중국몽을 시각화하는 도상들이 어떤 점에서 중국인들의 꿈에 영향을 주는지는 좀 더 정밀한 경험연구가 요청된다고 볼 수 있다.

3. 중국몽 도상 분석

1) 꿈소녀의 이미지

중국몽 도상은 기본적으로 공산당 선전부서에 의해 조직적 · 계획적으로 생산된 선전 이미지들로서 이들은 인터넷, 도심 전자 광고, 건축현장의 가림막 및 인터넷 공간에서 다양한 방식으로 전시되고 게시된다. 이들은 일반적으로 '중국몽 공익 광고'라는 명칭으로 불린다. 중국 사회에서 공익 광고의 목적은 중국 사회주의의 경로와 그 체제에 대한 인민의 신뢰를 제고하는 것으로 이해된다(Liou and Ding, 2015: 115). 중국몽 공익 광고에 국한시켜 말하자면, 그것은 '사회주의(내용) + 중국 민간예술(형식)'로 결합된 중국적 민족형식을 형성"하고, "전통문화 및 국가정체성 홍보의 도구로서 역할"을 수행하는 것을 주된 기능으로 한다(서은영, 2014: iv). 최근에 들어서면서 특히 공익 광고들은 문화혁명시기의 선전물처럼 혁명의식을

[그림 1] 중국몽 방송 광고 이미지

출처 : http://www.iqiyi.com/w_19rs3twrq1.html(2018.8.1. 검색)

고취하기보다는 현 체제에 대한 신뢰를 제공하고 사회를 안정화시키는 데 초점이 맞추어져 있다. 그리고 이런 지향들은 중국몽 공익 광고의 도상선택에 명확하게 드러난다.

중국몽의 대표 캐릭터는 [그림 1]의 샤오와와(小夢娃)[4]이다. 중국몽 공익 광고의 대표적인 텔레비전 선전물에 등장하여 노래 부르는 샤오와와는 중국 전통복장을 하고, 통통한 볼과 귀여운 외모 그리고 천진난만한 모습으로 형상화되어 있다. 원래 이 이미지는 천진의 대표적인 공예품인 "니른장(泥人張)"에 그 기원을 두고 있다. 와와를 디자인한 니른장 장인 린강은 다양한 전통문화, 생동감, 일반 국민 등의 생활을 보여줄 수 있는 주체적인 공익 광고의 일환으로 그 캐릭터를 구상했다고 한다. 그에 의하면 와와 이미지는 수천 년 동안 화북지방에 존재해 온 민요에 기반하고 있다. "80년대 내가 살던 농가(老鄉家) 부근에 작은 소녀가 있었는데, 그에 대한 인상이 굉장히 강렬했다. 그래서 그런 형상에 기초해서 조형을 만들었다."[5] 이 소녀의 모습은 중국인들의 마음에 깊이 새겨져 있는 향토적 이미지이며, 바로 그로 인해 일반 인민의 공감을 일으킬 수 있었는지 모른다.

TV 광고에 등장하여 와와는, 중국 어린이들이 어렸을 때 암송하는 삼자경(三字經) 형식으로 중국몽을 노래한다. "중국의 꿈은 얼마나 아름다운가. 국가는 집이고, 선행은 덕행을 쌓고, 부지런한 자는 복을 받으며, 성실하게 몸을 가꾸고, 효성을 무엇보다 귀하게 여긴다. 백년의 꿈을 꾸고, 시대의 조류에 발맞추어 열심히 노력하며, 함께 나아가, 조국과 화목하고, 길함과 길함을 함께 축원하였다(中國夢, 多美妙。國是家, 善作魂, 勤爲本, 儉養德, 誠立身, 孝当先, 和爲貴。百年夢, 時代潮, 齊努力, 同奔跑, 共祝愿, 祖國好, 和美, 吉祥, 節節高!)". 중국몽의 이념적 지향과 내용을 압축적이고 선

4) http://www.weixinyidu.com/n_904927(검색일 2018.8.1.)

5) "林钢 : "梦娃"之父为人民塑像."『天津日报』 2016.11.10. http://www.xinhuanet.com/local/2016-11/10/c_129358422.htm(검색일 2018.8.1.)

명한 방식으로 표현하고 있는 위의 가사에서 무엇보다 인상적인 점은 국가와 가족의 동일시이다. '국가가 바로 집'이라는 것은, 다른 중국몽 프로파간다의 클리셰인 '중국몽이 나의 꿈'이라는 메시지를 반복하면서 강화하고 있다. 국가와 개인의 관계는 가족을 매개로 연결되어 하나의 회로를 이루고 있고, 거기에 개인의 자리는 사회도 직장도 지역도 도시도 아닌 가족으로 설정되어 있다.[6)]

[그림 2] 중국몽 대표도상인 와와

출처 : http://www.wenming. cn/jwmsxf_294/zggygg/pml/zgmxl/201309/t20130930_1501267.shtml(검색일 2018.8.1.)

[그림 3] 1970년대의 혁명화

출처 : https://chineseposters.net/gallery/(검색일 2018.8.1.) Stefan R. Landsberger Collections

6) 2015년 11월에 서울대 사회학과와 북경대 사회학과의 조인트 심포지움에서 우리는 이 글의 초고를 발표했다. 북경대 사회학과 측에서 다양한 논평이 제기되었는데, 그중에서 류능 교수의 논평이 인상적이었다. 그에 의하면, 중국몽 이전의 선전구호들은 인민의 삶과 다소 유리되어 있었으며, 중국 사회의 발전전략으로 설정된 중국 특색 사회주의, 과학적 사회주의, 삼개대표, 조화사회 등의 개념들이 인민에 의해 어떻게 해석되고 수용될 것인지에, 그것과 개인들의 삶의 구체적 연관성이 희박했다는 것이다. 그의 견해에 의하면, 중국몽 프로파간다는 이 점이 고려되어, 개인과 국가의 연결관계를 구체화할 수 있는 정치구호로 탄생하게 되었다고 한다.

환언하면, 와와의 이미지는 '국가-가족-자아' 라는 유기적 연결을 상징하는 '캐릭터' 로 선택된 것이다. 그런데 개혁개방 이전의 중국 혁명화 도상 전통과 비교해 보면, 와와 이미지에는 사회적 · 정치적 · 이념적 주체성의 대표 혹은 재현이 현저하게 약화되어 있다는 사실을 알 수 있다. 개혁개방 이전의 선전화에는 레이펑(雷鋒) 등 대표적인 혁명 노동자 및 농민에 대한 전형적인 요소들이 존재했었다. 그러나 현재 선전화의 주인공으로 등장하는 인물들은 중국 전통예술기법을 활용하여 재현된 어린아이와 노인들의 모습일 뿐이다(이광수, 2013). 이런 변화는 개방 이후 중국 사회를 대표하는 주체의 표상이 더 이상 농민과 노동자가 아니며, 이를 대체하는 어떤 구체적 인간상이 아직 등장하지 않았다는 사실을 방증하는지 모른다.

이런 각도에서 와와의 이미지를 다시 한번 살펴보면, 기존의 혁명역군의 표상과 현저한 차이를 노정한다. 신봉하는 사상과 이데올로기에 대한 충성과 전투적 헌신으로 무장한 투사의 모습의 거의 반대편에서 발견할 수 있는, 순수하고 귀여운 소녀의 모습을 거기에서 발견하게 된다. 사실, 기존 중국 혁명 전화에는 '귀여움' 의 표상이 거의 등장하지 않으며,[7] 어린아이들은 사회주의 이념의 여러 기표들과 직접적으로 연관되어 있었다.

위의 그림에 그려진 어린이는 얼굴의 표정이나 눈빛으로 보면 이미 사회주의 전사(戰士)이며 주체이다. 와와의 이미지가 중국 문화의 심층적인 이미지의 재발굴이라면, 사회주의 혁명시기에 억압되어 비가시화된, 중국

---

7) 아시아의 귀여움 중시 문화에 대해서 "귀여움은 젠더관계가 고착된 사회에서 남성적 판타지를 충족하는 데 복무한다. 남성은 여성에 대한 특정 이미지를 갖고 있고 귀여움에 대해 강조한다"(https://china-journal.org/2016/04/21/pretty-innocent-asian-girls-cult-of-cuteness-asia/(검색일 2018.8.1.)는 분석도 있다. 귀여움을 강조하는 것은 특정 주체의 순종성과 유순함을 강조하는 것이다. 이런 논의는 중국몽 도상에서 귀여움의 이미지가 환기되는 이유에 대하여 시사점을 제공한다. 사회가 개방되면서 한편에서는 경제적인 자유와 발전이 이루어지고 있지만, 남녀평등을 상대적으로 강조하는 사회주의적 젠더관계에서 시장경제와 친화적인 가부장적 젠더관계로 이행해 가는 측면도 있다. 그래서 여자 아이의 귀여운 이미지의 강조는 가부장적인 사회질서로의 보수적인 변화를 반영하는 측면이 있다.

[그림 4] 공산당의 훌륭한 아이

출처 : https://chineseposters.net/posters/e15-715.php(검색일 2018.8.1.)
Stefan R. Landsberger Collections

인들이 오랫동안 실행했던 모종의 덕성을 소녀의 얼굴이 다시 포착하고 있다는 의미를 갖는다. 와와는 새로이 재편되고 있는 사회질서 속에서 전통적인 덕성을 갖추고 국가에 충성하며 성실하게 자신의 꿈을 추구하는 '귀여운' 인민의 이미지를 구체화하고 있다.

2) 민간예술과 향토성

중국몽 도상은 대부분 민간예술의 형식을 취하고 있다. 인민이 만든 예술로, 인민이 창조한 다양한 예술 형태를 지칭하는 민간예술은 일반적으로 노동자와 농민이 자신들의 생활 세계를 표현하는 민속 공예, 음악, 무용 등 다양한 분야를 포괄한다. 중국몽 도상은 산시성의 지엔즈(剪紙), 위신안 지역의 지엔즈, 톈진 지역의 목판화와 니른장 등 인민이 친숙한 이미지들을 활용한다. 이들은 중국의 전통적 이미지이긴 하지만, 소위 중국의 화려한 과거를 떠올릴 때 환기되는 전형적인 이미지들은 아니다. 어떤 측면에서는 민간예술의 형식을 사용하는 것은 중국몽의 원래 서사와 일종의 모순이 있다고 볼 수 있다. 왜냐하면 중국몽의 핵심적인 메시지는 '중화민족의 위대한 부흥'으로 집약되며, 많은 사람들이 아마도 왕조 문화나 찬란한 중국 문명의 역사 속에서 위대한 중화민족의 전통을 발견하고자 하겠지만, 실제로 중국몽 도상에서는 대체로 지역의 민간예술이 전통문화를 대표하고 있기 때문이다.[8)]

예를 들어 [그림 5]는 지엔즈(剪紙)라는 예술 장르를 차용하고 있다. 중국 민간예술의 대표적인 형식이자 현재 유네스코 무형문화재에 등재된 전지예술은 중국몽 이미지에 빈번히 활용된다. 이는 빨간 종이를 가위로 잘라 만든 정교한 이미지로서 "꽃, 새, 물고기, 벌레, 신화 이야기, 전설 인물, 중국 전통극의 인물과 원시토템 및 길상무늬"(윤미영, 2014: 80) 등을 주로 그려 낸다. 그 역사는 남북조 시대로 거슬러 올라간다고 한다. 전지예술은 중국 전역에서 행해지고 있으며 지역별 차이를 보이지만, 중국몽에서 주로 활용되는 형상들은 대부분 길상(吉祥)을 축원하고 복을 비는 기원적(祈願的) 이미지들이다. 이처럼 다양한 길상문양을 동원하고 있는 중국몽 도상은 중국몽을 구현하고 있는 정치의 내용을 전통적 기복과 길상의 세계와 연결시키는 효과를 발생시킨다. 중국몽에서 꿈꾸어지는 세계는 역사나 사회의 거시적 변혁이라기보다는 상서롭고 복된 상징들이 환기하는 축복

---

8) 중국 민간문화가 무형문화재로 등록되고 때로는 유네스코 무형문화재로 등재되면서, 민간예술이 '위대한 중국문화' 담론(장정아, 2008)에 포섭되어 간 문화정치적 상황이 이와 연관되어 있는 듯이 보이기도 한다. 즉, 민간문화를 일종의 위대한 중국 문화로 전유해 간 과정은 중국몽 선전에 앞서 존재했던 것이 사실이다.

[그림 5] 전지예술을 이용한 중국몽 도상

출처 : http://www.wenming.cn/jwmsxf_294/zggygg/sjgygg/sjzgm/201309/t20130929_1499380.shtml(검색일 2018.8.1.)

의 세계이기 때문이다.

중국몽의 이미지들의 또 다른 중요한 특징은 향토성이다. 페이샤오통은 자신의 『향토중국』에서 향토사회의 핵심적인 감수성으로 '친숙함'을 제시한 바 있다. 향토사회에서 사람들은 기본적으로 서로를 친분이 있는 관계로 인지하고, 상호 간에 친숙한 감정을 느낀다. 그리고 이에 기초하여 공통의 규범을 설정하고 이를 따른다. 향토사회는 이방인들로 이루어진 도시의 근대사회와 달리 이처럼 친숙한 사람들의 관계에 기초한 사회이다. 그래서 법치보다는 상호 신뢰에 기초한 인치(仁治)와 예치(禮治)를 주된 질서형성의 원리로 삼는 경향이 강하다(페이샤오통, 2011).

[그림 6] 중국몽 농민화

출처 : http://www.wenming.cn/jwmsxf_294/zggygg/sjgygg/sjzgm/201309/t20130929_1499384.shtml(검색일 2018.8.1.)

흥미로운 것은 중국몽 도상에서 역시 [그림 6]에서와 같이 각 지역의 농민화를 활용하여 향토적 이미지를 강조하고 있다는 사실이다. 사람들이 조화롭게 어울려 사는 향토사회는 명백히 하나의 이상향으로 묘사되고 있다. 과실이 풍요롭게 맺힌 과수원에서 서로 친밀하며 신뢰하는 애정의 관계로 공동노동하는 두 사람, 그들의 유연하고 탄력적인 자세와 역동적인 운동성은 이 광경을 비추는 태양과 길과 날아드는 새들과 그들이 들고 있는 바구니와 모두 어우러지면서, '길상(吉祥)'으로 충만한 향토사회의 기본 단위를 표상하는 듯한 인상을 주고 있다.

물론, 급속하게 도시화되며 발전하고 있는 중국 사회에서 이런 친숙함에 기초한 향토적 이미지가 중국 인민들의 실제 삶이나 감수성에 얼마나 실질적으로 호소할 수 있는지는 또 다른 연구의 주제를 이룬다. 아마도 도상이 표현하는 시간과 현재 중국인들이 과학기술이나 도시변화 속에서 체험하는 현실의 시간 사이에는 상당한 시차가 존재할 것으로 예상된다. 더구나 이는 일반적인 헤게모니적 몽상구성체가 언제나 공격적으로 미래를 탐구, 모색, 지향한다는 사실에 비추어 보면 쉽게 이해되지 않는 부분이기도 하다. 가령, 아메리칸 드림은 기계, 기술, 도시건물, 미래, 우주를 주제로 한다. 그것은 미지의 것, 새로운 것, 문명의 프론티어를 향하는 것이다. 향토성의 부정과 도시성의 추구가 근대의 발전서사와 그 꿈의 이미지를 규정하는 것이다. 이런 측면에서 보면, 중국몽의 향토적 도상들은 명백히 미래가 아닌 과거를 향하고 있으며, 모종의 낭만주의적 경향을 내포한다(손열, 2015: 54-55). 중국몽은 아편전쟁 이후 패권을 상실하고 질곡의 세월을 겪어 온 중국 민족이 자신들의 영광을 '회복'하고 과거의 위대한 시절로 '복귀'하려는 회귀적 시간성으로 특징지어진다.

3) 유교적 도덕과 '절검'

중국몽 도상의 또 다른 주요 테마는 유교적 덕목들(효, 인, 검약 등)과 긴밀히 연관되어 있다.[9] 이는 아마도 급속한 도시화와 발전이 야기하는 수많은 사회 문제들에 대한 해결책의 의미를 띠고 있는 것으로 보인다. 중국 사회 전역에서 공자에 대한 숭배와 상징이 강화되고 있는 것과 같은 맥락으로, 사회의 안정을 추구하기 위한 도덕적인 메시지들이 강화되고 있는 것이다. [그림 7]에 형상화된 '절검(節儉)'이라는 용어는 『논어』에 등장하는데, 이는 유교적 경제의 핵심 관념의 하나를 이룬다.

[그림 8]은 "효는 중화미덕", "효는 중국의 혈맥"과 같은 묘사와 더불어 삼대가 같이 모여 있는 장면을 통해 세대 간 윤리를 상징하고 있다. 이는 가족이 효를 매개로 하여 조부에게 공경을 다하는 모습이며, 주로 고령자

9) http://thediplomat.com/2014/03/expressing-the-chinese-dream/(검색일 2018.8.1.)

[그림 7] 중국몽 유교계열 도상

출처 : http://www.wenming.cn/jwmsxf_294/zggygg/pml/ctmdxl/201309/t20130929_1500694.shtml

[그림 8] 중화미덕 효 포스터

출처 : http://www.wenming.cn/jwmsxf_294/zggygg/pml/ctmdxl/201309/t20130929_1500525.shtml

와 어린아이가 항상 함께 등장하고 우애와 인애, 노인에 대한 공경 등이 강조되며, 농촌은 활기차고 이상적인 모습으로 그려지는 경향이 있다. 전체적으로 과거의 공동체를 부흥하는 방식을 취한다. 급속한 도시화과정에서 사라져 가는 공동체에 대한 유교적 도덕을 환기시키는 방식이다. 중국몽 도상은 중화 민족주의, 유교적 덕성을 강조하며 중국 사회발전에 중국인들이 동참[10]하도록 선전하고, 복고적인 공민성을 강조하는 방향으로 구성되어 있음을 알 수 있다.

4) 공산당의 강고한 이미지

순박하고 행복한 인민을 표상하는 목가적이고 낭만적인 이미지들과는

10) https://thediplomat.com/2014/03/expressing-the-chinese-dream/(검색일 2018.8.1.)

달리, 공산당을 선전하는 이미지는 홍색과 황색 등 강렬한 색채와 화려한 상징이 사용된다. 공산당을 상징하는 이미지들은 천안문, 명나라 시기부터 천안문 광장에 세워져 황권을 상징하는 화표(表),[11] 그리고 중국의 국기인 오성홍기, 국가박물관, 만리장성 등이 대종을 이룬다. 공산당을 표상하는 중국몽 도상에는 다양한 문구가 적혀 있는데, "중국의 역량을 활용하여, 너의 꿈을 이루어 낸다", "중국몽 민족몽", "중국몽 강군몽" 등 중국몽과 민족의 꿈, 강한 군대의 꿈 등 국가주의적 이상을 등치시키고 있다.

화표와 천안문, 국가박물관은 공산당 세력의 굳건함과 체제의 강고함을 표현하기 위해 동원된 것이다. 대체적으로 민간예술을 활용하여 향토적이고 순박한 인민의 이상적 이미지를 표상하는 중국몽 도상 중에서, 중국 황실을 연원으로 하는 화표와 천안문의 이미지는 붉은색과 황색의 화려함을 표현한다는 점에서 이채롭다. 한편, 화려한 공산당의 이미지들은 각 지역과 영역별로 다양하게 전유되고 있다. 지역에 따라 민족몽을 강조하기도 하고, 강군몽 혹은 과기몽(科技夢)을 강조하기도 한다. 또한 최근에는 환경보호에 대한 내용이 강조되기도 한다. 중국몽은 이처럼 다양한 중국의 꿈과 만나며 지속적으로 변형되고 있으며 다양한 내용을 포함하고 있다.

[그림 9] 중국몽 민족몽

출처 : www.jieshu2/com/cn/a/2018/0328/34418html(검색일 2018.8.1.)

11) https://ko.wikipedia.org/wiki/%ED%99%94%ED%91%9C(검색일 2018.8.1.)

4. 도상의 수용

중국몽 도상은 중국 전역에서 다양하게 활용되고 있다. 2014년경부터 본격적으로 시작되었지만 2018년까지도 각 도시마다 다양한 중국몽 도상이 도시의 환경을 이루고 있다. 중국인들은 이에 너무 익숙한 나머지 도상의 존재 자체를 의식하지 못하는 경우도 종종 있다. 현지의 중국인들에게 중국몽 이미지에 대한 인상에 대해 질문하면 대체로 일반적으로 이런 도상이 존재하는지 깨닫지 못했다고 말하는 이유가 거기에 있다.

SNS상에서는 중국몽의 대표 도상 와와(夢娃)에 대해서 다소 비판적인 이야기도 존재한다. 혹자는 중국몽의 소녀는 중국 현대의 소녀의 도상을 표상하기보다는 이삼십 년 전의 중국인, 다시 말해 못 먹고 못살았을 때의 이상적인 중국인(통통함)을 그려 내고 있다고 비판한다. 비만이 도리어 문제가 되는 이 시점에서, 통통한 아이를 복의 상징으로 설정하는 것은 시대착오적이라는 것이다. 이런 맥락에서 중국몽 도상들이 현재의 발전을 충분히 반영하지 못하고 있다는 비판은 납득할 만하다. 또한 앞서 언급한 것처럼, 중국의 발전과 향토성 짙은 중국몽 도상이 보여주는 이미지 사이에는 명백한 괴리가 있다. 그래서 도시민들의 발전에 대한 지향을 충분히 담아내지 못하는 촌스러운(土) 이미지로 비쳐지는 것 또한 사실이다. 혹자는 이 모든 것이 선전국을 총괄한 책임자 개인의 촌스러운 취향의 결과라는 의견[12]을 내기도 한다. 중요한 것은 이처럼 중국몽 도상을 둘러싸고 여러 상이한 해석들이 충돌하거나 공존하고 있다는 것이다.

이런 점에서 주목해야 하는 것은 공식적인 중국몽 이미지에 대항하는 대안적 중국몽의 문화정치의 존재이다. 가장 대표적인 것은, 홍콩 가수 로만탐(羅文)이 부른 "중국몽(中國夢)"이란 광동어 가요로서,[13] 원래는 1984

12) 중국 현지 개인 인터뷰(2015.8.3.) http://bbs.tianya.cn/post-no110-15342456-1.shtml(검색일: 2018.8.1.)

[그림 10] 베이징, 우한, 광저우 등 거리에 설치된 중국몽 선전화

년의 히트곡인데, 홍콩 민주화운동과 천안문 기념 촛불집회에서 지속적으로 불리며 중국에서의 헌정몽(憲政夢)과 민주주의 상징으로 새롭게 환기되고 있다. 그 가사는 다음과 같다.

<중국몽>

내 꿈과 너의 꿈은 각각의 꿈은 황하에서 온다.
5천년 동안 무수한 갈망이 강 속에서 도도하게 흐르고 있다.
그 꿈이 환희로 번지는 그 꿈이 또 밀려왔네.
당한의 스타일은 동포들에게 고통을 주지 않는다.

그날 밤, 나는 중국에서 일어난 사자 소리에 놀라 만세를 불렀다.
하늘을 찌를 듯 우뚝 솟은 푸른 길을 걷고 있다.
중국 사람들은 모두 유쾌한 웃음소리를 듣고 웃는 얼굴로 노래한다.
5천년 동안 수많은 중국의 꿈을 이루었다.[14]

---

13) https://www.youtube.com/watch?v=hG3m46vnQkc&list=RDhG3m46vnQkc#t=114 (검색일 2018.8.25.)

14) http://culture-in-criticism.blogspot.com/2016/05/music-roman-tam-chinese-dream.html(검색일 2018.8.25.)

이 노래를 통해 우리는 동일한 기표가 상이한 맥락에서 재전유되고 번역되어 새로운 효과가 생산되는 흥미로운 사례를 발견할 수 있다. 이는 사실 중국이 경제적으로 발전하고 있지만, 정치적으로는 개인의 자유가 축소되어 가고 통제가 강화되어 가는 상황에서 중국몽의 균열이 조금씩 엿보이게 되는 하나의 징후이기도 하다.

한편, 최근 상하이에서 한 여성이 중국몽 포스터를 훼손하는 사건이 발생하기도 했다. 후난(湖南)성 출신의 둥야오충(董瑤瓊)이란 젊은 여성이 2018년 9월 상하이에서 시진핑 주석의 얼굴이 그려진 '중국몽' 선전표지판에 먹물을 끼얹는 장면을 트위터로 중계[15]했다. 이미지 훼손 장면을 생중계하면서 둥야오충은 중국 공산당의 압제와 폭정 전제주의에 반대한다고 주장했고, 중국의 광범위한 사찰과 민주주의가 존재하지 않는 독재적 상황을 비판했다. 둥야오칭이 훼손한 이 포스터는 [그림 9]와 기본적으로 동일한 구성이었다. 공산당의 이미지를 중심으로 이루어졌으며, 화표를 배경으로 시진핑 주석의 사진이 추가되었다. 시진핑 주석에 대한 일인 숭배가 본격화되면서 화표와 천안문 등 기존 공산당 이미지에 시진핑의 사진을 직접적으로 배치했다. 이는 공산당에 의한 통치를 시진핑에 의한 일인 통치의 이미지로 전환시킨 것으로 보인다. 상하이에서 이 벽보 이미지 훼손 사건 이후, 이 여성은 구금되어 가족과 관계가 단절되었다고 보도되었다. 이 사건은 하나의 에피소드에 불과하지만, 중국몽 도상과 문화정치 그리고 그것이 보여주는 중국의 현재 정치에 대하여 인민들의 반감이 표출된 대표적인 사건이라고 볼 수 있다.

15) https://www.youtube.com/watch?v= 06eAlSFSHhA (검색일 2018.8.25.)

5. 결 론

우리는 중국몽 선전 도상의 일부를 분석함으로써 중국몽 도상이 국가와 개인의 관계(공민성), 민간예술성, 향토성, 유교적 도덕, 공산당의 강고함 등을 강조하고 있음을 보였다. 공민성, 향토성, 길상문양, 인민의 도덕 등을 강조하는 이미지들은 대체적으로 목가적이고 낭만적이다. 한편 향토적 이상사회의 이미지 계열과는 별도로 강력하고 화려한 공산당의 이미지가 존재하는데 이런 이미지들은 궁극적으로 중국인들로 하여금 중국몽과 중국몽을 구현하고 있는 공산당에 대한 신뢰를 쌓게 하고, 그를 통해 시각적으로 지배의 정당성을 구축하기 위함으로 보인다. 중국몽 도상들은 일견 안정적이고 잘 짜여진 이상세계를 구현하고 있으며, 상서로운 길상문양으로 역할하고 있다는 사실을 알 수 있다.

그런데 앞의 분석이 보여주듯이 중국몽 도상은 가시성과 비가시성의 영역이 중첩적으로 존재하며, 도상에는 다양한 균열점이 내재해 있다. 우선 중국몽 도상은 미래적 이미지의 투사보다는 과거의 복고적 이미지를 강조한다. 하지만 흔히 생각하는 중국의 대표적인 화려한 과거를 떠올리는 것이 아니라 민간예술이라는 순박한 형식에 기반하여 과거의 인민의 삶과 도덕을 복원하고자 한다. 그리고 중국몽 도상 곳곳에서 인애, 절검 등 유교적 도덕이 강조되고 있다. 대표적 캐릭터인 와와 역시 중국 향토사회의 귀여운 소녀의 모습을 재발굴한 것이라 볼 수 있다. 이런 의미에서 중국몽의 핵심 개념이 '중화민족의 위대한 부흥'이라 하지만 여기서 부흥의 시점과 내용이 무엇인지 다소 혼란스럽다. 중국몽 도상에서 전통적 왕조의 이미지가 사용되는 것은 중국 공산당의 상징뿐이다. 결국 중국몽 이미지에 드러나는 '부흥'은 과거 중국의 순박한 인민의 도덕성을 공민성으로 전환시킨다는 의미의 부흥으로 보이며, 중국 공산당은 그것을 보호하고 가능하게 하는 강력한 권력으로 표상되고 있다. 혁명을 위해 투쟁하던 전사(戰士)를 강조하던 문화혁명 당시의 호전적인 도상들과 달리, 중국몽 도상들은 강력하고 안정적인 지배체제(공산당 이미지)와 그에 순응하고 조화롭게 살아가는 평화로운 인민들의 세계(향토적 이미지)로 이원적으로 구성되어 있다. 그래서 가시화된 중국몽과 중국인들에 체감적으로 느끼고 있는 비가시화된 중국몽 사이에는 향토성-도시성, 과거-미래, 민간문화-황실문화, 민주-독재 등 다양한 차원의 모순과 균열 그리고 긴장이 내재해 있는 것으로 보인다.

중국몽으로 대표되는 중국의 발전전략과 그를 시각적으로 구현한 중국몽 도상은 중국 공산당이 당면한 핵심적인 모순을 해결하기 위하여 선택된 것으로 보인다. 도농 발전의 괴리, 발전의 방향성, 사회주의 체제의 유지, 지배의 정당성 등에 대한 고민 속에서 중국몽 도상의 내용과 형식이 선택되었을 것이다. 하지만 목가적인 향토중국으로 표상되는 중국몽의 이미지들은 상하이, 베이징으로 대표되는 고도로 발전한 중국 도시의 이미지와 괴리되는 측면이 있다. 중국몽 도상은 중국의 발전이 구축할 미래상에 대한 정합적인 이미지를 제시하기보다 과거에 대한 복고적인 노스탤지어로 가득하다. 다층적인 모순과 균열 속에 존재하는 중국몽 도상은 어찌보면 현재 중국의 내부적 모순과 긴장을 함축하고 있는 것일 수도 있다. 중국몽이 그려 내고 있는 미래의 이미지가 유토피아일지 혹은 디스토피아일지는 여전히 불확정적이다.

제 5 장

현대 일본 사회와 꿈의 사회사 : 이상의 시대부터 불가능성의 시대까지

| 박해남(원광대학교 한중관계연구원) |

1. 동아시아의 근대와 꿈

조선 후기를 무대로 한 어느 영화 속에서, 양반 신분의 주인공은 노비 신분의 한 아이에게 꿈에 대해 물었다. 그에 대한 소녀의 답은 "제가 뭐가 될 수 있습니까?"라는 질문이었다. 자신의 현재와 미래에 대한 선택지를 상실한 신분제 사회의 하층을 구성하는 이에게 '꿈'이란 그저 잠자는 동안 뇌리를 스치는 낯선 것이고 가져 봐야 소용없는 것임을 드러내 주는 대목이다. 24절기(동양)와 교회력(서양)을 중심으로 순환하는 시간으로 구성된 전근대사회 내에서(드보르, 2014: 130-131), 자연에 순응하여 살아가는 농민들에게 현실과는 다른 미래에 대한 기획(projet)은 그 자체로 낯선 것일지도 모르겠다(이마무라, 1999: 72-81). 미륵세상 같은 유토피아를 꿈꾸는 민중이야 늘 있었겠지만, 그러한 꿈에의 도전이 사회 구성원 전반의 일상에 자리를 잡고 해당 사회의 중요한 특징을 구성했다고 말하기는 어려웠을 것이다.

반현실을 현실과 접합시키려는 기획으로서의 꿈이 사회 구성원들의 일상에 자리 잡는 것, 그리고 그것이 그 사회의 중요한 특징을 구성할 정도가 되는 것은 근대로의 이행과 더불어서였다. 종소리로 들리는 교회의 시간 대신 숫자로 세어지는 시장의 시간을 살던 시민(bourgeois)들은, 현재보다 더 부유한 미래를 꿈꾸고 신분제적 예속으로부터의 자유를 꿈꿨다. 파우스트와 로빈슨 크루소가 근대인의 전형이 된 것은 이들이 부(富)와 자유를 좇아 살아가는 근대 부르주아의 속성을 너무나도 잘 보여주기 때문이다(Berman, 1983: 37-85; Watt, 1996: 141-171). 이들에게 꿈은 현실에 대한 부정으로 미래에 존재하는 '현실에 대한 타자'라고 볼 수 있다. 꿈이라는 타자는 현실을 바꾸는 동력이 되는 것이다.

꿈에는 여러 변주가 존재한다. 언젠가 현실화될 수 있는 가능한 세계에 대한 꿈을 우리는 이상(理想)이라 부를 수 있을 것이다. 반면에 현실화되기 어려운 꿈이라면 이는 '허구(虛構)' 라고 할 수 있을 것이다. 물론, 이것은 내용 그 자체로 나뉘는 것이 아니다. 같은 꿈도 지역에 따라, 사회 내 위치에 따라, 그리고 세대 등에 따라 이상이 되기도 하고 허구가 되기도 한다.

우리가 살고 있는 동아시아의 근대는 그 시작부터 꿈-이상-허구 사이의 다채로운 변주가 등장했다. 서구의 부르주아들은 더 많은 부(富)라는 꿈을 좇아 전 세계로 나아갔다. 제국(帝國)을 만든 것이다. 그러던 19세기 말, 이들은 동아시아인들에게 근대국가와 제국의 꿈을 전달했다. 동시에, 다른 인종이 가진 근대국가 건설이라는 이상을 막고 부를 창출하기 위한 수단으로 전락시키는 식민지화라는 악몽 역시 전달했다. 다양한 꿈을 동시적으로 전달한 것이다.

19세기 말 당시 꿈을 꾼 주체들은 '위로부터의 근대화' 를 추진한 엘리트들이었다. 일례로, 동아시아에서 제국이 된 일본은 '대동아공영권' 을 포함한 다양한 허구를 내세워 제국의 꿈을 따랐다. 제국의 대중은 제국 엘리트의 허구에 동원되었고, 식민지와 피침략국의 민중은 그 허구가 일으킨 전쟁과 식민지배의 악몽을 겪었다.

대중 혹은 민중이라 불리는 구성원들이 중요한 행위자로 등장한 것은 2차 대전 이후의 일이라 볼 수 있다. 제국-식민지 구도가 해체되고 들어선 국민국가 시스템은 각 사회 구성원들의 목소리에 더 큰 힘을 실어 주었다. 자본주의와 사회주의 중 어떤 꿈을 따라야 할지를 고민하는 거시적 사안에서부터 내 집과 내 차의 마련 같은 미시적 사안에까지, 대중의 일상적 삶에 미래가 현실을 이끌어 가는 동력으로서 역할을 한 것이 바로 이 시기라고 볼 수 있다. 그런 점에서 동아시아 지역에서 꿈의 사회사와 문화사는 2차 대전 이후에 이르러 본격화되었다고 볼 수 있을 것이다.

동아시아의 여러 지역 중에서도 전후 일본은 꿈의 사회사적 변천이 매우 선명하게 자리한 공간이라고 볼 수 있을 것이다. 2차 대전에서의 패전 이후 일본의 대중은 새로운 국가와 사회를 만들어 나가는 과정에 전보다 적극적으로 참여했고, 이로 인해 꿈-이상-허구 사이의 변주는 보다 선명하게 드러났다. 전후 일본은 꿈의 사회사, 꿈의 문화사를 탐구하기에 더없이 좋은 공간인 것이다. 여기에 다른 아시아 국가들보다 한발 앞선 자본의 운동을 경험하는 지역이라는 점을 고려한다면, 현대 일본의 꿈의 사회사와 문화사가 다른 동아시아 지역에 주는 함의 역시 상당하다고 볼 수 있다.

전후 일본의 대중문화를 연구해 온 사회학자들 가운데는, 일본 사회에서 '꿈'이 어떤 방식으로 그 내용을 변화시켜 갔는지를 연구의 대상으로 삼은 이들이 있다. 미타 무네스케(見田 宗介)는 1990년의 시점에서 전후 일본 사회의 대중들 사이에 존재하는 현실-반현실의 변증법을 날카롭게 분석했고, 1945년부터 1960년을 '이상의 시대', 그 뒤 1974년까지를 '꿈의 시대', 1975년 이후를 '허구의 시대'라 지칭했다. 오사와 마사치(大澤 真幸)는 1995년에 있었던 옴진리교도들의 사린가스 살포 사건을 두고 허구의 시대마저 종언을 고했음을 보여주는 사건이라 해석했다(大澤, 2009).[1] 훗날 그는 일본 사회가 불가능성의 시대에 접어들었음을 선언했다(大澤, 2008).[2] 동시대의 문화학자 아즈마 히로키(東 浩記)의 경우, 허구의 시대를 계승하는 시대의 이름은 동물의 시대라고 주장했다.

하지만 이들 논의는 아직 한국의 문화사회학계에서는 낯선 이야기라고 볼 수 있다. 권혁태(2013)나 조은하(2015) 등의 연구가 이들 논의를 일부 다루고는 있지만, 조은하의 연구는 미타 무네스케의 논의를 정리하는 데

1) 이 책의 초판은 1995년에 존재했던 일련의 사건을 경험한 직후인 1996년에 발행되었다.

2) 그는 미타가 말한 '꿈'이란 '이상' 또는 '현실'의 이분법 내에서 해소가 가능한 것이라 보면서 미타가 셋으로 나눈 시대를 '이상의 시대'와 '허구의 시대'로 이분하고 있다. 그는 처음에 연합적군파의 아사마 산장 사건이 있었던 1972년을 이상의 시대와 현실의 시대를 가르는 지점으로 보았으나(大澤, 2008: 42) 나중에는 오사카만국박람회가 열린 1970년을 기준점으로 잡았다. 그가 보기에 오사카만국박람회는 '인류의 진보와 조화'를 내걸고 일본 사회의 대중(6천만 명의 관람객)에게 미래의 이상적 사회상을 전시하는 '이상의 시대'를 대표하는 공간이었다. 동시에 디즈니랜드와 같은 '시뮬라크르의 공간'을 선취함으로써 '허구의 시대'의 도래를 알리는 이정표 역할을 했다(大澤, 2008: 12).

그치고 있고, 권혁태의 연구 역시 오사와의 허구의 시대에 관한 연구까지를 진행했다. 따라서 '꿈'을 키워드로 하여 미타 무네스케, 오사와 마사치, 아즈마 히로키 등이 전개한 논의를 포괄하는 연구는 아직 존재하지 않는다고 볼 수 있다.

이 글은 이들 문화사회학자들의 논의를 중심으로 전후 일본 대중의 꿈의 사회사적 변천을 파악하고자 한다. 이를 위해 2절에서는 1945년부터 1995년까지를 논의의 대상으로 삼은 미타 무네스케의 논의를 살펴보고자 한다. 이어서 3절에서는 오사와 마사치와 아즈마 히로키의 논의를 정리하여 보고자 한다. 이를 기초로 마지막 4절에서는 연구를 간단히 정리하고, 2010년대 가장 중요한 현상 중 하나인 내셔널리즘을 꿈의 사회학의 형태로 간단히 소개하면서 글을 마무리짓고자 한다.

2. 전후 일본 사회의 꿈 : 이상의 시대에서 허구의 시대로

전후 일본의 문화사회학을 대표하는 사회학자 미타 무네스케는, 사회의 모습이 근저에서부터 변화하였다고 상정되는 경제적 고도성장기(1960~75년)를 가운데에 놓은 뒤, 그 앞의 15년과 그 뒤의 15년을 더하여 전후 일본 사회의 역사를 구분하고 있다. 전(前) 고도성장기(1945~60년), 고도성장기(1961~74년), 포스트 고도성장기(1975~90년)라는 세 개의 시기로 구분한 것이다.

이는 단순한 경제 및 사회적 변화를 기준으로 한 시기 구분이 아니었다. 미타는 이 시기들이 전후 일본 사회를 살아가는 대중들의 꿈의 변주와 조응하고 있음을 간파했다. 대중들이 살아가는 현실에 매우 큰 영향을 미치는 꿈이 1945~60년의 이상(理想), 1961~75년의 꿈, 1976~90년의 허

구(虛構)로 변주되어 갔다는 것이 미타의 주장이었다(見田, 2006: 70–72).[3]

미타에게 있어 이상과 허구는 현실에 관한 태도에 있어 대척점을 이룬다. 이상은 현실화(realize)를 추구하기에 이상을 향한 욕망은 현실을 향한 욕망에 다름없다. 그러므로 그에게 이상의 시대는 리얼리티의 시대였다. 반대로 허구의 시대에는 리얼리티가 탈취(脫臭)되는 방향을 향해 —직선적 움직임이 아니라— 부유(浮遊)하는 언설과 표현, 그리고 생의 기법들이 등장한다는 것이 그의 주장이었다. 구체적으로 미타가 주장하는 각 시대의 특징은 다음과 같다.

1) 이상(理想)의 시대(1945~60년)

고도성장 이전 시기이기도 한 이상의 시대는 패전과 더불어 찾아왔다.[4] 허구적 꿈이 사라진 자리엔 폐허가 된 도시의 모습이 남았고, 식량조차 부족한 현실이 남았다. 이는 동물적 욕망 속에서 살아가게끔 할 위험성을 내포했지만, 실제로는 패전 이튿날부터 새로운 '이상'이 등장하기 시작했다는 것이 미타의 설명이다(見田, 2006: 72–73).

미타가 말하는 이상은 크게 둘로 나뉠 수 있다. 먼저 대문자적 이상으로 전후 일본에게 주어진 두 개의 체제, 미국적 민주주의와 소비에트 공산주의가 존재했다. 이상에 맞춰 현실을 바꿔 나가려는 진보파와 현실의 무게를 중시하는 보수파라는 정치 및 사회세력이 그 담지자였다(見田, 2006: 73–74). 소문자로서의 이상은 물질적인 풍요에 관한 것이었다.[5] 미국으로

3) 이 책 가운데 전후 일본의 꿈의 사회사에 해당하는 내용은 見田(1995)의 일부로 출판된 바 있다.

4) 미타는 1931년 만주침략으로부터 시작되어 1945년 패전까지의 15년을 신화(神話)의 시대라 불렀다. 패전은 그래서 신화의 시대의 '파쇄'였다. 전후 일본에서 활용되어 왔던 '종전'이나 미군의 '진주' 같은 개념들은, '패전'이나 '점령' 같은 현실적 개념들이 국민에게 줄 충격을 줄이기 위해 고안된 것이었다. 이에 관하여는 쓰루미(2010: 16)를 참조.

5) 그래서 범죄 역시 먹을거리와 관련되어 있다. 이 시기를 대표하는 범죄는 코다이라 요시오

부터 들어오기 시작한 미국 영화와 재일 미국인들을 통해 일본인들은 그 부유함을 체감했다(쓰루미, 2010: 27). 그리고 수도권만 해도 15만 명에 이르는 미군 병사와 그들을 위한 주택 및 오락시설이 모인 긴자(金座), 하라주쿠(原宿) 등의 번화가를 통해(요시미, 2013: 9) 미국적인 생활양식은 일본에 본격적으로 퍼져 나가기 시작했다. 이를 통해 가시화된 풍요로움은 일본인들에게 하나의 '이상'이 되어, 현실화시키고 싶은 것이 되었던 것이다(見田, 2006: 73-74).[6]

그러나 미국이라는 존재는 동경할 만한 풍요로움 그 이상이었다. 미군은 과거 천황이 가졌던 숭고성과 권위의 자리를 대체했고(大澤, 2008: 26), 새로운 권력자 혹은 절대적 강자를 넘어 새로운 의미를 부여해 줄 초월적인 시선을 지닌 자의 자리에 올랐다. 유명한 사진 한 장으로 천황의 왜소함과 자신의 강력함을 만방에 알렸던 맥아더에게 일본 사회의 대중들이 보냈던 50만 통에 이르는 수많은 편지들은,[7] 사람들이 맥아더에게 사제 혹은 정신과 의사의 역할을 요구하고 있음을 보여주었다(요시미, 2013: 26).

이러한 이상의 시대는 1960년의 미·일안보조약의 체결과 함께 종언을 고했다. 그전부터 징후는 있었다. 소설가 이시하라 신타로(石原 慎太郎)가 1955년에 발표하고 이듬해 영화화되었던 소설 『태양의 계절(太陽の季節)』의 주인공들은 방향을 잃어버린 젊은 세대를 적나라하게 보여주었다. 그런 젊은이들을 일본 사회는 '태양족'이라 불렀다. 같은 해, 경제기획청이 발간한 『경제백서』는 "이제 더 이상 전후가 아니(もはや戦後ではない)"라며 전쟁으로부터의 복구가 거의 완료되었음을 선언했다(高岡, 2012a: 5).

(小平 義雄)라는 중년 남성에 의한 연쇄 강간살해였다. 그는 1945년 6월부터 6개월간 부녀자들에게 식량을 구할 수 있는 곳을 안내한다고 꾀어 유인한 뒤 이들을 범죄의 대상으로 삼았다(쓰루미, 2010: 25-26).

6) 요시미(2013: 33-40)는 일본인들의 일상에 자리 잡은 미국에 대한 동경은 1920년대에 이미 형성되었다는 점을 고려할 필요가 있다고 주장한다.

7) 이에 관하여서는 Dower(2000)의 고전적 논의와 더불어 袖井(2002) 등을 참조할 수 있다.

한 시대가 끝나간다는 인식은 엘리트에게도, 대중에게도 공통되었던 것이다.

그러나 가장 결정적이었던 사건은 안보(安保)투쟁, 즉 자유민주당의 기시 노부스케(岸 信介) 내각이 1957년부터 추진했던 미 · 일안보조약 개정에 대한 1959~60년의 반대운동이었다. 사회당과 공산당, 일본노동조합총평의회(총평), 전일본학생자치회총연합(전학련), 여성단체 등으로 구성된 진보파는, 미군의 주둔을 지속시키는 한편 일본의 친미블록 편입을 공식화한 안보조약 개정안에 강력히 반대하고 1년여에 걸쳐 이를 막아 내기 위한 '총력전'을 벌였다.[8] 그럼에도 정부와 여당은 1960년 5월 조약을 강행 체결했다. 이에 대한 반발이 커져 기시 내각이 사퇴하기는 했지만, 그해 11월에 열린 총선에서는 다시금 보수파인 자민당이 승리했다(다케다, 2013: 74-81). 자본주의와 사회주의의 냉전 사이에서 일본이라는 국가가 어떤 입장을 취해야 할 것인가에 대한 논쟁은 이렇게 일단락되었다(Gordon, 2003: 270). 미타는 안보투쟁을 "이상주의자(진보)와 현실주의자(보수) 사이의 최후의 결전"이자, "전후 일본의 대문자 '이상'의 시대의 종언"으로 해석한다(見田, 2006: 76).

미타는 정치적 진보파만이 이상에 대한 신뢰를 가졌던 것으로 여기지 않았다. 진보파와 보수파는 분명 서로 대립하는 관계에 있었지만, 공통점 역시 존재한다는 것이다. 이들 둘은 진보적 역사관을 공유하고 있었고, 자신들의 이상이 인류의 필연적 미래이므로 언젠가 현실이 될 것이라는 믿음

---

8) 안보투쟁이 진보파의 전유물은 아니었다. 미국과의 일방적 동맹 및 미군기지의 존재는 소련과의 전쟁에 휘말릴 위험성, 소련에 의한 원폭의 위험성과도 연결되어 있었기 때문에 대중의 지지를 받았다. 당시 대중들에게는 반전(反戰), 반기지, 반핵 의식이 자리 잡고 있었다. 1950년대 후반은 진보파 혹은 혁신파를 구성하고 있는 다양한 운동들, 노동운동이나 학생운동, 여성운동이 모두 매우 활발한 상태였다(Gordon, 2003: 270-279). 나아가 지역에는 문학, 음악 등의 문화활동을 중심으로 만들어진 '서클'들이 진보파와 시민들을 이어주는 역할을 하고 있었다. 1950년대 서클의 역할에 관하여서는 宇野田(2015)의 논의를 참조.

역시 공유하고 있었다는 것이 그의 판단이었다. 또한 이상에 대한 믿음은 현실에 대한 믿음과 깊숙이 결부되어 있다는 것이 미타의 생각이었다. 1950년대 일본의 대중은 테크니컬러 영화(thechnicolor film)[9]를 '인공색' 또는 '기술색'이라는 원어와 달리 '천연색'으로 불렀는데, 이런 장면들이 현실을 의심하지 않았던 대중의 믿음을 보여준다는 것이었다(見田, 2006: 73-76).

2) 꿈의 시대(1961~74년)

꿈의 시대는 경제적인 고도성장기인 동시에 사회구조의 변혁이 이뤄진 1961년부터 1974년까지의 시기다. 1950년부터 1973년까지 일본의 국민총생산이 평균 10%가량 꾸준히 성장했던 점을 고려한다면(Gordon, 2003: 247), 1961년부터 1974년의 시기를 특징짓는 것은 경제성장이라고는 할 수 없다. 직장부터 가정에 이르기까지 일본 사회 구성원들의 생활이 폭넓게 변화(근대화)했다는 점과, 경제적인 풍요가 그와 맞물려 이전 시기에 동경해 왔던 삶이 실현되어 갔다는 점이 이 시기에 두드러진 것들이었다.

1960년부터의 사회구조 변혁에 시동을 건 것은 총사퇴한 기시 내각을 이어받은 이케다 하야토(池田 隼人) 내각이었다. 이들은 농업기본법(1961년)과 전국총합개발계획(1962년)을 통해 일본 사회의 개조를 시도했다.[10] 전자를 통해 소농민 보호책이 사라지면서 대규모 이농이 야기되었고,[11] 후

9) 붉은 색과 녹색 계열의 필름으로 촬영한 뒤 이를 조합하여 컬러를 표현한 영화. 1930년대부터 1950년대까지의 컬러영화들은 이 방식으로 제작되었다.

10) 이와 더불어 '꿈의 시대'로서의 1960년대를 특징짓는 이케다 내각의 중요한 경제정책으로는 '소득배증계획'을 들 수 있다. 안보투쟁으로 인한 사회의 분열을 수습하기 위해 60년 12월에 발표된 '국민소득배증계획'은 10년간 국민소득을 2배로 하는 것(연평균 7.2% 성장)을 목표로 내건 장기경제계획이었는데, 실제 결과는 계획을 상회하는 연평균 10.9%의 성장이었다(浅井, 2012: 22).

11) 1955년부터 20년간의 일본 인구 증가는 약 2,300만 명이었는데, 그중 3대 도시권(도쿄,

자를 통해서는 이농하는 인구들을 산업노동자로 변화시킬 산업개발과 산업도시의 건설이 이어졌다. 이는 또한 사회 구성원들의 생활에 있어 시장과 거대자본에의 의존이 심화되는 과정이기도 했다. 1960년 30%였던 농림어업종사자 비율은 15년 뒤에 12.7%로 격감했고, 전업농가 수도 1960년부터 10년 사이에 60%가 감소했다(見田, 2006: 77).

이는 가족형태의 변화로 이어졌다. 서구와 달리 1950년대 중반까지도 찾아오지 않았던 대가족의 해체현상이 1960년대에 찾아왔다. 1955년 4.9명이었던 세대원 수는 1970년 3.5명까지 떨어졌다(見田, 2006: 79-80). 핵가족화가 많은 이들의 습속과 라이프 코스를 바꿔 놓았음은 물론이다.

사람들의 심리 역시 달라졌다. 전쟁기의 '검은색'과 전쟁 직후의 '회색'을 시대의 색깔로 선택하던 일본인들은 이제 '핑크'를 시대의 색으로 규정했다. 번영 무드 속에서 '태평감'과 '행복'을 감지한 이들이 그만큼 많았다는 이야기다. 가수들의 창법마저도 꺾이는 목소리가 아닌 시원하게 내뱉는 그것으로 변했다. 이러한 행복감의 이유를 미타는 6가지로 분석했다. 의식주라는 기본적 욕구의 충족, 전쟁으로부터 전후에 이르는 비참한 기억과의 대비, 전후 베이비붐 속에서 태어난 이들이 행복감수성 높은 사춘기에 접어들었다는 것, 낡은 공동체의 해체와 핵가족이라는(아직은 그 문제점이 노정되지 않은) 새롭고 자유로운 공동체의 확산, 일본의 경제성장이 평준화라는 방향으로 작용한 것,[12] 대중의 행복과 경제적 번영이 순환하는

오사카, 나고야)의 인구 증가가 그중 90%인 2,000만 명에 가까웠다. 실제로 자신이 나고 자란 현 바깥으로 취직하는 이들의 90% 이상이 3대 도시권에서 취직했다(高岡, 2012b: 57-59).

12) 미타는 빈농의 2남과 3남 등, 과거 일본 사회의 최저변에 위치했을 이들이 중졸 상태에서 도시부에 대량으로 취직하면서 '황금알(金の卵)'이라 불린 사례를 들고 있다(見田, 2006: 84). 이 시기 일본 사회의 평준화는 다양한 증거를 통해 확인되는데, 일례로 1960년 국립대학 학생 소득계층(5분위) 분석 결과 최저 소득계층의 학생은 19.7%, 최고 소득계층의 학생은 26.2%로 큰 차이가 없었다. 고등학교 진학률은 1955년 50% 정도에서 1970년 82%까지 늘어났고, 1980년에는 94%가 되었다. 이는 블루칼라와 화이트칼라의 격차의 감소 및 평준화-표준화된 도시적 생활양식의 정착으로 이어졌다. 이는 핵가족, 단

'소비자본주의' 의 성립이 그것이다(見田, 2006: 81-84). 미타는 이 꿈의 시대를 "이상주의자(진보파)가 믿었던 현실은 오지 않았지만, 현실주의자(보수파)가 바랐던 이상은 현실이 되었다."는 말로 정리했다. 미국이 제시한 소비적 삶과 안락한 소시민적 삶의 보편화를 통해 보수파의 목표가 달성되었다고 본 것이다(조은하, 2015: 276).

1960년대 후반 이후는 다소 다른 풍경이 펼쳐진다. '따뜻한 꿈의 시대' 대신, '뜨거운 꿈의 시대'가 도래한 것이다. 서구의 '68세대'와 마찬가지로 1960년대 후반 일본 사회에는 시대와 싸우는 청년들의 모습이 두드러지게 된다. 대학생들은 정파와 관련을 맺고 있던 전학련이 아닌 전공투(全共闘, 전학공투회의)라는 탈정파적 조직을 만들어 동맹휴학과 수업거부 투쟁을 벌였고, 도쿄대학 야스다 강당에서의 투쟁은 이를 상징적으로 보여주는 사건이었다. 그런 젊은이들의 싸움은 소비에트식 사회주의라는 이상을 현실에 구현하기 위한 것이 아니었다. 이들은 미국식 전후민주주의, 소비에트 스탈린주의, 일본 보수파에 의해 만들어진 부유한 사회, 그 관리 시스템 등 이들 모두와 싸웠다. 미타의 눈에 이들의 싸움은 '이상' 그 자체에 대한 반란이었던 것이다. 이후 전개된 진보적 학생들의 폭력행위에는 거부감을 드러내는 젊은이들이 늘어났지만,[13] 이들 역시 히피 같은 형태로

지(團地)라 불리는 아파트 주거, 삼종신기(三種の神器, 원래는 천황가에서만 전해지는 보물을 일컬었으나 전후 일본에서는 필수가전제품에 이를 빗대었다.) —흑백 TV, 세탁기, 냉장고— 와 신삼종신기 —컬러 TV, 에어컨, 자동차— 로 이어지는 소비재의 구매 등으로 상징된다. 그리고 이러한 표준화된 중산층 생활양식은 끊임없이 일본 사회 구성원들의 전형처럼 미디어에 비춰졌다(Gordon, 2003: 254-258).

그렇다고 이 시기의 평준화된 경제적 번영의 혜택이 모든 이들에게 돌아간 것은 아니다. 경제성장과 도시사회로부터 배제당한 이들이 존재하지 않을 리 없고 이들의 불만이 표출되지 않을 리 없다. 대표적인 것이 나가야마 노리오(永山 則夫)라는 19세 소년에 의해 1968년부터 약 1년간 자행된 연쇄 살인사건이었다. 그는 홋카이도의 가난한 가족으로부터 버림받다시피 하여 중졸자로 도쿄에서 취직을 했던 '황금알' 중 한 사람이었다. 하지만 그는 도시에서의 일에 적응하지 못하고 다양한 차별에 시달리다 범죄자가 되었다. 미타는 나가야마 노리오의 경험을 통해 '꿈의 시대' 일본 사회에 존재했던 차별의 구조를 '시선의 지옥'이라는 표현과 더불어 날카롭게 분석한 바 있다. 見田(2008)을 참조.

자신들의 '뜨거운 꿈'을 드러내며 해방된 시공간과 관계성을 활발히 시험해 보던 시기가 이 시기였다고 미타는 설명하고 있다(見田, 2006: 85-86).

3) 허구(虛構)의 시대(1975~90년)

꿈의 시대를 이은 허구의 시대는 '오일쇼크'라 불리는 전 세계적 경제공황과 함께 찾아왔다. 1950년대 초반 이후 일본 사회가 경험한 적 없는 '마이너스 경제성장'이 1974년 불현듯 찾아온 것이다. 계획과 지도라는 이름으로 경제성장을 추진해 왔던 일본 정부 역시 '성장'이라는 표현 대신 '안정'이라는 개념을 쓰기 시작했다. 아울러 1980년대에는 더 이상 선진국의 추격자가 아닌 선진국으로 스스로를 인식하기 시작했다(見田, 2006: 87). 이는 달리 말하자면 아직 도래하지 않은 무엇, 따라잡거나 현실화해야 할 목표가 어느덧 현실이 되어 버렸다는 이야기이고, 현실의 타자로서의 꿈이 다른 양태로 드러나게 되었다는 것이기도 하다.

1974년의 유행어는 '종말론'과 '다정함'이었다. 허구의 시대 소설들, 오늘날 우리에게도 잘 알려진 무라카미 류(村上 龍)의 1976년작 『한없이 투명에 가까운 블루(限りなく透明に近いブルー)』나 다나카 야스오(田中 康夫)의 1981년작 『어쩐지 크리스탈(なんとなく、クリスタル)』, 무라카미 하루키(村上春樹)의 1985년작 『세계의 끝과 하드보일드 원더랜드(世界の終りとハードボイルド·ワンダーランド)』, 요시모토 바나나(吉本 ばなな)의 1988년작 『키친(キッチン)』은 꿈의 시대를 장식했던 뜨거움을 도려내고 순화시킴으로써 '다정함'과 '종말론'을 조합한 것들이었다(見田, 2006: 88).

---

13) 1969년부터 전공투와 신좌익 분파의 구성원들은 헬멧과 각목으로 무장하고 경찰과 맞섰는데, 자신들의 전술을 '게바루토(폭력 혹은 권력을 의미하는 독일어 Gewalt의 일본식 발음)'로 불렀다(Gordon, 2003: 283). 하지만 그 폭력은 때때로 다른 분파나, 조직의 구성원에게 가해지기도 했다. 이는 '우치(内)'라는 글자와 '게바'를 결합한 '우치게바(内ゲバ)'라는 개념으로 불렸다.

허구의 시대 대중문화를 통해 드러나는 일본 사회의 대중들은 꿈이나 현실처럼 현실과는 다른 미래적 반현실을 추구하는 이들이 아니다. 이들의 현실 자체가 그 현실성을 잃어버리면서 허구화된 것이다. 1983년작 『가족게임(家族ゲーム)』같은 영화들은 술집 카운터 같은 식탁에 일렬로 앉아 식사를 하는 가족의 모습을 보여준다. 마주 앉아 대화한다는 가족의 전형은 그 현실성을 잃은 것이다.[14] 이는 현실 자체가 비현실과 부자연이 된 시대를 반영하는 것으로 미타는 파악하고 있다.[15]

이런 시대를 가장 날카롭게 파악한 논의 중 하나는 문화사회학자 요시미 슌야(吉見 俊哉)의 도시론이었다. 요시미는 1983년에 지어진 도쿄 디즈니랜드를 철저히 외부를 배제한 자기완결적 인공 공간으로 간주했으며, 이것이 도쿄라는 초현실적 존재에 하나의 모델이 되었다고 보고 있다.[16] 이에 조응하는 것이 1970년대부터 도쿄의 대표적 번화가로 자리 잡은 시부야(渋谷)였다. 세이부(西武)와 도큐(東急) 등 거대자본의 쇼핑몰이 주도하는 공간전략과 허구의 시대를 살아가는 젊은이들의 자기연출전략이 만나 형성된 공간인 시부야는, 젊은이들이 패션으로 자신을 표현하는 타인을 바라보고 또 타인에게 자신을 보여주고자 하는 연기(演技)적 공간이 되었다

14) 실제로 대부분의 가족은 식사 시에 나란히 TV를 바라보고 있기에 일렬로 앉아서 식사하는 것과 크게 다르지 않다는 것이 미타의 설명이다(見田, 2006: 89).

15) 범죄 역시 이를 반영한다. '이상의 시대' 의 범죄가 쌀을 저렴하게 구하도록 도와주겠다는 코다이라 요시오의 범죄였다면, '꿈의 시대' 의 범죄는 표준화된 도시적 삶에 끼지 못한 나카야마 노리오의 범죄였다. 마지막으로 그가 '허구의 시대' 의 범죄로 꼽은 것은 미야자키 츠토무(宮崎 勤)라는 청년에 의해 1988년부터 약 1년간 자행된 유아연쇄납치살해라는 범죄였다. 그는 어린 아이들에게 사진을 찍어 준다면서 접근했는데, 스스로가 5,000개가 넘는 비디오 테이프 속에서 살아간 '오타쿠' 로 영상의 세계를 살아간 사람이었다. 미타는 코다이라가 생활과 육체의 리얼리즘을 보여준다면, 미야자키는 영상의 탈리얼리즘을 보여준다고 평가한다. 꿈의 시대의 범죄를 만든 것이 '차별적 시선' 이었다면, 허구의 시대를 만든 것은 '촬영적 시선' 이었다(見田, 2006: 90).

16) 이와 같은 초현실적 공간으로는 도쿄 디즈니랜드와 시부야 외에도, 텐노즈아일(天王州アイル), 에비스가든플레이스(恵比寿ガーデンプレイス) 등이 꼽힌다. 이에 관하여는 北田(2005) 참조.

(吉見, 2008: 295-318).[17]

미타는 이 시부야로 상징되는 허구의 시대 도쿄가 귀엽고, 멋지고, 예쁜 것(사람)만을 용인하는 동시에 '귀엽지 않고', '촌스럽고', '더러운' 것(사람) 또는 흙 냄새나고 땀 냄새나는 사람들을 배제하는 공간이라고 본다.[18] 사실 흙 냄새나고 땀나는 일, 더럽고 촌스러운 일이 없을 수는 없다. 그러므로 현실적인 것과 자연적인 것을 배제한 이 공간은 '초현실적(hyper-real)' 인 공간일 수밖에 없다. 당시 일본 사회는 이러한 일들을 1980년대에 진행된 신자유주의화와 세계화 국면 속에서 이민노동자나 브라질 이민자들의 후손인 일계인(日系人) 또는 해외의 농어민들에게 맡겨버린 뒤, 이런 일들은 사고하거나 시야에 두지 않는 무균(無菌)적 공간으로서의 도쿄를 상정하게 되었다는 것이다(見田, 2006: 93).

허구의 시대는 인간의 신체에도 마찬가지로 작용한다. 세계화와 신자유주의화 속에서 '세계도시(global city)' 이자 자본이 끊임없이 순환하는 '24시간 정보도시' 가 된 도쿄는 사람들에게 신체의 리듬을 해체하고 추상화할 것을 요구했다. 수많은 약물들을 통해 사람들은 신체의 리듬을 바꾸고, 그로 인한 증상까지 억누르며 살아가기 시작했다. 이처럼 환경파괴와 공해, 자원과 에너지의 남용 등으로 '외적 자연' 을 해체한 일본 사회는 이제 '내적 자연' 까지 해체하면서 '허구의 공간' 과 '허구의 시대' 를 만들고

---

17) 또 이 시대의 젊은이들을 가리키는 말로는 '신인류(新人類)' 라는 표현이 있다. 패션이나 취미 등 소비라는 '기호적 유희' 를 통해 자신을 드러내는 사람을 일컫는다. 이들은 앞선 시대와 달리 이상이나 가치, 의미 등을 중요시하지 않는다. 오타쿠는 통상의 현실보다 자신이 좋아하는 허구의 세계를 중요시하는 존재로 여겨진다(大澤, 2009: 48-89).

18) 요시미에게 있어 시부야와 대비되는 공간은 신주쿠(新宿)다. 시부야는 원래 교외에 거주하는 이들에게 도쿄중심부를 드나드는 관문이자 상업중심지였다. 하지만 전후에는 암시장과 유흥가가 형성되면서 부랑자와 야쿠자, 상경자 등 다양한 사람과 물건들을 무차별적으로 흡수하는 공간이 되었다(吉見, 2008, 282). 1968년 무렵엔 통기타를 메고 노래를 부르며 베트남전쟁 반대를 외친 '포크 게릴라' 가 출몰하고 청년시위대와 경찰이 충돌하는 공간이기도 했다. '따뜻한 꿈' 과 '차가운 꿈' 모두를 포괄하는 공간이었던 것이다. 이에 관하여는 市川(2016: 133)을 참조.

있다는 것이 미타의 분석이다(見田, 2006: 94).

요컨대, 허구의 시대란 현실의 타자로서의 이상적 미래상을 현실화시키고자 하는 시대가 아니다. '꿈의 시공간' 이라고도 부를 수 있는 초현실은 더 이상 미래에 존재하는 것이 아니라 현실 내에 존재한다. 이 현실 속의 초현실을 유지하기 위해 일본 사회의 대중들은 현실의 일부를 배제하고 자연을 해체하며 살아가고 있는 것이다. 꿈을 향해 나아가던 일본 사회는 이제 꿈의 세계를 살기 위해 현실을 재단하기 시작했다.

3. 21세기 일본 : 꿈이 사라진 사회?

1995년은 현대 일본의 사회사에 있어 하나의 전기였다. 이미 1990년대 초부터 과거와 같은 경제성장은 기대하기 힘든 상태였다. 거기에 95년 1월의 한신 · 아와지 대지진은 6천 명 이상의 목숨을 앗아가고 10만 채 이상의 주택을 전파(全破)해 버렸다. 2개월 뒤엔 도쿄 도심 한복판에서 옴진리교라는 종말론적 신흥종교 신도들에 의한 독가스테러가 발생했다.

미타 무네스케의 논의를 이어받은 문화사회학자 오사와 마사치는 옴진리교 사건이 허구의 시대의 종언을 알리는 이벤트라 보았다. 그가 보기에 옴진리교 사건은 종말론적 신종교와 종말 담론이 유행하고 있던 1990년대 일본 사회의 분위기와 분리되지 않은 것이었다. 그는 1972년의 연합적군파 사건과 옴진리교 사건의 동형성에 주목한다. 소련도 미국도 아니라며 이상을 부정했던 젊은이들은, '자기부정' 이라는 이름으로 이상을 추구하는 자세만을 남기고 이를 극한으로 밀어붙였다.[19] 오사와는 '이상의 부정'

---

19) 전공투는 '자기부정' 이라는 이름으로 극단의 이상적인 존재이지 않으면 안 된다는 강박을 지니고 있었다. 그리고 그 이상을 달성하지 못했다 여기는 동료들을 살인하기에 이르렀다. 이에 대하여는 스테인호프(2013)를 참조.

만이 난무하게 된 이러한 상황이 '이상의 시대' 의 말기 증상이었다고 본다(大澤, 2008: 81).[20]

마찬가지로, '종말론' 을 통해 모든 '현실적인 것' 의 종언을 추구하고 극단적인 초현실을 지향(=허구를 지향)했던 옴진리교는, 허구를 이상화하고 허구를 현실로 만들고자 했다(大澤, 2009: 39-88).[21] 달리 말해, 허구의 시대 속에서 거대서사가 붕괴하고 끝없는 일상으로 구성된 삶을 견디지 못한 옴진리교도들은 일종의 서브컬처에 기초한 거대서사를 만들어 냈다. 그리고 그 '날조' 한 거대서사를 현실화시키고자 한 행위가 테러였던 것이다.[22]

그렇다면 그 뒤는 어떤 시대일까? 오사와는 옴진리교를 분석하던 1996년의 시점에서 여기에 대해 언급하지 않았다. 논의를 이어받아 시대를 새롭게 정의한 것은 아즈마 히로키였다.

---

20) 오사와는 미타가 제시한 3개(이상, 꿈, 허구)의 시대구분을 2개(이상, 허구)로 재구성했다. 그래서 이상의 시대 이후에는 허구의 시대가 도래한다. 오사와의 시대구분에 대하여는 각주 2) 참조.

21) 또 오사와는 이런 초현실(=허구)을 현실화하려는 노력은 2차 대전에 비견될 수 있다고 보았다.

이를 해설한 요시오카 타케시(吉岡 威史)는 미국의 문화학자 부어스틴(Daniel Boorstin)의 논의를 빌려 진실과 진실다움의 경계가 사라짐이 바로 오사와가 바라본 현상과 상통한다고 설명한다. 그런데 진실의 추구와 진실다움의 추구 사이의 경계가 사라질 경우 사람들은 욕망에 따라 현실을 재조직할 수 있다. 부어스틴의 책은 2차 대전에 접어들 무렵 '이상' 의 노골적인 표현이 그에 걸맞지 않은 존재들을 타자화하는 개념들을 만들어 냈음을 보여주고 있는데, 허구의 시대의 문화 가운데 존재하는 '귀엽지 않고', '촌스럽고', '더러운' 사람들에 대한 타자화가 존재한다. 그리고 그런 타자화가 패전국 일본에서는 극단적인 형태(테러)로 등장한 것이라고 설명한다(吉岡, 2001: 88).

22) 오사와는 책의 제5장에서 허구를 현실로 만드는 메커니즘을 설명했는데(大澤, 2009: 191-276), 이는 그가 1995년에 펴낸 책에서 오타쿠가 이야기를 날조하는 메커니즘과 상당히 유사하다. 이에 관하여는 오사와(2013: 204-258)를 참조.

1) 동물의 시대

아즈마는 1995년 이후를 '동물의 시대'로 명명했다. 그에게 아이디어를 제공한 것은 프랑스의 헤겔 연구가 코제브(Alexandre Kojeve)의 동물/속물론이었다. 코제브는 2차 대전 이후 미국 사회를 관찰한 결과, 대량생산과 대량소비로 둘러싸인 그 일상을, 역사를 만들기 위한 움직임과는 거리를 둔 채 소비자로서의 필요와 만족의 회로 속에서 살아가는 '동물'의 삶이라 지칭한다. 이어서 일본에 대하여는, '자연'이나 '동물'과 같은 행위를 부정하면서 행위를 규율하고 있지만, 역사적 의미는 들어 있지 않은 채 형식적 가치에만 입각한 행위로 삶을 영위하고 있다고 보았다. 코제브는 이런 삶을 '속물' 혹은 '스놉(snob)'이라 지칭했다(김홍중, 2007: 82-85).

아즈마는 1995년 이전의 '허구의 시대'가 '속물의 시대' 혹은 '스놉의 시대'라고 주장한다. 스노비즘(snobism)이 허구의 시대를 상징하는 젊은이들인 오타쿠(オタク)의 행동양식에서 전형적으로 보인다고 판단했기 때문이다. 역사적 의미와 거대서사가 사라진 자리를 서브컬처를 통해 메우고자 허구의 거대서사를 만들어 내는 것이 오타쿠와 스놉(그리고 옴진리교)의 공통점이라는 것이다(아즈마, 2007: 126-127).

1995년 이후에는 '동물의 시대'가 도래했다. 허구의 시대까지 일본 사회는 일련의 꿈을 꾸었다. 이상의 시대 일본인들은 꿈을 현실화시키기 위한 시도들을 통해 나름의 '역사'를 만들어 냈다. 허구의 시대에도 '꿈'이라는 형식 자체는 존재했다. 비록 역사성이 소거되어 버리고 서사는 날조된 것이기는 하지만 말이다. 그러나 동물의 시대에 이르러서는 '꿈' 자체가 사라진다. 동물의 시대에는 결핍과 만족의 순환만 존재한다. 여기에는 초월적 존재는 물론 초현실에 대한 상상마저 존재하기 어려우며, 따라서 초월을 향한 움직임, 즉 역사도 존재하기 어렵다.

동물의 시대에도 오타쿠들은 대표적 행위자들이다.[23] 이들이 주목하는 것은 문화상품이 전달하는 서사가 아니라 문화상품 속에 배치되어 있는 만족 요소들이다. 그러한 요소들을 데이터베이스에서 찾아내어 조합하고 소비하는 것이다. 아즈마는 이것이 단순하고 즉물적인 약물의존자의 행동원리와 비슷하다고 본다(아즈마, 2007: 152). 섹슈얼리티의 예를 들면 이렇다. 현실세계에서 남녀의 관계는 욕망으로 구성된다. 신체적(성적) 욕구의 충족을 넘어 타인의 욕망의 대상이 되고 싶어 하는, 즉 타인의 욕망을 욕망하는 것이 남녀관계다. 하지만 오타쿠들의 캐릭터 사랑은 타인의 욕망에 대한 욕망이 없다. 그저 신체적 욕구의 충족만이 이들의 목표일 뿐이다. 그러기에 결핍과 만족의 회로 속에서 생리적 욕구를 동물적으로 충족하고 있다는 것이다(아즈마, 2007: 148-161).

인간관계 역시 마찬가지다. 동물의 시대에 오타쿠들은 채팅, 게시판, 오프라인 모임 등을 통해 다양한 커뮤니케이션을 수행하고 있다. 하지만 이들의 인간관계는 특정 정보에 대한 관심에만 기초하고 있으며, 언제든 그 커뮤니케이션으로부터 거리를 둘 수 있다는 점에서 기존의 커뮤니케이션과는 차이점을 지닌다.

사회적인 것의 형성은 공감, 커뮤니케이션, 서사 등에 기초하여 만들어져 왔다. 그리고 커다란 공감은 한 사회가 역사를 갖게 만드는 원동력으로 기능해 왔다. 하지만 동물의 시대에 커다란 공감이란 존재하지 않는다. 동

23) 문화사회학자 미야다이 신지(宮台 真司)는 90년대의 젊은이를 대표하는 집단이 오타쿠보다는 '고갸루(コギャル)' 들이라 보고 있다. 이들은 당연히 꿈에도 이상에도 빠지지 않으며, 심지어는 오타쿠들처럼 허구의 세계에도 빠지지 않는다. 어떤 종류의 꿈도 서사, 역사도 거부하는 것이다. 미야다이는 이들을 '끝없는 일상에 적응' 할 수 있는 자라고 본다. 이들이 허구의 시대 이후에 걸맞는 존재라는 것이다(宮台, 1998: 168). 참고로 고갸루란 1990년대에 가시화된 젊은이들로 태닝한 피부, 염색한 헤어컬러, 짧은 치마 등의 복장으로 도심을 활보하는 10대 여성들을 주로 일컫는다. 이들은 도시를 활보한다는 점에서 오타쿠와 다르다. 또 정숙함을 요구하는 사회적 규범을 위반한다는 점에서 '이상의 시대' 대학생들의 위치를 차지하고 있다고 볼 수 있겠지만, 이들은 기성세대와 맞서는 관계를 형성하려 하지 않는다는 점에서 그와도 다르다(Castells *et al.*, 2009: 161-162).

물의 시대 행위자인 오타쿠들은 데이터베이스에서 자신의 욕구를 만족시킬 대상을 찾아 조합할 뿐이다. 작은 이야기에 대한 욕구, 비(非)이야기에 대한 욕망을 특징으로 하는 것이다(아즈마, 2007: 164-165).

2) 불가능성의 시대

1996년의 저서에서 허구의 시대의 종언을 선언했던 오사와 마사치는, 2008년의 저서를 통해 허구의 시대 이후에 무엇이 존재하는지에 대한 자신의 주장을 제시했다. '불가능성의 시대' 가 그것이다.

오사와가 보기에 허구의 시대의 종언은 이상의 시대의 그것과 닮아 있다. 이상의 시대 당시 전공투에 속한 젊은이들이 그러했듯, 허구의 시대에도 젊은이들에 의해 시대의 경향성이 철저해지면서 그 종언이 도래했다. 그가 관찰한 허구의 시대의 젊은이들이 지닌 특징은 크게 두 가지였다. 첫 번째 특징은 현실로의 도피였다. 아즈마 히로키가 '동물의 시대' 로 규정하기 위해 예시했던 욕구-만족의 반복을, 그는 (꿈을 상실한) '현실로의 도피' 라 보았다. 두 번째 특징은 현실 그 자체를 허구화하는 모습이었다. 성적 쾌락을 위해 감수해야 할 위험들 —에이즈, 건강에의 부담— 을 제거한 채 쾌락만을 취하려는 경향에서 출발하여 '카페인 없는 커피' 와 '알콜 없는 맥주' 등 젊은이들의 다양한 소비 실천을 통해 현실의 현실다움에서 폭력성이나 위험성을 철저히 제거하고 현실을 총체적으로 허구화시키는 경향이 발견된다고 보았다(大澤, 2008: 81-84).

이러한 허구의 시대에 대한 관찰에 논리적 추론을 더하여 오사와는 허구의 시대 이후를 '불가능성의 시대' 라 명명했다. 21세기 세계의 구성원들은 다시금 테러와 고문 등 폭력적이고 지옥과 같은 현실을 보았다. 그러는 한편 (주로 제1세계) 사람들은 이러한 위험성과 폭력성이 제거된 현실을 원했다. 이들이 이를 처리하는 방식은 앞서 말한 것처럼 카페인 없는 커피나 알콜 없는 맥주를 만드는 것이었다. 달리 말해, '코팅' 이나 '캡슐화' 의 형태로 현실을 은폐하려 하는 것이다(大澤, 2008: 165-168).

그렇다면 이러한 경향에서부터 '불가능성' 이라는 말은 어떻게 도출되는 것일까? 이는 '나를 부정하는 타자' 에 관한 문제다. 현실을 바꾸기 위한 꿈이란 달리 말해 '현재를 부정하는 타자' 로서의 미래라고 말할 수 있다. 현재와 다른 미래를 그릴 때 —이상에서부터 허구까지의 스펙트럼이 존재하지만— 이를 꿈이라 할 수 있는 것이다. 전후 일본 사회는 시간을 축으로 하여 현재를 부정하는 미래로 '타자' 를 경험했다. 그러나 지구화된 21세기 현실 속에서 '나를 부정하는 타자' 로서 테러와 폭력의 위험성이 가득한 현실을 목격하기 시작했다. 하지만 사람들은 이 현실을 진지하게 대면하기보다는 코팅하고 캡슐화한다.

그래서 오사와는 '불가능성' 이란 바로 이 '타자' 라고 말한다. 사람들은 타자를 원하지만, 타자와의 진지한 관계는 불가능하다. 타자가 무섭기도 하고, 타자와의 관계가 기피대상이기도 하기 때문이다. 카페인 없는 커피, 알콜 없는 맥주처럼 사람들은 '타자성 없는 타자' 를 원한다는 것이다. 오타쿠들은 취미 공동체를 만들고, 젊은이들은 죽마고우(幼馴染)와 연인이 되는 경우가 많다. '타자성' 이 보다 적은 이들과의 관계를 선호하는 것이다. 그리고 극단에는 히키코모리(引きこもり)가 있다. 타자성 가득한 현실의 관계를 거부하고, 통신수단을 통한 관계만을 추구하는 이들 말이다(大澤, 2008: 191-195).[24] 타자라고 하는 초월적 존재가 불가능해지는 사태는 사회적인 것이 불가능해지는 사태로 이어진 것이다.[25]

---

24) 오사와는 허구의 시대와 불가능성의 시대를 대표하는 범죄들이 바로 이 '타자성' 의 문제들과 관련이 있다고 본다. 각주 15)에 소개되었던 미야자키는 자신이 유괴한 아이들이 '자기 주장' 을 시작하자 범죄를 저질렀다. 불가능성의 시대를 대표하는 범죄는 가와치나가노(河内長野市)시 가족살상사건으로, 18세와 16세의 죽마고우 출신 연인이 각자의 가족을 죽이려 한 사건이다(大澤, 2008: 191-194).

25) 1997년에 있었던 사카키바라(酒鬼薔薇聖斗)사건을 일으킨 14세의 유아연쇄살인범은 "사람을 죽이면 왜 안되는가?"라고 반문한 바 있다. 이 사건 역시 윤리를 지탱하는 대타

4. 결론을 대신하여

여기서는 논의를 정리하는 대신, 2010년대를 한참이나 넘어선 현재의 시점에서 발견되는 일본 사회의 꿈이 어떻게 변주되고 있는가를 파악해 보고자 한다.

지금까지 살펴본 논자들은 일본 사회의 꿈이 점차로 현실과의 거리를 취하다가, 결국에는 꿈의 초월적 성격 및 현실에 대한 부정적 타자로서의 기능이 사라져 버렸음을 주장하고 있다. 한마디로 21세기 일본 사회에서 꿈이 사라졌다는 것이다.

하지만 꿈 없는 삶이 가능한가? 1945년의 일본의 패전은 어떤 엘리트들이 꾸던 꿈이 허상에 불과했음을 일깨웠고, 대중들을 문자 그대로의 '먹고 사는' 현실 앞에 세웠다. 당시 몇몇 엘리트들은 꿈이 사라지는 상황을 두려워했다.[26] 야나기타 쿠니오(柳田國男)와 오리구치 시노부(折口信夫) 같은 학자들은 일본의 전통 속에서 초월적인 무언가를 찾아내 보고자 했다(오사와, 2014: 181-194). 하지만 우리가 이미 봤듯이 초월적 타자의 자리를 대체한 것은 미국이라는 새로운 존재였다. 그런 점에서 꿈이 없어지기란 그리 쉬운 일이 아니라 할 수 있다.

그렇다면 2010년 일본 사회의 꿈은 이제 어떤 형태로 존재하는 것일까? 한 가지 가능한 답변은 21세기 일본의 젊은이들에게서 발견되는 내셔널리즘이다. '잃어버린 세대(ロスジェネ)'라 불리는 21세기의 젊은이들은 풍요의 일상을 영위하기 어려워졌다. 사회학자 미야다이 신지(宮台 真司)가

자 혹은 초월적 심급의 부정이 발견된다고 볼 수 있다. 이에 관하여는 권혁태(2013: 179-189)를 참조.

26) 일례로, 전후 보수파 엘리트 관료들은 당시의 상황을 "질서도 없었다. 도덕도 없었다. 물론 경제도 문화도 아무것도 없었다. 다만 있는 것은 인간이 산다고 하는 탐욕스럽기만 한 본능뿐이었다."라고 표현하고 있다(東京都, 1965: 3).

1990년대의 (풍요로운) 젊은이들의 삶을 두고 지칭했던 '끝없는 일상'은 이제 불가능해졌다. 그런 가운데 등장한 내셔널리즘의 고조는, 미래라는 초월적 타자의 공백과 현실의 난맥을 자양분으로 증가하고 있다 여겨진다.[27]

내셔널리즘의 고조 가운데 많은 미디어들은 한국을 일정한 현실에 대한 부정적 타자로 표상하고 있다. '넷우익'으로 잘 알려진 저자들에 의한 혐한류 서적은 2010년대 들어 상당한 판매고를 올리고 있는데, 이들 저서 내용의 상당수는 한국이 가까운 미래에 붕괴할 정도로 비이성적이고 비체계적인 사회 시스템을 갖고 있다는 것이다. 세월호, 대한항공기 회항, 박근혜 전 대통령 탄핵 등 한국에서 일어난 크고 작은 사고들을 일본 대중매체는 거의 실시간으로 전달하고 있다.[28] 한국에서 일어난 폭력과 위험 등에 집중함으로써 결과적으로 넷우익의 주장을 뒷받침하고 있는 셈이다. 2010년대 이후에 발생하고 있는 현상은, 폭력적이고 위험한 현실의 코팅과 캡슐화가 아니다. 현실의 불안을 타자로서의 한국에 투사하는 모습이다. 그럼으로써 겨우 안전하고 비폭력적인 사회로 일본 사회를 (허구적으로) 묘사하며 그 정체성을 유지하고자 애쓰는 모습이라고 할 수 있다.

따라서 현실의 부정적 타자로서의 '꿈'을 악몽으로 만들고, 그 악몽을 이웃 국가에 투사하는 현상이 현재 존재하는 꿈의 변주라고 볼 수 있다. 그리고 이는 전후 일본의 '꿈'으로서의 한국과 무관하지 않다. 냉전이라는 구도하에서 추진된 일본의 경제적 부활은(박명규, 2004: 168), 부와 (미국식) 민주주의라는 '단꿈'의 공간으로 미국을 바라보는 동시에, 전쟁과 가난이라는 '악몽'의 공간으로 한국을 바라본 역사이기 때문이다.

---

27) 이에 관하여는 권혁태(2013: 197-248)와 다카하라(2007), 야스다(2013) 등을 참조.

28) 같은 시간대에 방영될 뿐만 아니라, 1시간의 뉴스에서 차지하는 비중마저 양국이 거의 유사할 때가 있을 정도다.

* 이 글은 2018년 "현대 일본 사회와 꿈의 사회사 : 이상의 시대부터 불가능성의 시대까지," 『문화와 사회』 26집 3호를 수정 게재하였다.

제 6 장

한국적 꿈꾸기의 역설

| 구자혁(성공회대 사회문화연구원) |

1. 들어가며 : 꿈을 추구하는 '개인들'과 희망 없는 '사회'의 모순

꿈이라는 것은 아직 오지 아니한 대상이나 상태를 말하고, 꿈꾸기를 한다는 것은 아직 갖지 아니한 것, 아직 현실화되지 않은 것을 바라고 기대하며 이를 위해 자원과 에너지를 미래의 성취에 투여하는 것을 말한다. 한낱 관념이 실재하는 물건으로 현실화되기 이전에 이미 관념 속에서 그것을 형상화하고 기획하는 것이 인간적 노동의 특성이듯(마르크스, 1988), 꿈꾸기와 희망 그리고 그에 따라올 수밖에 없는 '실망' 또한 인간적 능력이고 인간적 본질이라고 말할 수 있다(블로흐, 2004; Hirschman, 1982).

따라서 꿈이라는 것 속에서 사람들은 그들 각각이 어느 사회, 어느 문화권, 어느 시대에 속하고 자라 왔건 다소 유사한 모습을 가질 것으로 짐작된다. 우리가 영화나 드라마, 대중음악 등의 시청각 미디어를 통해 다른 사회의 문화를 접하게 되면, 그런 현대적 미디어 자체가 꿈과 허구적(fictional) 현실을 형상화하기 위해 발달했다는 점을 감안하더라도, 사회문화적으로 매우 상이한 사회, 나라의 문화콘텐츠에서도 꿈과 이상적인 개인적 삶의 성취는 단골 주제로 등장함을 볼 수 있다. 그런 의미에서 본다면, 그리고 현대화를 이미 개시했고 또한 현대성을 어느 정도 달성한 사회라면 꿈을 장려하고 독려하지 않는 사회가 있을까?[1)]

여기서 시사되듯, 대단히 인간적인 능력인 '꿈', '꿈꾸기'에 새로운 차원을 연 것은 바로 현대성이라는, 인류가 수세기 동안 겪어 온 사회변동적 전환이다. 행동과 윤리, 직분의 문제는 결국 꿈, 소망의 문제와 연결되어

---

1) 이를 통해 시사되는 바는, 매스미디어의 선전적 효과성에 주목한 국가의 동원과 자본의 이윤창출 노력이 꿈을 이데올로기적으로 활용하는 것이 현대성의 특징적인 구조적 면모이지만, '꿈'이라는 매우 인간적인 현상은 '이데올로기 비판'의 문제틀과 시각으로 충분히 이해할 수 있는 것은 아니라는 점이다. 그것은 할리우드 문화산업, 대표적으로 디즈니(Disney)영화에 전형적인 '기만적' 공식으로만 치부될 수는 없다.

있다. '현대'는 이들을 향한 자유가 고정된 신분과 차별적 질서에 의해 막혀 있던 전근대사회에서, 개개인의 삶에 대한 선택, 대표적으로 종교와 영리활동이 정치 · 사회적 제약과 부과로부터 탈피하고, 자신의 삶을 완성하려는 개개인의 일상의 성화(聖化)와 그에 대한 높은 가치부여가 일어나는 시대(테일러, 2015)이다. 이러한 전환은 꿈과 꿈꾸기를 일상적이고 현세적인 것으로, 심지어 '산업'으로 만들었다. 따라서 한 사회가 가진 꿈꾸기의 특징적 면모는 그 사회가 겪어 온 현대화의 모습과 긴밀히 연관되어 있는 것으로 가정해도 좋을 것이다.

다른 한편 꿈은 개개인에게 주체'성'을 부여한다. 꿈은 확률적으로나 개연적으로, 그리고 대부분의 상황에서 불평등과 차별의 강고한 체계로서의 사회 앞에 무력한(helpless) 개인에게 주체됨의 용기를 부여한다. 다시 말해 꿈꾸기라는 인간적 능력은, 권선징악과 이상적 공정함의 실현과는 거리가 먼 인간사의 현실 앞에서도 해피엔드를 고대하고, 다시는 패배하거나 좌절하지 않을 것을 다짐하게 하며(블로흐, 2004), 최소한 자기 자신과 가족, 가까운 사람들은 그러한 사회구조의 희생물이 되지 않기 위해 싸우려는 용기, 그리고 고난에 직면하여 굴하지 않고 반격해 나가는 효능감(efficacy)과 버티는 힘(resilience)이 되어 준다. 이런 의미에서 꿈, 꿈꾸기를 문제 삼는 것은 주체됨, 주체성의 구체적 실상을 문제 삼는다는 것을 의미하며 이 점은 한국 사회, 한국인에 관해서는 더더욱 그러한 것처럼 보인다.

그 민족성이 '은근과 끈기'로 특징화되곤 하는 한국인에게 있어서 꿈과 꿈꾸기는 매우 두드러진 모습이며 이는 특히 외국인들이 한국인을 관찰할 때 자주 지적된다. 그들이 보기에 한국인은 누구나 인생에서 성공을 하려고 하며 어떻게든 성공할 수 있지 않을까 하는 꿈과 야심, 그리고 낙관성을 갖고 있다(가세 히데아키, 1989: 37). 이를 보여주듯, "동해물과 백두산이 마르고 닳도록"이라는 애국가의 가사는 그것이 상징하는 희망을 향한 끈기와 집념이 갖는 '스케일'이 경탄스럽다(같은 책, 41). 이와 유사하게 한국인의 특징적 정서, 특히 일본인의 문화적 정서와 매우 대비되는 정서로 '기다리는 마음', 즉 '희망'을 향한 집요함과 불굴의 모습이 지적된다(김용운, 1985). 또한 다른 이는 한국인의 특징적인 낙관주의가 그 기원에서 남하하는 민족으로서의 특성, 즉 북쪽 만주 땅과 중국의 동북 주변부에서 점점 더 따듯한 남쪽으로 내려오면서 희망을 좇아 내려오는 민족의 특성이 남아 있기 때문이라고 하기도 한다(이태동, 1995).

이렇듯 희망과 꿈, 미래에 대한 열망으로 가득 찬 것으로 기술되는 한국인의 모습이 가장 잘 드러나는 것은 뭐니 뭐니 해도 역시 자녀교육의 양상이라고 할 수 있다. 대부분의 한국인에게 전체 생활비 중 가장 큰 비중은 주거비, 즉 부동산 가격 다음으로 자녀의 교육비이다. 공립교육기관에서 요구되는 비용의 몇 배를 넘는 영어유치원, 국제학교 등은 자리가 없어서 들어가지 못하는 실정이며, 백화점에 따로 코너를 두고 있는 수십, 수백만원을 호가하는 육아용품의 선풍적 인기는 또 다른 층에 위치한 명품코너의 인기만큼이나 외국인에게는 이해하기 힘든 일이다. 심지어 해외거주 한인들의 자녀교육 열성은 자신이 이민 간 사회에 이전에는 존재한 적이 없던 과외열풍을 낳기도 한다. 대통령 선거일보다 더 전 국민의 관심을 집중시키며, 단지 수험생들뿐 아니라 학부형들, 가족들마저도 몸살 앓게 하는 수능시험의 풍경은 한국인들의 미래를 향한 집요한 노력과 열정을 상징한다.

하지만 우리는 이와는 극적으로 대비되는 또 다른 풍경들로 인해 깊은 아이러니에 직면하게 된다. 한국 사회는 1994년의 '서해훼리호 사건'에서 시작하여 삼풍백화점 붕괴(1995), 씨랜드수련원 화재 사건(1999), 대구지하철 화재 사건(2003) 그리고 최근의 비극적인 세월호 사건(2014)에 이르기까지, 위험의 사회적 관리체계의 허술함으로 인해 대규모의 인명, 특히 아이들의 목숨이 희생된 사건들을 주기적으로 겪어 왔다.

이러한 대형참사가 계속해서 반복되고, 사건 직후 들끓는 여론의 아우성, 성토가 얼마 지나면 아무 일도 없었던 것처럼 사그라들고 언제 그랬냐는 듯 쉽게 잊혀져 버리는 것은 무엇 때문일까? 아이라면 그토록 끔찍이 생각하는 한국의 부모들이 거듭되는 청소년의 성적 비관 자살문제에 대해 너무도 둔감한 것처럼 보이는 것은 왜일까? 왜 이들은 그런 일들이 자신과 자기 가족에게는 생기지 않을 것이라고 안일하게 눈을 돌려 버리는 것일까?[2] 그토록 가족을 중시하고 맨 앞에 놓는 한국인이 살고 있는 한국 사회가 이토록 가정을 파괴하고 개인적 삶에 대한 꿈을 좌절시키는 곳처럼 보이는 것은 왜일까? 이는 단지 정치사회와 국가의 무능함과 기생성에만 그 원인을 돌릴 수 있는 것일까? 그저 아직도 제거하지 못한 사회의 '적폐(積弊)' 와 후진성 때문일까?

이 글은 이렇듯 반복되는 불감증 그리고 고질적인 해결의 난망함과 관련하여 기존과는 다른, 손에 잡히는 구조적 면모는 아닌 좀 더 비정형적인 면모이지만 보다 심층적일 수 있는 원인들을 조심스럽게 적시하고 판별하려는 시도이다. 이를 위해 한국적인 꿈꾸기에 내재한 것으로 위에서 묘사한 일종의 딜레마, 모순적 상황을, '꿈을 추구하는 개인들' 과 '그 개인들로 구성된 사회의 희망 없음' 간에 형성된 '역설적 관계' 로 요약하고자 한다. 그런데 왜 충돌이나 장애, 질곡이 아닌 역설인가?

지금까지 우리는 개인의 자유로운 발전과 성취 그리고 충족된 삶을 방해하고, 그러한 시도와 관련된 평등한 출발점과 기회를 제한하는 여러 차별과 불평등, 부조리의 체계로서의 '사회구조' 에 대한 비판에 익숙하다. 다시 말해, 위에서 서로 모순적 관계에 놓여 있는 것으로 상정된 두 항목 중 후자인 '사회' 의 문제를 지적하는 것은 '사회학적' 문제제기에 전형적이다. 하지만 이 글은 오히려 앞의 항목, 즉 꿈을 추구하는 개인들, 한국인

2) 김상봉은 다음과 같이 개탄한다. "그러나 그보다 더한 것은 이 땅에 사는 사람들 대부분이 그런 죽음에 대해 놀랄 만큼 무감각하다는 사실이다. 공부 때문에 성적 때문에 시험 때문에, 도무지 이런 말도 안 되는 이유들 때문에 그 많은 아이들이 죽어 가는데도 사람들은 도리어 그렇게 많은 아이들이 죽어가기 때문에 그런 죽음을 아무렇지 않게 흔해 빠진 일상사로 받아들이는 것이다"(김상봉, 2004: 54).

의 꿈꾸기 방식, 꿈을 추구하는 한국적 경로와 양상에서 드러나는 한국인의 윤리적 · 도덕적 정체성이 희망 없는 한국 사회의 구조, 양상과 결코 무관하지 않다는 예감에서 시작한다. 그러한 출발점으로부터 이 글은, '희망 없는 사회' 라는 '사회적 결과' 와 논리적 연관성을 갖는, 한국 사회의 개인들의 꿈꾸기, 꿈의 추구 행위에 내포된 주체성의 구조를 한국인의 행위양식에 대한 그간의 여러 평가, 보고와 이차적 분석 자료들의 검토를 통해 이념형적으로 재구성하고자 한다.

그렇다고 이 글이 한국인의 '민족성(national character)', '한국인론' 의 표제 아래, 현대 한국인의 주체성의 구조를 고정되고 영속적인 것, 다시 말해 한민족의 신화적 과거 이래 변하지 않고 면면히 이어진 어떤 것으로 보려고 하는 것은 아니다. 또한 한국 사회의 문제를 해결하기 위한 마스터키로 한국인의 의식을 바꾸는 것이 문제의 관건이라거나, 먼저 그것을 바꾸지 않으면 아무것도 되지 않을 것이라는 류의 주장을 설파하는 '한국병' 론 같은 어떤 것을 의도하지도 않는다.[3]

그럼에도 이 글은 상술한 주체성의 구조, 전형적 행위양식 등이 제도나 물질적 조건에 비해 관념적이라거나 혹은 일시적 · 자의적이어서 행위 의미적 · 행태적 측면에 부수될 뿐인 것으로만 간주되거나, 제도나 외적인 물적 조건의 변화에 의해 자동적으로 없어지는 것으로 보는 데에는 회의적이

3) 사실 이런 수많은 감상적이고 인상주의적인(impressionistic) 한국인론과 그에 지배적인 부정적이고 자학적인 논조는 비단 1970, 80년대에만 고유한 것은 아니다. 그것은 발달된 서구문명에 압도당하고 대다수 인민으로부터 괴리되었던 19세기 말 이래의 개화지식인의 우민관(愚民觀)적 조선인론과, 조선의 합병과 식민지화를 정당화하려는 조선총독부의 조선인론이 가졌던 공통점이었으며(조경달, 2012: 제2장), 이는 양자가 조선독립에 대해 아무리 대립적인 입장을 취했다 할지라도 그러했다. 이 양자의 의도하지 않은 합작의 결과물(물론 의도적 친일과 공동작업도 드물지는 않았다.)인 그러한 한국인론, 조선인론은 일제 강점기 내내 조선인의 자의식의 핵심적 부분으로 무겁게 부과되었던 것이다. 그렇듯 '반민족적' 인 담론이 어떻게 산업화의 시대와 오늘날에까지 불쑥불쑥 공론에서, 특히 주요 일간지 사설 등에서 등장할 수 있는가라는 수수께끼는, 전통, 과거로 복귀하는 경향이 있는, 민족으로서의 한국인의 정체성과, 맹목적이고 돌진적으로 현대화를 성취하고자 한 우리들의 꿈, 이 양자의 모순적 병존에 주목할 때 풀리기 시작한다.

다. 오히려 현대 한국인, 한국적 현대성의 꿈꾸기 속에 내포된 주체성의 요소들은 상술한 외적인 사회변동들, 즉 한국 사회의 급속하고 압축적인 현대화과정을 추동하고 견인하며 실현해 온 '원인자(原因者, causer)' 나 '행위자(agency)' 일 수 있다는 가정하에 그 요소들을 식별하고 이론적으로 재구성하여 제시하고자 한다.

이 글에서 한국인이라 함은 '현대 한국인', 즉 1950, 60년대 이후부터 2000년대 후반에 이르는 시기의 성인 현대 한국인, 남한의 사람들을 한정하여 지칭한다. 탁석산(2000, 2008)의 선례를 따라, 현대의 한국인의 모습과 행동방식은 전통과는 다소 단절적이고 차별적인 양식의 산물로 가정하고, 전통적인 문화적 유산들, 특히 유교, 불교, 여타 민간신앙으로부터의 영향과 기원적 요소들, 관련 의미체계의 전수의 문제에 대한 체계적 논술은 여기서 시도되지 않았다.[4] 또한 역사적 형성이라는 측면에서 인과적으로 매우 중요한 계기들, 이를테면 조선 후기의 혼돈된 사회적 상황, 준비되지 않은 개항, 강권적이고 약탈적인 식민화로서의 일제강점기, 해방, 6·25 전쟁 등의 매우 결정적인 역사적 상황들이 미친 효과에 대한 평가는 단지 부분적으로만 수행될 것이다.

이 글은 한국인의 '본성' 처럼 진술되곤 하는 속성들에 대한 국내외 저자들의 여러 분석과 서로 다른 연대기를 가진 보고, 수기들(조선 후기, 1950~80, 2000년대) 등을 활용하여 한국인의 꿈과 꿈꾸기에 특징적인 양상들을 재구성하고 그에 내포된 주체 구성적 논리 그리고 그 사회적 결과를 요약하고 비판적으로 평가한다. 2절은 한국 현대화의 출발 정황과 기존 삶의 이상, 가치들, 이 양자의 결합에 의해 유형화된 한국인이 꿈꾸는 '좋은 삶' 의 내포가 어떠한지를 간략히 정리한다. 3절은 이러한 좋은 삶의 목표를 추구하는 한국인의 꿈에 전형적인 '대중적' 주체성의 요소들을 세 가지로 유형화하여 제시한다. 4절은 이 주체성의 요소들이 내포하고 산출하

4) 이러한 논술의 예로 사회학에서는 박영신(1995)과 정수복(2007)의 작업이 대표적이다.

는 결과들을 세 사회적 차원, 즉 1) '소(小)사회' 로서의 공동체와 집단, 2) 대중적 추세, 3) 전사회적 수준(societal level), 즉 정치적 공동체로 묶여진 사회적 단위 각각에서 요약 · 개관함으로써, 한국적 주체성과 그 사회적 결과 간의 역설적이지만 매우 논리적이며 동시에 실제적인 연관을 제시하고자 시도한다. 5절은 지금까지 제시된 한국인의 꿈과 꿈꾸기의 사회적 양상이 우리 사회의 꿈꾸기를 어떤 모습으로 구조화했는지를 요약하고, 그것이 향후 가지게 될 전망 그리고 여기서 시도된 이론적 재구성이 결여한 부분들을 약술하겠다.

2. 현대화의 체험과 한국인의 '좋은 삶'

한국인의 꿈꾸기를 규정한 주요한 조건으로서의 역사적 배경이자 그에 결부된 현대화과정 체험의 주요 양상은 다음의 네 가지로 요약될 수 있다. 첫 번째는 현대성 · 현대화가 일차적으로 매스미디어와 이동수단에 의해 가속화된 물질적 풍요와 물리적 · 사회적 이동의 심화로 주로 체험되었고, 정치 · 사회 · 윤리적으로 협력과 분화, 공존의 틀을 자율적으로 구축하는 과정으로 체험되지 않았다는 점이다. 두 번째는 상대적으로 매우 짧은 시기에 현대화가 달성되었다는 것, 즉 소위 '압축적 현대화' 의 과정으로 인해, 전통적 문화와 사회질서의 감각에 깊이 침윤되어 있고 전통적 삶에 대한 기억을 생생하게 간직한 주체들이 현대화를 달성하였다는 점이다.[5] 세 번째는 그러한 전통성의 요소들 중 조선 사회의 사회적 역동성과 가치부여, 배분체계의 특징적 구조의 유산하에서 현대성과의 조우, 현대화의 개

5) 박헌호(2001: 107)의 말을 빌리면, "한국의 근대화과정이 짧은 시간에 이루어졌다는 것, 그래서 근대화 이전의 삶을 기억하고 있는 사람들이 많다는 것, 그들 대부분이 격렬한 생존 경쟁의 투쟁을 겪어 왔다는 사실"은 한국적 현대화와 한국인의 주체성의 양상에 결정적인 중요성을 갖고 있다.

시가 이루어졌다는 점이다. 이 구조로부터 산출되는 사회적 삶의 이미지, 얼개는 일극(一極)적 경쟁 · 충돌 · 갈등의 장으로서의 '사회'로서, 이 속에서 유사(類似) 신분적 지위를 갖는 동질적이고 다소 '자연적인' 집단, 집단적 정체성의 구축을 통해 집단적 경쟁이 이루어지는 양상을 띠게 된다. 네 번째로, 급속한 사회변화가 주는 불안정함과 제도적 사회적 결핍, 그리고 이전 전통의 작용으로 인해 사회적 행위의 단위로서 가족이 갖는 일차성 · 중요성이 강해졌고, 가족주의의 여러 측면 중 도구적 가족주의, 그리고 유기적(有機的) 행위자로서의 측면이 강해졌다는 점을 들 수 있다. 이러한 네 가지의 주요한 배경을 의식하면서, 현대 한국인의 꿈꾸기가 한국적 현대화의 고유한 체험 양상 속에서 추구해 왔던 '좋은 삶(good life)'의 모습을 요약해 보도록 하겠다.

1) '잘사는 삶'–물질적 풍요와 향유, 역능성(力能性)

2차 대전 즈음에 본격적으로 현대화를 개시한 한국과 같은 사회는 그 이전 현대화 단계에서 출발했던 사회와는 다른 상황에 놓여 있었다. 단적으로 그것은 20세기 전반 테일러주의(taylorism)의 장착과 '제어혁명(control revolution)'(베니거, 2009)에 의해 가능해진, 전후 미국 중심의 자본주의가 제공하는 대량생산, 대량소비의 상품의 물질적 세계에 대한 동경, 즉 새로운 소비재, 새로운 욕구(want)에의 대중적 추구로 특징지어진다. 이렇듯 새롭게 눈 뜬 동경(憧憬)은 현대성 자체와 동일시된 시공간 분리 기술의 경험, 즉 영화, 라디오, 텔레비전 등의 시청각 미디어의 소비와 동력화된 기계, 이동수단의 이용을 통해 확산되었다(Riesman, 1958; Lerner, 1958). 그에 따라 현대성은 물질적 풍요와, 매스커뮤니케이션, 고속이동수단을 통한 새로운 삶을 찾아 떠나는 탈출로서 인지되었다. 한국의 경우에 이 과정은 일제강점기에 이미 상당한 정도로 개시되었고, 전후에는 미국이라는 모든 것이 풍성한 세계에 대한 동경으로 더욱 증폭되었다(강인철, 1999; 김행선, 2009). 그리고 이러한 동경은, 해방 후 거의 보편적이었다고 할 만한 절대적 빈곤과 식량의 부족(권태준, 2006)으로 인해 대다수 국민이 일단 생존하고, 즉 먹을 것과 안전을 확보하며 그 만성적 결핍이 주는 지긋지긋한 삶의 위협으로부터 벗어나려 몸부림쳤던 상황을 고려한다면 이해할 만한 것이다.

또한 이러한 동경과 서열(序列)적 세계 인식은 단지 서구의 영향에만 귀착시킬 수 없으며 그 열망의 주체성 또한 단지 개인적 그리고 대중적(즉, 개인의 단순 집합(aggregation)으로서의) 차원만을 갖는 것도 아니다. 전후 한국 사회가 미국 중심의 서구지배질서로 신속히 이행할 수 있었던 것은, 단지 냉전체제하에서 미국이 새로운 지배적이고 압도적인 영향력으로 한국에게 '할당된' 역사적 우연에 모두 귀인(歸因)시킬 수 있는 것은 아니다. 그것은 구한말 한반도를 노리던 여러 열강들 중 일본을 순진한 기대를 갖고 선택하고, 강점 이후에도 그 기대가 여러 사회집단들 속에 존속되었던 것과 동일한 원인, 즉 앞선 문명에 대한 선망과 동경의 '전통'에서 유래한다.

이전의 전통 한국 사회, 조선 사회는 중국을 정점, 중심에 놓고 그로부터 자신의 위치를 정위(正位)하면서 자의식과 주체성을 구축하던 중화(中華)질서에 포박되어 있었다. 이후 압도적인 군사력과 물질적 풍요로 다가온 서구의 '현대(modern) 문명(文明)'과의 조우는 우리들의 전통과 과거인 조선 사회의 모든 것을 후진성과 정체성(停滯性), 즉 현대성의 반(反)명제(anti-these)로 인식하게 하였다. 하지만 자신의 전통으로부터 되도록 철저히 단절하고 앞선 문명을 한시라도 빨리 따라잡고자 한 집합적 열망과 노력은 아이러니하게도 이전 전통으로부터 그리 벗어난 것이 아니었다.[6] 따

6) 개화기, 대한제국 시기의 조선의 식자와 엘리트들이 이런 의타(依他)적 현대화를 위해 외세를 등에 업고자 한 다양한 시도들은 잘 알려져 있다. 한일합방(1910) 직전에 이러한 사회적 흐름의 가장 놀랄 만한 것은 나름 대중적 성공을 거둔 정치동원으로서의 일진회(1904~10)의 활동(김종준, 2010; 헨더슨, 2000)으로, 여기서 두드러지는 '문명'에 대한

라서 일제강점을 통해 낙오되어 더더욱 절박해진 현대화에 대한 해방 후의 갈망은 '민족'을 중심으로 집합적 주체를 만들려는 노력의 정당성을 강화시켰지만, 역설적으로 이는 이전에 그러했듯 의타적이고 자기부정적인 선망과 동경을 내포한 것이었다. 선망과 동경은 그 대상을 바꾸어 세계 일등인 미국과 서구의 모든 것의 모방과 습득, 동일시 그리고 '미제(美製)'라는 말로 표현되는 근대적인 물질적 산물의 취득에로 편중될 계기를 노정한 것이었다.

이를 반영하듯 한국인이 "잘산다."고 말할 때에 그것이 은연중에 함의하는 것은, 직접적이고 일차적으로는 '물질적으로 부족한 것이 없는 삶'을 말한다. 그것은 가장 기본적으로는 '배부르고 등 따듯한' 물질적 풍요의 삶이지만, 더 나아가 현세가 제공할 수 있는 모든 영화(榮華)와 쾌락, 편리를 획득하고 향유하는 삶을 말하기도 한다. 또한 한국인에게 있어서 충만하고 삶의 의미를 만끽할 수 있는 삶은 '활기차고 역동적인 삶'으로, 이에는 자신의 '뜻'과 '멋' 대로 할 수 있는 행동과 삶 영위의 자유, 기쁨, 쾌감(pleasure) 그리고 이 모두의 수단이자 획득되는 대상 자체인 온갖 유형의 유용성의 취득이 함의된다.[7]

선망과 현대화 · 현대성에 대한 의타적이고 타율적인 태도는 일제강점 후의 친일, 협력의 논리에서도 역시 지배적이었다(1930년대 이후 '내선일체론자' 들에서 팽배했던 이러한 논리는 이승엽(2001)을 참조할 것).

7) 한국인의 생활철학의 특징적 면모를 파악하는 데 있어서 보통 '쾌락(快樂)'으로 번역되는 서구어 pleasure에 대해 부가적인 해명이 필요할 듯하다. 이 단어는 '쾌감(快感)'으로도 번역 가능한데, 그것은 소비경제학이나 공리주의 철학에서 이 pleasure가 단순히 '쾌락주의(hedonism)'라는 말로 연상되는, 방탕하고 난잡하며 돈이 많이 드는 어떤 것을 지칭하지는 않기 때문이다. 그것은 배고플 때 식사를 하여 얻어지는 만족감, 운동을 함으로써 얻어지는 활력과 기분 좋은 소진감, 그리고 촛불시위 참여나 야구 관람과 같은 대규모 군중행동, 축제 장소에서 사람들과 어울리고 일체화된 행위에 참여하며 유사한 감정을 공유함으로써 얻어지는 환희 등에 광범위하게 적용되는 상당히 일반적인 행동과학적 범주이다. 그렇기 때문에 휴대폰의 잦은 교체나 고가(高價) 자전거, 가구의 구매 등 내구재의 소비를 통해 '기대' 되는 것이나 현재 한국 사회에서 성행하는 '체험' 관광에서 추구되는 것 또한 이 pleasure라고 할 수 있다. 따라서 이 pleasure라는 개념은 공리주의 철학(utilitarianism)에서의 공리(功利), 즉 유용성 · 효용성(utility) 개념에 매우 근접한 것이다. 한국에서 수십

여기서 보듯, 이러한 삶의 이상, 가치화(valorization) 속에는 초월적이고 피안적인 차원이 거의 존재하지 않으며 도덕적 자기정체성의 차원이 희박하다. 이를 반영하듯 한국인에게 종교는 압도적으로 현세구복, 타력구제의 수단이며, 종교적 독실함 또한 상대적으로 그리 심각한 문제로 취급되지 않는다. 이 문제는 한국인에게 있어서, 이를테면 특히 결혼 시에 문제되지만, 한쪽이 같은 종교로 개종함으로써 해결되며, "될 수 있으면 같은 것이었으면 한다."는 정도에 그치는 경우가 많다(탁석산, 2008). 이렇듯 종교를 갖는다는 것이나 바꾼다는 것 자체가 유대-기독교(Judeo-Christian) 문명(즉, 서구와 유대민족)이나 이슬람 문명, 힌두교 전통을 가진 사회에서 종교가 갖는 심각한 함의와는 비교가 안 된다는 것을 짐작할 수 있다. 한국인이 죽음에 대한 정신적 대비가 매우 안 되어 있는 모습(최준식, 2013)을 보이는 것은 이렇듯 정신이 초월적 목표, 도덕적 원칙이나 승화된 것에 정향되는 경우가 드물기 때문이 아닐까 생각된다. 죽음 자체를 생각하지 않고 살아가기 때문에, 한국인은 은퇴와 노년을 걱정할 뿐 죽음을 맞이할 준비는 되어 있지 않은 경우가 많다.

꿈을 꾼다는 것, 꿈을 추구한다는 것은 젊다는 것과 종종 동일시되며, 꼭 그런 것일 필요는 없지만 젊음을 중시하고 젊은 상태를 유지하려는 태도로 자주 이어진다. 한국인이 나이를 따지기 좋아하고 그에 따른 위계서열을 편안하고 자연스러운 질서로 생각한다는 것이 반드시 늙었음에 가치부여를 한다는 것을 의미하지는 않는다. 늙음에 대한 가치부여는 곧 '성숙함'에 가치를 부여하는 것이다. 한국 사회에 성숙함이 결여되었고 존경할 만한 어른이 없음이 지적 공중과 언론에 의해 종종 개탄된다고 해서 우리

년 전에 유행한 해외 대중가요 중에 〈Plasir D'Amour〉라는 곡이 있었는데 이는 '사랑의 기쁨'이라는 제목으로 번역되었다. 만약 이것이 '사랑의 쾌락'이라고 번역되었다면 우리의 '플라토닉한' 감수성에 얼마나 위화감을 주었을 것인가? 한편 쾌감과 소비행위, 그리고 이들과 집합행위와의 연관에 대한 흥미로운 이론화로는 허쉬만(Hirschman, 1982)을 그리고 그의 작업의 단초를 제공한 스키토프스키(2014)를 참조할 수 있다.

가 성숙함을 중시한다고 볼 수는 없다. 이는 한국인이 투여하고 집중하는 사회적 에너지의 실제 목표를 가리는 일종의 보상적(compensatory)이거나 반동(反動)적인 담론일 가능성이 높다.

야심을 찬미하고 삶의 과실(果實)의 남김 없는 향유를 지향하는 한국인의 생활철학은 무엇보다 안정과 체념, 정착에 반발한다. 그리고 이를 위해 젊음과 활력을 열망하고 어떻게든 그것을 유지하려고 집착한다. 젊음에 머무르고자 하는 이런 성향은 심리학 용어로 말한다면 '효능감(efficacy)', '역능성(empowerment)'을 중시하는 것이고, 젊음과 건강은 많은 활동들에 참여하고 향유하면서 그러한 체험적 효과를 얻을 수 있는 기본 토대라고 할 수 있다. 행복을 활동 속에서 존재하는 것으로 정의한 아리토텔레스를 따른다면, 한국인은 행복의 의미를 가장 잘 실현하는 사람들이라고도 말할 수 있을 것이다. 현대 한국인의 가장 한국적인 측면을 표상하는 것이 자동차와 휴대폰이라는 지적(강준만, 2006) 또한 바로 편리와 역능성 그리고 그를 통해 어디서건('ubiquitously'!) 쾌감과 효용을 이끌어 내고자 하는 한국인의 모습에 주목한 것이라고 할 수 있다.

외면적으로 젊음과 매력을 확보하고자 하는 성형과 온갖 시술들의 횡행, 즉 소위 '외모지상주의'의 번성에서 보듯, 한국 사회의 생활문화 속에서 젊음과 건강, 활력(혹은 남성적 정력)에 대한 광적인 집착은 단지 충만한 삶을 향한 이해가능하고 보편적인 인간적 욕구의 수준을 오래전에 벗어났다. 백 개가 넘는 TV채널 어디를 가든 젊은 남녀 '아이돌'(idol, 일본을 경유한, 괴이한 한국적 영어의 용례 중 하나인)이 등장하고, 남녀노소 다투어 아이돌 같은 외모를 갖고 싶어 하며 그런 연예인의 삶을 흠모하고 찬미하는 듯한 최근의 대중문화의 양상 또한 따지고 보면 이전의 한국인의 모습으로부터 멀리 떨어진 것은 아니다.

하지만 이것이 다는 아니다. 이들 물질적 편의와 성취, 활력과 외모의 유지는 그 자체로도 중요하지만 그로 인해 얻어지는 다른 것을 궁극적으로 겨냥하는 경우도 적지 않다.

2) '대접받는 삶'-남부럽지 않은, 남부끄럽지 않은, 무시당하지 않는, 잘나가는 삶

현대의 한국인은 유난히 대접받는 것을 중시하고 그에 의해 유발되는 '기분(氣分)' 이 좋은지 나쁜지에 매우 신경을 쓴다. 현대 한국인에게는 '인간은 감정의 동물' 이라는 말이 '인간은 이성의 존재(homo sapiens)' 라는 말보다 훨씬 더 설득력 있고 상식적일 것이다. 이 기분에 문제가 생겼을 때, 즉 불쾌하고 섭섭하고 억울한 일이 생겼을 때 한국인은 흔히 "사람대접을 하지 않는다."라는 말로 불만을 표현한다. 이때의 '사람대접' 은 서구 역사에서 근대적 혁명과 민주주의, 휴머니즘에 의해 정착되어 온 보편적인 '인간의 권리(human rights)' 와 유사한 어떤 것에의 요청이 아니며, 여기서 제기되는 윤리적 요청 또한 철학자 칸트가 말하는 실천이성의 '보편적 정언명령(universal imperative)' 같은 것은 아니다(박원재, 2012). 유사한 맥락에서 한국인이 부리는 고집의 동기로 자주 지목되는 '자존심' 은 인간개체로서, 개인으로서의 존엄성, 존중에 대한 서구적 요청과는 다른 것이다.

요컨대, 한국인에게 중요한 이 '사람대접' 은 어떤 단일화된 양적인 서열의 척도 속에서 자신이 상대적으로 높이 위치하는 것으로 인정받아 제공되는 어떤 것에 차라리 가깝다. 한국인의 자존심은 바로 이 대접을 받아야 하고 또한 쟁취하기 위한 고집과 개인적 의지를 지칭한다고 할 수 있다. 따라서 그것은 인간 모두에게 보편적으로 적용되는 추상적 규준이라기보다는, 매우 구체적인 사회적 지위와 역할 속에서 기대되는 관계적 덕목이나 의례, 혹은 그 덕목이나 의례(고위공직자들이 특히 받기를 기대하는 '의전(儀典)' 에 가까운)가 자신에게 발휘되기를 요구하는 것이라고 할 수 있다.

일본인의 관찰에 의하면, 한국인은 자신이 출세해서 자기를 푸대접하던 사람들이 자신 앞에서 쩔쩔매는 꿈을 품고 산다(가세 히데아키, 1989). 한국인의 이러한 '사람대접에의 꿈'은 그 본질에 있어서 보편주의적이지 않다는 의미에서 완전히 평등주의적이지는 않은 것이다. 왜냐하면 여기서 문제되는 대접이나 반(反)차별에의 욕구와 요구는 그 이면에 타인과의 차별성, 차별, 최소한 사회적 비교(우위)가 강력하게 내재화되어 있기 때문이다.[8]

조선시대의 신분적 질서는 비록 대한제국의 근대적 법령에 의해 공식적으로 혁파되었지만, 깊이 뿌리내린 신분의식과 차별의 관행 또한 그런 것은 아니었다. 그것이 가진 힘은, 일제 식민지 권력이 그 자신의 이익을 위해 수행한 선별적 보존과 활용에 의해, 그리고 식민지 권력에 대항하는 민족 전통으로서의 의도치 않은 정당성과 권위의 획득으로 인해 마치 '냉동된' 것처럼 일제강점기 내내 그에 대한 현대화와 합리화가 이루어지지 않은 채 대체로 유지되었다. 신분의식과 그에 입각한 사회질서의 관념, 습속은 1950년대까지도 여전히 강한 위력을 발휘하였는데(강인철, 1999), 그에 상응하는 차별, 대접에 대한 기대는 한국인이 사회적 관계 속에서 자기를 정위하고 또 수립하는 데 필수적인 참조점이었고 타인과의 상호 작용을 구조화하는 주요한 형식이었다. 무엇보다 존비어의 체계는 매일매일 매 순간의 행위와 발언 속에서, 평등한 인간 간의 관계보다는 상대와의 서열을 분별하고 그 속에서 우위를 확보하려는 사회적 상호 작용의 양상을 구조화하는 데 지속적으로 작용해 왔다(최봉영, 2005).

한국인이 꿈꾸는 사람다운 삶, 남부럽지 않은 삶은 특정한 정도의 비교적 객관적이고 물질적인 생활수준을 일차적으로 지향하는 것처럼 보이지

---

8) 여기서 '보편적인' 것과 '보편주의적인' 것을 구별해야 할 것이다. 보편적이라는 것은 모든 이들에게 공통된 사항임을 말하는 것이고, 보편주의적이라 함은 특정한 사항을 차별 없이 적용하려고 하는 지향을 일컬음이다. 이를테면, 타인보다 우월함을 주장하고 요구하기 위해 경쟁하고 그러한 차별의 의식과 대접을 행하는 모습은 인간사회에서 다소 보편적인 현상일 수는 있지만 보편주의적이라고 말할 수는 없다.

만, 그 속에는 매우 경쟁적인, 타자와의 비교가 그 본질로 자리 잡고 있는 것 같다. 소비경제학자 스키토프스키(2014)는 행복이라는 감정이 자신이 타자보다 우월한 삶을 누리고 있다고 생각할 때 느끼는 감정으로 개념화한다. '남부럽지 않은 삶', '남부끄럽지 않은 삶', '(남에게)무시당하지 않는 삶'을 되뇌이며 대접받는 삶을 꿈꾸는 한국인은 '좋은 삶'에 대한 정의 자체에서부터 이 점을 노골적으로 드러내고 있지 않은가?

이러한 대접에의 열망은 단지 개별적인 차원만을 갖지는 않는다. 앞서 기술한 바처럼, 19세기 말 당시 〈독립신문〉 등에서 개화지식인에 의해 제기된 '개명', '문명'에의 요구는, 이제 열등집단으로 간주될 상황에 처한 조선인을 '동포(同胞)'라는 집합체로 호명(呼名)하였다. 동포라는 이름으로 '발견'되기 시작한 조선 '민족'이라는 집합체가 호명된 이유는 바로 이들에게 다른 민족, 나라들에게 업신여겨지고 푸대접받지 않기 위해 분기할 것을 촉구하기 위함이었다(권보드래, 2005). 다시 말해 '동포'와 민족이라는 호명의 매력과 호소력은 바로 이 푸대접받지 않으려는 열망, 대접받기 위해 하루라도 빨리 따라잡고자 하는 열망에서 연원하는 것이었다. 해방 후 국민국가의 수립과 산업화 속에서 포화상태에 이른 '민족담론'이 끊임없이 환기시키고 자극하고자 했던 것도 바로 이런 열망과 감정이 아니었던가?

이처럼 남의 '시선', 남과의 '비교'에 매우 민감한 한국인의 행복과 꿈꾸기는 그 자연스러운 논리적 결과로, 단순히 뒤처지지 않거나 남보다 열위에 놓이지 않는 것을 넘어서 유행과 변화, 대세의 첨단에 서고자 하는 삶을 추구한다. 이른바 '잘 나가는 삶'에 대한 꿈은 돈과 권력, 대중적 명망성, 권위에의 추구일 뿐 아니라, 사회가 진행하는 방향, 대세에서 늘 최첨단, 최전선에 있고자 하는 것으로, 이때 핵심어는 '눈치'와 '집단', '대세'이다. 한국인이 그 실제의 행위동기가 고도로 개인주의적이고 자기중심적인 것처럼 보이면서도 '사람 사는 일'의 '사회적' 본성을 그토록 강조하는 것은 바로 이 때문이다. 이 때문에 한국인은 진정한 의미의 쾌락주의자(hedonist), 즉 눈치 안 보는 쾌락주의자가 될 수 없는 것 같다. 그 쾌락은 본질적으로 어딘가에 있는 타자의 시선, 즉 계속 변화하는 사회와 세태(世態)의 향배와 시선에 종속되어 자족(自足)하지 못하는 것인 경우가 대부분이다. 한국인 개개인이 타인과의 차별화를 통해 잠시나마 즐기는 우월감이 현재 확보한 지위를 잃지는 않을까 전전긍긍하는 모습과 흔히 연동(連動)하는 것은 바로 이 때문이다.

이러한 논의는 우리를 한국인의 꿈이 작동하는 환경이자 통로이며 동시에 꿈의 대상, 목표이기도 한 사회세계의 모습으로 인도한다. 이 사회세계와 그에 특유한 한국적 주체성의 꿈꾸기 방식을 보기 위해 우리는 먼저, 개인이 최초로 맞닥뜨리게 되는 사회인 가족에서 시작해야만 한다. 왜냐하면 가족은, 특히나 한국인에게는 그리고 한국 사회에서는 곧바로 사회질서 그 자체나 마찬가지(장현섭, 1993)이기 때문이다. 한국인의 가족이 수행해 온 역할과 영향력은, 인류가 만들어 낸 사회질서의 모델이 대부분 그것이 발원한 사회의 가족구조에서 차용된 것이라는 정치 · 사회사상의 역사가 보여주는 통찰을 훨씬 넘어서는 것이었다.

3. 꿈꾸기 속의 한국적 주체성의 요소들

1) 야심과 패기(覇氣)-나르시시즘과 맹주(盟主)의식의 주체성

한국인은 스스로를 아시아의 어느 민족보다 개인주의적이라고 생각한다고 한다(앨퍼드, 2000). 최소한 외국인에 대해 자신의 정체성을 표현할 때 그러하며, 때때로 서구인들은 일본인이나 중국인보다 한국인이 더 말하기 편하게 느낀다고도 전해진다. 하지만 그에는 한, 중, 일 삼국 중 가장 개인주의적이라고 일반적으로 진단되는 중국인들의 개인주의와도 다소 다른 결이 포착된다. 그 중심에는 바로 한국인이 태어나서 키워지는 방식의 특유함이 존재한다. 1970년대의 한국인의 가족생활과 자녀양육의 모습, 그리고 그 유용성에 대해 서구의 저명한 한국 현대사 권위자가 수행한 다음의 묘사와 평가는 많은 흥미로운 함의를 가지고 있다.

> "… 두 아이를 둔 한국 가족과 살 때 나는 부모들이 자식에게 보여 주는 유난스런 사랑에는 놀라지 않았지만 자식들의 응석을 받아 주는 것을 보고 어안이 벙벙해졌다. 두 아이들은 마음대로 집안을 돌아다녔고, 일과도 없으며, 흡족할 때까지 놀고, 먹고 싶으면 먹고 싸고 싶으면 싸며, 마음대로 뛰놀고, 목소리 높인 꾸중을 듣지도 않고, 거의 있으나 마나 한 벌을 받는 행복하고 자유로운 새였다. 마침내 그들은 부모의 팔에 안겨 밤새 부모와 함께 잤다. … 깔뱅교 집안 출신의 미국인 눈에 애들을 이렇게 놓아기르는 것은 초자아가 없는 어른, 즉 시민사회를 곧 엉망으로 만들 총기들을 풀어 놓는 처방처럼 보였다. … 이러한 관습은 개인적 정체성을 확신하는 독립성이 강한 개인을 키워내지 못할지도 모른다. 한국 사람들은 "자신을 일차적으로 자기 부모의 연장으로 보기" 때문이다. … 하지만 이러한 방식으로 자라난 사람들은 아무리 심한 궁핍이 닥쳐도 개인적 통어력(personal mastery)과 바위 같은 심리적 안정성을 결코 잃지 않는다. … 한국의 방식이 아이들 키우기에 더 좋은 방법일 수도 아닐 수도 있겠지만, 견실한 애정을 지닌 강인한 인간을 창조하는 존경스럽고 위엄 있는 방법임에는 틀림없다… "(커밍스, 2001: 81–82).

커밍스(Bruce Cumings)가 느낀 낯설음과 이러한 평가는 그간 서구의 다양한 학자나 일반 관찰자들이 내린 것과 그리 다르지 않다. 그리고 과연 아이를 양육하는 한국적 방식이 '존경스럽고 위엄 있는 방법' 일지는 필자도 확신할 수 없다. 하지만 주목할 것은 이렇게 자라나는 아이의 모습이 꿈꾸는 한국인의 거침없는 야심과 사적 자유를 향한 동경과 묘한 상동성을 보여 준다는 것이며, 두 번째로 그런 양육방식이 어떤 고난 앞에서도 낙관주의를 잃지 않는 안정된 정체성—그것이 부모의 연장(延長)으로서의 정체성이기 때문에 그런지는 더 따져볼 문제이지만—을 제공한다는 지적이다.

일본인이 관찰하기에 한국인의 특징적인 모습은, "한 사람 한 사람의 한국인은 출신이나 지위가 어떻든 간에 자신감에 넘쳐 있으며 가령 가난하고 지위가 매우 낮은 사람이라고 하더라도 자신은 무엇이든 할 수 있다는 듯이 행동하며 언제든지 남의 윗자리에 앉아서 몇백 명 몇천 명이라도 부릴 자세가 준비되어 있다."는 점이다(가세 히데아키, 1989: 39). 유사하게, 한국인의 특유한 정서와 태도를 보여주는 것으로 중국의 관찰자가 발견하는 것은 바로 '오기(傲氣)'라는 감정이다(장홍지에, 2005). 그에 따르면, 한국인의 마음에는 '항복'이라는 개념이 없고, 지더라도 계속 싸우며 설령 현실적으로 힘이 달려서 지더라도 마음속으로는 그 승부에 결코 승복하지 않는다.

이러한 한국인의 '불굴'의 모습은 다른 면에서도 관찰된다. 일본인의 경우에는 개인에게서 웃음이 나오는 일이 절대로 없고 진지한 분위기를 망치는 것으로 유머는 꺼려진다고 한다. 이렇듯 집단의 단합을 위해 항상 곁눈으로 이웃을 살피면서 사는 일본인보다 한국인은 훨씬 '유모어'가 많다. 여기서 유모어는 자기보다 강한 사람을 비웃음으로써 자기를 지킬 수 있고 괴로운 체험을 진정시킬 수 있는, 인생에서 불쾌한 것을 소화시킬 수 있는 효소이다(가세 히데아키, 1989: 25).

아마도 '유모어'라는 말이 이 저자에게는 우월하거나 압도적인 대상, 현실적 좌절 앞에서의 '풍자'나 '비꼼'을 의미하는 것 같다. 그러한 개념 착오에도 불구하고 이러한 진단은 정신분석학적인 지지 또한 받는 진술이다. 프로이트(Sigmund Freud)에 의하면 '유머(humor)'는 나르시시즘의 승리로 볼 수 있다. 이 유머에 의해 한 개인의 에고(ego), 즉 자아(自我)는 현실의 도발에 직면하여 기죽기를 거부하고 자신의 건재를 우쭐대며 과시할 수 있을 뿐 아니라 험악한 세계를 쾌락의 향유를 위한 기회로 바꾸어 낸다.[9] 한국인의 현세(現世)주의와 그것이 지향하는 높은 성취지향성은 그것이 불가피하게 겪게 마련인 현실 속에서의 패배를 달래는 '허무주의'의 요소를 그 짝으로 한다(탁석산, 2008). 하지만 오히려 이 허무주의적 요소, "어차피 인생 별거냐?"라는 모습 자체가, '신 포도(sour grape)의 우화' 처럼 자신의 패배를 받아들이기보다는 그것을 세상일로 일반화하고 '해소' 하려는 모습이라는 점에서 한국인의 나르시시즘적 모습을 더 극적으로 보여 주는 것이 아닌가?

이렇듯 '패기(覇氣)'와 '기죽지 않으려 함'은 한국인의 특징적 정조인 동시에 한국의 어린이가 키워지는 방식이기도 하다. 한국말의 '당당하게', '당차게'는 타인의 침해와 도전에 대해 잘 대응하는 '똑똑하게' 만큼이나 매우 긍정적으로 제시되는 덕목이다. 이는 남에게 피해주지 않게, 동료에게 도움이 되게 행동하라는 일본인의 덕목과는 너무나 상반되는 것이다. 일본의 도덕교육은 '상대를 생각하는 마음'의 원리와 '원만한 인간관계'의 원리를 강조한다는 점에서 특징적이다(홍현길, 2001: 30-32). 이런 원리에 입각하여, 규칙에 복종하고 집단의 원활한 작동과 질서, 조화를 위해 매일매일 부과되는 것들을 감당할 때까지 반복적으로 강제하고 부과하면서 '참을성 있게 아이를 꺾고자 하는' 일본의 유치원에 아이를 보낸 한국의 한 학부형은 매우 불편한 마음을 보고한다. 아이의 기를 죽여서는 안 된다는, 몸과 마음에 깊숙이 뿌리박은 가치와 정조 때문에 왠지 모를 불안감에 시달리게 되는 것이다(김창현, 2002).

이러한 일본 사회의 덕목이 한국에서도 중시된다고 말할지 모르지만, 일본 사회와 제도들이 '명시적이고' '실제적으로' 이를 주입하고 강제하려는 것에는 비할 바가 아닌 것 같다. 무엇보다 한국 사회의 개인에게 부과

9) 이글턴(1995: 296), 번역은 원문에 의거 일부 수정. 나르시시즘은 자기에의 사랑이다. 프로이트 이론에서 나르시시즘은 이드(Id)와 결합한 초자아(superego)의 복종과 억압, 자기제거의 요구에 대항하는 자아(ego)의 중요한 부분이다(이글턴, 1995; Freud, 1921).

되는 '튀지 말아야 한다.' 는 강박은 일본 사회에서 요구되는 것에 비해 훨씬 '전략적' 이고 수단적인 차원에 놓인다는 인상을 준다. '남들보다 앞서 나가되 모나지는 않는 아이' 이기를 바라고 그렇게 키우는 한국의 학부모들에게 있어서 타인을 대할 때의 덕목은, 도덕적인 자질과 인성에 관한 것이라기보다는 '처세(處世)' 의 일환이라는 것이 그 본질인 것 같다. 또한 그것들은 공식 학교교육을 통해서가 아닌 비공식적으로, 특히 성인이 되어 사회생활에 진입할 시에 '실제 상황' 속에서 습득되는 것이 더 일반적인 것으로 보인다. 그렇지 않다면 모르는 사이, 다시 안 볼 사이, 이후에 서로 이익을 도모할 일이 없어 보이는 타인과의 상호 작용에서 한국인이 보이는 공격성, 시쳇말로 '얼굴에 철판 까는' 모습은 설명되지 않는다.

이것도 모자라 우리의 어린이들은 유치원 시기부터 '리더(leader)가 되는 법' 에 대해 줄기차게 듣고 보게 된다. 모두가 leader가 된다면 누가 follower가 될까? 인간사회의 불가피한 현실성에 정면으로 도전하는 이러한 야심을 가지고 세상사를 마주한다는 것은, 바로 팔로워의 관점에서 세상일을 평가하고 자신을 정의하며 사회적 역할을 수행하는 것이 아니라 지도자, 경영인과 유사한 생각, 포부를 가지며 그 프리즘으로 세상을 본다는 것을 말한다. 하종강(2011)의 한탄처럼 한국인은 자신이, 그리고 자신의 자식들이 모두 사장이 될 것처럼 생각하고 키운다.

우리는 일상 속에서, '사장' 의 시야(perspective)에서 세상을 바라보는, 특히 자신과는 무관한 노사협상이나 쟁투의 보도를 볼 때 경영자와 '국가경제' 의 입장에서 보는 습관이 박혀 있는 회사원과 노동자들, 하층자영업자들과 심심치 않게 조우할 기회가 있다. 한국 사회는 비슷한 경제수준과 발전단계에 놓인 다른 사회에 비해 지나치게 자영업의 비중이 높다. 그것이 함의하는 바는, 한국 사회가 수많은 '사장님' 들로 구성된 혹은 언제든지 사장님으로 변신할 수 있는 사회라는 것이고, 이는 그만큼 노동자의, 피고용인의 권리의 신장에 지지를 보내기를 망설이는 사회적 분위기의 토대

로 작용한다고 할 수 있다.[10)]

물론 전통사회에서의 소규모 자작농의 꿈에서 그 연원을 추적할 수도 있는 한국인 특유의 자립에의 꿈과 그에 상응하는 '(소)사장님 의식'이, 한국 사회에서 노동기본권이 충실히 정착되지 않은 점이나 병적으로 비대한 자영업 섹터의 존재를 직접적으로 설명할 수는 없을 것이다. 하지만 상술한 강고하고 습관적인 사고의 경향을 단순히 재벌의 노조말살전략과 '지배이데올로기'에만 귀착시킬 수는 없을 것이다. 우리는 여기서 그 자신이 노동자, 고용원임을 마음 속 깊이 인정하지 않는 오기, 자신을 지도자로, 최소한 탈육체노동화된 존재로, 그런 존재여야만 하고 그런 존재임에 틀림없다는 자기 확신을 발견하게 된다.[11)]

결과적으로 이러한 정황은 한국의 개개인들을 지배구조로서의 사회체계 속에서 피지배자로서, 하급자로서 무엇을 해야 하는지, 사회적 약자의 입장에서 세상을 본다는 것이 어떤 의미를 갖는지 등에 대해 둔감하게 한다. 우리는 많은 경우 일등, 강자가 되는 꿈에 부풀어 있으므로 자신을 약자의 위치에 놓고 생각하는 경우가 드물다. 설사 진보적 이데올로기를 스스로에게 부과(self-imposition)하고 자기 '의식화'를 수행하여 약자와 타자에 대한 공감을 얼추 '구축'한다 하더라도 그 공감의 깊이와 구체화는 매우 얕은 수준에 머물게 된다. 약자의 처지라는 것은 강자가 되는 과정에

---

10) 이러한 측면이 또한 한국적 '능력주의'의 양상과도 연결되며, 이는 송호근(2003)이 말하는 "자조의 이데올로기(self-help ideology)"와 유사하다.

11) 다른 산업화된 사회와 비교할 때, 육체노동자와 화이트칼라 간의 꽤 큰 임금격차 그리고 전자에 대한 차별의식은 한국 노동운동에 특징적인 질곡이다(김동춘, 1995). 그 기원에서 볼 때 육체노동에 대한 하대와 차별의 의식은 전통 조선 사회에까지 거슬러 올라간다. 조선 사회의 성리학적 사회질서는 육체노동을 필요악으로 보고, 그로부터 '인격적 수양'과 학문이라는 더 고상한 노동으로의 이전을 이상화하고, 수양의 능력이 없다면 최소한 그것이 가능한 소수엘리트의 생활기반을 지원하는 것으로 상민(常民)의 역할을 설정하여 양반사대부의 기생성을 정당화하였다(조혜인, 1995). 지난 수십 년간 대학 정원과 대학 수, 그리고 '고학력자'의 단속 없는 증가에도 불구하고 한국의 대학교수가 누려 왔고 누리고 있는 특권적 위세(prestige)는 바로 이러한 습속의 사회 구성체 속에서만 이해 가능하다.

서 잠시 머물다 가는 곳, 참고 인내할 때 더 높은 곳으로의 길이 열리는 중간 도정(道程) 정도로 간주하는 습관적 사고가 언제든 고개를 쳐들게 되는 것이다.[12]

주체성의 이러한 양상은 한국인이 가진 '감투', '벼슬'에 대한 맹렬한 추구(이규태, 1983; 유종호, 2012)와 그것을 달성했을 때 종종 드러내는 자기도취적인 폐쇄성, 즉 독불장군적인 전횡과 권위주의적 모습을 또한 이해 가능하게 한다. 성취된 소속과 지위는 그러한 모습 속에서, 기능에 상응하는 권한과 한정된 권위를 가진 직분으로 이해되기보다는, 확장적인 사회적 특권의 수여자격(entitlement), 배타적이고 독점적인 사유물처럼 생각된다. 그것은 사유물이기 때문에 자신과 자신의 가족, 인척, 지인(知人)의 편의와 '대접'을 위해 내키는 대로 활용하고 갖다 쓸 수 있는 어떤 것으로 이해된다.

이처럼 야심과 자기 과대망상에서 비롯된 일종의 '맹주(盟主)의식'이 한국 사회의 권위주의적 양상인 '인치주의(人治主義)'(강정인, 1997)적 요소, 그리고 자기 직위를 일종의 봉건적 영지(領地), '봉토(fiefdom)'로 간주하는 사고의 바탕이라고 한다면 지나친 것일까? '봉건성', '봉토' 등의 용어는 비록 한국의 전근대사의 실제에 부합하지 않는 개념이기는 하지만, '나의 영역 안에서 나는 법이다.'라는 전제주의(despotism)적 사고방식은 우리의 가정, 학교, 직장, 각종 기관들의 일상에서 그리 낯선 것은 아니다.[13] 한국인은 자신의 '영지' 안에서는 영락없이 폭압적인 가부장이고 전

---

12) 김일레인(2001)은 진보적 언론인 한겨레신문의 한 기자가, 남성은 군대에 갔다가 취직함으로써 직장에서 체계적으로 열위에 있다는 불만을 토로하는 것을 보고하고 있다.

13) 공공성의 제어를 받지 않는 사회영역을 수립하려는 이런 양상은 하버마스(2001)의 '봉건화(Feudalizierung)' 개념에 의해 포착된다. 하버마스의 용례가 시사하듯, 기실 이 용어는 반드시 전통적인 태도, 양상에만 적용되는 것이라고 할 수는 없다. 자본주의적 산업화 속에서 기업가가 그 자신의 사적 지배영역을 이렇듯 봉건화하고 봉토화하는 경향이 있음은 일찍이 버거와 켈너에 의해 현대적 사회의식의 일환으로서 세밀히 검토되었다(버거 · 버거 · 켈너, 1981).

제적인 시어머니인 경우가 비일비재하며, 이는 단지 나이와 세대의 함수만은 아닌 듯하다.

이러한 주체성들의 상쟁(相爭) 속에서 사회적 약자는 대부분의 경우는 그저 '보이지 않는 사람'이 되어 버리며, 충돌이나 저항이 발생하면 '노력하지 않는 사람', '불평하는 사람'으로 간주되는 '피해자 탓하기(blaming the victim)'에 직면하게 된다.[14] 더 정확히는, 피해자 탓하기의 담론정치가 친화성, 설득력을 갖는 사고의 바탕이 마련되는 것이다. 외국인에게 꿈의 추구 자체가 그 정체성인 것처럼 보이는 한국인의 꿈꾸기는 바로 이러한 첫 번째 역설, 즉 타인의 꿈을 밟고 올라서거나 타인의 꿈과 소통할 수 없음을 그 본성으로 한다는 역설의 싹을 갖고 있는 것이다.

2) 가족-성별화된(gendered) 집단적 기능주의의 주체성

앞서 풍요와 편리라는 이미지로 다가왔던, 뒤늦었지만 급속한 현대화를 추구하고 담지했던 사람들이 꿈꾸었던 것은 단지 객관적인 물질적 풍요만이었을까? 그것은 당시 막 문을 연 화신백화점, 미도파백화점에 진열된 물건들을 구경하면서 그 화려한 상품의 세계를 유유히 거닐고 있는 자신의 모습일 수도 있다. 하지만 정말로 필요한 것은 그런 자신의 '성공'을 들려주고 보여 줄 누군가였을지도 모른다. 이때의 감정은 자신이 떠나온 과거의 세계, 농촌, 가족, 고향에 대한 향수와, 밖으로 그리고 앞으로 나아갔던, 즉 학업과 일자리를 위해 도시로 떠나 자립과 사회적 상승을 추구했던 자신의 노력과 현재의 성취에 대한 자부가 함께 결합된 것이었다. 그것은 다

14) 약자의 요구를 '베짱이' 의식으로, '도덕적 정신'에 입각해 재단하는 말들이 그러하다. "열심히 일해서 자기 처지를 바꿀 생각은 안하고 … 사장한테서 그저 보상금이나 뜯어 먹자는 수작", "네가 제대로 행동했으면 그렇게 됐겠냐? 행실이 바르지 못하니까 그렇지!" 물론 그 반대 면에는 한국인에게 또한 특징적인, 상급권위, 상층부를 도덕적으로 총체화시켜 단죄하는 버릇("가진 놈들은 다 그 모양이야!") 또한 존재한다.

음의 역설로 표현되기도 한다. "내가 지금 마트에서 사먹는 과일은 내가 어릴 적에 서리하던 과일만큼 맛있지는 않다. 하지만 나는 이것을 사먹을 만큼 출세했다!"(박헌호, 2001).

사실 한국인의 꿈과 관련된 보고들을 살펴보면 그에 담긴 주제는 그렇게 다양한 항목들을 제시하지는 않는다. 물론 '버킷리스트(a bucket list)' 같은, 즉 '죽기 전에 꼭 해 봐야 할 일' 같은 것의 열거는 개개인마다 다양할 수 있다. 하지만 무엇을 삶에서 이루고자 하는가를 질문받을 때 대부분의 사람들은 가족과의 관련 속에서 자신의 꿈을 제시한다. 즉, 가족을 위한 꿈, 번듯한 삶을 가족에게 주고자 하는 꿈, 번듯한 가족에의 꿈이 주로 등장하며, 아직 미성년이라면 자녀들 또한 그런 기대에 부응하여 부모의 꿈을 자신의 것으로, 기대되는 매우 구체적인 목표를 다 수용하지는 않을지라도 최소한 자랑할 만한 자식, 즉 성공하고 출세한 자식이 되고자 열심히 노력하려 한다.

이러한 점들이 보여주는 것은 한국인의 모든 성취의 궁극적 기여 대상, 그리고 그 승인(recognition)의 장소가 개인을 넘어선 집단, 특히 대부분의 경우 가족이라는 점이다. 수많은 한국인의 사회적 성격론에서 지적되듯, 개인으로서의 한국인은 가족과 크게 구별되지 않는다(대표적으로, 최재석, 1976[1965]). 한국인이 어린이에게 '똑똑해져라.', '똑똑히 행동하라.'라고 말할 때에는, 자기의 이득과 의견이 무시되는 것을 방치하지 말라는 상당히 개인주의적 지향을 볼 수 있지만, 다른 한편으로 집안과 가족에 먹칠하지 않도록 정신 똑바로 차리고 처신하고 행동하며 무시당하지 말라는 함의가 강하다(김용운, 1985). 즉 자기를 지키는 일은 단지 그 개인만의 일이 아니라 바로 가족의 체면과 이익이 걸려 있는 것이다. 따라서 그것은 또 한 번 서구적 개인주의가 담지하는 어떤 보편주의적 요소가 희박하다.

그렇기 때문에 한국인에게 있어 삶의 '최종적인' 목표는 자신이 출세하여 일가친척의 부귀영화를 이룩하는 일이며, 자기 힘으로 가족을 행복하게 만드는 일이다(가세 히데아키, 1989: 22). 그 가족이 반드시 생물학적 직계가족은 아닐지라도, 한국인은 몸을 일으켜 일가(一家)를 이루고 집안을 번성케 하는 것이 목표이다(최봉영, 1994). 다른 식으로 표현한다면, 자신을 그런 모습으로 인정하고 대접해 주는 것을 상상하고 이루려고 하는 것이 한국인의 강한 소망이라고 할 수 있다.

이러한 '가(家)'의 발전을 중심목표로 갖는 한국의 가족은, 가족이라는 사회적 제도가 가진 주요한 측면 중 '유기적 행위자(corporate actor)'로서의 특징이 두드러진다(장경섭, 1995). 이 유기적 행위자로서의 성취, 집단적인 사회적 상승을 위해 한국 가족은 자신을 기능주의적으로 구조화하며, 나이와 출생 순서(birth order)에 따른 위계가 내포된 권위주의적 형식을 갖는다. 바로 그런 이유로 그것은 남성주의적, 남성 중심적인 것이었고 현재에도 많은 경우 그러하다.

행위자로서의 가족이 가문의 영광, 집안의 부흥, 경사를 도모하기 위해서는 집안의 한정된 자원을 몰아주는 것이 중요해지는데, 이때 아들, 특히 장남의 중요성이 높아지며, 차남, 딸에게 보조적 역할이 주어지는데, 그에 대한 불만은 가문의 평화와 발전을 위해 억제된다. 이러한 상황에서 남동생, 큰오빠의 대학진학이나 고시합격을 위해 여공, 하녀가 된 누나, 여동생이라는 우리 현대화의 익숙한 드라마들이 등장하게 된다.

또한 결혼한 여성은 이렇듯 성별화된(gendered) 사회적 배치 속에서 며느리로서, 아이의 어머니로서, 충실하고 현명한 배우자로서 현모, 양처, 열부가 되는 자신의 정체성을 대부분의 경우 받아들이게 된다. 왜냐하면 이러한 구도 속에서 한 개인의 모든 노력과 고통의 감내가 갖는 의미는 그가 속한 가족에 대한 기여로서만 발생하며, 여성에게도 역시 삶의 의미를, 자신의 정체성을 제공하는 것은 바로 집단, 일차적으로 가족이기 때문이다. 특히나 현대 한국의 도시화된 공간 속에서 전업주부로서 불안한 정체성을 가질 수밖에 없는, 그리고 엄밀한 의미에서 그 정체성을 '선택'했다고 할 수 없는 여성들은 생계의 관리자이자 가족의 미래를 위한 디자이너, 전형적으로 자녀교육의 설계자가 된다. 여기서 어머니, 여성, 주부의 본분이 '자녀양육(child-rearing)' 이 아니라 '자녀교육(education)' 으로 더 자주 운위된다는 것은 많은 것을 시사한다. 자녀는 '양육' 되기보다는 '교육', 즉 '발전' 시키는 대상으로서 더 중요한 것이다!

한국의 가족에게서 또 하나 특징적인 부분은, 이처럼 가족에게 묶여 있는 한국인의 꿈과 그로부터의 인정에 대한 소망이 가족, 가문에 대한 공리적 기여에 의해 충족된다는 점이다. 남성에게 주로 학교성적과 명문대 입학, 고시합격, 대기업 입사를 포함한 성공, 출세를 통해 가족과 집안의 위세를 드날리는 것이 요구된 반면, 한정된 자원 속에서 교육의 기회가 드물게 주어졌던 여성들은 위의 남성들의 목표에 대한 기여, 혹은 생계 자체에의 기여를 통해 가족의 일원이자 모범적 성원으로 인정받게 된다. 일례로 1970년대 여성노동자들은 가혹한 장시간 노동과 중첩된 사회적 차별을 감내하면서 일군 자신의 근검절약을 통해 고향에 계신 부모님들에게 집, 농토, 가전제품을 사주었던 경험을, 자신의 자립과 학교교육의 재개만큼이나 뿌듯한 성취로 전하고 있다(김준, 2002).[15]

서구인과는 달리 한국인이 가족을, 지배로부터의 피난처로 삼기보다는 지배의 현장으로 만든다는 평가(앨퍼드, 2000: 121)는 과장된 진술일 수는 있지만, 그러한 기능주의적 구조화가 함의하는 양상들을 어느 정도 반영하는 것이다. 여성주의 입장에서는 남성에게만 그러한 것으로 표상될 수 있지만, 사실 한국의 가족은 구성원들 각각이 추구하는 자기와 자아의 서로 다른 방향의 지배를 향한 노력의 앙상블인 것처럼 보일 때가 있다. 전업주부인 아내는 가계관리와 가사, 양육 그리고 가장 강력하게는 자식에 대한 통제의 능력과 권위를 가진 지배의 주체로 등장하고, 아이는 좋은 성적, 부

15) 이 연구는 1970년대 잡지에 모범노동자의 사례로 발표된 여성노동자들의 수기를 분석한 것이다.

모 꿈의 대리성취로서, 부모의 노년의 삶에 대한 '보험'(지금은 기대하기 힘들어졌지만)이라는 면에서 자기중심적인 것이 허용되고 나름의 지배력을 행사한다. 이들 서로 다른 '자기'들이 결합하여 현세적 성취와 행복을 달성하려는 유기적 행위자로 결속되기도 하고 느슨해지기도 하는 것이 한국의 가족이라고 할 수 있다.

이러한 양상들은 또한 부성(父性)과 남성성의 이상을 편중된 방식으로 형상화하는 것이기도 하다. 남성됨과 아버지됨의 징표는, 그들의 '능력 있음', 바로 돈 버는 능력에 의해 판정되며, 이 점이 남성성과 부성의 특권적 자격의 토대가 되는 동시에 이들 삶의 빠져나올 수 없는 질곡으로 작용하게 된다. 김일레인(2001)은 그녀가 인터뷰한 80년대의 한국 남성들 중 부유한 남성일수록 뻔뻔스러울 만큼 가부장적인 경향이 있다고 평가하며, '돈 버는 능력'과 성적 착취, 학대, 여성대상화의 의식, 실천이 어느 정도의 함수관계에 있음을 보고한다. 가족 구성원이 기능주의적으로 위치되는 동시에 집합적으로 주체화되는 면이 강한 한국적 가족에서 남성 가부장의 특권과 전횡, 편의, 편리는 이런 양상으로 정당화되고 다른 것에 앞서게 된다.[16] 하지만 가족의 복리(더 정확히는 물질적 성취)라는 목표의 집합적 드라이브는 남성 또한 그 질주가 낳는 결과에서 예외일 수 없으며 이는 부성에 치명타를 가하는 것으로 돌아올 수 있다.

이를테면, 한 가족 성원, 심지어 가부장이라 할지라도 '능력'이 없으면 '없는 사람' 취급을 당하는 것은 드문 일이 아니다. 실직한 중년가장이 아내와 자식들로부터 "능력 없으면 집안일에 왈가왈부할 자격이 없다."는 힐난을 듣고 자살한 것은 1980, 90년대에도 심심치 않게 일어난 일이다. 물

16) 킴(Elaine Kim)의 분석적 보고에 따르면, 1980년대 주부와 접대여성들은 양자 모두 남성의 성취를 위한 기능적 역할을 하는 것으로 '취급'되고 있고, 이들 피면접자들 또한 스스로를 '바람직한 아내'상에 비추어 평가하거나 접대여성들의 경우 자신을 회사원들의 원활한 업무수행을 위해 '사회적 기여를 하는' 존재로 사고하고 있다는 점에서 그 내면화된 양상이 두드러진다(김일레인, 2001).

론 이 문제의 근저에는, '능력 키우기'의 사회생활에 '올인'하면서 집 밖으로만 돌아도 집안에서의 자신의 특권적 지위와 권위가 유지될 것이라고 생각한 '소년 같은' 한국 남성성의 착시가 있긴 하지만 말이다.[17]

뒤에서 보듯, 고향의 대체물로서의 여러 연고집단과 자발적 결사체들이 더 이상 조력과 소속, 안정의 요람으로 작용하지 않게 되고, 자기의 여러 욕구들과 내면의 고향을 사적 지배의 형식으로 확보할 수 없게 된 한국인, 특히 한국 남성의 꿈은 사회 자체로부터의 탈출을 선택하기도 한다. 이때 가족 또한 더 이상 남성에게는 "비정한 세계 속에서의 안식처"(Lasch, 1995[1977])가 되어 주지 않는다. 한국의 가정은 현대화로부터의 탈출 통로서의 역할이 미약해 보이는데, 이는 '가내성(domesticity)'과 개인적 내면성(서구 부르주아 사생활에서 중심적 요소 중의 하나인)의 부양, 계발장소로서의 역할이 한국 가족주의에는 희박한 때문인 것 같다. 한국의 가정은 상대적으로 성취를 향한 경쟁과 살아남기 위한 필사적인 노력에 지친 자를 위무하기 위한 공간으로 구조화되어 있지 않으며, 이런 가족의 모델에 준하여 구축된 이차적 사회집단들 역시 더더욱 아닌 것이다.

이렇듯 세계 자체로부터의 탈출을 선택한 한국 남성성의 모습과 그것이 갖는 의미는 한때 공전의 히트를 기록한 〈나는 자연인이다〉라는 TV프로그램에서 관찰될 수 있다. 여기서 '중계'되는 '자연인'들의 산 속 집들은 사회생활, 가정생활에 지치고 감당할 수 없게 된 좌절한 남성성이 발견하고 구축한 혼자만의 유토피아를 대변한다. 자연은 여기서, 한 남성이 소년일 때 자유롭게 노닐던 익숙하고 친근한 공간으로, 동시에 의미심장하게도, 모든 것을 받아 주고 수용해 주는 이상화되고 가상화된 어머니, 즉 모

17) 사회학 · 인류학에서 제출된 많은 가족연구들은 한국 가족이 여러 유형의 가족주의 중 특히 정서적 차원의 가족주의가 매우 약한 형태라고 지적하고 있다. 상술한 한국 남성성의 '소년스러운' 측면은 구자혁 · 김은영(2016: 3, 4장)에서 정신분석학적 발달이론의 문제틀을 통해 분석되었다.

성(母性)으로서 지각되고 형상화된다.[18]

결론적으로, 한국인의 가족에 대한 꿈은 그 속에서 가족 자체가 점점 더 없어지고, 가족을 '위한' 꿈 또한 삶에 대한 편협한 정의의 힘을 빌어 물질적 계급적 위치에서 가족 전체의 위치를 확보하는 경쟁으로 점점 더 전환되는 양상인 것처럼 보인다. 이것이 한국적 꿈꾸기의 두 번째 역설일 것이며, 이 역설은 이들 가족이 벌이는 경쟁이 갖는 구조로 우리를 안내한다.

3) 교육-일극(一極)적 경쟁과 차별의 주체성

가족들을 위한 삶의 중심에 놓인 상술한 살아남음과 경쟁의 원리는 (자녀)교육을 통해 주요한 실체로 구성된다. 따라서 교육이라는 주제는 방금 살펴본 가족의 기능주의적 변질, 그리고 그 속에서 집단과 개인의 혼융이 갖는 문제를 더욱 심화, 확장시키는 고질적인 한국사회의 역사성에 깊이 뿌리내리고 있다. 1950년대, 1970년대, 1980년대, 2000년대, 2010년대 모두에 걸쳐, 자신과 자녀의 교육을 통해 떳떳한 인간이 되고자 하는 꿈은 남성과 여성 모두에 공히 발견된다.[19] 하지만 이는 훨씬 더 오랜 기원을 갖는 것이다. 이를 보여주듯, 한국에 최초로 발을 디딘 서양인으로 알려진 하멜의 조선 사회에 대한 관찰은 다음과 같다.

> … 예상치 못한 난파로 1653년 제주도 바닷가에 떨어진 네덜란드 선원 하멜은 뭍에 발을 붙이자마자 한국인들이 모두 '교육에 대한 국민적 헌신'에 빠져 있음을 알게 되었다. 실로, 귀족과 '자유민' 모두 "자식교육에 대

---

18) 비록 이 프로그램이 지난 십수 년간 트렌드화된 '웰빙'이나 '자연친화'라는 개념으로 포장되고 있고, 동시에 민간의학과 '자연 헌팅' 체험 리얼리티 쇼의 대중적 상업화와도 결합되어 있지만, 그것이 보여주는 내면적이고 사회적인 의미는 상술한 바라고 생각된다.

19) 필자가 검토한 분석적 보고들은 다음과 같다(연대순) : 커밍스(2001); 헨더슨(2000); 이정덕 외(2014); 김일레인(2001); 김준(2002); 이홍균 외(2010); 매일경제 분노의 시대 특별팀(2012).

단히 정성을 쏟고, 아주 어릴 때부터 읽기와 쓰기를 가르치며, 여기에 온 나라가 골몰해 있었다." 연장자들은 어린 문하생들에게 "학문의 이념과 조상들의 가치를 전달하고, 이 방법을 써서 입신출세한 사람들이 얼마나 훌륭한가를 이야기해 주어, 제자들이 서로 지지 않고 열심히 배우는 학생이 된다"(커밍스, 2001: 84). …

전국 방방곡곡의 서당에서 일어나는 열풍의 풍경에서, 그 한결같고 비장한 열기를 논외로 한다면 두 가지 점이 부가적으로 주목할 만하다. 첫 번째로 볼 수 있는 것은, 학생들에게 본받을 선학(先學)이 무엇보다 자기가문의 조상이라는 점인데, 학생들의 성취의 궁극적 기여 대상은 '가문'이라는, '통(統)'의 연속선상에 놓인(최봉영, 1994), 상상적인 동시에 규범적으로 구성되는 실체라는 것이다. 다시 말해 학생들의 모든 노력은 그렇듯 연고(緣故)적 상상 속에서 그리고 가족적 상상의 확장 속에서 경주되고 있는 것이다. 두 번째로 추정되는 것은 학문에의 노력과 그를 통한 입신, 출세가 '중화(中華)'라는 보편적인 질서이자 문명의 대세에 의해 구축된 위계서열의 습득으로 이해되고 있다는 점이다. 따라서 서당은 이전부터 이미, 각자가 놓인 탁월함과 지위의 일차원적인 위계 서열로 세계를 배열하고 분할하며 질서지우는, 현대 한국인의 '학벌주의'(김상봉, 2004)에 특유한 세계인식 방식이 교육되고 습득되는 장의 역할을 하고 있던 것으로 보여진다.

과거를 경유한 중앙 집중적 · 일원적인 사회적 이동의 체계에 바탕했던 조선 사회는, 일체의 권위와 권력이 일극적 위계 속에서 그 정점에 모두 귀속되고 그 위계질서에 따라 배분(그리고 위임)되는 사회였다. 양반사대부, 권문사족들은 종법체계와 혼인 등을 통해 자신들을 폐쇄적으로 강화하고 권력과 부를 독점하며 향촌사회를 또한 지배하였다. 이러한 경쟁의 주요한 수단이 교육이라는 것, 그리고 그것이 엄밀한 계급적 경쟁이라기보다는 신분적 경쟁이라는 점이 현대 한국 사회의 지속적인 동학과 그 추동논리로 계승되었다.

한국 사회의 학벌주의는, 이처럼 개인의 일종의 획득적 지위를 신분적 응고성을 가지는 것으로 전환시키는 집단적 정체성과 소속의 확립, 그리고 일극적 경쟁의 구도하에 위치시키는 전통적 유산의 계승자라는 점이 특징적이다. 이때 교육이 그 속에서 가장 주요하고 또한 '근대화된' 통로로서 단일한 중요성을 갖는다는 점은 그에 혼종적인(hybrid) 특성을 부여한다. 이처럼 과거와의 연속성은 중화적 사유세계와 그에 입각한 '화이(華夷)'라는 '문명의 자연적 위계의 질서'가 서세동점에 의해 붕괴했음에도 여전히 유지되었다. 아니 오히려 익숙한 것이 붕괴하고 새로운, 첨단의, 더 문명화된 것을 습득해야 할 때 교육의 중요성은 더욱 커지며, 무엇이든 새로운 것은 익숙하기 때문에 더욱 효율적인 수단과 경로를 통해 습득되게 마련이다.

개항기, 대한제국기 그리고 일제강점기에 조선인들의 기독교로의 개종은, 많은 경우 선교사들이 설립한 학교가 '신(新)' 문명의 습득을 위한 최상의, 최단의 통로로 인식된 것에 기인한 바 크다. 그것은 서구 중심의 일극적 문명질서라는 새로운 '대세'에의 '가담'을 표상하는 다양한 개별적 노력들의 대중적 집합이었다. 집단적 차원에서도 이 점은 동일했다. 당시에 많은 선각자들, 독립운동가들에게 그러한 선택은 민족의 부흥을 위한 노력의 일환으로 간주되었던 것이다. 이를테면 후일 저명한 민족지도자가 되는 이승만과 김규식 같은 사람들은 신앙보다 영어를 통해 정치적 입지를 얻기 위해 배재학당 같은 기독교계 학교에 갔다. 영어를 덜 강조하자 배재학당 입학은 감소했고 1905년에는 학생 절반이 영어를 찾아 다른 곳으로 가버렸다(커밍스, 2001: 223).

한국인의 꿈꾸기에, 개인적인 차원(동시에 대중적 차원)이건 집합적 차원(즉, 민족적 차원)이건 언제나 이렇게 이해된 교육이 그 중심에 있다는 것은 중요한 함의를 갖는다. 그것은 앞서 한국인의 삶의 목표인 대접받는 삶, 남에게 무시당하지 않는 삶이 바로 특정한(하지만 '대세'로 간주되는) 단일 서열질서 속에서 상위를 점할 때, 그 상위에 해당하는 집합, 집단의 일원이 될 때 성취됨을 의미한다. 개인과 그리고 가족과 같은 자연적이고 연고적인 집단이 노력해야 하는 것은 그런 지위의 획득이고, 그 획득은 남과 나를 구별하고 차별(화)의 원천이 되어 주는 권위와 능력의 표지로 작용한다. 그리고 이 차별화는 단지 관념적 만족뿐 아니라 사회적 상승의 기회, 물질적 재화에의 접근, 그리고 삶의 영화와 안위에 결정적인 큰 결정들이 내려지는 권력에의 접근에서의 차이로 이어지는 것이다.

이러한 세계상 속에서 '분기(奮起)' 된 주체성은 낙오된 민족, 힘이 없어 자신의 정체성을 포기해야 했던 민족의 일원으로서의 자기 상상과 결합하여, 일극화된 위계의 세계라는 사회적 상상과 분할의 시각을 더더욱 강화하였다. 이렇듯 '쫓기고 분주한' 심리상태가 바로 한국인을 개인으로서나, 대중으로서나, 그리고 민족으로서도 '뒤처진다는 것' 에 대한 공포와 따라잡기에의 열망에 사로잡혀 살게 해 온 내적 요인인 것이다.

한국인은 최고, 대세, 일등과의 동일시를 통해 자기를 수립하는 경향이 있다고 평가된다(앨퍼드, 2000). 현대화의 도정 내내 한국인은 무슨 일에든 일등이 누구인지 등수를 매기지 않고서는 배기지 못하며, 양적 평가가 불가능한 사항에 대해서도 기어코 서열을 매겨서, 그렇게 '확정된' 세상의 대세, 첨단, 최고를 선망하고 그를 따라하기에 여념이 없었던 것이다. 이렇듯 무엇이든 양화시켜서 서열을 매기는 사고습관(탁석산, 2008)은 모든 것을 하나의 가치와 그 양적 서열로 이해하고자 하는 '단치(單値)적 사고' (김형효, 1997)로 개념화되기도 한다. 한국인의 활력과 에너지는 어떤 면에서는 그것이 일직선적(unilinear)이고 일방향적이라는 바로 그 이유 때문에 별다른 회의 없이 그토록 잘 집중, 응집되고 또한 집요하고 폭발적인 추동력을 가져왔는지도 모른다.

하지만 일등과의 동일시를 추구하는 그러한 거대한 에너지는 모순적이고 양가적인 것이다. 여기서 분출되는 유사 평등주의적 요구는 자기 위를 향해 줄기차게 제기되지만, 이는 동시에 자기 아래를 향한 차별과 하대(下

待), 우월한 권위와 능력의 자임, 과시와 병행되는 것이었다. 그것은 자신이 낮은 곳에 위치한다고 생각할 때에는 과도한 열등감에 사로잡히고, 자신이 높은 곳에 위치한다고 생각할 때에는 볼썽사납게 우쭐대고 거들먹거리는 모습으로 나타난다. 교육이 이러한 일극적 경쟁의 주체성을 구성하고 그 경쟁의 주요한 통로, 수단이 될 때 '학벌(學閥)', 즉 순수한 계급범주도 아니고 그렇다고 순수한 신분범주도 아닌, 그리고 그 작동원리가 단지 '학력(學歷)'도 단지 '학연(學緣)'도 아닌 매우 한국적인 사회현상(김상봉, 2004)이 탄생한다. 이제부터 우리는 한국적 꿈꾸기가 작동하는, 가족 이상의 사회적 단위의 차원으로 들어간다.

4. 꿈꾸기가 만든 사회적 세계

1) 정의(情誼)적 공동체에의 꿈과 도구성의 불안

앞서 한국인의 좋은 삶의 현세적 목표로 제시된 것들에는, 그 삶이 표방하는 높은 '사회성'으로 인해 추가되어야 할 집단적 차원의 목표와 만족이 있다. 그것은 바로 집단 속에서의 안락함, 소속감, 동반(companionship), 공유적 관계의 향유라고 할 수 있다. 한국인들이 가장 좋게 생각하는 것은 조화, 호감, 정(情) 그리고 이념적 목표나 취향, 취미 등 공통된 것을 함께 추구하는 데서 느끼는 가족적인 집단적 소속감과 소통의 장이다. 일반적으로 집단은 개인이 개인으로서 얻고자 하는 효용들과 쾌감을 방해하고 금기시하고 억제하기도 하지만, 한국인에게 있어서 집단은 그것을 얻기 위한 수단으로 작용하기도 하며, 그 이전에 집단에의 소속감과 교류되는 정은 현세적 쾌락의 주요한 대상이기도 하다.

우리는 앞서 현대화 · 현대성의 체험, 영위에서의 한국적 특성을 논하면서 그중 중요한 점이 한국적 현대화를 이룬 행위자들, 세대들이 많은 경우 친족공동체와 농촌사회의 삶에 대한 기억을 간직한 이들임을 지적하였다. 이들의 한 개인으로서의 전기(傳記)적 삶은 전근대적 사회질서의 생생한 체험으로부터 산업화, 심지어는 정보화의 사회적 양상에까지 걸쳐져 있는 것이었다. 이렇듯 급속하고 어지러울 정도로 연달아 맞닥뜨리게 되는 사회변동의 연속, 그 속에서 살아남고 더 올라가고자 하는 가파른 경쟁, 높은 정도의, 게다가 끝날 줄 모르는 이동과 이민, 이식(移植)의 상태, 그리고 그에의 적응. 개인의 힘으로 어찌할 수 없는 이러한 거대한 파고(波高)에 내내 시달린 한국인에게, 그렇듯 늘 '불안정함으로서의 현재'로 표상되는 현대화에 대응하는 이상적(더 정확히는 이상화된) 과거에 대한 동경이 강한 것은 어쩌면 매우 당연한 일이다. 한국적 현대화가 고도 단계에 진입할수록 오히려 복고주의가 성행하고(노관범, 2012; 박헌호, 2001) 기억과 향수의 감정이 더 짙어지는 것은 바로 그런 이유 때문일 것이다.

한국인은 나와 타인, 나와 집단 간의 모순을 해결하기 위해 '우리'를 만들었다(최봉영, 2012).[20] 이 '우리'라는 상호 작용의 양태를 관통하여 흐르는 것이 바로 한국인의 사회적 삶의 '화폐'라고 불리는 '정(情)'(최상진, 2011)이며, 그것은 한국적 대중성의 저류인 '향토성'(박헌호, 2001)의 근간이기도 하다. 대부분의 한국인들에게 이 정은 삶을 의미 있게 할 뿐 아니라 사회조직의 기본 원칙이다(앨퍼드, 2000: 125). 한국인은 모든 집단적 삶에서 이 정을 느끼고 향유하기를 원하며(같은 책, 117), 그러한 유사가족적인 성정(性情) 속에서 안정과 성장, 발전을 달성하고자 한다. 이를 '정의(情誼)적 공동체(affective community)'에의 꿈, 혹은 그에의 '강박'이라고 부를 수 있다.

---

20) 한국적인 '우리' 의식과 행동을 한국적 집단주의의 특징적 면모로 유형화하고, 이 '우리'와 '나'의 모순적인 상호 작용이 어떻게 한국인을 험난한 현대화과정 속의 능동적 행위자로 변모시켰는가에 대한 역사적인 분석과 관련 이론적 명제에 관해서는 구자혁(근간)을 참조할 것.

통문화심리학(cross-cultural psychology)에서 동아시아 사회에 특징적인 것으로 운위되는 '관계적 사고'의 일환인 이러한 양상은, 한국 가족의 동학과 그 의미체적 양상의 핵심(장현섭, 1993; 김은희, 1995)이자, 또한 사회적 삶의 상상(imaginaries)에 있어서 원형적인 틀이다. 그래서인지 현대 한국인은 가족과 유사한 어떤 것으로서 집단적 삶을 상상하며, 그 속에서 성장, 상승하여 부귀영화, 출세, 권력을 달성하고자 한다. 한국 사회에서 개개인은 자신이 사회 내의 주요한 그런 '유사 대가족'의 구성원으로 오를 수 있도록, 그래서 그 '가족' 내의 상급자들에게 충성을 보이고, 의무를 수행할 수 있도록 지원해 줄 사람을 확보하는 것이 중요하다(앨퍼드, 2000). 다시 말해, 유사 대가족적 성정과 내적 작동원리를 가진 학교(더 정확히는 학우, 선후배 관계), 직장, 직업단체 등의 테두리 안으로 들어가고자 하며 개인의 발전을 그 안에서의 성장으로서 달성하려 애쓴다.

하지만 이는 단지 도구적인 고려에서만 기원하는, 즉 냉정하고 열정과 강박으로부터 자유로운 계산에서만 나오는 것은 아니다. 한국의 개개인들은 단지 출세하기 위해서 이전에, 세상의 '그물'에서 바깥으로 쫓겨나지 않기 위해 관계망을 짠다. 그렇기 때문에 설령 특별히 출세하고자 하는 야심이 없다고 할지라도 관계망을 구축해야 할 압박과 필요성으로부터 자유롭지 않으며, 그에 관한 노력은 그만큼 필사적이다(앨퍼드, 2000).

한국인에게 있어서 집단에의 소속과 관계망의 유지는 그것이 마치 한국인의 사회화와 성인으로의 통과의례(transition)인 것처럼, 설령 실제적인 필요성에서 시작되었다고 할지라도 조만간 자연스러운 습관으로 전환되고 내면화되는 듯하다. 그래서인지 한국인은 집단에의 참여를 통해 자신을 성장시키고 또한 여러 집단들 간을 부유하고 들락날락하면서 무언가를 얻고 그 속에서 어울리면서 자신의 필요를 충족시키는 데 익숙하고 능숙하다. 그것이 가능하려면 어느 장소에 가든 친근한 관계, 우호적인 관계를 구축하는 데 능란해야 하는데, 여기서 다른 사람과 충돌하지 않고 전체의 동향과 부드러운 작동에 잘 조응하는 행위능력과 처신, 자기조절은 어디에서든 필수적이다.

한국적 '사회생활'이 갖는 부박(浮薄)함과 불안함은 이런 모든 집단적이고 타자지향적인 윤리들이 아무리 압도적인 강박과 사회적 요구로 모습을 드러낼지라도, 궁극에 가서는 도구적이고 수단적인 의의만을 갖는 것에 불과한, 도덕적 정체성이라는 말에 합당한 내적 근거를 개개인에게 갖는 것이 아니라는 점에서 연원한다. 한국인의 이 '사회생활'을 특징짓는 것은 바로 세계 속에 자신을 드러내고 싶어 하는, 그리고 그것을 궁극적으로 집단 속에서의 '대접'으로 확인하려는 필사적 욕구와, 다른 사람들과 어울리고 싶어하는 억누를 수 없는 욕구 사이의 뒤틀린 갈등으로 요약될 수 있다. 그렇기 때문에 그 속에서 분출하는 감정적 충돌의 강도는 진정으로 좋아하는 사람, 중요한 관계를 계속 유지하고 싶어 하는 사람에게 자신이 이용당했을 때 느끼는 분노와 증오에 유사한 어떤 것이다(앨퍼드, 2000: 120).

개인주의와 자기과시가 가장 금기시되는 한국 사회의 문화적, 규범적 상황(앨퍼드, 2000: 139)에서 자신을 두드러지게 할 수 없을 때, 즉 자신에 대한 대접이 '시원찮아지고', 이를 기대하기 힘들어질 때 사교와 사회생활은 뜸해진다. 한국인의 생활기록물을 살펴보면, 일반적으로 중장년 시기에 사교생활의 활발함을 결정하는 것이 자신이나 배우자의 출세, 성취 정도라면, 노년에서 사교생활의 활발함을 결정하는 것은 바로 자녀의 사회적 성취의 정도라는 것을 알 수 있다. 따라서 자녀가 대학을 못 가거나 자랑할 만한 대학이 아니면 대부분의 사교모임으로부터 소원해지는 것이 일반적이다.[21]

이렇듯, 한국인은 무리와 집단이라는 '누에고치' 속에서 물질적 쾌락

21) 이러한 묘사는 한국인의 생활기록물 녹취 프로젝트의 일환으로 출간된 『아포일기 1』(이정덕 외, 2014)에서 드러난 일기의 저자, 1930년생 정미소 주인의 일생으로부터 재구성되었다.

과 안녕, 공동체적 향유를 체험하려 하지만, 이 누에고치와 그를 향해 나아가는 자기(self)의 추동이 갖는 관계성은 본질적으로 도구적이다. 그것은 한편으로는 개인적 성취와 욕구를 기어코 실현하려는 나르시시즘의 모습으로, 다른 한편으로는 집단의 고치 속에서 자신을 보존하고 사회적 재화를 획득하며 타인과 함께함을 향유하고 사회적 상승을 도모하는 모습으로 드러난다. 이러한 이중성은 그것이 공통성, 동질성을 그 본성으로 하는 공동체에의 추구와 연동된다는 점에서 또한 더욱 파괴적일 수 있다.

2) 소속을 향한 쟁투(爭鬪)－'더불어 사는 꿈'의 '끼리끼리 주체성'으로의 전화

지금까지의 논의에서 드러나는 한국인, 최소한 산업화 시대의 평균 한국인들이 원했던 삶은, 형식적인 관료주의도 국가주의도 아니며 그렇다고 시장에서의 비인격적 거래 관계의 전일화나 (부르주아적)핵가족 내로의 사적인 격리도 아니었던 것으로 보인다. 그것은 가족과 유사한 어떤 것으로 집합체를 구성하여 개인의 사회적 주체성을 확장하고(김상봉, 2004), 그 속에서 삶의 만족과 성취를 도모하려는 것이었다고 요약할 수 있다. 이렇듯 관계를 중시하고 정의적 공동체의 관계에서 보호받기를 원하는 한국인들은 어디서든 공동체를, 즉 확대되고 집단화된 또 다른 자기(즉, 한국적 '우리'의 여러 양상)를 만들고 그에 참가하려 한다. 한국인은 이런 집단화된 자기를 통해, 여러 서로 다른 자기(self)의 자유들이 충돌하는 힘의 시장, 힘의 전쟁터로 표상되는 현대화와 근대적 사회세계에 대응하려는 경향이 있다.

물론 개인과 집단의 이러한 상호 관계적 양상은 비단 한국인, 한국 사회만의 것은 아니다. 어떤 개인적 꿈이든 그것은 소속을 통해 실현되고, 무리에의 소속을 통해 형태와 정체성을 구체적으로 갖게 된다. 하지만 한국인의 열망 속에서는 후자가 상대적으로 훨씬 더 크게 자율화되는 경향이 있다. 바로 여기에 대중화와 전일화(全一化)로 나아가는 쏠림과 그에의 함몰의 원천이 있으며, 여기서 단순히 뒤처지지 않으려는 열망과 개인적 꿈은 그리 산뜻하게 구별되지 않는다.

한국 사회의 집단은 앞서 한국인의 삶의 목표로 제시되었던 대접의 성취를 위한 도관(導管)이자 그 향유의 공간인데, 이때 대세, 최고, 일등으로 상징화된 집단에의 소속은 특권(entitlement)과 권위, 가정된 탁월함의 성취로 개개인들에 의해 최고의 목표로 추구되는 것이다. 이러한 열망과 추구 속에서 개별화와 개인적 이해관계의 추구는, 소속과 네트워킹을 향한 집단주의적 추구와 실제로는 잘 구분되지 않는다. 이러한 소속됨을 둘러싼 일극적 경쟁은 대표적으로 '학벌' 그리고 '수도권' 특히 강남에로의 진입을 향한 추구로 상징적으로 대변된다. 예전보다 더 지구화된 근래의 상황에서는, 단지 '국내' 최고엘리트가 되는 것을 넘어 '글로벌 엘리트'가 되려는 '개인적' 꿈이 하버드, 스카이(SKY), 강남이라는 집단에 속하려고 하는 노력으로, 그리고 그러한 소속의 과시와, 개인적 자원으로서의 그 기민한 활용으로 표현되고 있다.

1990년대에 혁명적 사회주의라는 보편주의적 사회운동에 투신했던 노동자 시인 박노해는 한국 사회의 철벽 같은 집단주의적 문법인 학벌주의를 진보적 운동 속에서조차 직면한 후 그로 인한 뼈아픈 환멸을 다음과 같이 표현하였다.

> …
> 서울대 연고대 명문대 출신끼리는
> 보수 진보 가릴 것 없이 인맥을 타고
> '우리가 남이가' 끌어주고 키워준다면서요.
> 그렇게 잘 나가는 사람들끼리는 "더불어 함께" 잘들 살아갑니다.
> "나눔과 섬김"을 잘도 실천합니다.

…
계급 차별에 한이 맺힌 나는
30년밖에 못간 군사독재보다
눈에 드러나는 계급차별이나 분단구조보다
더 끈질기고 공고한 게 이 숨은 신분제 같습니다.
…
아 사랑도 이념도 시대조차 초월하는
이 '숨은 구별짓기' 가 나는 끔찍합니다.[22]

한국 사회의 사회운동과 지적 운동들은 표면적으로는 공화주의적 덕성과 개인화된 시민을 호명하는 수많은 주장과 활동들에도 불구하고, '더불어 사는 삶' 과 사회적 덕성에의 그 요청이, 실제에 있어서는 자기와 뜻, 이익을 같이 하는 사람들과의 자기동일적 공동체를 지향하는, 즉 전통적 '우리' 의 양태를 그리 벗어나지 못하는 경우가 많다. 다시 말해 더불어 사는 삶을 향한 한국인의 열망에는 그 속내에 '끼리끼리' 살아가고자 하는, 동질성을 향한, 바로 '공동체(community)' 라는 개념에 내재적인 동일체적 결합에의 충동이 내재한다. 여러 사회운동과 지적 운동이 '명시적' 이고 '프로그램' 적으로 주창하고 있는 이질성과 다양성으로서의 현대 사회에 대한 요청은, 실제로는 그리고 구체적 논리와 방책의 수준에서는 한국적 역사성에 고질적인 바로 이 '우리' 의 논리에 압도당하고 있는 것이다.

더욱 문제를 굴절시키는 것은 그처럼 맹위를 떨치는 '우리' 의 논리조차, 앞 절에서 논의된 바처럼 '나' 의 이득과 야심에 대해 도구적이고 종속적이라는 점이다. 그렇기 때문에 우리는, 단지 자신이 태어나 자라고 익숙해진 공간 속에서 자족하면서 살기보다는, 밖으로 나아가 '끼리' 에 속하기 위해, 될 수 있는 한 '많은' 끼리의 일원이 되기 위해, 될 수 있으면 '잘 나가는' 끼리의 일원이 되기 위해 노력하며 살고 있는 것이다. 이렇듯 꿈꾸

22) 박노해(1997), 『사람만이 희망이다』, 해냄, p. 217을 김상봉(2004: 208)에서 재인용.

는 한국인이 만들어 내는 사회세계는 강한 개인과 강한 공동체(최소한 공식적인 이상과 도덕적 규준의 차원에서는)가 결합되어 만들어 내는 기묘하고 모순적인 세계이며, 산업화와 커뮤니케이션 기술의 확산과 정착이라는 물질적 현대화는 서구와 유사한 어떤 세계로 한국 사회를 귀결시키지 않았다.

한편 '정'과 '우리'가 산출하는 더 문제적인 결과는 바로 '우리'의 바깥 영역을 전쟁터로 무도덕적인(amoral) 공간으로 변화시킨다는 것이다. 명예와 달리 정은 공적인 것과 충돌한다(앨퍼드, 2000: 125).[23] 그것은 전통적 윤리 속에서 유가(儒家)와 법가(法家), 부모에 대한 의무와 국가에 대한 의무가 충돌하는 모습에 준하며, '정'은 전자에, 즉 '우리'로 표상되는 사적인 공동체에 우위를 두게 마련이다. 한국인은 온갖 형태의 준가족적 공동체, 유사 대가족의 바깥에서는 누구에게도 복종할 필요가 없고 누구도 신경 쓸 필요 없이 행동하는 것으로 보고된다(앨퍼드, 2000: 117). 이 익명성과 '비관계성'의 공간에서 개개인은 마음껏 자신의 욕구를 추구하고 모든 것에 손을 뻗치려고 한다. 이곳은 무도덕의 공간으로 실제적 '힘'이 성패를 결정하는 곳이지만, 역설적으로 바로 그 이유 때문에 도덕(주의)적 상호 비판과 견제가 난무하는 곳이기도 하다. 그 결과, 평등과 사회적 정의에의 주장들이 역설적으로 폐쇄적 유사신분, 이익카르텔 형성을 향한 원동력이 되어 버리는 결과가 심심치 않게 발생하게 된다.

이러한 모습은 공통된 규준 속에 다양성이 '관리'되고 타협되는 공간으로서의 '사회'가 아닌, 그 본질에 있어서 사적인 이익과 정체성들 간의 무규범적 투쟁이 벌어지는 단순한 장소로서 사회적 삶과 공간이 구조화됨을 보여준다. 그것은 규범적 이상으로서의 공동체, 지적 모델로서의 '시민사회(civil society)', 그 어느 것과도 거리가 먼 것이다. 여기서 말하는 공동체들은 집합적(collective)이긴 하지만 그렇다고 해서 자동적으로 공적인

---

23) 명예의 경우는 일본의 근대국가 건설과 명예윤리, 즉 '명예적 개인주의(honorific individualism)'의 관계를 적시한 이케가미의 연구(이케가미, 2008)가 보여주는 바이다.

것의 지위를 갖지는 않는다. 왜냐하면 그것은 사적인 개인들이 공통성(굳이 첨언한다면, 전혀 공적인 성격을 갖지 않는 공통성)을 중심으로 결집한 것이기 때문에 본질상 결국 사적인 실체이다. 이로써 지위 공유 의식적(그런 의미에서 유사신분적인) 공동체, 이익 카르텔적 집단 간의 투기장으로서의 사회가 등장하게 되는 것이다.[24] 사회적 삶이 집합적 전투와 비슷한 것이 될수록, 가족단위의 상승을 향한 개개인들의 추구는 더더욱 집단적 소속에 의존하게 된다.

우리 현대 한국인에게는 공동체에 대한 꿈이 있을 뿐 사회에 대한 꿈은 많지 않은 것 같다. 요컨대 한국인은, 더불어 사는 '사회'보다는 더불어 사는 '공동체'를 주로 추구하기 때문에, 이들의 삶 속에는 개인도 없고 사회도 없다(이는 개인과 사회에 대한 고유한 서구적 정의에 비추어 볼 때에는 동어반복적인 진술일 수도 있다.). 한국인이 꿈꾸는 것은, 고립된 개인의 유토피아라기보다는 끼리끼리 사는, 김상봉(2004)의 표현으로는 "폐쇄적 자기동일성"을 구축하려는, 그것이 집합적 시도임에도 불구하고 사적인 성격을 강하게 갖는 사적 공동체의 유토피아이다.

이렇듯 관계적 사고의 증식과 확장이 만들어 낸 세계 속에서 사적인 것과 공적인 것은 양자가 모두 뒤틀리기 마련이며, 그것은 사회로의 추상화, 다양성을 포용한 더 큰 사회적 단위로의 상상을 결여하게 마련이다. 이러한 상황에서 산출되는 인간들이 만들어 내는 '사회'에는, 전체 사회를 바라볼 시야는 커녕, 그 속의 소(小)사회들 간의 충돌을 조절하고 규율할 정치적·문화적 장치도 결여하게 된다.[25] 한국 사회의 공적 공간에는, 서로

24) 이러한 상황은 백여 년 전, 즉 구한말에 독립신문이 발행되던 시기와 많이 다르지 않은 모습이다. 그때도 지금도 '개인'은 이해관계로, '사회'는 이익의 투쟁장소(박주원, 2005)이자 힘의 시장으로, 즉 우리에게 친숙한 사회생활의 거칠음과 냉혹함으로 표상되었던 것이다.

25) 이 점은 20세기 중반 미국 사회에서 이전의 부르주아적 금욕적 개인주의 인간의 쇠퇴를 대신하여 등장한 것으로 화이트가 제시한 '조직적 인간(organization man)'(Whyte Jr., 1956)의 양태와 매우 유사하다. 그에 의하면 조직인의 특성 중 하나는 전체 사회에 대한 관점을 상실하고 오직 자신이 속한 소사회 속에서의 처신에만 신경 쓰는 모습이다.

다른 누에고치와 유사가족에 속하는 사람들 간에 일어나는 무례하고 신경질적이며 안면몰수적인 조우가 빈번하다. 그에 따라 정치사회와 시민사회는 유사가족적 파당들이 자신들의 정당성과 이익의 맹목적인 나르시시즘 속에서 격돌하는 격투기장(arena)이 되어 버린 모습을 보여 준다. 우리가 남을 대하는 방식, 우리가 '우리' 안에 속하지 않는 사람들을 대하는 방식의 민낯은, 바로 소유권과 소속집단의 권위의 폐쇄성, 우월감에서 나오는 전횡과 냉대, 무관심, 아랑곳하지 않음의 태도인 것이다.

하지만 이렇듯 끼리끼리 살기로 전락한 더불어 사는 꿈이 꿈꾸는 공동체 또한 그리 안정적인 것은 아니다. 그것은 동질성과 공통이익에 기반한 것이기에, 그것도 상대적으로 단기적이고 한시적이며 잠정적인 것에 머무는 이익에 입각한 것이기에, 궁극에 가서는 그 또한 개인, 개별가족의 이득과 욕망의 실현에 종속적이고 도구적인 경우가 대부분이다. 따라서 부족화된 공동체의 환절적 결합과 같은 어떤 것으로서의 한국 사회에 대한 형상화는 한국인의 꿈꾸기가 만든 사회에 대한 온전한 그림으로서 부족하다. 여기서 우리는 개인이 집합적인 것과 맺는 관계의 또 다른 양상인 대중화의 양상을 보아야 할 것이다. 더불어 사는 꿈이 갖는 역설은 이제 더 큰 사회적 무대에서 스스로를 전개하게 된다.

3) 부유(浮遊)하는 공동체와 현실주의의 격류

앞서 보았듯이 한국인의 꿈꾸기 속에서 집단은, 첫 번째는 자랑과 인정, 대접의 공간이자 주체요, 두 번째는 그 속에서 어울리고 정의적인 것을 달성하며 그를 통해 성장하고 개인적 발전과 효용을 끌어낼 수 있는 곳이다. 하지만 이러한 요약에 스며 있는 강한 공리주의적 톤(tone)은 한국인이 만들고 참여하는 구체적 집단, 공동체들이 충성과 헌신의 대상으로서 가진 그 지위가 본질적이고 일차적이지 않음을 암시한다.

1950년대, 60년대 초의 한국 사회와 한국인의 모습을 관찰한 헨더슨(Gregory Henderson)은 한국인이 집단에 대한 집착이나 본질적 헌신이 없고, 집단은 대부분 개인적 상승의 사다리로서만 기능하고 있다고 진단하였다(헨더슨, 2000). 이 점은 현대의 한국 사회, 한국인에 대해서도 그리 틀리지 않은 듯하며, 특히나 지역공동체, 주거공간에 있어서는 더욱 진실인 듯하다. 70년대에 시작되어 90년대, 2000년대에 전면화되고 고도화된 도시화와 개발, 온갖 '역세권 단지'의 개발과 이식은 거대 메트로폴리탄, 메갈로폴리스 '수도권'을 완성하였다. 이제 지역공동체는, 쉽게 변형되고 이동성이 극심한 단순한 '주거 공간'으로 전락하였고 그것이 갖는 의미는 어느 동네를 가건 동일한 모습인 산책로와 자전거길, 쇼핑편의시설 등으로 축소되었다. 그에 따라 그것은 아파트 가격의 부침(浮沈)과 아이의 진학 편의에 따라 언제든지 떠날 수 있는 임시적인 거처 이상이 아닌 것이 되어 버렸다. 뿌리내리고 있던 지역공동체를 이런 이유로 하루아침에 떠나는 우리의 모습은 꿈을 좇아 부유하는 우리 삶의 양식과 정체성을 상징하며, 개발과 아파트 투기, 토건국가적 행태로 점철된 산업화와 도시화의 역사와 더불어 등장한 것이다.

일본인(그리고 아마도 한국인)은 집단에의 의존을 과장하는 반면, 서구인들은 자신들의 개별성과 독립성을 과장한다고 한다(하마구체에슌, 1992). 하지만 "집단주의 속에서 개인이 집단의 포로라기보다는 집단이 개인의 포로"라는 진술(하마구체에슌, 위의 책)은 일본인보다는 한국인에게 더 적합해 보인다. 여기서 그 인과의 방향은 다른 방식으로 다시 한번 뒤집어진다. 개인은 다시 대중의 포로, 대중적 흐름이 압도적인 한 사회의 포로가 되어버리는 더 큰 사회적 과정에 휩쓸리게 되는 것이다.

한국인의 꿈속에는 집단을 자기 것으로 하려는, 그에 소속함으로써 성공한 자신을 만들려는 추동이 너무도 강력해 보인다. 집단을 통해서 무엇을 얻어내고 향유하는 데 익숙한 것에 상응하여 한국인은 그런 소속이 갖는 역할을 어마어마한 것으로 생각한다. 바로 이것이 인맥(人脈)과 소속의 철칙, 즉 학벌사회와 연고주의, 수도권 집중(그리고 그 변이로서의 지역주의)으로 등장하는, 늘 개탄되지만 개선이 난망한 우리의 '사회문제' 의 중심에 놓여 있는 철의 법칙이며 일극적 경쟁이라는 한국적인 사회적 역동성의 육화된 모습이라고 할 수 있다.

집단, 특히 우월한 집단에의 소속이 주는 이득에 대해 한국인이 가진 믿음은 너무도 강하여 이것을 변하지 않는 현실로, 그것이 현실의 진정한 모습이고, 그에 따라 살아야 한다는 '현실주의' 적 태도, 그런 '리얼리즘(realism)' 의 신봉자가 되게 한다. 나아가 그것은 자연스럽게, 타인들 또한 그것을 바라며 행동한다는, 타인들의 도구적, 공리주의적 행위 선택에 대한 또 다른 리얼리즘적 가정으로 이어진다.

한국적인 사회적 삶의 이들 냉혹한 규칙 속에서 교육과 부동산, 즉 한국인의 물질적 성취와 사회적 상승의 꿈을 대변하는 이 두 실체는 이미 민주적 대표성에 근거한 어떤 정치권력도 섣불리 건드릴 수 없는 괴물이 되어 버렸다. 이것이 내포하는 심각한 문제는 바로 꿈은 성취되어야만 한다는 맹목적 열망 속에서, 소속과 지위에 의해 결정되는 성공에 대한 지나친 결정론적 기대(인맥, 소속, 거주지역의 리얼리즘)로 인해, 대부분의 사람이 확률적인 개연성, 비용-득실 비교에 입각한 평가도 제쳐 둔 채 이른바 '무한도전' 하는 사태가 일어났다는 것이다.

이는 설령 별 야심 없는 사람들조차도 따라갈 수밖에 없게 만드는 대중화의 소용돌이, 그 무시무시한 흡인력이다. 또한 그것은 멈춰 서 있지 않고 공간적으로나 사회적으로 끊임없이 확장하는 유기체와 같다. 막히는 교통을 해결하기 위해 도로를 건설하고 전철노선을 신설하면 다시 그 길의 끝에 대규모 아파트단지가 들어서서 문제는 다시 원점으로 돌아간다. 수도권은 더 많은 사람들을 남김없이 그 안에 끌어들이기 위해 쉬지 않고 팽창한다.

앞서 보았듯 수도권, 특히 '강남 특별시'에 진입하려는 무한경쟁은 바로 소속이 주는 이득에 대한 '리얼리스틱'한 평가에서 나오는데, 아이러니한 것은, 고속도로 정체를 피하기 위해 꽤나 합리적 분석에 의거 선택한 지방도로가 더 막히는 데서 보듯, 그런 계산을 하는 사람은 자기만이 아니라는 것이다. 그 경쟁의 결과는 대부분의 국민에게 확산된 무한경쟁과 기초생활비용의 상승이며, 그 속에서 '분노'와 '안달'로 밤낮을 보내는 한국인들의 모습이다. 이들은 "아이들을 남들보다 못나게 키울 수 없다는 생각에서" 빚을 내어 강남에 진입하는 데 성공했고, 그 결과 적지 않은 연봉에도 "자기를 위해 쓸 돈이 없다."는 현실에 직면한다(매일경제 분노의 시대 특별취재팀, 2012: 72-73).[26] 이들이 실제 일상의 비참함을 견디는 방도는 아이들이 언젠가는 그리고 어떻게든 그 덕을 볼 것이라 계속 믿는 것이고 또한 모든 사람은 당연히 강남에 들어가 살고 싶어 한다는 상상 속에 머무는 것이리라.

아마도 이러한 면들 때문에 외국의 몇몇 관찰자들은 한국인을 '합리적 바보'라고 부르는 것 같다. 이러한 명명은 개인적 초합리성과 집합적, 사회적 비합리성이라는 역설을 간직한 한국인의 추구와 열망, 그 꿈꾸기의 모순을 잘 표현한다. 그리고 이것이 드러내는 한국인의 꿈꾸기의 매우 문제적인 측면은, 그 무엇에서도 양화된 서열을 판별해 내려는 떨칠 수 없는 강박, 어떤 사회경제적 이념의 수용도 그 서열 경쟁레이스에의 불참이나 체념화된 이탈을 받아들일 수 없게 하는, 바로 꿈꾸는 한국인의 모습인 것이다. 그리고 그 경주의 엄혹함과 '현실성'을 신봉하는 현실주의는, 가정의 파탄도, 편협해지고 팍팍해진 삶의 고단함도, 공동체의 표류도, 그리고 심지어는 아이들의 잇달은 죽음조차도 깨어버릴 수 없을 만큼 단단한 것이다.

---

26) 2010년도 통계에서 강남지역의 부동산 가격은 한국 전체 GDP의 31%를 차지하고 있는 것으로 드러났다(매일경제 분노의 시대 특별취재팀, 2012: 149).

5. 꿈꾸기의 도달점 : 진단, 유보, 그리고 전망

지금까지 이 글에서 묘사된 사회적 주체성으로서의 현대 한국인의 꿈꾸기와 그 역설적인 사회적 결과들에 대해, 특히 경쟁이 낳은 모순에 대한 이 글의 묘사에 대해 혹자는 다음과 같은 의문을 제기할 수도 있다.

> "모든 인간적 삶은 경쟁과 그 속에서의 승패로 가득 차 있다. 어떤 삶, 특히 현대적 삶이 경쟁이 없는 곳에서 이루어지며, 어떤 자본주의적 현대사회가 경쟁이 없이 작동하고 있는가? 경쟁적이고 성취지향적인 한국인의 꿈꾸기가 우리 사회의 삶을, 이미 오래 전에 자본주의화되고 현대화된 서구사회에서의 삶보다 못한 것으로 만들었다는 추론은 잘못된 것이 아닌가?"

이러한 의문에 대해서는, 학벌사회의 문제를, 제도화된 경쟁과 사회이동의 체계로서의 현대적 고등교육, 자본주의의 문제로 일반화하는 데 대한 김상봉의 다음 반론과 통계수치 제시가 적절한 답이 될 것으로 보인다.

> "… 2000년 12월 사수를 하고서도 서울대에 들어가지 못한 수험생이 서울대 근처 신림동의 한 여관방에서 음독 자살했다. … 그 학생은 ㅎ대학에 전액장학생으로 합격하고 한 학기 동안 학교를 다니기도 했으나 서울대 진학을 위해 … 포기하고 다시 수능시험을 치렀다. … 들어가기 어렵다는 ㄱ대학 경영학과에 특차 합격했다. 그러나 … 그는 "아무래도 ㄱ대에는 다니지 못하겠다."고 유서에 쓴 채 세상을 저버렸다. … 이런 죽음이 우발적인 것이라 치부하는 사람들도 그것이 지극히 특이한 사건이라는 것을 부인하지는 않을 것이다. 한국 사람들이 동경해 마지 않는 미국에서도 이런 일이 일어나는가? 하버드대학에 가지 못하고 예일대학에 들어갔다고 해서 거기서도 학생들이 하버드대학 근처의 여관방에서 자살하는 일이 벌어지는가? 한국의 입시교육이 도마에 오르면 으레 미국에서도 상류층의 교육열은 대단하다면서 아는 척하는 사람들이 있다. 그러나 거기서도 초등학교 5학년 학생이 왜 아버지가 일하는 시간보다 어린이가 공부하는 시간이 훨

씬 더 많아야 하느냐고 절규하면서 물고기처럼 자유롭고 싶다고 자살하는 일이 벌어지는가? 어디나 청소년 자살이 있고, 아이들도 어른처럼 스트레스를 받는 것 또한 어디서나 볼 수 있는 일이다. 그러나 우리처럼, 사소하다면 너무도 사소한 시험성적 때문에 아이들이 자살에 이르도록 스트레스를 받는 나라가 다른 곳에도 있는가?…" (김상봉, 2004: 51-52).

"…한국의 청소년 자살은 가파르게 증가하여 2000년 당시 10세에서 24세 사이 청소년 사망자들 가운데 자살로 사망한 사람은 교통사고 사망자 1,692명(35%)에 이어 856명(19%)으로 두 번째로 많았다. … 1999년도 한국보건사회연구원이 펴낸 조사자료에 의하면 중고등학생의 14.6%가 자살을 단순히 생각만 한 것이 아니라 시도했다고 한다…"(위의 책, 53-54).[27]

이제까지 본 바처럼, 좋은 삶에 대한 물질주의적 정의는 자연스럽게 삶에 대한 양적 척도를 팽배하게 하였고, 우리의 삶을 물질적 우위, 사회적 지위의 상승을 둘러싼 경쟁 일변도와 상호 차별, 모멸의 삶(김우창, 1998)으로 만들었다. 너무도 소중한 나와 가족이기에 이들이 사람대접을 받고 남부럽지 않은 삶, 무시당하지 않는 삶을 영위하게 하고자 하는 꿈은 자식이 남에게 뒤처지는 것을 차마 볼 수 없었다. 그들에게는 부족한 것이 없는 삶, 최소한 교육만은 시켜서 하대받지 않는 삶을 주고 싶었다. 그러한 삶은 사회에 이미 공고히 자리잡은 것으로 보이는 지위와 자격의 일극화된 체계 속에서의 지위 상승에 의해서만 성취될 것처럼 보였다. 모든 사람이 이를 위해 사는 것은 너무나 분명해 보였고 따라서 이것은 우리들에게 주어진 넘을 수 없는 강고한 현실이었다. 우리는 꿈꾸기로 시작했지만 그것이 만들어 낸 감옥에 갇혀서, 자기 자신만은 그 수감생활이 수반하는 비극에서 면제될 것이라는 얕은 '희망'에 의지하면서, 예민해진 눈을 돌려 다시 '현실'을 직시하고 오늘을 견뎌낸다.

27) 안타깝게도 이러한 수치의 제시는, 위의 청소년 자살 중 정확히 성적과 관련된 문제에 기인한 것을 확정, 분별해 내지 못한 채 이루어졌다. 하지만 우리는 위의 자살의 대부분이 '학교문제'와 관련되어 있음을 안전하게 가정할 수는 있을 것 같다.

'현실성' 에의 이러한 강박은 바로 다양한 현실을 사고할 수 없는 상상력의 편협함으로 연결되며, 그것은 미래와 꿈에 대한 상상의 빈곤으로 이어진다. 일본의 관찰자는 한국인이 일본인보다 자유롭게 사고한다고 말한다(가세 히데아키, 1989). 주어진 과제의 수행에서 보이는 임기응변이나 유연한 대응의 차원에서는 그러할지 모르지만, 문화적으로나 사회적으로는, 무엇보다 꿈의 차원에서는 그렇지 않을 것으로 생각된다. 물론 일본 사회가 내면과 상상의 영역의 격리와 보존에 특별히 가치를 둔 문화를 가졌다고 해서 우리 사회보다 더 자유롭고 개개인의 행복이 보장되는 사회라는 결론을 낳지는 않는다. 하지만 그러한 대비적 면모는 바로 우리가 꾸는 꿈의 모습, 꿈꾸는 대상과 꿈꾸기의 방식의 다소 천편일률적이고 맹목적인 모습을 더욱 두드러지게 한다.

물론 우리는 역사적, 물질적 제약과 필요를 그저 정신이나 새로운 개념으로 뛰어넘을 수 없으며, 그런 우리의 꿈, 우리의 모습은 그것이 상당한 정도로 불가피한 역사적 맥락 속에서 출현했고, 또 그 이후의 역사적 시기를 견디고 이끌어 가기 위해 필요했으며 다소 그럴듯하게 그 역할을 수행했다. 오히려 진정한 문제는, 1950년대 세계 최하위 후진국이던 시절에 발아한 꿈이 유물처럼 남아, GDP 세계 11위의 OECD 회원국이고 국민소득이 27,500달러에 달하는 오늘날의 한국 사회에서도 여전히 우리의 윤리적 정체성의 근간으로 지속되고 있다는 것이다. 우리가 꾸는 꿈은 비록 그것을 실현시켜 줄 것으로 기대되는 항목(item)들이 몇백 배 다양해지고 확대되었지만 그 본질적 골자에 있어 여전히 50년대의 꿈꾸기에 머물러 있는 것 같다.

우리들 각자가 꾸는 꿈은 분명 우리가 매일매일의 삶을 이끌어 가고 감내하게 하는 희망의 원천이지만, 과연 그 꿈들의 집합이 우리 사회의 미래를 희망적으로 볼 수 있게 하는 것인가? 우리가 꿈꾸는 목표와 그것을 추구하는 방식 덕분에 우리의 꿈의 지평과 깊이는 그만큼 좁고 편협해졌다.

나아가 그것은 우리의 사회적 삶을 더불어 살찌우지도, 우리의 공적 삶을 더 공정하고 품위 있고 단정한 것으로 만들지도, 정치적 의지의 형성과 권력의 행사를 더 책임 있고 응답적인(responsive) 것으로 만들지도 못했다. 그 무엇보다도 우리의 꿈은 우리의 아이들의 생명조차도 지켜주지 못했다.

결국 우리의 꿈은 우리를 행복하게 살맛나게 하고 활성화시키기 보다는, 우리의 질곡이 되고 옥죄는 것이 되어 버렸고, 남과 소통할 수 없는 사람, 무엇보다 우리를 사회적, 정치적으로 추하고 무력하게 만드는 것이 되어 버렸다. 소통은 오로지 공통이익을 도모하기 위한 '유착'을 위해 주로 작동하였고, 사람들의 행동은 자신의 꿈과 욕망을 실현하기 위한 저마다의 추구와 다툼으로 일그러져 있다. 이 모든 것이 총합되어 만들어진 것이 바로 꿈이 좌절되고 희망이 없는 한국 사회라는 것이 한국적 꿈꾸기의 최대의 역설인 것이다. 그것은 아래와 같은 많은 모습으로 등장하는데, 이들 모두는 한국인의 꿈이 만들어 낸 모습, 즉 각자가 갇혀 있는, 그리고 다른 이들의 꿈을 가두는, 꿈이 만들어 낸 꿈의 감옥들을 보여 준다.

- 아파트 값 하락을 염려하여 장애인 시설을 들어오지 못하게 시위하는 아파트 주민들
- 자신의 좌절된 야심과 꿈을 알아 달라고 "내가 누군지 알아!"라고 술 취해 부르짖으며 접대여성과 부하직원의 학대를 통해, 분출하는 '반사회성'을 간신히 달래는 중년의 직장인
- 떨어진 성적에 비관하여 자살한 수험생들
- 자신의 실현되지 못한 '가능성'의 대체물로서 자녀를 수험기계로 '튜닝'하고 '디자인'하여 자신의 '작품'으로 만들려는 어머니들
- 이미 좋은 학교에 들어왔으니 더 이상 '떨어지는 사람들'을 우리 학교이름으로 받아서는 안 된다고 시위하는 대학생들의 '능력주의'…

꿈은 그것이 지나치게 심각하게 추구되면, 꿈을 통해 자기 자신의 본래적 모습이 드러나기보다는 오히려 그것이 억제되고 왜곡되는 경향이 있는 것 같다. 다시 말해 어떤 대상이 심각한 게임으로만 간주될 때, 우리는 수많은 경로에의 계산과 현재 착수하고 있는 일의 효과성, 효율성에 관한 저울질, 그리고 타인들의 지배적인 평가 등에 점점 더 종속되게 된다. 이때 꿈은 본래의 자기를 실현하게 하는 것이라기보다는 점차 자신을 도구성과 타율성의 노예로 전락시키는 것이 되곤 한다. 아마도 그래서 사람들은 종종 꿈이 성취된 바로 그 순간에 이것이 자기가 바라온 것이 아니었음을 깨닫는 비애에 젖게 되는지도 모른다. 꿈과 그리고 그와 밀접히 결부된 인간 삶의 자유의 문제가 무엇보다도 자기(self)의 수립과 실현의 문제라는 점에서 이는 매우 역설적인 측면이다. 모든 사회적 행위가 그런 것처럼 꿈, 꿈꾸기 또한 '물신화(fetishization)' 될 수 있는 것이다. 자신이 자유라고 생각하고 추구한 것이 사실은 자신의 감옥이었던 것이다.

그러한 '꿈 게임'의 심각함이 한국 사회에서 상술한 경직된 현실주의의 신기루와, 그에 기꺼이 속으려는 열망과 맹목성, 근시안을 초래하고 또한 누구도 그로부터 떠날 엄두를 못내는 집단적 볼모 상태를 만들어 내는 것이 아닌가? 우리는 꿈을 위해 집단적 기능주의와 권위주의의 전횡을 참고 감내하며, 그 속에서의 인정을 갈구하면서 자신을 소모시키고 탈진시키며 많은 경우 도태되거나 버림받는 운명을 맞는다. 그리고 그 모든 전횡과 학대는 유사한 꿈을 꾸고 있는, 우연히 나보다 앞에 있는 이의 꿈의 이름으로 행사되고 있는데, 성취된 꿈의 향유뿐 아니라 꿈과 욕망이 좌절되는 데서 오는 울분의 해소 또한 자기보다 낮은 지위나 사회적 범주에 속한 사람들에 대한 학대와 '화풀이'의 연쇄고리에 의해 이루어지곤 한다.[28] 이제

28) 앞서 언급되었듯이 이러한 연쇄의 아래 쪽에는 '바깥일'을 하는 남편을 위해 '기능적' 이기를 요구받는 아내와, 업무와 피지배의 스트레스를 성적 학대의 행사로 해소하고자 하는 남성들을 상대하는 접대부 여성들이 존재한다. 1980년대에 통행금지 해제와 함께 풀려나 활성화된 이 접대산업에 종사하는 여성들의 경우, 이런 남성성의 지배논리(정확히 '화풀

꿈꾸기는 마조키즘을 넘어 새디즘의 영토로 들어가게 된다.

이 글을 통해 필자는 한국인의 꿈과 사적 자유에의 열망이 어떻게 한국 사회의 개인들을 그리고 사회 전체를 꿈의 감옥 속에 넣게 되는지를 기술하려고 시도했다. 그리고 한국인의 꿈꾸기는 반사회적 결과를 낳는 것일 뿐 아니라, 그에 앞서 꿈꾸는 사람 자신도 행복하게 만들지 못하는 것임을 이야기했다. 이러한 개관은 그럼에도 한국인의 꿈꾸기에 대한 온전한 그림으로 보기에는 중요한 부분이 빠져 있다. 그것은 정치에의 꿈, 정치적 꿈이 수행하는 역할과 그것이 개개인의 꿈꾸기와 맺고 있는 구조적 연관에 대한 고려를 결여한 채 이루어졌으며 그런 이유로 부정적인 부분들의 논리를 규명하는 데에 편중된 감이 없지 않다.

예상할 수 있듯이, 지금까지 서술한 한국인의 꿈꾸기와 주체성의 측면들은 우리의 정치적 꿈에서도 긍정적인 반향만을 갖지는 않는다. 일례로 개인의 꿈이, 공통된 이익으로의 이합집산과, 유사신분적 차별을 위한 소속에의 열정과 그러한 정체성의 주장 이상이 된 경우는 한국의 대중 정치 운동사에서 그리 많지 않아 보인다. 그것이 그런 경계를 넘어 정치적 꿈으로 승화되었던 것은 오직 국민적인 이익(national interests)과 국민적 정체성의 환기, 상상 속에서만 실제적이었고 진정으로 '대중적'이었던 것으로 생각된다. 하지만 이에 대한 완전한 분석과 진단은 또 다른 독립된, 역사적인 동시에 이론적인 재구성과 면밀한 경험적 탐구를 요하는 것이다.

하지만 기대해 볼 만한 것은, 지배와 주류에의 추종, 휩쓸림에서 벗어나, 혹은 그에 반대하고 저항하며 등장한 힘들, 그리고 하위종속집단이 전사회적 대중화, 전일화의 광풍을 거스르면서 내는 목소리를 통해서 우리의 도덕적 정체성의 또 다른 얼굴, 진정으로 보다 희망적인 부분을 재구성할 수도 있을지 모른다는 점이다(물론 그 힘 또한 양가성과 모순으로 가득차 있겠

이'의 위계구도)를 내면화하여 자신들은 남자들의 업무를 돕는 사회적 기여를 하고 있다고 스스로를 파악하기도 한다(김일레인, 2001).

지만). 하지만 그럼에도 필자는, 지금까지 살펴보았던 한국인 특유의 꿈꾸기로부터 자유로운 꿈, 즉 꿈의 추구로부터 자신을 분리시킬 수도 있는 꿈이 그러한 힘을 통해 근사(近似)하게나마 실현된 사례를 경험적 의미에서 확정적으로 확인하지는 못했다. 그리고 무엇보다 그러한 새로운 꿈이 한국 사회와 한국인의 주체성의 내적 동학으로부터 과연 무시할 수 없는 현실의 모습으로 향후 등장할 수 있을지는 더더욱 확신하지 못하고 있다.[29]

한국 사회가 지난 1997년 경유한 IMF 위기는 단지 한국 사회의 경제적 체제뿐 아니라 지금까지 한국인이 이루고자 했던 현대화의 목표와 방법, 무엇보다도 그에 내재한 우리의 도덕적 바탕에 대해 반추하는 계기가 되었다. 따라서 그것이 주는 교훈은, 단지 신자유주의라는 서구 중심의 새로운 경제질서의 편의에 맞는 '경제적 투명성'을 수립하는 것이 아닌, 우리의 삶을 다시금 지향하게 할, 다시 말해 우리의 꿈을 다시 그 위에 놓을 '우리의 사회적 투명성', '우리 일상의 도덕적 질서'에 대한 모색이 긴급히 요청된다는 것이다(김우창, 1998). 하지만 필자는 그러한 과제의 주춧돌이자 지렛대가 될 새로운 지평을 그려 내기에는 현재로서는 배움이 미치지 못하고 있다. 다만 마지막으로, IMF에 의해 옛 꿈이 '시스템적' 좌절을 겪고, 새로운 정치에의 꿈이 정보화 기술의 도움에 의해 발아하기 시작하던 시기에 등장한 다음의 두 문학적 선언을 소개함으로써, 우리가 함께 출발하고 모색할 지점들에 대한 상상에로 독자를 초대하고자 한다.

> "… 원근법으로 세상을 바라보는 사람은 자신의 위치를 지상의 한 점 위에 결박하고, 그렇게 결박된 자리를 세상을 내다보는 관측소로 삼는다. 이 부자유는 사람들의 눈 속에서 편안하게 제도화되어 있고 그렇게 관측된 세상은 납작하다. 자신이 발붙이고 선 입지(立地)를 버려야 세상의 온전한

29) 필자의 이전의 두 졸고(2013, 2014)는, 여러 면에서 불충분한 것이기는 하나, 정치적 꿈을 구성하는 여러 흐름 중 2000년대 이후 등장한 '새로운 시민정치'의 논리와 그 정치·사회적 혁신의 지점을 식별하려는 이론적 시도였다.

모습이 보일 터인데, 사람들의 발바닥은 땅바닥을 떠나지 못한다…"(김훈, 2000).

"… 관건은 그것이라고 생각한다. 따라 뛰지 않는 것. 속지 않는 것. 찬찬히 들여다보고, 행동하는 것. 피곤하게 살기는, 놈들도 마찬가지다. 속지 않고 즐겁게 사는 일만이, 우리의 관건이다. 어차피 지구도 멸망한다 …" (박민규, 2002).

제 3 부

후기근대로의 사회변동과 꿈의 가능성

제 7 장

가족의 꿈의 역사와 친밀성의 재구성

| 김혜경(전북대 사회학과) |

1. 서론 : 21세기에 들어선 한국 가족, 새로운 원리를 기다린다

21세기 한국 사회에서 "가족은 급변하고 있다."라는 진술에 동의하지 않는 사람은 많지 않을 것이다. 30대 비혼인구의 비율은 2010년 29.2%이던 것이 2015년 36.3%로 증가하였다. 전체 가구에서 1인가구가 가장 높은 비중을 차지하며, 출산율도 세계 최저수준을 기록하고 있다. 또 젊은 여성들에게 한국의 결혼은 '독박육아'와 '대리효도' 그리고 경력단절을 가져오는 불합리한 제도라고 생각된다. 40대 남성의 비혼 규모도 급증하여서 2010년 10.9%이던 것이 2015년에는 18.2%까지 높아졌으며, TV에서는 〈미운우리새끼〉 등 30대 중후반을 넘긴 비혼남성들이 중심이 된 싱글라이프 프로그램이 인기를 끌고 있다. 한편 자녀가 성장한 이후로 자신들의 삶을 돌아보게 된 중장년의 부부들 사이에서는 별거도, 이혼도 아닌 '졸혼(卒婚)'이라는 새로운 현상이 관심을 끌고 있다. 즉, 결혼과 가족이 제공해야 할 친밀성의 안정적 기반으로서의 역할이 근본적으로 의심을 받고 있는 것 같다. 이러한 상황에서 편의점의 도시락과 소셜 네트워크의 관계들이 돌봄과 친밀성의 대체재로도 활용되고 있지만 그것이 대면적 관계가 주는 친밀성을 대신하기는 어려울 것 같다.

과연 한국의 가족은 어떠한 대안적 친밀성의 가능성들을 가지고 있는 것일까? 최근 결혼중심 가족, 혈연 가족을 대신하는 실험들이 부분적으로 진행되고 있지만 쉽지는 않을 것이다. 왜냐하면 현재 한국 가족을 만들어 온 특징은 짧게는 지난 100년의 근대화의 궤적 속에 있기 때문이다. 지난 시기 우리 사회가 만들어 온 근대가족은 물질주의적 · 도구적 · 이분법적 성역할에 기반한 핵가족이었으며, 더욱이 한국 사회에서 그것은 매우 부계적인 것이었다. 개인이 사회재생산의 기초 단위로 재배치되고 있는 후기근대사회로의 진행과정에서 지난 시절 구성해 온 가족의 틀은 매우 편협하고 차별적인 것이어서 근본적인 전환을 기다리고 있다고 보인다.

2. 한국 가족의 역사 : '스위트 홈', '근대가족'의 꿈은 어떻게 실패했는가?

가족을 정의하는 방식은 매우 다양하지만, 현재와 같은 가족가치의 변화를 해석하기 위해서는 당대 사람들의 감성(sentiment)과 이념으로서의 가족, 그리고 그러한 감성을 생산해 내는 지배이념과 지식권력의 역사를 돌아보는 일이 필요하다. 17~19세기경 영 · 미를 중심으로 한 서구의 가족사를 보면 '근대가족'의 개념은 가족관계에서 애정적 개인주의의 증대, 지역사회로부터 분리된 핵가족화, 그리고 모성애의 강화를 중심으로 한 성별분업 등 소위 가정중심성(domesticity)을 특징으로 한 것이었다(Stone, 1979; Shorter, 1975).[1] 여기서 가정중심성, 핵가족의 이념은 지역사회로부터의 독립을 특징으로 하는 것이었다(Stone, 1979). 그러나 20세기 100년간 한국을 지배했던 근대적 가족 감성의 중추에 있었던 핵가족 개념은 서구적 정의와는 상이한 맥락 속에서 구성되었는데, 그것은 바로 친족관계의 변화, 즉 (부계)친족집단으로부터의 독립성 확보 여부에 크게 의존하는 개념이었다.

1) 근대가족의 정의는 이론적 입장에 따라 매우 상이하다. 먼저 1950년대, 1960년대 초반 우세했던 서구 구조기능주의 사회학에서 근대가족이란 도구적 · 표현적 역할로 분화되는 성별 역할분리, 그리고 자녀에 대한 사회화를 핵심적 기능으로 삼는 핵가족모델로 표상되었으며, 또한 부부중심 가족이 현대 산업사회에 '기능적으로 적합한' 모델로 이해되었다. 1960년대 이후 위의 이론적 전제들을 비판하는 일련의 경향은 '신가족사' 연구라고도 불리는데, 마이클 앤더슨에 의하면 이것은 인구통계학적 접근, 가구경제적 접근, 그리고 심성사적 접근으로 구분되기도 한다.

1) 20세기 중반기까지 : 근대화 전략과 핵가족 담론

(1) 일제 강점기 : 대가족주의에 대한 문명론적 비판과 핵가족론의 부상

한국의 역사에서 가족가치와 규범은 20세기 전반기의 식민지적 조건과 20세기 중반 이래의 발전주의 사회환경 속에서 매우 적극적으로 소환된 이념이었음을 상기해야 할 것이다. 먼저 20세기 초반 일제 강점기하의 가족 담론에서는 핵가족의 '규범'이 뚜렷하게 부상하였다. 식민지로의 전락의 원인을 분석하는 지식인들 사이에서는 "민족과 국가에 대한 공공적 관념은 부재한 채 가문일족에 관한 사덕적(私德的) 관념만이 지배하는" 문중중심의 혈연적 가족주의와 대가족주의의 폐단을 비판하는 문명론적 가족개량 담론이 대량 생산되었다(김혜경, 2006: 291-292). 또한 가족이 '친애(親愛)'의 집단으로 재정의되면서 '전통' 가정의 문제, 특히 고부갈등이 심각한 사회적 토론의 대상으로 부상하였다. 애정에 기반한 '신가정'은 근대의 표상으로 이해되었으며, 남성 지식인과 '신여성'의 주장을 통해 표출되었다. 식민지의 정치경제적 제약 상황 속에서 당사자들의 선택과 '연애'를 통해 만드는 '신가정'은 근대적 자아를 실현할 거의 유일한 출구였을 것이기에 역설적으로 그 절박함은 더욱 컸을 것으로 짐작된다(김혜경, 2006). 그러나 이러한 낭만적 사랑에 기반한 신가정은 애초 성별분업에 기초한 근대가정의 모델이었으며, 현실은 이러한 이념과는 상당한 괴리를 갖고 있었다. 즉 식민지하 경제구조는 가장 역할을 담당할 남성생계부양자를 지지할 수 있는 노동시장을 갖추고 있지 못했던 것이다. 경제활동인구 중 농림업 종사자가 절대다수를 차지했으며(1930년 78.5%), 기업부문에서도 임금취득 중간층의 규모는 거의 무의미한 수준에 불과했다. 이외에 법제상으로는 혈연중심의 문중적 가족개념을 약화시킬 일본식 '이에(家)' 가족제도도 도입되었으나, 대중적인 호소력은 크지 않았던 것으로 보인다.

(2) 1960~70년대 '박정희 체제' : '조국 근대화론'과 핵가족론의 불안정한 결합

해방 이후 한국 가족은 한국전쟁으로 인한 혼란의 도가니 속에서 해체의 위기를 경험한다. 그 결과 역설적으로 "가족밖에는 없다."라는 강력한 혈연적 유대와 왜곡된 가족주의가 강화되기도 하였다. 이때의 가족주의는 물론 부계적 혈연에 기초를 둔 확대가족의 성격을 가지고 있었다. 한편 1960, 70년대의 박정희 정부 시대에 이르러서는 '박정희 레짐'이라고 할 만한 독특한 국가주도적 '조국 근대화' 전략이 추진되었다. 강력한 개발주의와 반공주의, 민족주의의 이념하에 추진된 근대화 과정에서 '가족주의'의 이념은 민족주의의 담론적 자원으로 포괄, 강조되는 양상을 띠었다. 특히 경제개발정책 시행과정에서 국가는 가족주의 가치관을 활용하여 노동자계급의 세대 간의 지원을 유도하고 저임금으로 노동력 재생산을 보장받고자 했다(김수영, 2001).

그러나 가족주의에 대한 국가적 지지는 그리 간단하지가 않아서, 시기적으로 가족의 이념형은 핵가족과 확대가족 사이에서 요동하고 있었다. 1960~70년대 신문기사를 분석한 연구에 따르면, 박정희 체제하 산업화 초기인 1960년대에는 근대화의 담지자로서의 핵가족의 가치가, 그리고 정치적 권위주의가 강고해진 1970년대 이후로는 부계적인 확대가족의 가치가 숭앙을 받았다(김혜경, 2009). 먼저 1960년대를 통해서 보면 사회발전과 근대화라는 절대과제 앞에서 확대가족은 '봉건잔재'이며 '근대화의 암'이라는 비판을 받았고, 핵가족은 '개명, 진화한' 근대가족으로 칭송되었다. 이미 1962년의 가족법 개정(호적제도 개편)은 "결혼한 차남 이하의 子의 분가"를 규정함으로써 적어도 이념적으로 한국 가족은 부부중심제 핵가족을 모델로 규정하였다고 할 수 있다. 또한 1964년부터 시작된 가족계획사업은 점차 "딸 · 아들 구별 말고 둘만 낳아 잘 기르자."는 등의 구호를 통해 소가족주의와 핵가족적 가치를 정당화하는 효과를 낳았다. 사회문화적으로도 핵가족적 삶을 보장하는 새로운 주거형태인 '아파트'에 대한 관심이 증가하였다.[2] 화이트칼라, 회사원 등 소위 '중류이상 가정'이 입주하며 1962년 문을 연 서울의 한 아파트는 "종래의 대가족 형태에서 소가족 형태로 옮겨가는 한국 가정에 적합한" 것으로 소개되면서, "아파아트의 가정은 개명, 진화한 부부중심의 소가족"이라고 묘사되었다(『주부생활』, 1965년 8월호; 김혜경, 2009: 183). 그리고 당시 일간지들에서는 이러한 소가족론의 강력한 지지자는 고학력의 직장여성들로 언급된다. 그러나 현실적으로는 1970년대까지도 당사자의 자유의지적 선택에 의지하는 연애혼은 전체 결혼의 절반수준에 불과했다(1970~74년 47%, 1975~79년 55%).

한편 1972년 10월유신 이래 70년대의 지배적 가족 담론을 보면 급격한 변화를 발견할 수 있는데, 핵가족이 비판되며 확대가족 찬미론으로 역전되는 현상이 그것이다. 당시 조선일보의 사설 등에서는 핵가족은 '서구화→노인소외→가족해체'의 수순을 밟는 문제적 가족관으로 매도되었다(김혜경, 2009). 부모공경의 수직적인 부부관계가 부부중심의 수평적 부부관계보다 중심적인 가족가치로 설정되었으며, 애정의 단위로서의 핵가족이란 이념은 여전히 서구적인 모델로 이해되었다. 이러한 틈새에서 가족집단은 입시위주의 교육투자를 통해 신분상승을 꾀하는 도구적 전략을 시도하고 있었다. 특히 학부모로서의 전업주부의 적극적 행위성은 '치마바람'을 낳으며, 계바람, 춤바람과 함께 소위 '삼풍(三風)' 비판의 한 축이 되었다. 가족은 친밀성의 중심이기보다는, 자원집중을 통해 신분상승을 꾀하는

2) 도시화와 함께 아파트가 새로운 주거양식으로 등장하였는데, 도시에서 아파트의 거주율은 1970년에도 2.2%에 불과하였으나 아파트라는 형식은 가족생활과 가치관에 근본적인 의미 변화를 함축하고 있었다.

도구적 단위였다.

2) 1980~90년대 전반의 경제호황기 : 핵가족의 물질적 기초의 확립과 베이비붐 세대의 가족주의

(1) 핵가족의 공고화와 도구적 가족주의

2018년 현재 청년층 못지않게 가족변화 내지 균열론을 만들어 내고 있는 집단은 50~60대를 중심으로 하는 중고령층으로, 한국전쟁 종전 이후 가족계획사업이 시작되기 전인 1955년부터 1964년 사이에 출생한 베이비붐 세대가 그들이다. '졸혼' 담론의 주대상자이기도 한 이들은 농촌을 주 성장 배경으로 하였으나, 급속한 도시화와 산업화를 경험하였으며, 고등교육의 세대[3]이기도 했다. 그러나 그 학교교육은 1960~70년대 박정희 체제의 권위주의 교육으로, 그들은 초등학교 입학부터 대학 졸업때까지 한 명의 대통령을 보고 성장했으며, 새마을운동과 같은 집단적 · 사회적 동원 체제를 경험하였다. 특히 50년대의 출생집단인 베이비부머 전기(前期)세대는 오늘날의 세대가 이해하기 어려우리 만치 상당히 유사한 집합주의적 가치관을 지니고 살아왔는데, 이들은 '국민소득 1천불'이라는 국가적 목표를 공유하고, 집을 사고, 자녀를 대학에 보내는 등 같은 꿈을 꾸고 있었던 것으로 나타난다(김혜경 · 마경희, 2015). 이사를 전전하면서 내 집 마련의 꿈을 실현하고, 부동산 매매를 통해 재산을 축적해 왔던 이들 세대의 삶의 족적은 '아파트'라는 삶의 형식을 제외하고는 이야기될 수 없을 정도이다(박해천 · 김형재, 2015).

물질주의적 · 도구적 가족전략에 몰두한 이들 베이비부머 (전기)세대가

---

3) 베이비부머 초기집단이었던 1955년생의 경우, 남자의 64%, 여자의 43%가 고등학교 졸업 이상의 학력을 갖추고 있었다(1986년 현재 기준, 경제활동인구조사 원자료의 55년생 분석 결과).

만들지 못한 것은 '관계 자원'이었다. 집을 사서 재산을 불리며 아이들을 교육시키는 등 핵가족을 유지하기 위한 물질적 기초는 구축하였을지 몰라도, 이들은 은퇴 후 길어진 부부만의 시간을 함께 지낼 수 있을 정도의 관계의 기술은 구축하지 못하였다. 황혼이혼이 증가하고 '졸혼' 고민이 깊어지는 것은 정서적 핵가족이 담당해야 했던 관계 구축의 숙제를 미처 풀지 못했던 중고령층 베이비붐 세대가 뒤늦게 지불해야 하는 비용이라고 할 수 있다.

(2) 소자녀 출산의 경제전략과 아들중심주의

경제발전전략의 일환으로 인구정책을 추구한 국가의 가족계획사업은 소자녀 규범을 보편화하였다. 베이비부머 세대의 가족들은 이러한 규범에 적극적으로 동조한 행위주체들이었는데, 이들은 앞서 본 것처럼 적극적인 소득활동은 물론, '소자녀 출산'을 통해 한정된 자원을 가장 효율적으로 투자하고자 하는 전략을 수행하였다(김혜경 · 마경희, 2015). 앞의 연구에 따르면 베이비부머 초기세대인 1950년대 후반생 여성들은 1980년대 초반 자녀를 출산한 것으로 나타나는데, 인터뷰 대상 여성 25명 가운데 자녀가 셋이 있는 경우는 단 두 사례에 불과하였고 절대다수가 두 명을 출산하였다(1985년 합계출산율 1.7명). 그리고 이들 중 자녀를 대학에 보내지 않은 경우는 한 사례도 없었는데, 결국 적게 낳아 잘 교육시키려는 가족전략을 선택한 것이었다. 그러나 이들 세대가 갖는 자녀에 대한 기대는 여전히 매우 아들중심적, 부계중심적인 것이었다. 1980년대 초반 이들이 자녀를 출산할 당시만 해도 아들이란 '대를 이어갈 사람'이란 의미를 가진 존재이며, 자녀의 결혼 이후에도 가족의 영속성은 아들을 통해 이어질 것으로 예상되었던 것 같다. 위의 연구를 보면, 임신한 자신에게 낙태를 권유하는 남편을 물리치고 아들을 낳은 한 농촌출신 여성(1955년생)이 구사한 감동적인 성공서사가 드러난다.

> "그런데 우리 아저씨(남편)가 '너무 힘들다. 애 키우는 데 얼마나 힘든지 아냐?' 그러는데 듣기 싫은 거에요. … (아이를 지우라는 남편의 말을 듣지 않고) 그래서 저 **아들 낳은 거에요. 우리 아들 육사 나왔어요.** … 나는 너무 좋은 거에요. **아들을 낳고 나니깐 내가 할 일을 다했다는 생각밖에 안 들었어요. 이 집에 들어와서, 그래. 나는 할 일을 다했어.** … 진짜 우리 아들 떼었으면 어쨌겠어요. … 아들은 완전히 그냥 우리 집 기둥이죠. 우리 딸은 시집가면 그만이고. 나는 그런 생각이 들어요. … **아들은 그래도 대를 이어갈 사람**인데… "(인용자 강조)

80년대 중후반 이래 태아 성감별의 의료적 기술이 발전하면서 진행된 낙태현상은 소자녀 출산의 부계중심주의를 웅변한다. 1986~95년 사이 출생아의 성비는 113 대 100이었으며, 90년대 초반까지도 셋째 아이의 출생 성비가 300 대 100을 넘는 지역도 있었다. 이러한 노력에도 불구하고 결혼생활 중 가장 기억에 남는 일로 '애들 대학 보낸 것'과 함께 '아들 낳은 것'을 꼽았던, 베이비부머 전기의 사례들이 기대했던 '대를 이어갈 아들'은 이제 불가능한 꿈이 되었다. 위의 연구에서 1950년대 중후반 출생한 베이비부머 전기세대 자녀들의 연령은 위에 언급한 2012년 조사 당시 대체로 30세 전후였는데, 그들 중 결혼한 경우는 약 1/5에 불과하였다. 결국 개인보다는 집안의 융성, 딸보다는 아들을 중심에 둔 부계계승이라는 도구적 이상과 가족전략은 급격한 속도로 그 효용을 잃어 갔다고 할 수 있다.

3) 1990년대 후반 이래 신자유주의하 가족 : 핵가족의 물질적 기초의 침식, 그리고 돌봄 위기

1997년 IMF 관리체계의 도입 이후 급진전된 신자유주의적 시장 개방과 고용 불안정성은 산업화 모델의 남성생계부양자 규범을 동요시켰다. 그 결과 부부가 함께 노동자가 되는 2인소득자 모델이 가구 생계양식의 규범으로 등장하게 되었다(배은경, 2009). 1960~80년대의 산업화 시절 이상적 가족상이었던, 생계를 책임지는 남성과 가정을 돌보는 여성의 이분법에 기초한 핵가족이란 한 세대도 못 되어 비현실적인 이상이 된 것이다. 그렇지만 이 시대적 변화에 한국 가족은 안착하지 못했다. 맞벌이 가족이라는 새로운 가족상은 사회적 돌봄의 토대가 미비한 상태에서는 한낱 이상에 불과했다. 나아가 그것은 청년층의 결혼 기피현상으로까지 이어지면서 결혼과 가족이 생애적 위기현상으로 부상하고 사회적 위험의 주요 유형으로 자리잡고 있다(장경섭, 2011; 김혜영, 2016).

산업화 이후 여성의 일·가족 양립의 역사를 연구한 한 논문을 보면 1990년대 후반 대학을 졸업한 전문직 여성이 등장한다(김혜경, 2007). 2006년 조사당시 그녀(30세)는 오래된 꿈인 방송작가라는 직업을 갖고 있었다. 워낙 노동강도도 높고 불규칙한데다 집중력을 요구해서 밤에 일을 해야 하는 상황도 많이 벌어지는 직업이지만 좋아하는 일이라 포기하지 않았다. 그러나 문제는 둘째 아이를 낳고부터 시작되었다. 둘째를 낳고서는 아예 친정근처로 이사했는데 어머니가 몸이 약해 혼자 아이를 보는 일이 힘에 부쳐하셔서 이종 사촌언니와 함께 두 아이를 돌보고 계신다. '입주 도우미'는 '(남과) 같이 사는 게 부담'이라 선택하지 못하고 있다. 둘째를 낳고서 일을 그만 둘까 심각하게 생각해 보았지만 아이 교육도 있고, 또 노후를 생각하면 '벌 수 있을 때까지는 벌어 놓자.'는 생각을 하고 있다. 이처럼 자녀양육기를 거치는 이들이 당면하는 일-가족 갈등은 매우 딜레마적인 상황이다.

한편 시장불안정화와 함께 베이비붐 세대의 아들들은 21세기 현재 부모의 기대와는 달리 비정규직을 전전하는 삶을 살아가고 있다. 실제로 이들의 취업사는 문자 그대로 조각일의 연속('patch work')으로, 안정적인 계급적 지위 없이 여러 직업들을 떠돌면서 조합한 생계가 특징적이다(박기남, 2011). 결국 신자유주의적 시장의 횡포는 베이비붐 세대 부계적 가족주의의 아들중심적 자원동원전략을 완성시키지 못하게 했다고 말할 수 있다. 21세기 현재 아들 세대의 가구경제는 부인의 맞벌이 노동을 통해서 겨우 유지되거나 삶의 질을 보장받을 수 있었다. 결혼도, 출산도 부담이 되어 버린 소위 'IMF 세대'에 대한 한 연구에서는, 결혼 이후 부인이 취업을 중단하여 외벌이가 된 남성의 사례(조사당시 38세)를 소개하고 있는데, 그에게 부인의 임신소식은 축복이기보다는 부담이어서 다음과 같은 심경을 토로하였다(김혜경, 2013).

> **어깨 위에 돌덩이 하나가 더 올라가 있는 것 같고요**. … 광고 같은데 보면 "임신을 했습니다."하고 눈물 흘리고. 왜 저럴까, 그러면서 제가 굉장히 각박한 사람인가 하는 생각이 살짝 들었어요. 그래서 결혼하고 했던 친구들한테 물어봤을 때, 다 오버라는 거에요. … 다들 얘기는 '아, **아이구' 이런 생각뿐이 안 든다고** 하니까. **정말 '아이쿠, 아이쿠' 생각뿐이 안 들더라고요. … "나 임신했어요." 하면**. 그때부터 애(친구)들한테 들려오는 것은 기저귀 값이 얼마이고 영어학원을 보내는 데 70만 원이고, 한 달에 애한테 얼마가 들고, "**야, 너 잘해야 된다." 주변에서 "너 돈 잘 벌어야 돼, 돈 잘 벌어야 돼." 하는 얘기밖에 못 들어본 것 같아요(1975년생 남성사례).

이런 상황에서 한국은 '헬조선'이라고 불리거나, 청년층에게는 취업과 연애, 결혼을 포기한 '삼포세대' 혹은 그 이상의 'N포세대'라는 비관적인 꼬리표가 따라붙게 되었다. 실제로 초혼연령도 급격히 상승하여 2016년 현재 남자 32.8세, 여자 30.1세가 되었는데, 불과 10년 전 그것은 각기 28.4세, 25.5세였다(통계청, 2017). 결국 (핵)가족의 구성 자체가 부담이자 회피해야 할 생애과정상의 위험으로 등장한 것이다.

3. 후기근대적 개인, 가족의 의미를 다시 묻다

한국의 위험사회적 증후군들이 가족에 집중되면서 가족은 물질적 측면에서나, 돌봄의 측면에서나 위기상황에 처한 것으로 보인다. 이러한 사회경제적 조건을 배경으로 가족에 대한 태도와 가치관도 현저하게 변화하고 있다. 가족이니까 무조건적으로 이해해야 하고, 사랑해야 하고, 또 사랑할 수 있을 것이라는 기대는 이제 점차 희미해지고 있다. 또한 정상가족에 대한 획일적인 기대도 약화되고 있다. 삶의 준거를 전통이나 공동체 · 타인이 아닌 자기자신에게 두는 '개인화' 현상은 통계적으로는 미혼율과 일인가구의 증가현상에 반영된다. 서구에서 개인화는 1960~70년대에 걸쳐 가속화된 노동시장과 복지제도라는 근대적 제도구축과 결혼 · 성에 대한 문화적 가치변동을 토대로 한 것이었다. 가족에 대한 의존성을 낮추는 복지제도, 그리고 여성의 고등교육과 경제자립을 지원하는 교육제도 · 시장제도를 바탕으로, 가족과 결혼제도의 규범이 약화되면서 탈전통적 생애설계를 기획하는 개인의 탄생이 배태되었다(벡, 벡-게른스하임, 1999).

그러나 한국에서 1인가구와 비혼화는 직접적으로는 앞서 지적한 것처럼 취업난과 육아의 어려움, 복지제도의 미비 등 경제적 · 사회적 원인과 닿아 있다. 그런 면에서 개인화는 선택으로서의 개인화 외에도, 강제로서의 개인화를 낳는 구조적 배경이 존재한다는 지적이 타당하다(신경아, 2012; Kim, 2016). 그러나 단지 경제적 원인만이 아니라, 어느 것 하나 안정된 귀속을 제공하지 않는 액체근대 시대의 유연성을 살아가는 후기근대적 개인들은 개인성을 자기정체성의 핵심기제로 수용해 가고 있다. 특히 한국과 같이 최고속 정보화 사회에서 형성된 디지털 자아의 유동적 속성은 개인화 경향을 더욱 증가시킨다.

1) 청년층의 경우 : ‘나’이고자 하는 꿈, 그러나…

최근 〈한겨레신문〉에 실린, 고교 졸업 후 20대 후반이 될 때까지 고향을 떠나 서울에서 살고 있는 한 1인가구 여성의 고백은 가족에 대한 정의를 우리가 진지하게 되물어 보아야 할 때가 되었음을 보여 준다(“엄마가 아는 ‘나’는 이제 없습니다.”, 『한겨레신문』, 2017.6.4.). 당연히 가족은, 엄마는, 나를 가장 잘 아는 사람이며, 그것은 설명하지 않아도 되는 관계라는 생각은 이제 상식이라고 전제하기가 어렵게 된 것이다. 기사의 화자는 고등학교 졸업 이후 집을 떠나 서울에서 오랫동안 1인가구로 살면서 원가족의 삶의 방식이나 가치와는 다른 방향으로 계속 걸어왔다. 이제 화자에게 “가족에 대한 무조건적인 사랑과 절절한 감정을 강요하는” 사회분위기나 드라마는 불편한 것이 되었으며, 원가족 지역의 보수적인 분위기도 더 이상 용인하기 어렵게 되었다. 그러나 엄마는 이미 독립하여 성인이 된 딸을 여전히 가족이라는 이름으로 다 안다고 전제해 버린다. 화자는 한때 자기를 “가장 잘 알고 사랑해 주던 사람들이 이제는 더 이상 맞지 않는 사람들이 된 것은 슬픈 일”이라고 토로하고 있으나 사실 그것은 개인화 시대의 불가피한 현실일 수도 있다.

이제 더 이상 ‘우리가 아는 가족’은 없다고 하는 것이 정확한 진단일 것이다. 그것은 질문을 통해 계속 수정되고 새로이 가꾸어야 할 대상이 되고 있다. 결혼의 의미 또한 현저히 달라졌다. 그들에게 결혼이란 둘이 모여 하나가 된다고 하는, ‘1+1=1’이라는 도식이 성립하지 않는다. 결혼이 가져올 개인의 독립성 상실에 대한 우려는 무척 크다. 최근 tvN에서 방영된 드라마 〈이번 생은 처음이라〉(2017.10.~2017.11.)에는 계약결혼한 커플이 등장한다. 애초에 이들이 만나게 된 것은 집 문제 때문이긴 했다. 남자 주인공은 월세를 통해 집 대출금의 이자를 보조하고자 했으며, 지방에서 올라온 여자 주인공에게는 머물 방이 필요했다. 시간이 가면서 이들은 사랑을 하게 되고, 드라마에서 자주 인용되었던 정현종 시인의 〈방문객〉이라는 시에서처럼 주인공들에게 사랑이란 '전 존재'가 다가오는 과정으로 이해되었으나, 그것은 자신의 모든 것을 내어주는 관계의 종착역도 아니었다. 이후 계약결혼을 하게 되었지만 이들은 '자기만의 방'(세계)에 대한 필요를 놓을 수가 없었다. 결국 청년세대에서 결혼이란 가족과 개인 사이에서 쉽지 않은 균형을 유지해야 하는 매우 어려운 일이 되었다고 할 수 있다.

그러나 청년층에게서 보이는 친밀성 양식의 변동은 단지 가치관의 문제만은 아니다. 거기에는 로맨스를 허락할 최소한의 '방'도 허락되기 어려운 현실의 경제적 조건이 놓여 있다. 앞서 소개한 드라마가 아니더라도 최근의 영화들은 청년세대의 주거문제와 연관된 것이 적지 않다. 한 영화평론가의 지적에 따르면 2017년 개최된 〈부산국제영화제〉의 '비전' 부문에서 상영된 한국영화 중 많은 작품들이 20대의 주거문제를 다루고 있었다고 한다("강유정의 영화로 세상읽기, N포세대의 로맨스", 『경향신문』, 2017. 11.3.).

그중 영화제에서 상영되고 일반에게도 공개되어 많은 관심을 받았던 영화가 〈소공녀(Microhabitat)〉이다. 이 영화에서 인상적인 장면은 경제적인 사정으로 난방도 되지 않는 방에서 지내던 남녀 주인공들이 사랑을 나누려 시도하다 결국 포기하는 장면이다. 여러 벌의 옷을 겹겹이 껴입고 있던 주인공들은 겉옷부터 차례로 벗어나가다 결국 추위에 소름이 끼치면서 "우리 그냥 봄 되면 하자."고 미루게 된다. 이후 남자친구는 돈 벌러 외국으로 떠나고, 월세를 올려 달라는 집주인의 요구에 주인공은 커다란 캐리어에 짐을 싣고 방을 떠난다. 캐리어에 짐을 싣고 이동해 다니면서 대학 때 같이 밴드활동을 하던 친구들의 집에서 가사일을 돕는 등의 방법으로 잠시나마 호구지책을 삼았던 주인공이 택한 마지막 거처는 공원에 설치한 작은 텐트였는데, 이것은 바로 옆의 거대한 아파트 숲과는 비극적인 대비를 이루고 있다. 좋아하는 기호품(담배, 위스키)을 포기하지 않기 위해서 방을 떠나는 선택을 하던 주인공의 의연한 모습은 개인화 시대의 곤궁을 역설적으로 드러낸다.

이러한 물질적 곤궁과 삼포 · n포라는 상황 속에서 여전히 가부장적인 결혼제도는 특히 여성들의 결혼선택을 회의적이게 만들었다. 2016년 통계청의 〈한국사회조사〉의 결과에 따르면 '결혼은 꼭 해야 한다' 라는 규범적 진술에 동의하지 않는 미혼여성은 31%를 차지하였다.

2) 중장년층의 경우 : 황혼이혼과 졸혼실험

청년층에서보다 빠르게 부상하는 가족변화의 징후는 중장년층의 가정에서 볼 수 있다. 이들은 이혼율, 1인가구 비율 모두에서 최근 가장 빠른 속도로 증가하고 있는 집단이다. 1인가구의 경우, 청년층 주거독립의 어려움이라는 경제적 조건으로 인해 20~30대가 차지하는 비율은 10년 전에 비해 낮아지는 반면(2005년 41.3%→2015년 35.3%), 주말부부 · 비혼 · 별거 · 이혼 등을 사유로 한 중장년층의 1인가구 비율은 증가하였다(동기간 26.5%→33.2%). 또한 통계청의 '2016년 혼인 · 이혼 통계' 에 따르면, 혼인지속기간별 이혼의 구성비를 보면 20년 이상인 부부가 30.4%로 제일 많았고, 5년 미만은 22.9%로 그 다음을 차지했다.

이런 상황 속에서 최근, 결혼을 졸업함이라는 의미의 '졸혼(卒婚)' 이란 단어가 관심을 끌고 있다. 별거나 이혼과는 또 다른 졸혼은 집과 재산, 자녀관계 등에 대한 근본적 단절 없이, 즉 법적인 부부의 틀 아래서 독자적인 삶의 스타일을 추구하는 경우로, 일본에서는 2000년대 초반부터 유행하기 시작했다고 한다. 2017년 10월 MBC TV는 일본 후지 TV와 공동기획으로 '졸혼, 해도 될까요?' 라는 제목의 특집방송을 제작하기도 했는데, 졸혼의 탄생지인 일본을 찾아 남편과 아내의 역할에서 벗어나 새로운 삶을 사는 사람들의 이야기를 전하였다. 방송만이 아니라 주변의 현실에서도 졸혼과 유사한, 매우 '독립적인' 부부생활을 유지하는 사례들을 적지 않게 발견할 수 있다. 부부간에 남편은 1층, 부인은 2층에 거주한다거나 혹은 시간적 분리전략을 사용하여 남편과 아내의 가내 생활시간이 서로 겹치지 않도록 매우 세심한 주의를 기울이기도 한다. 이들이 배우자의 생활방식에 대한 간섭이나 주장을 할 수 있는 여지는 매우 적다. 이러한 새로운 방식은 각자의 취미생활과 여가를 보장해 주는 것은 물론, 여성들에게는 새로운 해방감과 자신감의 원천으로 이야기되기도 한다. 이들이 가족제도를 완전히 필요없는 것으로 부인하는 것으로는 보이지 않으나 이전의, 전통적인 가족형태와 관계는 분명 근본적인 수술을 기다리는 대상으로 받아들여지고 있다.

4. 친밀성 공동체를 위한 실험들 : 대안적 주거공동체의 사례

전통적인 결혼에 대한 태도는 급변하고 있으나 아직 그 대안적 형태들은 모색 중이다. 이 절에서 소개하는 청년층 주거공동체의 사례는 드물기는 하나 증가하는 비혼 1인가구가 겪는 어려움을 극복하고자 하는 상징적인 시도라고 할 수 있다. 실제로 '지옥고(반지하, 옥탑방, 고시원)'의 1인가구 주거형태를 전전한 후 겪게 되는 건강상의 문제나 심리적 외로움은 적지 않다. 주거와 노동복지가 미비한 사회에서 개인되기, 1인가구화, 탈전통적 생애과정이란 불안한 자유라는 큰 비용을 요구하는 것이었다. 그러므로 이제 이들은 혼자가 아니라, 서로이고자 하는 새로운 삶의 양식을 찾아보기 시작하는데, 그것은 수적으로는 적지만 적지 않은 의미를 갖는다.

이 절에서는 물질적 · 돌봄적 공동기반을 구축하고자 한 청년들의 대안적 주거공동체의 두 유형을 살펴봄으로써 대안적 친밀성의 가능성과 원리를 모색해 보고자 한다.[4] 하나는 전형적인 주거 공동체, 다른 하나는 1인가구의 네트워크 형식의 공동체이다. 사례들의 탈근대적 공동체는 고정된 목표를 설정하고 그것에 종속되는 것이기보다는, 느슨한 이념적 동질성을 보유한 채, 성원 내부의 차이성을 인정하는 민주주의를 통해서 유지되는, 열린 개념의 공동체를 특징으로 하고 있다. 그리고 전통적 공동체(주의)와 다른, 개방성과 민주성을 가능케 하는 방법적 원리는 토론을 통한 의사소통 민주주의였다. 그 결과 이들 결사체적 공동체의 참여를 통해 구성원들은 임금노동과 결혼제도라는 획일적인 생애설계를 거부할 수 있었으며, 물질적 기반을 공유하고 가족을 넘는 돌봄의 기능을 통하여 개인과 공동체의 이분법을 넘는 삶의 양식을 실천할 수 있었다.

1) 공동주거 형태의 사례

이 공동체는 2011년 불교 공부를 같이 하던 여섯 청년들이 귀촌에 뜻을 두고 먼저 같이 살아보기로 결정하여 인천 **지역에 주거공동체를 얻기 시작한 이래, 2016년 현재 3호까지 확장하여 20명의 사람이 모여 함께 살고 있다. 이 모임의 대표는 모임 성립의 계기를 이렇게 회고한다. "휴가를 반납할 정도로 열심히 직장일을 하면서도 항상 '어떻게 살아야 할지에 대한 갈증'이 있었으며, 잘살고 싶고 행복하고 싶은데 내 삶은 불안한 것 같고 어떻게 하면 좋을지 모르겠던 차에 우연히 인터넷에서 정토회 법륜스님의 글을 발견하고 정토회[5] 활동을 하면서 인생이 크게 바뀌었다."는 것이다. 그래서 비슷한 뜻을 가진 사람들이 모였고 함께 귀촌을 꿈꾸던 중 '같이 살면서 귀촌을 준비'하기로 하였다. 물론 참여인원 모두가 정토회

4) 여기에 소개되는 사례들은 필자의 연구(2017)로부터 인용된 것이다.

5) 정토회는 구호활동, 수행, 사회활동 등을 함께 하는 불교수행모임이자 시민단체라고 할 수 있다. 인터넷 홈페이지의 정보에 따르면 정토회는 "맑은 마음, 좋은 벗, 깨끗한 땅"을 목표로, 자기 마음을 살펴서 맑게 하고, 다른 사람의 존재로부터 은혜를 깨닫는 연기법을 인간관계에 적용하며, 자연을 생명의 근원으로 보는 가치를 가지고 있다(http://www.jungto.org/jungto/jungto1_01.html).

회원인 것은 아니지만 그런 회원들이 다수이며, 혹은 공동주거에 참여하면서 정토회에 관심을 가지게 되기도 하였다. 또한 공동체 내에서도 참여동기의 차이 등 약간의 입장차이 등이 존재하는데, 그런 점에서 "공동체에 참여하는 사람들의 숫자만큼의 공동체가 있다."고 말해지기도 한다. 실제로 본 사례의 발전과정에서 구성원들은 자신들의 노력을 공동체로 규정할 수 있는지 많이 고민하였다고 보인다. 그들은 본 주거공동체의 공동체성을, "아플 때 누가 돌봐줘도 되고… 포근함… 일종의 복지망, 안전망 그런 느낌"이라는 설명으로부터, "뜻을 함께하는 사람들"이라고 하는 가치지향성까지를 포괄하여 정의하였다(청년의 소셜 네트워크 기획단, 2012: 31-32).

이들에게서 공동체 형성의 직접적인 계기는 '필요'라고 보였다. 구체적으로는 적은 비용으로도 거주할 수 있는 '집'이라는 물질적 필요, 외로이 지내지 않을 수 있는 '친구', 그리고 혼자 모든 것을 책임지지 않아도 되는 지지집단, 즉 포괄적 의미에서의 '돌봄'의 공동체에 대한 필요였다. 그러나 이러한 필요가 공동체적 주거형식과 만나게 되는 계기는 결코 단일하지 않다. 예컨대 이 공동체에서 인터뷰 사례가 된 34세 남성을 놓고 보면, 적극적인 자아탐구적 배경이 존재한다. 결혼과 임금노동이라는, 근대적 생애과정에 대한 정해진 답변을 넘어 자기에게 가장 어울리는 삶을 찾고자 하는 적극성과 개방성을 특징으로 한다. 그리고 이러한 생애과정의 동력은 후기근대적 개인화 사회의 부상이라는 사회경제적 맥락 속에 놓여있다고 볼 수 있다. 위의 사례는 야마기시즘 공동체의 참여경험과 같은 직접적인 공동체 체험 외에도, 귀농청년 모임, 코뮨주의적 게스트하우스의 경험, 대안적 문화공간 참여, 개발주의 반대 활동가 모임과 같이 전통적 사회운동의 이슈와 조직과는 다른 종류의 활동경험들을 가지고 있었다. 인터넷과 SNS라는 네트워크 사회의 기술적 발전은 이러한 다양한 활동에의 연계를 가능케 한 물질적 기반이 되어주었다.

한편 공동체의 유지에 가장 중요한 것은 의사소통의 측면이었는데 특히 자신과 상대방의 '마음 나누기'에 관심이 많았던 이 공동체의 경우 이러한 점이 두드러진다. "서로 회의하고 조율하면서 의견들을 만들어 나가서 혼자 생각보다 더 좋은 결론에 도달한다는 느낌"을 주는 그러한 경험들이 쌓이면서 서로에 대한 신뢰, 공동체에 대한 신뢰가 확보되고 있었다.

2) 1인가구 네트워크의 사례

이 유형의 사례에서 거주자들은 한집에 사는 대신, 같은 임대아파트 단지 내에서 각기 1인가구로 살면서 두터운 네트워크를 유지하는 형식을 추구하고 있다. 자기로서 살고자 하는 여성들의 경우, 지역의 척박한 현실은 오히려 핵가족제도를 넘어서는 실천을 모색하게 하였다고 보인다. 2003년에 시작하여 십여 년을 지난 관계이나, 이들이 처음부터 목적의식적으로 공동체를 선택한 것은 아니었다. 오히려 시간이 지나면서 긴 논의과정을 거쳐서 결과적으로 공동체적 방식의 거주가 발생하게 되었다고 할 수 있다. 여성단체활동을 통하여 선후배 사이로 알게 된 사람들을 중심으로 모이게 된 이들은 같이 공부하고 여행다니는 등의 친교의 과정에서 형성된 우정과 신뢰를 바탕으로 대안적 삶의 방식을 고민하게 되었다. 모임이 정례화되면서는 밥과 생활 나눔, 학습을 공유했는데, 특히 지속적이고도 포괄적인 독서토론을 통하여 자신들이 만들어 갈 관계와 미래에 대한 비전을 다져가는 작업을 수행한 점이 두드러진다. 싱글여성들의 모임이었던 이들은 꼭 독신이 아니어도, 그리고 꼭 결혼이 아니어도 가능한 삶의 형식을 모색해 왔으므로 굳이 공동체라는 단어에 갇히는 것을 원하지 않는다. 참여자들은 자신들의 모임을 공동체와 유사한 어떤 것이라고 생각하면서도 "과연 공동체가 뭘까?", "우리가 하는 것이 공동체일까?" 하는 질문을 지속해 갔다는 점에서 '만들어 가는' 공동체, '열린' 공동체의 의미에 적합한 특징들을 발전시켜 왔다. 이들이 대안가족연구 모임에서 한 다음과 같은 이야기는 가족이라는 단어가 전유한 친밀성 개념의 한계를 함축하고 있다.

> "가족이란 말 말고, 다른 말이 있었으면 좋겠는데 그런 단어가 없는 게 아쉬워요. 가족에 비교하자면 가족보다 더한 게 저희인데. 혈연적인 의미를 떼 놓고 봐서는 사실 어느 부분에서는 가족 같은 게 분명해요. 그런데 가족이라고 표현하기에는 한정적인 것 같아요. **"가족이라 칭하기는 친구 같고, 친구 같다고 말하기에는 너무 가족 같고, 또 그렇다고 말하기에는 동지적인"** 측면이 있잖아요. 미래를 같이 준비해 가는 사람이니까. 저에게는 가족보다는 훨씬 더 큰 개념으로 있는 것 같아요. **(모임명칭)를 중심으로 미래를 상상하기 때문에. 우리가 대부분이 원가족에게 잘 하거든요. 그럼에도 불구하고 미래는 여기를 기반으로 상상하고 있는 거죠"(언니네트워크+가족구성권연구모임, 2012: 183).

한편 이들의 돌봄과 상호부조활동이 지속적이려면 물질적인 지지기반이 필요한데, 일차적으로 그것은 새로운 소비의 양식을 요구하는 것이었으며, '검약'을 주된 특징으로 했다. 그것은 임금노동과 연동된 카드생활에 저당잡힌 과잉소비 구조를 극복하기 위한 실질적 대안이기도 했다. 그리고 지방도시가 갖는 저렴한 주거와 생활비용은 이러한 선택을 가능케 해 준 중요한 자원이었다.

5. 후기근대 가족구성의 새 회로 찾기

지금까지 근대 100년의 역사를 통해 핵가족주의가 부상, 쇠퇴하는 과정을 살펴보면서 친밀성의 재구조화를 향한 시도들을 모색해 보고자 하였다. 먼저 20세기 전반기, 일제 강점기라는 시대적 전환기에 문명론적 비판이자 자아탐색의 일환으로서 낭만적 사랑(親愛)의 이념과 핵가족의 이상이 등장하였으나, 이후 그것은 20세기 중후반의 급속한 산업화 속에서 물질주의적 · 도구적 · 성분리적 핵가족으로 전개되었음이 지적되었다. 그리고

20세기 말 이래 신자유주의적 시장환경하에서 핵가족의 견고한 물질적 기초가 흔들리면서 역설적이게도 개인으로서의 존립의 가능성을 탐색하려는 노력들이 시작됨을 발견하였다. 그것은 높은 비혼율을 보이는 청년층은 물론, 졸혼이라는 새로운 결혼생활의 양식을 고민하고 있는 베이비부머 세대 중고령층 집단에서도 발견되는 현상이다. 이외에도 소수이긴 하나, 핵가족 이외의 대안적 친밀성의 양식을 모색하는 공동체 실험들도 등장함을 확인할 수 있었다. 이 절에서는 근대 핵가족의 편협성을 넘어서는 새 회로를 찾기 위한 몇 가지 기준을 제시해 보고자 한다. 가족은 사물이 아니며(모건, 2012: 24), 탐색해야 할 미지의 세계로, 우리의 행위와 일상적 실천을 통해서 그 의미가 만들어지는 결과물이기 때문이다.

1) 표준적 생애시간표의 문제 : '성인기' 개념의 재고

앞서 언급한 것처럼 2015년 현재 30대 미혼인구의 비율은 36.3%이다. 결혼만이 아니라 소위 사회적 성인으로 인정받기 위한 관문인 취업과 경제적 독립도 달성하기 쉽지 않은 실정이다. 개인주의를 장전한 자발적 미이행자이든, 시장의 횡포로 인한 비자발적 미이행자이든 간에 이제 학업-취업-결혼-출산으로 이행하는 근대적 생애시간표와 성인기의 개념규정에 대한 재고가 필요할 때라고 보인다.

서구 역사에서 '성인기' 로의 이행, 혹은 생애과정에 대한 논의는 학교-(분가)-노동시장-분가-결혼-출산 등의 표준화된 단계개념의 시기를 거쳐 20세기 후반 이래 탈제도화, 탈표준화의 경향에로 변화했다는 해석이 많다. 단계적으로는 제도화, 탈제도화의 과정을 거쳐왔다고 하는데 대략 아래와 같다. 즉 중등 이상의 교육 및 훈련제도가 확산되고 그것을 기반으로 노동시장에 연착륙하며, 이후 결혼과 출산으로 이어지는 생애과정이 발생한 20세기 초중반 '표준화' 의 시기, 이후 가치관의 변화와 결혼제도의 약화를 특징으로 한 60년대 말 70년대 초반 이래의 변화, 그리고 80년대 말 본격적인 개인화의 생애설계 단계를 거쳐, 90년대 이래 국제적 경쟁 강화, 노동시장 탈규제화, 구조적 실업상황 등으로 인한 위기와 불확실성의 시기를 겪게된다는 것이 그것이다(Bruckner and Mayer, 2005: 8-31; 김혜경 · 이순미, 2012 재인용). 그러나 '성인기' 혹은 '성인기 이행'의 개념은 규범적으로 문제를 가진 개념이 될 수도 있다. 이것은 학교교육과 취업, 결혼의 단계를 정상적인 생애발달의 과업으로 상정함으로써 후기근대적 생애과정의 다양성을 무화시킬 수 있기 때문이다(조한혜정, 2000). 또한 교육의 연장과 취업시기의 연기를 전제로 한 '성인기의 연기(Adulthood Delay)'라는 명제는 성인됨에 대한 규범적 태도를 깔고 있다고 강하게 비판받는다. 즉 그러한 구분은 아동에게는 의존과 미성숙, 교육대상의 의미를, 그리고 성인에게는 독립, 성숙, 노동의 의미를, 마지막으로 노년에 대해서는 의존의 의미를 부여한다는 것이다(Blatterer, 2007).

우리나라에서의 성인기 이행에 대한 논의를 검토하고 통계적으로 검증을 시도한 남춘호 · 남궁명희(2012)에 의하면 한국 사회에서는 1990년에서 2000년을 걸치며 이행의 탈표준화 현상이 나타났다고 한다. 즉 1970년부터 2005년까지의 〈인구주택총조사〉 자료의 분석결과, 1970~90년까지는 졸업-취업-결혼-출산의 사건들이 이행시점과 이행기간의 측면에서 뚜렷한 집중화와 약한 압축현상이 발생하는 표준화 현상을 보였으나, 2000년 이후에는 사건간의 발생순서가 다양해지고, 발생간격이 벌어지는 탈집중화와 탈압축 현상이 나타난다는 것이다.

그러나 탈표준화에 연착륙할 수 있는 시장과 복지제도가 미비한 탓에 이러한 변화과정에 자의반 타의반 참여하고 있는 청년 개인들의 심리는 매우 궁핍하다. 20대 청년들의 취업불안 심리와, 미취업 30대 청년들의 사회적 좌절감은 제도에 의해 뒷받침되지 않은 성인기 개념의 고정화된 좌표로 인해 더욱 깊어진다. 특히 여성의 성인기 이행이라는 사회적 관념의 효과는 심각한데, 그것은 출산이라는 과제, 모성 역할을 전제로 하고 있기 때문이다. 즉 여성의 성인기 전이는 단순히 취업과 경제적 자립이 아니라, 출산을 위한 생물학적 젊음의 시기를 놓치지 않아야 하는 문제로 인식된다. 30세를 전후로 한 번, 그리고 35세를 즈음하여 다시 한 번 경험하는 비혼여성들의 심리적 불안과 부담감은 결혼적령기라는 개념이 남성보다 여성에게 더욱 강한 압력을 행사하고 있음을 말해준다. 한국 사회에서 나이규범은 결혼 등 생애주기를 관철하는 제도와 맞물리면서 일종의 젠더화된 나이체제를 형성하고 있다고 볼 수 있다. 연령규범의 성별성과 관련화여 '젠더-나이체제'는 "나이를 성별화된 위계에 따라 배열하고, 여성과 남성의 나이듦을 특정한 방식으로 각본화함으로써 젠더를 작동시킨다."고 설명되는데(전희경, 2013), 한국에서 그것은 더욱 강력한 사회문화적 체제로 자리잡고 있다.

2) "젠더 없는 가족 없다" : 성차별에 대한 성찰과 일상생활의 민주주의

격변하는 가족과 친밀성의 영역에서 가장 중요한 차원은 젠더라고 해도 과언이 아니다. 가족은 젠더를 토대로 구성되어 있으며, 따라서 젠더에 대한 고려 없이 가족 개념은 가능하지 않다고 보는 것이 합리적이다(모건, 2012: 148-149). 가족은 가사노동을 보이지 않는 그림자노동으로 만들며, 성별로 불균등한 교환을 고착화한다. 더욱이 가족원이라면 나누어야 할 공감과 연민, 감사 그리고 그것의 직접적인 표현인 '감정노동'은 여성의 몫으로 성별화되어 가족원 간의 유대를 약화시킨다(Chambers, 2012: 189). 전 세계적으로 최고수준의 학력을 소지한 한국의 젊은 여성집단의 경우 합리성과 개인성에 대한 증대하는 요구는 더 이상 가부장적 가족제도와 공존할 수 없는 상황에 이르렀다고 보인다.

추석 이후의 이혼소송을 증가시킨다는 '명절증후군'에 대한 십여 년 전의 우려로부터, '대리효도'와 '독박가사'라는 직접적인 비판에 이르기까지, 한국 가족의 부계전통과 여성노동을 착취하는 역할구조로 인한 갈등은 젠더전쟁의 경지를 보여주기도 한다. 집단주의와 가족주의, 아들중심주의로 구성되었던 베이비붐 세대의 자녀인 에코 세대 여성 청년들은 부모세대의 물질적 토대를 배경으로 높은 교육수준을 획득했으며, 이제 더 이상 성별이라는 범주가 자연적 · 차별적 방식으로 사용되는 것을 거부한다. 2017년 현재 이들은 시장을 통한 약간의 경제적 독립성을 활용해서라도 가부장적 결혼제도로부터의 독립을 시도하고 있다. 남성과는 반대로 여성의 경우 학력이 높을수록 미혼율이 높아지는 것은 이러한 상황을 설명한다.

결혼제도에 이미 진입한 기성세대 역시 갈등은 적지 않다. 이혼율이라는 외적 지표를 언급하지 않더라도 이들의 결혼생활은 내상의 상태에 있다고 해도 과언이 아니다. 앞 절에서 확인했던 것처럼 졸혼에 대한 관심, 혹은 1인가구의 증가율이 두드러진다. 특히 남성 중장년 1인가구는 2005년에는 26.4%를 차지했던 것이 10년 후 39.3%로 증가하였다. 여기에는 만혼, 그리고 취업으로 인한 주말부부 등의 사유가 물론 크지만, 이혼과 별거와 같은 상황도 포함되어 있다. 즉 한국 사회에서 부계적 전통의 결과가 꼭 남성을 승자로 만들어 놓은 것은 아니라고 할 수 있다. 그리고 이들이 겪는 부부갈등을 단지 생계문제와 시간빈곤으로만 설명하기는 어려울 것이다.

일찍이 기든스는 순수한 관계(pure relationship)라는 후기근대적 사랑의 개념을 통해서 경제적 · 이데올로기적 규정으로부터 자유로운, 순수하게 관계의 질만이 만남의 지속을 결정하는 요인이 되는 후기근대적 사랑의 기준을 언급한 바 있다. 그리고 순수한 관계는 일상의 민주주의를 그 주요한 속성으로 한다. 즉 자유롭고 공개된 의사소통이라는 정명(imperative)은 순수한 관계의 필수조건이라는 점이다(기든스, 1996: 285). 한편 현대의 민주주의는 정치적 · 경제적 제도상의 민주주의만이 아니라, 의사소통 민주주의(communicative democracy)를 특징으로 하며, 여기서 상호작용의 모든 참여자들은 언어적 · 비언어적 차원에 걸쳐 자신의 발언권을 인정받고 배제되지 않아야 한다(Young, 2000). 이러한 원리는 사생활, 가족생활의 영역에도 그대로 적용될 수 있을 것이다. 이러한 문제의식과 관련하여 이재경은 흔히 사적 영역으로 생각되는 가정에도 공적 영역에 적용되는 '정의'의 원리가 도입되어야 함을 주장하였다(이재경, 1995). 사랑은 정의와 함께할 때 유지될 수 있는 것이기 때문이다.

3) 핵가족주의의 고립을 넘어서기 : 우정의 공동체를 위한 실험

애초 친밀성의 개념은 사랑과 결혼제도의 전유물은 아니었다. 루만에 의하면 현대화의 역사 속에서 애초 사랑은 '우정'과 경합하고 있었으나, 이후 섹슈얼리티를 포섭하고 가족의 형식을 갖춘 낭만적 사랑에 자리를 내주게 되었다고 한다(정성훈, 2011: 360-361). 그러나 일부일처 핵가족의 위상이 흔들리는 후기근대사회에서 우정은 전통적인 공동체 개념을 대체하는 대안이 될 수 있다. 프리드만에 따르면 사회적으로 규정된 역할과 속성에서 발생하는 주어진 공동체(공동체주의)인 가족 · 이웃 · 국가와 달리, 우정은 '선택'을 통해 형성되는 관계로, 이해(理解)와 가치의 공유, 애정과 존경의 상호성을 증진시킬 수 있다고 한다(Friedman, 1992: 94). 또한 기존의 관습적인 가치와 생활양식과는 다른 특성을 공유하는 사람들 사이의 밀집된 관계이므로 그 자체로 사회변혁을 위한 잠재력을 가질 수 있으며, 특히 여성주의적 '자매애(sisterhood)' 개념의 주요한 요소가 될 수 있다는 것이다. 앞의 결사체적 공동체의 분석에서도 여성들로만 이루어진 1인가구

네트워크 사례의 참여자는 자신들의 관계를 "가족이라 칭하기는 친구 같고, 친구 같다고 말하기에는 너무 가족 같고, 또 그렇다고 말하기에는 동지적인…" 것이라고 설명하였다. 이러한 형태는 친구이자 동지적 관계를 통해 돌봄의 공동체를 만들어 가려는 사람들에게 하나의 관계모델이 될 수 있을 것이다.

그러나 우정의 공동체는 일부일처 핵가족과 병존할 수도 있다. 서울의 성미산 마을공동체에 대한 분석을 보면, 핵가족의 형식이 유지되면서도 동시에 마을단위에서 발생하는 공동체의 형식이 결합하여 일종의 '우정의 네트워크'와 같은 형식의 친밀관계가 가능하다는 보고가 있다(정성훈, 2011: 366-367). 그리고 그러한 방식의 개방적인 친밀성이 마을공동체의 구성과 공공성의 수행에 중요한 역할을 하였다는 것이다. 이렇게 보면 일부일체제 핵가족이라는 제도적 강제와, 자발성에 기초한 선택이라는 이분법은 현실적인 구분이 아닐 수도 있다. 사람들은 친구, 가족, 이웃, 파트너 관계, 그리고 직업 등을 기반으로 다양한 사적 공동체(personal communities)를 갖고 있으며, 행위자들은 그것들을 자신의 상황에 따라 적절히 결합하여 사회적 지원과 동반자관계를 맺으며 살아간다(Pahl and Spencer, 2004). 문제는 핵가족이 친밀성과 서로돌봄의 연대 자원을 독점함으로써 사회를 삭막한 경쟁의 세계로 타락시키는 것에 있을 수도 있다. 우정의 네트워크와 같은 대안적 공동체의 실험들은 핵가족의 고립성을 완화시키는 데에 기여할 것이다.

4) 가족가구체계 : 가족부양의 정치경제학적 토대 정립

누구와, 언제 결혼하여, 어떠한 역할을 수행해야 할 것인가를 규정하는 이데올로기로서의 가족(Family)의 개념은, 그 물질적 기반이자 생계양식인 가구(household)의 체계와 결합함으로써 그 의미를 완성한다. 이것은 가족의 변화가 이데올로기의 변화, 라이프스타일의 다양화만으로는 완성되기 어려움을 환기시킨다. 바렛(Michele Barrett) 등은 이러한 가족의 특성을 '가족가구체계(family-household system)' 라는 개념을 통하여 설명한 바 있다. 즉 가족변화를 위한 물질적 지지체계인 가족부양의 국가정책이 미래가족을 상상함에 있어 필수요건임을 말해 주는 것이다(Barrett and McIntosh, 2015).

한국에서도 과거 IMF 직후 급증한 이혼율 증가현상, 청년 삼포세대 담론, 그리고 헬조선과 금(흙)수저론은 가족의 물질적 · 계급적 기반의 중요성을 말해 준다. 가족이 지고 있는 돌봄책임과 사교육비, 주거비 부담을 사회가 나누어 질 때 가족은 진정한 선택의 대상이 될 수 있으며, 또 그럴 경우에라야 1인가구의 개인성이 의미를 가질 수가 있을 것이다. 새로운 가족부양의 정치경제학은 진정한 개인성을 보장하기 위한 물질적 토대를 필요로 한다.

6. 결론 : 우리가 아는 가족은 없다, 그러나…

이제 더 이상 "우리가 아는 가족은 없다."라고 보는 것이 현명할지도 모른다. 그러나 이것이 반드시 가족의 해체는 아니다. 시선을 조금만 달리 한다면 우리에게는 n개의 가족이 있다고도 할 수 있다. 핵가족은 물론, 비혼과 1인가구, 동거커플, 재혼가구, 이혼 한부모가족과 비혼(부)모가족, 출산가족과 무자녀가족, 따로 혹은 같이 사는 가족(LAT: Living Apart Together), 홈 셰어링과 공동체가족, 이성가족과 동성가족, 일종의 갭이어(gap year)인 결혼 안식년 실험 등 주변을 둘러보면 꼭 이러한 단어를 사용하진 않더라도 그와 유사한 실험들이 친밀성의 영역에서 벌어지고 있음을 알 수 있다.

그러나 새로운 길은 쉽게 찾아지지 않는다. 다양한 사회적 연대의 끈들이 취약해진 속에서 오히려 가족에 대한 의존이 더욱 강화되기도 한다. 특히 취업기회가 제한된 비서울의 지역청년들에게서 가족은 가장 쉽게 의지할 수 있는 장소가 되고 있으며, '가족주의적 개인화' 라는 역설적인 표현이 가능할 만큼 청년층의 개인화는 원가족의 친밀성과 결합되어 있다(Kim, 2016). 일부 성찰적 개인들이 공동체성과 개인성을 결합시킨 결사체적 대안가족의 시도를 하고 있으나 아직 역부족이며, 이외의 다양한 실험들이 필요할 것 같다. 그럼에도 불구하고 우리는 다양한 대안적 친밀성 구성을 위한 원리들을 확인하였다. 취업 · 결혼 · 출산을 요소로 하는 '성인기' 개념과 표준적 생애시간표에 대한 재고, 성차별에 대한 성찰과 일상적 민주주의의 실천, 핵가족의 고립을 넘어설 수 있는 다양한 우정공동체의 실험, 가족부양의 정치경제학이라고 부를 수 있는 물질적 토대구축 등이 그것이다. 그리고 이러한 원리들이 일상에서 실천되기 위해서 가장 필요한 것은, 자기가 원하는 바를 대화의 주제로 올리고 토론할 수 있는 평등한 권력관계이며, 그것은 친밀성의 재구조화를 위한 가장 중요한 자원이 될 것이다.

제 8 장

위험의 개인화와 꿈의 조건 : 네 개의 서사 분석

| 신경아(한림대 사회학과) |

1. 위험의 개인화와 불안사회

한국은 '근대적 개인' 보다 '후기근대적 개인화' 가 더 뚜렷한 현상으로 진행되어 온 사회다. 근대적 개인, 곧 법적 시민적 권리와 자율성을 지닌 독립적 개체로서 개인(個人)이 시민혁명을 거쳐 근대사회의 등장과 함께 탄생한 것은 서구사회의 역사적 사실이다. 그리고 20세기 중후반 복지국가가 완성되고 또 약화되는 과정에서 질병과 빈곤, 실업, 자연재해는 물론, 핵과 방사능, 환경오염과 같은 새로운 위험이 증가되는 가운데 개인들이 자기 삶을 스스로 기획해 나가지 않으면 안 되게 된 것도 유럽을 비롯한 서구의 경험이다. '1차근대' 와 '2차근대' 또는 '근대' 와 '후기근대' 로 규정된 이런 현상은 정치적 자유와 경제적 소유권을 지닌 개인을 시민적 주체로 선언한 사회에서 신자유주의 경제질서가 확장되고 국가의 사회보호체계가 적절히 작동하지 못하는 현실을 가리킨다. 그러나 한국 사회에서는 '개인' 의 자유와 자율성의 주장보다는 자연적 · 사회적 위험을 구성원 스스로 맞서나가야 하는 '후기근대적 개인화' 의 경향이 훨씬 더 강력하고 빠르게 확산되어 왔다. 정치 · 경제 · 사회적 자유와 권리, 책임의 실현을 요구할 주체로서 개인보다 언제 다가올지 모르는 고난과 불행을 스스로 대비해야 하는 원자화된 존재들의 사회가 확장되어 온 것이다.

이런 사회에서 사람들이 느끼는 전형적인 정서(affect)는 '불안' 이다. '불안(不安)' 이란 안심이 되지 않는 심리 상태 혹은 감정을 의미한다. 신체적 혹은 정신적으로 분명한 위협을 인지했을 때 나타나는 공포와는 다른 감정이다. 공포가 위협의 존재를 인식했을 때 나타나는 감정임에 비해 불안은 그런 심리나 감정의 근거가 불분명하거나 모호한 상태를 가리킨다. 언제 어떤 불행이 나에게 닥쳐올지 모른다는 염려와, 그런 불행에 대처할 수 있는 힘과 자원이 나에게 준비되어 있지 않다는 사실이 공존하는 상태다. 더 중요하게는 나의 미래는 내가 만들어 가야 한다는 사회적 압력 속에서 미래를 만들어 갈 힘도 능력도 모자란다는 결핍감이 불안의 밑바닥에 깔린 감정이다.

한국의 압축적 근대화, 1990년대 신자유주의적 세계화와 소비자본주의의 확산, 90년대 말 외환위기 이후 지속되어 온 경제적 · 정치적 위기 상황은 2017년 현재 한국 사회의 구성원들에게 '미래'란 '불안'과 같은 의미를 지니는 것으로 만들어 왔다. 사회적 불평등의 심화, 글로벌 맥락에서 전개되는 무한 경쟁과 해체적 압력들, 노동시장의 고용불안정을 따라가지 못하는 약한 복지 시스템 속에서 한국인들은 당장의 생존과 재생산에 매달려 왔고 그 안에서 미래를 꿈꿀 여유는 없었다.

여기에 2014년 4월 발생한 세월호 사건은 한국 사회의 구성원들이 '국가'의 존재에 대한 심각한 의문을 품게 한 계기로 작용했다. 국민의 안전을 책임져야 할 의무와 그를 위한 권한을 가진 국가가 아무것도 하지 않았고 그런 책임에 대한 인정 자체를 거부함으로써, 한국인들은 경제적 생존을 넘어 가장 기본적인 수준의 신체적 생명을 유지하는 일까지 스스로 챙겨야 한다는 강박적 개인화를 경험했다. 이는 앞서 발생한 일본 후쿠시마 원전 사고와 이후 계속된 한국 사회의 방사능 오염 가능성—방사능을 포함한 비나 먼지, 오염된 식품에 대한 노출 등—에 사회적 불안과 이에 대한 대처가 매우 개인적인 방식으로 이루어졌던 현상의 사회적 맥락을 더욱 강화시켰다.

그 결과 경제적 생존이든 신체적 안전이든 스스로 책임질 수밖에 없으며 국가에 기대할 것은 없다는 체념과 부정적인 개인주의, 극도의 이기심이 대중적인 정서의 밑바닥에서 확산되어 왔다. 이것을 드러내는 사회적 현상이 '헬조선'으로 집약되는 좌절과 분노 담론의 확산이다. IMF 이후 급격히 위축된 노동시장 앞에서 입직구를 찾지 못하는 젊은 세대를 중심으로 급속히 퍼져나간 이 담론은 'N포세대', '수저계급론', '잉여', '열정노동' 등 좌절의 서사와 그에 수반되는 사회적 감정을 확산시켜 왔다.

이 글은 한국 사회의 구성원들이 겪어 온 꿈의 결핍 상황을 위험의 사사화(私事化), 불안의 개인화(個人化)라는 관점에서 살펴본다. 사회구조적인 위험이 개인적 위험으로 변환(變換)되고 위험의 예방과 관리, 대응이 개인의 책임으로 전가되어 온 과정에 대한 분석이 이 글에서 다루는 문제의식이다. 그리고 이런 문제를 다루기 위해 이 글은 담론분석을 사용한다. 생존과 안전, 번영의 문제가 개인의 책임으로 주어지는 사회에서 개인들이 지닌 경험을 분석하는 데는 '해석적(interpretative)' 접근이 효과적일 수 있다. 사회적 현상이자 문제인 위험들이 개인의 책임으로 치환되고 여기에 구성원들이 동원하는 개인적 전략들과 그것들에 대한 의미화를 포착하기 위해서는 이해(理解)의 방법이 적절하기 때문이다. 이 글은 한국 사회에서 사회적 위험을 개인의 문제로 전환해 온 담론들과 개인들의 전략, 그리고 그 결과를 둘러싼 의미화(signification) 과정에 관련된 네 개의 담론을 분석한다. 그리고 위험의 개인화 사회에서 다시 꿈을 찾기 위한 사회학적 조건은 무엇인지 탐색한다.

2. 후기근대사회의 개인화

1) 후기근대적 개인화의 특징

벡(Beck) · 벡-게른스하임(Beck-Gernsheim)의 *Individualization* (2002) 서문에서 바우만(Zygmunt Bauman)은 엘리아스(N. Elias)의 마지막 저작이 『개인의 사회*(The Society of Individual)*』였던 점을 기억하며 "구성원을 '개인'으로 불러내는 것이 현대사회의 특징"이라는 엘리아스의 통찰로 글을 시작한다. 그리고 벡, 기든스, 자신은 이런 엘리아스의 논의를 역사화(historicize)했다고 평가한다. 개인화의 의미도 계속 변하고 있으며,

지금 우리가 경험하고 있는 현상은 100여 년 전의 그것—공동체적 종속과 지배의 촘촘한 망으로부터 개인의 해방—과는 매우 다른 어떤 것이라는 것이다(Bauman, 2002: 14).

후기근대사회에서 개인화는 근대초기의 그것과는 다르다. 근대초기의 개인화는 전통적 구속으로부터 개인의 독립과 자율성의 증진이라고 하는 진보적 가치(progress)를 담은 것이었다. 프랑스 혁명과 이후의 불안정한 상황에서 부르주아 가족과 시민사회, 권리의 철학(the Philosophy of Right)을 기반으로 한 개인주의의 제도화가 근대산업사회의 특징이었다면, 이러한 계몽적 개인주의(Enlightenment Individualism)에 대해 래쉬(Scott Lash)는 그것은 개인화, 개인되기(becoming individual)라기보다는 개인의 존재조건(being individual)에 관한 것이었다고 지적한다(Lash, 2002). 산업사회의 발달과 더불어 사회구성원들은 자신이 노력하지 않아도 공동체나 전통적 집단으로부터 분리된 존재가 되었기 때문이다.

그러나 서구에서 1990년대 이후 진행되어 온 개인화는 강제적이고 강박적인 현상이다. 그것은 인간의 아이덴티티를 주어진 것(a given)에서 수행해야 할 과업(a task)으로 변환시키며 개인에게 이러한 과업의 결과까지 책임지게 한다. 따라서 무엇인가가 '되어야 할 필요'는 현대사회 구성원들의 삶의 특징이 되었고, 이에 대해 바우만은 "개인화는 운명이다."(Bauman, 2002: 16)라고 선언한다. 가족이나 계급, 공동체, 국가와 같은 제도들이 약화되고 역할들이 탈규범화되는 사회에서 개인들은 이제 스스로 규칙을 찾아다니지 않으면 안 되게 되었다는 것이다. 규칙 준수(rule following)적 삶에서 규칙 발견(rule finding)적 삶, 또는 래쉬의 용어로 규제적 규칙(regulative rules)에서 구성적 규칙(constitutive rule)으로 삶의 규칙들이 달라져 왔다는 것이다.

이같은 개인화는 인간에게 더 많은 자유와 선택을 가져다주었는가? 이에 대한 답변은 논자에 따라 다르지만 벡과 바우만, 래쉬가 그리는 그림은 우울한 풍경에 가깝다. 벡은 2차 근대 개념을 통해 현대인의 실존적 조건을 규명하면서 이 시대의 개인은 이전 세대는 갖지 못했던 선택(choices)이라는 특징을 갖지만, 그들에게 필요한 선택을 내리기 위해 충분한 성찰적 거리(reflective distance)를 얻지 못한다고 보았다. 불확실성과 위험이 지배하는 사회에서 그들은 성찰을 위한 시간도 공간도 갖고 있지 못하기 때문이다. 따라서 그들은 그때그때 임시방편적으로 뜯어 맞춘 브리꼴라쥬적 전기(bricolage-biographies)에 만족해야 한다. 이처럼 후기근대사회에서 개인들의 사고와 행동은 성찰적(reflective)이 아니라 반사적(reflexive)인 것이다(Beck and Beck-Gernsheim, 2002). 그리고 권력과 불평등은 착취보다는 배제를 통해 작동한다. 바우만 역시 후기근대사회에서 개인은 법률상의(de jure) 개인일 뿐, 사실상의(de facto) 개인은 되지 못한다고 보았다(바우만, 2005). 개인은 끊임없이 결정을 내리고 자기 운명을 만들어 가도록 요구받지만 그들이 내린 결정을 현실화하기 위한 자원은 가지고 있지 않다. 나아가 그는 우리 시대의 불안정하고 유동적인 특징(액체근대성)은 사회 내 개인들의 위치가 아니라 개인들이 접근할 수 있는 위치 자체가 끝없이 변하고 있다는 점에 있다고 본다. 움직이고 있는 개인들만이 아니라 개인들이 달리고 있는 트랙과 그 결승점이 계속 바뀌고 있다는 것이다(Bauman, 2001). 이러한 여정의 끝에는 최종적인 재진입(re-embeddedness)에 대한 전망은 없으며, 여정 위의 존재는 궤도에서 떨어져 나온 개인(disembedded individuals)으로 살아가야 한다. 이러한 현실을 두고 부르디외 역시 현재에 대한 이해, 즉 자신의 운명을 통제할 수 있다는 자신감은 우리 사회에 살고 있는 남녀가 가장 현저하게 결여하고 있는 특징이라고 지적했다. 운명으로서 개인성과 자기주장(self-assertion)을 위한 실제적 능력으로서 개인성 사이에는 격차가 커지고 있다는 것이다.

개인화의 다른 측면은 시민권(citizenship)의 부식(腐蝕)과 완만한 해체다. 사람들이 자유로워질수록 공적인 관심에서 멀어지기 때문이다. 후기근대사회에서 나타나는 중요한 현상은 공적인 것이 사적인 것에 의해 식민화되는 것이다(바우만, 2005). 공적 관심은 공적 인물들의 사적인 삶에 대한 호기심으로 축소되고 공적 삶의 기술은 사적 사건의 공적 과시, 사적 감정의 공적 고백으로 축소된다. 그리고 그러한 축소에 저항하는 공적 이슈들은 이제 더 이상 이해할 수 없는 것이 되어 가고 있다.

2) 자기몰입 문화(Self-Culture)

바우만은 우리가 살고 있는 현재는 과거와는 아주 다른, 낯선 어떤 것(fully and truly foreign)이라고 주장한다(Bauman, 2001). 과거에 인간을 둘러싼 집단과 공동체, 그로부터 구성된 문화는 "무한한 우주의 혼돈을 의미 있는 질서로 전환시키는 삶의 공식(formula)"을 제공하였다(Giddens, 1991). 이러한 공식적 진리(formulaic truths)는 존재의 기본적 차원들의 질문에 대한 대답과 일상생활의 목표를 제시해 주었다. 그러나 현재는 과거로부터 급진적 단절을 겪었고 이 시대의 개인들은 어떤 공식도 없이 살아가야 한다. 현대인의 자아정체성은 더 이상 검증된 처방에 의존할 수 없게 되었고 그들은 우연으로 가득 찬 세계에 벌거벗은 채로 내던져져 있다. 전통적으로 주어졌던 문화적 각본(cultural scripts)의 해체와 그만큼 더 중요해지는 자아정체성의 요구는 탈전통적 현재(post-traditional present)의 핵심이다.

개인들은 엄격한, 주어진 사회적 지위—성역할과 같은—로부터 해방되며, 그들 자신의 삶을 구축하고 자신의 일대기에 질서를 부여해야 한다(Bauman, 2001: 47). 그들은 여전히 사회세계의 자원들을 이용해서 의미 있는 자아감각을 생산해야 하지만, 이것은 늘 성찰적 과정이다. 자아는 따라서 일련의 성찰적 선택들로부터 구성되고 유지된다. "자아는 성찰적 프로젝트가 된다"(Giddens, 1991: 32). 그것은 계획된 궤적과 그에 관련된 라

이프스타일의 선택을 포함하며, 사람들은 의미 있는 전기적 내러티브를 만들기 위해 질주한다.[1)]

따라서 벡은 후기근대사회에서는 자기몰입 문화(Self-Culture)가 지배하게 되었다고 주장한다(Beck and Beck-Gernsheim, 2002: 43). 자기 자신만의 삶과 독특한 라이프스타일을 추구하는 이러한 문화적 지향은 자기에 대한 인정(the recognition of the self)을 전제로 한다. 그것은 개인이 지닌 자아의 비결정성, 갈등, 위기, 발전적 기회들의 제 측면에 대한 관심의 확대를 의미한다. 그러나 벡은 자기몰입 문화의 또 다른 측면을 지적하는데, 자아지향을 가진 개인들은 바로 그 특성 때문에 서로 간의 구속을 느낄 수밖에 없다는 것이다. 각자 자신의 자아를 중심에 두고 그 욕구에 충실하려 하기 때문에 역시 자기지향적인 타인과 충돌하고 갈등할 수밖에 없다는 것이다. 따라서 이러한 문화는 1인가구의 증가, 분리를 중시하는 라이프스타일, 이혼율의 상승으로 이어진다.

자기몰입적 문화는 자유의 성취를 의미하는가? 벡은 자아의 전면적 등장을 '자아의 무대화(staging of self)'라고 규정하고 젊은 세대를 중심으로 확대되는 심미적 라이프스타일—자신의 삶을 예술작품으로 만들려는 욕구—이 그 한 예라고 보았다. 또한 이것은 정치적 행동에서 단순한 참여가 아니라 자기-조직적, 자기-권위적, 자기-준거적 행동을 낳았다고 해석한다(Beck and Beck-Gernsheim, 2002: 43). 이에 비해 바우만은 훨씬 더 비관적이다. "약화되는 사회적 규범으로부터 떠오르는 것은 벌거벗고 겁에 질리고 공격적인 에고이며, 자신을 찾고 애정 어린 관계를 찾아다니지만 그것은 자아의 정글 속에서 길을 잃는다. 자아의 안개 속에 갇혀 있는 사람은 자신이 고립되었다는 것을 알아채지 못한다. 에고의 고독한 구속은 대중의 형벌이다"(Bauman, 2002: 18). 자아몰입적 삶은 자유의 확대라기보다는

---

1) 그리고 이러한 성찰적 과정으로서 자아 프로젝트는 앞의 벡의 주장처럼 점차 성찰성을 결여하면서 반사적인 것이 된다.

구속의 증대로 해석되어야 한다는 것이다.

3) 나르시시즘의 사회

자기몰입적 문화는 후기근대사회를 나르시시즘의 사회로 만들어 왔다. 래쉬(Christopher Lasch)는 후기자본주의 사회의 정신적 골격을 나르시시즘(Narcissism)의 문화로 설명한다(Lasch, 1991). 래쉬는 서구사회가 1970~80년대 이후 병적 나르시시즘이라고 불릴 만한 심리적 반응들을 생산해 왔음을 지적하고 그 특징을 과장된 자아(exaggerated self)의 주요 역할로서 방어적 판타지(fantasy)를 유지하는 데 있다고 보았다. 초기 나르시시즘이 적절히 자존적 에고이상(ego-ideal)으로 내면화되지 못했기 때문에 병리적 나르시시스트는 역설적으로 자신의 전능감을 유지하기 위해 타인의 관심에 의존한다(Adams, 2007: 110-111).[2]

래쉬는 이같은 나르시시즘적 문화를 낳는 기제로 전문가집단, 상품화, 대중치료요법의 3가지를 지적한다. 첫째, 가족에 대한 전문가들의 개입이다. 자아정체성의 경계는 가족의 일상생활과 습관을 통해 형성되며 가족은 개인이 자아감, 자기 역할, 역할 행동을 학습하는 공간이다. 래쉬는 가족의 삶, 특히 부모 역할에 시장의 기관들이 침투함으로써 나르시시즘적 문화가 양산된다고 보았다.[3] 사회로부터 분리된 가족은 아이에게 극도로 집중하

2) 타인과의 관계는 극도의 필요와 차가운 무관심(aloofness), 과도한 기대 사이에서 진동한다. 다른 사람들은 '욕구충족의 대상'으로 결정적인 중요성을 갖지만 병적 나르시시스트에게 그들은 동등한 욕구와 자아감을 가진 분리된 인간 존재라기보다는 적대, 경멸 또는 이상화의 대상으로 인식된다. "자신의 중요성에 대한 과도한 과시와 타인의 숭배에 대한 과도한 열망"(Karen Horney)의 두 경향이 특징이라는 것이다. 과장된 자아의식은 자기에 대한 의심, 열등감, 타인과의 고통스러운 이중적 관계와 공존한다. 취약성에 대한 과도한 느낌, 비판에 대한 민감성, 질투심, 성공 · 권력 · 미 · 총명 · 이상적 사랑에 대한 지속적 환상, 노년과 죽음에 대한 공포, 만연된 공허감과 고립감 등의 현상이 그 징후들이다(Adams, 2007).

3) 현대사회에서 양육과 관련된 모든 것들은 관료제와 전문가 집단에 종속되고 있다. 부모들은 그들 자신의 부모들이 했던 실수를 되풀이하는 것을 두려워하여 전문적 서비스 기관의

고 부모-자녀 관계의 과열된 연계(nexus)가 강화된다. 이처럼 가족은 한편으로는 부모 역할을 외부 권위자들에게 빼앗겨 왔고, 다른 한편으로 남아 있는 권위는 점점 더 고립되고 압력을 받으며 검사받고 불확실해진다. 완벽한 부모의 이상이 강조될수록 부모들은 자신감을 잃기 쉽다. 그 결과 외면적으로는 열성적이지만 따뜻함을 찾아보기 어려운 돌봄 속에서 아이들이 성장한다. 이처럼 나르시시즘은 부모들을 이루어질 수 없는 이상의 덫에 가두어 놓으며 부모들의 변덕스러운 자존감은 이렇게 지속된다.

둘째, 상품화다. 상품 광고는 나르시시즘을 필수적이고 적합한 심리적 대응으로 만들어 간다. 소비문화는 사물을 자아의 연장으로 인식하도록 만든다. 개인은 자신을 교환가치로 인식하며 타자 역시 상품으로 인식하는 등 인간관계가 물화된다. 소비는 사랑과 친밀성이 협상되는 방식 그 자체가 되며 인간관계는 유동적이고 회피적인 것이 된다. 개인은 다양한 소비지향적 라이프스타일 속에서 자아를 확인하며 시민은 소비자로 전환된다.

셋째, 테라피, 즉 대중치료요법(the therapeutic sensibility)이다. 후기자본주의 사회에서 개인의 주체성은 테라피 전문가집단에 의해 식민화되어 왔다. 테라피는 정신건강의 회복이라는 슬로건 아래 현재적 구원의 개념으로까지 인식되고 있지만, 이러한 구원요법은 성취불가능하다. 개인은 자신의 안녕(安寧)을 위해 외부의 정의에 의존하므로 이는 항상적인 경계상태를 요구하기 때문이다. 건강은 영원한 자기 감시(watchfulness)를 필요로 하므로 이는 불안과 자기 의심을 낳는다. 테라피를 숭배하는 문화는 나르시시즘을 정당화하고 장려한다. 자신을 끊임없이 염려하고 점검해 가기 때문이다. "21세기 초 테라피 문화는 자아의 프로젝트에서 표준화된 문화적 내러티브를 증대시키고 자기 선택적인 개인화에 대한 환상을 비웃는다. 자

새로운 소비자가 되고 생활 법칙으로서 전문가들의 판에 박힌 절반의 진리를 수용하지만, 전문가의 의견이 일치하는 것이 아니며 일관되지도 않다. 부모 역할에 관련된 '지식'은 대량생산과 대량소비의 순환의 일부로 제공되며 결코 오래 지속되지 않기 때문이다. 때문에 부모들은 만성적 불안의 상태에 있다.

율성을 증진시키기 위해 사람들은 전문가 시스템에 '의존' 해야 하기 때문이다"(Adams, 2007: 121). 그 결과 자아는 더 우울해지고 사회심리학적 파편화가 증대한다.

3. 개인화 사회의 담론들

1) 불안에 대한 개인적 스토리텔링

한국 사회에서 불안은 언제, 어떻게 개인의 문제로 전환되었는가? 이를 살펴보기 위해 가장 뚜렷한 경향을 보인 미디어로 일간지 〈조선일보〉의 기사를 분석하였다. [그림 1]은 1990년부터 2010년까지 조선일보에 기재된 '불안' 관련 기사를 고용 관련 불안과 일반불안으로 분류한 것이다. 고

[그림 1] 1990년부터 2010년까지 불안 관련 기사 빈도 : 조선일보

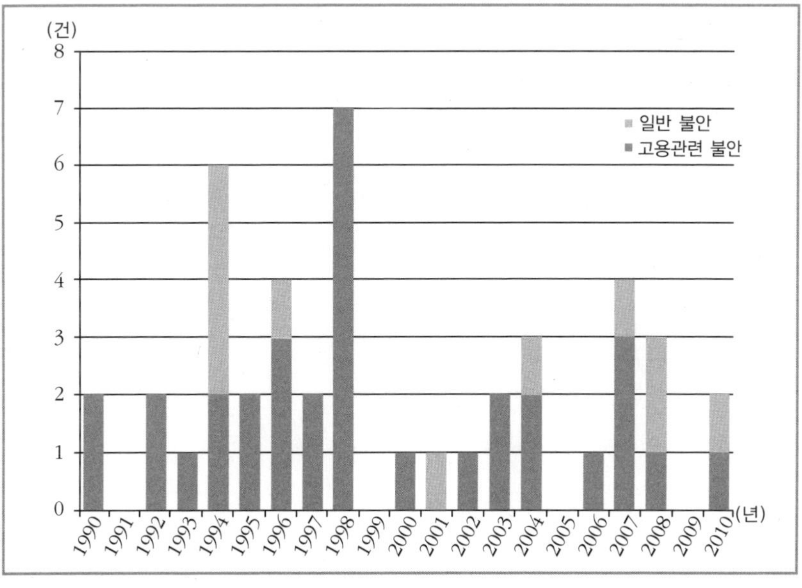

용 관련 불안은 노사불안, 고용불안, 실직불안, 취업난 등으로, 일반불안은 식품불안, 치안불안, 노후불안으로 구성된다. 불안 관련 기사는 1994년 갑자기 많아졌다가 1998년 정점에 달한 후 2000년대 들어서는 급격히 감소한다. 그리고 기사 내용에서 전반적으로 고용 관련 불안이 많지만, 2000년대 들어서는 노후불안 등 생활불안 관련 기사도 증가하고 있다. 이 시기 고용불안 관련 기사들은 기업의 감량경영과 수출부진으로 인한 일용직의 확대, 희망퇴직 증가, 이와 관련된 파업 등을 다루고 있으며, 노사갈등에 대처하고 물가인상을 억제하기 위한 정부의 정책을 주문하고 있다.

1994년에는 북핵 관련 긴장이 고조되는 가운데 국제사회의 대북제재 움직임이 긴박해지자 전쟁의 우려뿐 아니라, 4월부터 9월까지 벌어진 지존파 살인사건, 10월 성수대교 붕괴 등 시민들이 느끼는 '안전에 대한 불안' 이 여러 사건들을 통해 다루어지고 있다. 삼풍백화점에 이어 성수대교 붕괴, 지존파 살인사건은 경찰의 미흡한 수사와 부실공사, 백화점의 사고대처 능력의 부재 등 구조적인 문제가 불안 요인으로 분석되고 있다. 또한 1994년 9월에는 한국갤럽과 함께 전국의 성인남녀 534명을 대상으로 한 설문조사를 실시하고 "한국갤럽 조선일보 여론조사" 라는 기사를 게재하였다.[4] 이 기사에 따르면 "범죄발생의 가장 큰 이유는 무엇이라고 생각하는가" 라는 설문에 대해 사회적 요인이 높은 비중을 차지한 것으로 나타난다. 구체적으로 빈부격차(27.5%), 인간존중의 가치규범 파괴(22.8%), 물질만능 사회풍조(21.9%), 가정문제(16.1%) 등의 순이었다. 당시 시민들을 불안에 떨게 했던 '지존파 범죄' 에 대해서는 이 사건의 원인이 사회에 있다고 생각하는 사람들이 58%로 개인에 있다고 보는 사람들(38%)에 비해 20%나 더 많은 것으로 나타났다([그림 2]). 이런 인식 때문인지 응답자의 절반 이상(50.8%)이 "범죄를 줄이기 위해선 먼저 사회 · 경제적 문제가 해결되

4) 조선일보, "한국갤럽 조선일보 여론조사" 1994년 9월 26일자 기사.

[그림 2] 지존파 범죄의 발생원인에 대한 여론

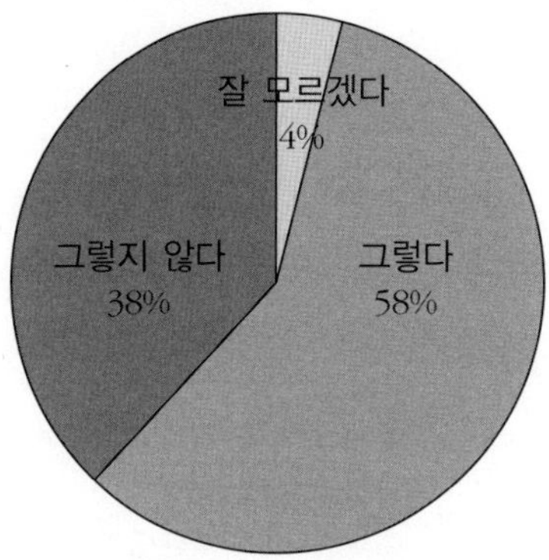

출처 : 조선일보, "한국갤럽 조선일보 여론조사" 1994.9.26. 자료를 재구성.

어야 한다"는 의견을 보였다.

그러나 사회적 위험과 불안에 대한 기사는 1998년 경제위기가 증폭되면서 방향을 선회한다. 'IMF 구제금융' 이라는 유례없는 국가 부도사태에 직면해 사회구조적 위기가 폭발했지만 이에 대한 대처는 개인의 책임으로 기술되는 양상을 보인다. 이러한 경향은 95년도부터 두드러진다. 기업의 구조조정으로 퇴출의 위기에 몰린 40대 직장인들의 상황을 "정보화 시대에 따라가지 못하는" 사람들로 묘사하거나, "무력감"이나 "자살충동"과 같은 심리적 상태에 초점을 맞추는 기사들이다.[5] 그리고 이런 구조적 위기를

5) 95년 8월의 "정보화 격랑 흔들리는 40대 중견간부"라는 기사에는 전자화 작업이 거세게 불고, 팀제와 연봉제, 계급 정년 등의 대기업의 조직 개편과 인사 개편이 이루어졌다고 소개한다. 이러한 변화 속에서 40대 안팎의 중견 간부들은 자진사퇴를 하거나 새벽 일찍 영어학원에 다니고 잘 다루지 못하는 컴퓨터로 결제를 처리하면서 '컴퓨터를 빨리 배워야 하는데' 하는 부담감을 갖고 우울하게 하루를 마친다고 설명한다. 이렇게 고용불안 관련 기사들은 40대 중견간부의 일상을 소개하고 개인이 불안을 해소하기 위해 영어학원에 다니거나, 컴퓨터를 배우는 등의 모습을 보여 준다. 기존의 기사들이 고용불안으로 인해 개인이 어떻게 불안을 느끼고 있는지에 대해서 한두 줄 정도의 인터뷰를 소개하는 것과는 매우 대조적이다. 한 개인이 직장에서 겪는 문제들과 그 안에서 불안을 해소하기 위해 노력하는

개인의 실패로 치환하는 텍스트에서 자주 사용되는 해석의 자원은 심리학이다.

1996년부터 97년 외환위기를 거치는 동안 게재된 실직불안과 고용불안에 관한 기사들은 한국 사회에서 불안의 문제가 심리적 질병으로 해석되고 의학과 심리학의 치료 대상으로 전환되고 있음을 보여준다. 1996년 9월 "무력, 좌절감, 자살충동"이라는 기사에서는 직장에서 감원대상으로 불안해하는 40대 직장인들이 퇴직증후군(Retirement Syndrome)을 호소하는 사례가 늘어나고 있으며, 불안감 · 우울감 · 불면상태 · 두통 · 소화불량 등의 증상을 겪는다고 소개한다.[6] 1996년 12월에는 "언제 당할지 모른다 생존자 증후군"이라는 기사에서 실직 증후군(Layoff Syndrome)에 대해 설명하고 있다. '증후군(syndrome)' 이란 용어는 본래 의학용어로 '동시에 발생한 일련의 증상들' 을 총괄적으로 나타내는 말인데,[7] 이것이 '퇴직증후군', '실직증후군', '생존자증후군' 과 같이 여러 가지 사회문제들에 대한 개인의 심리적 불안을 설명하는 용어로 사용되기 시작한 것이다.

불안한 상황에 대한 해결책도 개인적 차원에 집중되었다. 1997년 "재테크 강좌 붐" 이라는 기사에서는 대기업의 부도 러시와 명예퇴직 등으로 가장들의 수입이 불안해지면서 주부들이 각종 재테크 강좌에 몰리고 있다고 설명한다.[8] 또 이러한 여파로 『부동산으로 1억 벌기』 같은 재테크 서적들이 베스트셀러의 대열에 오르고 있다고 소개한다. 같은 해 "명문대생-주부-직장인까지 가세"라는 기사에서는 취업난을 반영하여 고시학원이 수험생들로 밤늦게까지 장사진을 이루고 있음을 알려준다.

그런데 이러한 불안과 그것에 대한 대응 관련 기사에서 주목할 만한 점

모습을 스토리텔링 방식으로 제시하는 것이다. 이러한 기사의 등장은 구조적인 불안을 개인적인 대응의 문제로 초점을 바꾸어 가는 언론사의 관점을 보여준다.

6) 조선일보, "무력…좌절감…자살충동," 1996.9.16.

7) 네이버 지식사전(http://terms.naver.com/), 한국사전연구사.

8) 조선일보, "재테크 강좌 붐," 1997.8.12.

은 스토리텔링(story-telling)이다. 한 예로, 1998년 "IMF 6개월 중산층 반쪽 살림"이란 기사는 서울 중랑구 신내동에 사는 부부의 이야기를 소개하고 있다. 남편의 월급이 20% 줄자 가정에서는 우유와 오렌지주스를 끊고, 아이들의 태권도와 미술학원을 끊으며 긴축살림을 하고, 아내도 주1회 정도 아르바이트를 한다는 사연이다. 그 와중에 남편의 회사에서 감원이 있다는 소식이 들려오면서, 부부는 회사를 그만두면 무엇을 할 것인가 고민하면서 김밥가게, 문방구, 보험설계사 등등의 이야기를 나누며 오히려 사이가 가까워졌다는 해석까지 등장한다.[9]

스토리텔링은 심리학이나 의학적 지식과 결합해 불안에서 벗어나는 책임이 개인에게 있음을 효과적으로 환기시킨다. 2000년에 들어서면 '컴퓨터 포빅(computer phobic, 컴퓨터 공포증)' 에 대한 기사가 보도되는데, 정신과 병동에 컴퓨터 공포증으로 두통, 소화불량, 불면증을 호소하는 중장년 환자들이 찾아오고 있으며, 이들은 직장이나 주변에서 '컴맹' 으로 취급받는 사람들이라는 것이다. 이 기사에서도 역시 자동차회사에 근무하는 차장 직급 40대 남성의 일상이 소개된다. 그는 8시까지 출근이지만 6시 30분에 출근하면서 컴퓨터를 못해도 성실하다는 이미지를 보이려고 노력하는데, 이에 대해 주변 사람들은 '고육지책의 생존방법' 이라고 안타까워 한다는 사연이다. 이처럼 '컴퓨터 포픽' 을 호소하는 중장년층에 대해 영동세브란스병원 정신과장은 "지레 겁을 먹고 스트레스를 받아 정신적 공황상태에 이를 필요는 없다."며 "'나도 할 수 있다.' 는 적극적인 자세를 갖고 디지털 혁명에 동참해야 한다."고 강조한다.[10] 이렇게 외환위기로 인한 구조적인 불안의 문제들은 다양한 용어를 통해 개인의 심리적 불안으로 치환되고, 그들의 일상에 관한 스토리텔링을 통해 실감나게 전해진다. 그리고 이러한

9) 조선일보, "IMF 6개월 중산층 '반쪽 살림'," 1998.5.30.

10) 조선일보, "벤처-인터넷 '핵폭발' (7): 디지털 소외됨 컴맹-넷맹 불안-스트레스에 정신병까지," 2000.3.2.

불안은 의료적 조치나 상담, 교육 등 개인이 시간과 노력을 쏟아 해결해 가야 하는 문제로 자리 잡아 간다.[11]

2007년 "가만히 있으면 불안, 공부 · 알바 · 봉사활동 · 기업 인턴십 · 자격증 취득준비, 대학가 공휴족 급증" 이란 기사에서는 쉬는 것이 두려운 사람들이라는 의미의 공휴족(恐休族)이라는 용어까지 등장한다.[12] 대학생들은 취업을 위해서 '바쁨' 에 중독되고, 쉬는 것을 두려워하며, 장래에 대한 불안감에 강박증을 지닌 것으로 묘사된다. 스펙 쌓기 열풍, 학원 중독, 불황산업의 호황은 각종 증후군, 우울증, 강박증으로 불안해하는 개인들의 모습을 보여주는 데 집중한다. 이제 구조조정이나 실업과 같은 사회문제는 '취업난' 이라는 개인들의 문제로 변환되고 이를 극복하기 위한 개인들의 치열한 경쟁은 '자기계발' 이란 이름으로 포장된다. 대규모 실업사회에서 위험의 사사화(私事化), 불안의 개인화가 진행되고 있는 것이다.

2) 자기계발 담론과 자아의 숭배

IMF 위기 이후 '자기계발' 열풍은 20여 년이 지난 현재까지 식지 않고 있다. 학점과 어학, 자격증 취득과 같은 강박적 스펙 쌓기부터 패션, 다이어트, 성형에 이르기까지 자기계발 산업은 신자유주의 시장경제의 가장 인기 있는 아이템으로 자리 잡아 왔다.

---

11) 2000년대 들어서면 이러한 경향은 더욱 뚜렷해진다. '스펙' 이라는 단어는 '직장을 구하는 사람들 사이에서, 학력, 학점, 토익점수를 합한 것'을 이르는 말로 2004년 '국립국어원' 신어자료에 수록되었다. 이 단어는 조선일보에 2005년 "대학가 선거 변했다: 운동권 내세우면 외면, 복지공약 만발"이라는 기사에 처음 등장한다. 이 기사에서는 대학가의 선거에서 후보들이 운동권임을 강조하는 것이 아니라, 대학생들의 관심이 취업에 쏠리면서 취업 관련 공약들을 강조한다는 내용이다. 학생들의 스펙을 유리하게 만들어 주기 위한 학업환경 개선과 같은 공약들이 등장하고, 인기를 얻고 있다는 분석이다.

12) 조선일보, "'가만히 있으면 불안' 공부 · 알바 · 봉사활동 · 기업 인턴십 · 자격증 취득준비… 대학가 '공휴족' 급증," 2007.2.22.

이런 자기계발서 열풍은 신자유주의적 무한 경쟁사회에서 자기 통제 테크놀로지이거나(서동진, 2010), 일상적 실천으로서 소비를 통해 다양한 효과를 낳을 수 있다(전상진, 2008). 베스트셀러로 알려진 일련의 자기계발서들이 자신을 돕든(self-help), 전략적으로 관리하든(self-management), 무언가 만들어 내거나(self-development), 잠재적 역량을 강화하든(self-empowerment) 각 세대의 특정한 스타일이 있다는 지적도 제기되었다(오찬호, 2009). 또 신자유주의 체제가 확대되면서 개인은 자기계발의 주체로서 자신의 삶을 구조적 불평등과 관련해 인식하기보다는 개인의 선택과 조건에 따른 것으로 인식한다는 해석도 제시되었다(박소진, 2009).

자기계발서의 지적 자원은 심리학과 경영학에서 찾을 수 있다. 자기계발의 영역은 개인의 문화자본(스펙)과 육체자본(몸)의 향상뿐만 아니라 마음과 감정, 의식의 수정으로까지 나아가고 있기 때문이다. 거시적 사회 변화를 기다리기보다 자신을 바꾸는 것이 더 현실적일 것이라는 기대와, 직접적인 영향력을 발휘할 수 없는 사회정책을 바꾸는 데 시간과 에너지를 소모하기보다 자기 삶에 집중하는 것이 더 효과적이라는 셈법이 자기계발로 향하는 심리적 동학이다(이정원, 2013).

따라서 대부분의 자기계발서들이 제시하는 해법들은 통속화된 심리학과 경영학 담론이다. 서동진은 푸코의 논의를 빌려 자기계발하는 개인이란 스스로를 도구로 삼는 존재라고 해석한다(서동진, 2010). 그의 주장에 따르면, 1990년대 전후 세계적으로 확산된 경영 담론은 자기계발 서적에 몰두하는 개인의 탄생에 영향을 주었다. 변화된 자본주의적 경제 현실을 진단하는 새로운 경영혁신 기법들은 경영자에게 훌륭한 경영기술을 제공하는 데 그치지 않고 '일'이나 '노동자'에 대한 새로운 정체성을 기획해 왔다. 이제 일은 기업에 예속된 노동자들의 직무가 아니라, 스스로를 관리하는 노동주체들이 자신의 역량을 발휘하여 해결해야 할 과업이 되었다는 것이다. 여기서 자기계발이란 자기 통제의 테크놀로지, 즉 개인이 자신의 수단을 이용하거나 타인의 도움을 받아 자기의 신체와 영혼, 사고, 행위, 존재 방법을 일련의 작전을 통해 효과적으로 조정할 수 있도록 해 주는 장치의 획득을 의미한다는 것이다.

그런데 이런 자기 통제의 테크놀로지가 그리 성공적인 것은 아니다. 미용성형의 경우가 전형적인 사례다. 미용성형 의료의 통치성 기획을 가능하게 하는 합리성은 개인의 의지에 의해 더 나은 몸과 자아를 '선택' 할 수 있다는 논리다. 그러나 '의도하지 않은' 몸 · 자아의 반응은 이 기획이 불완전하고 부분적인 프로젝트임을 드러낸다(태희원, 2012). 미용성형에 의한 '변신' 은 자기계발의 극적인 장치가 되면서 여성 개인을 임파워시키는 측면이 있지만 여성을 끊임없는 자기 감시에 종속시킬 수 있고 여성들 간의 관계를 경쟁적으로 만들어 '뒤처짐' 에 대한 불안과 감정적 상처를 초래하기 때문이다.

한국에서 가장 많이 팔린 자기계발 서적의 하나인 『누가 내 치즈를 옮겼을까』(진명출판사, 2008)를 살펴보면, 자기 통제 테크놀로지의 핵심 명제를 읽을 수 있다. 이 책의 주장은 누가 내 치즈를 옮겼는지 불평하는 대신 새로운 치즈를 찾아 떠나라는 것이다. 심리학과 의학을 공부한 저자는 이 책에서 치즈, 즉 성공이나 행복 등 인간이 원하는 것들을 얻기 위해서는 과거에 대한 집착에서 벗어나 변화에 적응하고 스스로 빠르게 변화할 수 있어야 한다고 강조한다. 이러한 논조는 결국 신자유주의 무한 경쟁사회와 반복되는 경제위기 속에서 개인들은 국가나 사회의 정책변화보다는 개인적 해결책을 찾아 돌파해 가야 한다는 해석으로 이어질 수 있다(엄혜진, 2016a, b). 이 책은 폭발적인 판매부수만큼 감상문도 적지 않은데, 이 책에서 얻은 '교훈' 이라는 제목 아래 인터넷에 올라온 글들 중 하나를 소개하면, "IMF 이후 구조조정이 일상화된 현실은 기존의 관행과 새로운 모험의 갈림길에서 주춤거릴 조금의 여유도 허용치 않는다는 점을 고려할 때, 이 책은 자신의 경쟁력을 키우기 위해 변화를 꾀하고자 하는 보다 많은 이들에게 자신감을 줄 것"이라는 주장이 있다.[13] 고용불안이라는 사회적 상황을 탓하기보다는 이직을 통해 변화된 노동시장에 적응하는 개인적 전략을 취하라는 메시지다.

역시 오랜 기간 베스트셀러로 기록된 『부자 아빠 가난한 아빠』(민음사, 2000) 시리즈는 부자가 되기 위해서는 학교에서 배운 지식으로는 부족하며 사업가가 되기 위한 경제적 지식과 경영 기법을 공부해야 한다고 주장한다. 따라서 가난한 아빠는 변화에 둔감하고 수동적인 존재로, 부자 아빠는 도전적이고 창의적인 존재로 정의된다. 결국 사회경제적 상황이 어떻게 달라지든, 그 결과 자신의 경제적 형편이 어떻게 되든 그것은 자신의 책임이며 시장의 변화를 미리 읽고 도전하지 않는 무능력에서 원인을 찾아야 한다는 주장이다. 신자유주의 경영 담론과 통속적 심리학을 뒤섞어 사회적 문제인식 대신 개인적 경쟁의식을 부추기는 논리들이다.

이러한 자기계발서들에 내포된 공통된 특징은 개인적 자아, 곧 '나'에 집중한다는 점이다. 자기계발서의 대표적 사례로 알려진 스티븐 코비의 『성공하는 사람들의 7가지 습관』을 비롯한 대부분의 문헌들은 '나'를 성찰하고 '나'의 욕구를 읽어 내며 '나'의 영향력의 범위를 파악하여 포기할 것은 포기하고 얻을 수 있는 것은 얻어가라는 메시지를 담고 있다. 또 '비폭력대화' 등 커뮤니케이션 분야의 자기계발서들이 제시하는 핵심적 의사소통 방법은 '나'에 초점을 두고 나의 반응을 조절해 가라는 것이다. 상대방에게 화가 났을 경우, 그 상황에 문제를 제기하고 변화를 요구하기보다는 나의 감정을 보살피고 반응을 조절하여 상황이 악화되는 것을 막아야 한다는 주장이다. 그것은 타인에게 어떤 영향력을 미칠 수 없는 개인들이 자신을 조절하여 자신의 상처를 줄이고 평정을 유지할 수 있는 능력 개발을 목표로 삼는다.

---

13) [리더십] 90호 누가 내 치즈를 옮겼을까－우화로부터 배우는 변화에 관한 교훈(http://disciplen.com/View.asp?BID=1093&PageNo=62)

책을 쓰고 읽는 목적 자체가 '자기'를 '계발'하는 데 있으므로 이들 서적에서 '나'에 초점을 두라는 것은 어쩌면 당연한 주장일 것이다. 여기서 교육과 훈련의 대상은 일방적으로 '나'뿐이다. 나를 괴롭히는 다른 사람이나 집단, 사회구조적 모순들은 훈육 또는 시정(是正)의 대상에서 벗어나 있다. 세상은 그대로이지만 '나'만 변하면 모든 것이 달라질 것이라는 극단적인 주관주의, 유아론(solipsism)의 흔적을 엿볼 수 있다. 그러나 이런 주관주의가 전부일까? 2011년 5월 인터넷 서점 '알라딘'에 게시된 '자기계발 분야 베스트셀러' 목록을 살펴보면 1위는 『몰입 Think Hard!: 인생을 바꾸는 자기 혁명』, 2위 『멈추지마 다시 꿈부터 써봐: 73개의 꿈을 쓰고…』, 3위 『크리티컬 매스: 1% 남겨두고 멈춘 그대에게』… 등으로 나타난다. '자기 혁명', '꿈', '1%(만 더 하면 성공하리라)' 등 상품성을 목적으로 붙여진 이름이지만, 이런 단어들이 공통적으로 수행하는 기능은 '자신에 대한 환상', '자아의 판타지'를 부추기는 것이다.

가장 전형적인 사례를 『시크릿』(론다 번 지음, 살림출판사)에서 찾아볼 수 있다.[14] 마법을 담은 고서(古書)를 연상시키는 표지와 속지를 넘기면 "하늘에서 그러했듯 땅에서도 그러하리. 내면에서 그러했듯 외부에서도 그러하리. 기원전 3000년경 에메랄드 서판"이라는 주문(呪文)과 같은 글귀가 1면을 장식하고 있다. 곧이어 역사상 위대한 업적을 남긴 인물들이 가진 '비밀'을 알려주고 이 비밀이 가르치는 대로 하면 '돈', '건강', '인간관계', '행복' 등 인생의 모든 면에서 성공할 수 있을 것이라는 예언이 줄을 잇는다.

---

14) 이 책은 2007년과 2008년 2년간 계속해서 도서 판매량 1위를 기록했고 2007년 한 해 동안 100만 부 이상 팔렸다. 또 교보문고와 알라딘 등에서 치른 네티즌 11만 명을 대상으로 한 온라인 투표에서 2007년 '올해의 책'으로 뽑히기도 하는 등 폭발적인 반응을 불러일으켰다. 그동안 출판된 자기계발서 중에서 최고의 성공을 거둔 책 중 하나라고 할 수 있다.

"당신은 무엇이든 원하는 대로 되고, 하고, 얻을 수 있다"(17쪽).

"당신은 우주에서 가장 강력한 자석이다! 당신 안에는 세상에서 그 무엇보다 강한 자기력이 깃들어 있고, 그 헤아릴 수 없는 자기력은 바로 당신 생각을 통해서 방사된다"(23쪽).

"마음으로 본다면, 손으로 쥐게 될 것이다"(25쪽).

"생각은 자석이고 생각에는 주파수가 있다. 당신이 생각할 때 그 생각은 우주로 전송되어 같은 주파수에 있는 비슷한 것들을 자석처럼 끌어당긴다. 전송된 것들은 모조리 원점으로 되돌아간다. 그 원점이란 바로 당신이다"(27쪽).

"끌어당김의 법칙은 어디서나 볼 수 있다. 우리는 모든 것을 끌어당긴다. 사람들, 직업, 환경, 건강, 부, 빚, 기쁨, 자동차, 소속된 단체 등. 당신은 이 모든 것을 자석처럼 끌어당겼다. 당신이 생각하는 것이 현실이 되어 나타난다. 마음에서 일어나는 생각들이 외부로 드러난 것이 바로 삶이다"(37쪽).

"당신은 무엇이든 끌어당길 것이다. 돈이 필요하다면 돈을 끌어당기고, 사람이 필요하다면 사람을 끌어당기며, 어떤 책이 필요하다면 그것도 끌어당기리라. 자신이 어디에 끌리는지 주의하라. 끌리는 대상에 마음을 집중하고 있으면 당신도 그리로 끌려가고 그것도 당신에게로 끌려올 테니. 그것은 문자 그대로 당신을 통해서 실체로 나타나게 된다. 그리고 그렇게 하게 만드는 원동력은 바로 법칙이다"(75쪽).

"당신은 육체 안에 존재하는 신이다. 육신을 입은 영혼이다. 당신이라는 형상으로 모습을 드러낸 영원한 생명이다. 광활한 존재다. 완전한 힘이요, 완전한 지혜이고, 완전한 지능이며, 완전한 웅장함이다. 당신은 창조자로서, 당신이라는 창조물을 창조하고 있다"(193쪽).

마치 최면을 걸듯, 주문을 외우듯 이 책 전반에 걸쳐 나타나는 메시지는 "긍정의 힘을 믿고 간구하라."는 것이다. 이러한 주장은 다른 자기계발서에서 수없이 되풀이되어 온 내용이다. 이 책이 다른 점이 있다면 비(非)이성의 영역, 주술(呪術) 또는 신(神)적 영역으로 자아를 이동해 가는 데 있다. 당신은 미처 의식하지 못하는 영적인 능력이 있으므로 간절히 구하면

손에 넣을 수 있다는 것, 그런 점에서 당신은 창조주이자 '육체 안에 존재하는 신' 임을 깨달아야 한다는 교설(敎說)이다. 자아는 이제 육체 안에 깃든 신이 되었고 우주의 만물을 끌어당기는 힘을 가진 완전한 존재가 되었다. 자아의 숭배이자, 자아와 타자의 경계를 완전히 무너뜨린 유아(唯我)의 경지를 볼 수 있다. 그리고 이런 우주의 영역으로 확장된 자아가 원하는 것은 돈이나 사람, 사물이나 건강, 성공과 같이 지극히 세속적인 것들이다. 후기근대 자본주의 사회에서 '나' 는 긍정이라는 마음의 힘을 가지고 돈과 명예, 성공, 사람 등 원하는 모든 것을 끌어당길 수 있는 초능력적 존재가 된다. '나' 는 창조자로서 이제 '나 자신' 을 창조한다.

이 책이 왜 그렇게 많은 사람들에게 읽혀졌을까? '자성 예언(self-fulfilling-prophecy)', '긍정의 힘' 은 분명히 읽는 사람을 행복하게 할 수 있다. 네가 원하면 이루어지리라는 메시지는 불안과 좌절로 가득한 세상에서 아직 희망이 남아 있다는 구원의 메시지가 되고, 페이지마다 반복되는 "긍정하라."는 주문은 그 긍정의 시선을 먼저 자기 자신에게로 향하게 함으로써 화해할 수 없는 자신을 수용하도록 만든다. 적어도 책장을 넘기고 있는 그 순간만큼은 말이다. 이런 점에서 자기계발서들은 분명히 효과가 있다. 책을 읽는 그 순간에는 희망도 발견하고 자신을 인정하겠다는 다짐도 생긴다. 그러나 책장을 덮는 순간 우리는 다시 현실의 나락으로 떨어진다. 때문에 차가운 현실을 잊고 따뜻한 희망의 세계로 들어가기 위해서 우리는 수없이 많은 자기계발서들을 소비해야 한다. 물론 어느 시점에 이르면 한계효용체감의 법칙이 작용하여 더 이상의 자기계발서 읽기가 도움이 안 되는 경지에 이르겠지만.

『시크릿』은 지금까지 시장에 나온 그 어떤 자기계발서보다 강력하다. 첫째, 그 어떤 수준의 이해(理解)라는 것도 필요하지 않을 만큼 쉽다. 직관으로 그냥 받아들이면 된다. 이 점은 이 책이 가진 매우 큰 장점이다. 『7가지 습관』이 매우 논리적이어서 '리더십센터' 등을 찾아다니며 '교육' 을 받아야 하는 데 비해, 『시크릿』은 그냥 삼키기만 하면 되는 요리와 같다. 씹느라 고생할 필요가 없이 아주 먹기 좋게 요리되어 있다. 둘째, 자신의 영향력, 즉 네 분수를 알고 겸허히 처신하라는 현실 충고형 자기계발서와는 달리, 너는 신과 같은 무한 능력을 가진 존재라는 최면요법을 사용하고 있다. 만 원이 조금 넘는 돈을 내고 "당신은 마음먹기에 따라서는 신이 될 수 있다."는 이런 실험에 동참할 수 있다면, 뭐 그리 큰 손해 볼 일이겠는가? 온라인 게임에서 왕도 되고 장군도 되듯이 책을 읽으며 신의 경지를 넘볼 수 있다. 문제는 이 같은 자아의 무한한 확장이 욕망되면 될수록 자아는 더욱더 의존적이 된다는 사실이다. 자신을 넘어설 수 있는 힘에 대한 욕망은 바로 그로 인해 자신(자아)에 갇힘으로써 자아의 구속을 벗어날 수 없다. '나'를 발견하고 '나'를 강화함으로써 이 시대의 주체가 되려는 노력은 '나에 갇힌 나'를 재생산함으로서 차가운 현실 앞에 무기력하다. 이렇게 자기계발서는 나르시시즘의 문화를 재생산한다.

3) '헬조선'의 서사

나르시시즘으로 빠져 들어가는 무력한 자기 계발의 약속이 불가능한 꿈이라는 것을 깨닫게 된 사회의 반작용이었을까? 한국 사회에는 젊은 세대를 중심으로 사회의 구조적 모순을 고발하는 서사가 출현하기 시작한다. 그 서사의 중심에 '헬조선' 담론이 있다. 대한민국이란 나라를 100여 년도 더 된 몰락한 '조선'에 비유하는 이 거대 서사는 한국 역사상 가장 어두웠던 절망의 시대에 대한 기억을 불러내 현재에 투영한다. 몰락이 약속된, 몰락해야 하는 구체제(앙시엥레짐)의 기표로서 조선은 2000년대 한국 사회의 현재이자 미래의 기의로 투사된다. 시공간을 이동해 가는 이 거대 서사는 자아에의 침몰이라는 자기계발 서사가 한 극단을 점령한 스펙트럼의 다른 극단에서 개인화 사회의 표상으로 떠올랐다.

'헬조선'이란 단어가 언론에 등장한 것은 2014년 12월 11일 '헤럴드 경제'의 기사 '"조센징이라 센송하무니다"… 부조리 사회 냉소하는 젊은이들'에서다. 인터넷에서 떠돌던 젊은이들 사이의 자조적(自嘲的) 언설들은 '노오력', '죽창', '미개' 등 다른 키워드와 함께 헬조선 담론을 형성해 왔다. 이우창은 헬조선 담론의 핵심테제를 다음과 같이 요약한다(이우창, 2016: 110). 1. 대한민국은 '더 이상 사회로서 기능하지 못하고' 있는 헬조선이다. 2. 헬조선됨이란 사회 구성원들의 의식 및 정부의 무능함 모두에서 볼 수 있는 '미개함'이다. 3. 청년집단은 취업난만이 아니라 사회 전역에 존재하는 강도 높은 착취를 포함한 각종 청년문제의 당사자들로서 헬조선을 탈출하거나(탈조선), 노예로 살아가는 수밖에 없다. 4. 헬조선에서 행복하게 살려면 '금수저'로 태어나야 하며, '노오력'을 통해 신분 상승하기를 요구받지만 이 '노오력'의 요구치는 무한하여 사실상 신분 상승은 불가능하다. 5. 탈출도 신분 상승도 불가능한 이들에게 주어진 마지막 무기는 '죽창'으로 "너도 한 방, 나도 한 방, 죽창 앞에서는 [찔리면 죽는다는 점에서] 다 평등"하지만, 이는 자기파괴에 가깝다.

이우창은 헬조선 담론을 "민주화와 산업화를 함께 성취한 근대문명국가라는 합의된 믿음 자체를 회의"(p.139)하며, "미개한 과거가 현재의 발목을 잡는 전근대국가에서 스스로의 미개함을 극복하고 발전의 서사에 진입할 수 없는 청년들에게 남은 선택지는 근대문명을 이룩한 다른 선진사회로 이주하는 '공간적 탈출'(탈조선)뿐이지만, 이것조차 불가능해 시공간적으로 영구히 헬조선에 묶인 존재들은 파괴의 상징물인 죽창을 들어야 한다."(p.142)는 메시지로 해석한다. 그리고 이것은 청년세대가 자신의 발목을 묶어버린 기성세대에 저항하는 적대적 세대론이라고 평가한다.

헬조선 담론은 여전히 분석이 진행 중이지만 그 평가에 대해서는 상반된 견해가 제시되어 왔다. 먼저 긍정적인 해석을 내리는 대표적인 학자는 김명인이다. 김명인은 헬조선 담론을 이 시대의 '획기어(Epoch-making word)'로 해석하며 "강력한 묵시록적 에스프리를 가지며 당분간 한국 사회 전체를 향해 응답을 요구하는 문제어"라고 본다(김명인, 2016: 10). 그가 이렇게 헬조선 담론을 단순히 감정적 반응을 넘어선 청년세대의 개념어로 보는 이유는 이 담론 속에 한국 사회의 구조적 모순이 총체적으로 내재되어 있기 때문이다. 김명인은 정치적 측면에서 세월호 사건과 메르스 사태 등에서 나타난 무능한 정부에 대한 염증, 경제적으로 오랜 불황과 고용불안정으로 인한 피로감, 사회적으로 더 이상 개인의 노력에 의한 신분 상승이 불가능한 세습사회에 대한 분노, 문화적으로 공동체적 상호 부조 대신 이기주의와 상호 적대 문화의 확산에 대한 거부감, 그리고 이데올로기적으로 경쟁만능, 승자독식, 개인책임, 애국주의, 극우주의 등 신자유주의 이데올로기와 결합된 한국적 지배 이데올로기에 대한 비판 등이 이 담론의 구성 요소라고 분석한다. 따라서 '죽창'의 비유는 "대단히 과격하고 허무적인 계급 적대성의 원초적 표현"이지만, 기득권을 가진 기성세대에 비해 아무것도 갖지 못한 젊은 세대가 지닌 "무서운 분노의 힘이 넓고 깊게 응집된 말"이라고 해석한다(김명인, 2016: 6).

이에 비해 헬조선 담론을 비판적으로 해석하는 오찬호는 이것을 N포세대라고 불리는 청년들이 "생애에 대한 기획이 불가능한" 시대적 상황에 직면해 던지는 좌절의 메시지로 읽는다(오찬호, 2016: 37). 그는 '수저론'과 '노오력' 같은 헬조선 담론의 하위 담론이 갖는 의미를 분석하면서 청년세대가 성장과정에서 노력 코드를 내면화해 왔지만 이것이 제대로 작동하지 않는 현실에 대해 갖는 분노가 응축되어 있음을 지적한다. 박권일은 한 걸음 더 나아가 이 담론을 개인화 사회의 파편적 징후로 해석한다. 헬조선 담론은 현실을 비난하지만 그것을 변화시키기 위한 집단행동으로 나아가기보다는 현실에서 도피하려는 개별적 충동으로 빠져들고 있다는 판단이다. 따라서 그는 헬조선 담론은 "체제 유지의 파국론"이자 "체제의 결함과 오류를 어쩔 수 없는 재난의 스펙터클로 만들어 위악적으로 소비하는 유희"에 지나지 않는다고 평가한다(박권일, 2016). 결국 이것은 식민주의, 능력주의라는 이데올로기와 혐오라는 정동에서 형성되는 무력한 좌절의 서사에 불과하다는 해석이다.

헬조선 담론은 아직도 진행 중인 현상이며 더 많은 분석이 이루어져야 할 것이다(송동욱 · 이기형, 2017; 김애린 외, 2016). 그러나 2017년 10월 현재 이 현상을 검토하면 위험의 개인화 사회에 대한 비판이자 새로운 정치 사회적 공동체에 대한 염원이 내재되어 있음을 알 수 있다. 하나의 증거로 지금도 운영 중인 헬조선 웹 사이트를 살펴보면, 이 담론의 수용자이자 전파자들이 가진 의식의 단면이 나타난다. 2015년 프레시안에 실린 헬조선 웹 사이트 운영자의 인터뷰 기사는 이 담론이 청년세대의 실패와 불행을 그들의 개인적 책임으로 돌리는 사회에 대한 저항으로 형성되어 왔음을 보여준다.

> '헬조선' 이라는 단어와 함께 우리 사이트에서 자주 사용하는 용어는 '노오오오력' 입니다. 우리 사회에는 숱한 구조적, 사회적 문제가 많은데 비겁하게도 이를 개인의 탓으로 돌리는 사례가 많습니다.
>
> '네가 고생하는 이유는 노력하지 않아서야.'
>
> '네가 대학에 못 간 이유는 노력하지 않았기 때문이지.'
>
> '네가 취직 못 한 이유는 노력이 부족해서이지.'
>
> 전부 틀린 말입니다. 지금 젊은이들은 단지 살아남기 위해서도 발버둥을 쳐야 할 정도로 노력하고 있습니다. 우리 사회의 탓을 개인의 탓으로 돌리는 모순을 비꼬기 위해 사용하는 용어가 '노오오오력' 입니다. 더 냉소적인 시각으로 사회를 봐야…[15]

물론 담론의 지지자들은 사회의 책임을 개인에게 전가하는 무능력한 사회를 바꾸기보다는 냉소할 것을 주문한다. 그러나 이들이 이런 냉소에만 그친 것이라고 보기는 어렵다. 헬조선 담론이 본격적으로 확산된 2014년

15) 프레시안, '헬조선' 웹사이트 운영자 인터뷰(http://www.pressian.com/news/article.html?no=128697&ref=nav_search)

중반은 세월호 사건이 발생한 뒤 사건의 예방은 물론 사후 처리조차 책임지지 않으려는 박근혜 정부에 대한 실망과 분노가 확산된 시점과 일치한다. 그리고 2년 후 한국 사회는 촛불 시위를 통해 권위주의적 정치권력을 무너뜨리는 정치사회적 격변을 경험한다. 연인원 천만 명이 넘는 시위의 참가자들 중에는 '헬조선'에 분노한 청년세대 역시 중요한 몫을 차지했다는 점을 부인하기 어렵다. 이 담론의 수용자집단들은 이질적일 수 있으며, 냉소적인 거부자에서부터 시위의 적극적 참여자까지 다양할 것이다. 그러나 적어도 헬조선 담론에는 보수정부에 의해 가속화되어 온 신자유주의적 경제질서에 대한 반감, 사회경제적 격차의 확대와 불평등의 구조화에 대한 비판, 민주주의의 퇴보에 대한 위기의식 등이 깔려 있고 이것이 촛불 집회를 이끌어 간 정동의 일부라고 할 수 있다. 이런 해석을 가능케 하는 증거가 헬조선 웹 사이트의 변화다. 2015년 5월 27일 개통해서 2017년 10월에도 운영되고 있는 이 사이트의 활동 내용을 살펴보면, 2017년 들어 접속자 수가 현저히 줄었음을 알 수 있다. 2017년 10월 20일 현재 대략 조회수 3,000명을 넘는 '베오베' 글은 135개이며, 이들의 대부분은 2015년과 2016년에 게시된 글들이다. 2017년에는 3개의 글만이 베오베에 올라와 있다. 2017년 들어 조회 수나 댓글이 급격히 감소하고 있음을 볼 수 있으며, 베오베에 올라온 글도 외국대학 입학 소식 등 개인적인 소식의 공지수준에 그친다. 이러한 양상은 헬조선 담론의 지지자들이 촛불 이후 집권한 새 정부에 일정한 기대를 가지고 있음을 암시하는 증거로 해석해도 무리는 없을 것이다. 시민들의 정치적 실천에 의해 무능한 정부가 무너지고 새 정부가 등장한 지금 이제는 좀 더 지켜보겠다는 것이 청년세대의 태도라고 해석할 수 있다.

4) 혼밥, 혼술족의 서사

2016년 언론과 방송가를 달군 혼밥족, 혼술족의 서사는 드라마로까지 제작되었다. 혼자서 밥을 먹고 혼자서 술을 마시는 사람들이 늘어나고 있다는 것은 분명 개인화의 한 징후로 읽힐 수 있다. 문제는 이런 징후가 왜 뚜렷해지고 있으며 그것에 대한 사회적 시선은 어떤 것인가 하는 점이다. '혼밥하고 혼술하는' 사람들이 많아지는 이유는 여러 가지다. 밥이나 술을 함께 먹을 사람이 없거나 돈이 없거나 시간이 없을 때, 사람들은 혼밥, 혼술을 한다. 그럴 때 느끼는 감정은 부끄러움이나 고달픔, 피곤함과 같은 박탈감과 연결된 정서이다. 반대로 혼밥이나 혼술은 개인의 선택일 수 있다. 쉬고 싶거나 사람들에게 시달리고 싶지 않을 때, 좋아하는 음식을 먹고 싶거나 자신만을 위한 그 무엇이 필요할 때 혼밥이나 혼술을 한다.

> 오늘도 알바 가는 길 위에서 저녁을 때웠다. 꼬마김밥을 사서 지하철 환승할 때 반 먹고 나머지 반은 가방에 넣었다가 버스로 갈아탈 때 먹어 치웠다. 스터디랑 알바 시간이 너무 빠듯하다. 조정하고 싶어도 내 맘대로 안 된다. 그나마 오늘은 미친 듯이 달린 덕분에 굶지 않았지만 어젠 밤 11시까지 쫄쫄… ㅠㅠ. 처음 환승통로에서 밥 먹을 땐 왠지 창피했는데 이젠 그런 느낌도 없다. 배고프니 그냥 맛있다. 차 탈 때마다 빨리 환승해서 남은 것까지 마저 먹고 싶을 뿐이다. 이렇게 써놓고 보니 개(엄청)처량하네.. ㅎㅎ – 취준생 박 모(28 · 여) 씨

> 아무도 만나기 싫다. 스터디하면서 만난 친구들이 얼굴 한번 보자는데 피했다. 다들 열심히 사는 친구들, 만나면 자극도 받고 좋긴 한데 오늘같이 컨디션 안 좋고 상대적으로 내가 열심히 살지 않는 것 같은 느낌이 들 땐 같이 밥 먹기 싫다. 지금의 내 처지도 힘들고, 취준생 중에 다른 사람 잘된 얘기 듣는 것도 힘들다. 근데 아무도 반겨주지 않는 집에서 혼자 편의점 도시락 먹으려니 '나는 왜 이렇게 사나.' 하고 현타(현실 자각 타임) 오는 것 같다. 이런 날은 진짜 진짜 엄마가 해 주는 밥 먹고 싶다. – 취준생 박 모(25 · 여) 씨

혼밥의 시간은 심신의 휴식이자 치유다. 취업준비 할 때는 이 스트레스를 받으며 밥 같지도 않은 밥으로 혼밥하는 게 억울하고 서럽기도 했다. 맛이 있는지 없는지도 몰랐다. 막상 회사원이 되고 나니 오늘처럼 혼밥이 간절할 때가 있다. 불편한 회식 자리에서 상사들 눈치 보느라 소모하는 에너지가 적지 않은 것 같다. 집에 오자마자 정말 후딱 먹고 자고 싶었다. 아, 나도 이렇게 세상에 찌들어가는구나! ㅠㅠ. 그래도 오랜만에 찾아 온 혼밥의 기회, 먹고 싶던 닭 백숙을 제대로 차려 먹고 나니 왠지 뿌듯하다. - 직장인 김혜림(25 · 여)

편하다. 편하다. 편하다. 아무리 늦은 시간이라도 먹고 싶은 메뉴를 신속하게 가져다주니 이 얼마나 편한가. 돈이 좀 들고 살이 꽤 찐다는 단점이 있긴 하지만…. 그래도 남 의식할 필요가 없으니 좋다. 입을 크게 벌려도 되고 입가에 양념을 묻혀도 된다. 허겁지겁 먹어도 되고 그릇을 들고 마셔도 상관없다. 특히, 야식으로 치킨을 시켜 놓고 드라마 보며 먹을 때가 최고다. 치킨 먹을 때만큼은 아무리 친한 친구라도 완전히 망가지기 어려운데 혼자서는 가능하다. 오늘 혼치킨(혼자 치킨 먹기)하다 거울을 본 순간 나도 내가 깼다. - 취준생 곽민해(24 · 여)[16]

위의 인용 기사는 한국 사회에서 혼밥, 혼술이 자연스러워지는 이유를 분명히 보여 준다. 일에 쫓기고 시간이 부족해 길에서 끼니를 때워야 하는 가난한 알바생이나, 타인의 시선이 두려운 장기 취업준비생의 편의점 도시락 식사, 불편한 회식자리에서 상사의 눈치를 보느라 찌들어가는 자신을 위한 힐링 타임, 다른 사람을 의식할 필요 없는 완전한 자유를 누리고 싶을 때… 사람들은 혼밥, 혼술을 한다. 고용불안정과 빈곤, 긴 노동시간과 짧은 휴식시간, 위계적인 조직문화, 타인의 시선으로부터 벗어나고픈 갈망, 혼자 있음으로써 누릴 수 있는 진정한 휴식에 대한 욕망… 이런 것들이 혼밥과 혼술을 자연스러운 행동으로 만들어 왔음을 알 수 있다.

16) 한국일보, “내 청춘의 혼밥 ‘8가지 유형’ [View&] 쓰고, 달고, 떫고… 자취생의 혼밥 일기”(http://www.hankookilbo.com/v/8815126dc0e74e9d9e1686a3ad662fd2)

흥미로운 것은 혼밥이나 혼술에 대한 사회적 시선이 달라졌다는 점이다. 불과 십여 년 전만 해도 한국 사회에서 혼자서 식당에 들어가 밥을 사 먹는 행동이 자연스럽게 여겨지지는 않았다. 가족이 '식구(食口)'라는 말로 표현되듯이 한국 사회에서는 밥을 함께 먹어야 공동체의 구성원이 될 수 있으며, 이런 성원됨과 연대의식에서 배제되지 않기 위해서는 밥은 같이 먹어야 한다. "밥 한번 사라.", "밥 한번 같이 먹자."는 말은 말단 회사원부터 고위직 경영자, 정치인에 이르기까지 관계 형성을 위해 일상적으로 쓰는 말이다. 따라서 함께 먹지 않는 밥이나 혼자서 마시는 술은 아웃사이더나 사회적 소외집단의 표식이기 쉬웠다.

그러나 이제 한국 사회에서도 혼밥, 혼술은 어디서나 볼 수 있는 흔한 현상이 되었다. 이런 한국 사회에서 혼밥이나 혼술은 결국 먹기 양식의 개인화를 의미한다(박형신, 2017). 함께 먹기를 통해 친밀성과 연대감을 도모하기보다는, 필요할 때 먹고 원하는 것을 먹겠다는 개인의 의지나 선택이 늘고 있는 것이다. 또 혼자 먹을 수밖에 없는 조건에 직면해 원치 않는 혼밥이나 혼술을 해야 할 경우도 적지 않다. 이유는 다르지만 결국 식사공동체, 식탁공동체의 의미는 퇴색해져 가고 있다는 주장도 가능해진다. 서구사회에서는 일찍부터 이런 경향이 나타나 혼밥을 넘어 '그레이징(grazing)'—전통적인 하루 세끼의 식사패턴을 버리고 언제든 원할 때 소량의 음식을 먹으며, 일하거나 걸어가면서도 먹는 현상을 지칭한다.—까지 확산되어 왔지만, 한국에서도 이제 그레이징은 많은 사람들의 먹기 양식이 되고 있는 듯하다. 위의 기사 중 첫 번째 사례가 바로 여기에 속한다.

이런 혼자 있음의 권리, 혼자서 살아갈 수 있는 사회적 조건에 대한 열망은 '개성적 능동주의'(『오늘의 문예비평』 편집위원회), '개별적 존재자의 삶에 대한 성찰과 동시에 새로운 공동체의 전망에 대한 탐구'(이경재), '공화적 개인주의자'(신샛별), '자기반성적 사회'(문광훈)라는 주장으로 정식화되고 있다. 2017년 가을 『오늘의 문예비평』은 "문학을 통해 '개인(성)'

의 모습과 자리를 살펴보고, 촛불 혁명 '이후'를 살아가야 하는 다양한 '개인'의 징후를 독해하고자" 하는 목적으로 문학 속에 나타난 개인의 요구를 〈특집〉으로 다루고 있다. 편집위원회의 이름으로 제시된 서문은 지난 촛불 집회에서 나타난 시민들의 열망을 '진보/보수'라는 현실 정치적 이념이나 집단 도덕적 정념만으로는 설명할 수 없는 사회현상이라고 진단한다.

> 수개월간 차가운 바람을 맞으며, 혹은 각자의 일상과 저녁을 포기하면서까지, 광장과 거리를 지킨 개개인의 분노와 열망은… 특정한 사상적 거처나 이데올로기적 기반을 확보하고 있었던 것은 아니다. …(그것은) 우리 사회가 지향해야 할 '공동선'의 가치를 '개성(individuality)'의 '능동적 발산'을 통해 총집결한 사건으로 보는 것이 타당하다. 즉 촛불 혁명은 집단지성의 힘에 기대고 있는 것이 분명하지만, 동시에 각기 다른 삶의 능동적 만남 속에서 가능해진다는 것이다.[17]

이를 위해 한국 사회가 여전히 거대 담론과 집단적 가치 속에 매몰되어 '개인(성)'을 희생시키지는 않았는지, 일상을 살아가는 다양한 개인의 목소리를 기민하게 성찰하고 있는지를 탐문할 것을 요구한다(p.11). 이러한 일상의 민주화 요구는 촛불집회의 전개과정에서 여성이나 청년세대의 요구로 제시되기도 했다.

> 박근혜 대통령이 탄핵되고 최순실이 구속되고 김기춘과 우병우를 비롯한 그들의 사단이 법적 처벌을 받는 것은 중요하다. 무너진 국가 통치체계를 다시 세우고 정치권력을 가진 이가 해서는 안 되는 행위가 무엇인지 분명하게 정의함으로써 정치에 대한 신뢰를 회복하기 위한 첫 작업이기 때문이다. 아렌트(Hannah Arendt)가 말한 '악의 평범함'을 그대로 보여 준 공직자들에게 그들의 행위가 얼마나 무서운 범죄인지를 깨닫게 하는 일도 중요하다. 영혼 없는 그들의 성실함이 사회를 얼마나 피폐하게 만드는지 확인할 수 있기 때문이다. 최고권력자의 측근을 찾아다니며 뒷거래를 일삼고

17) 『오늘의 문예비평』(2017년 가을) 서문, "개성적 능동주의의 힘을 믿는다," p.10.

> 돈으로 돈을 사는 재벌들의 행태가 엄중한 처벌을 받는 것도 필요하다. 기업의 본분을 되찾아야 하기 때문이다. 돈과 권력을 따라 권력자의 주변을 불나방처럼 떠도는 지식인들이 부끄러움을 알게 하는 일도 필요하다. 그들을 제자리로 돌려놓기 위해서다.
>
> 동시에 우리 사회 구석구석에 존재하는 일상의 권위주의와 폭력을 청소해 나가는 일은 더 많은 시간이 필요한 문제다. 제왕적 대통령을 부추기는 영웅신화, 기업의 흥망을 좌지우지하는 소수 오너일가의 무제한적 권력, 상명하복의 조직문화, 우리의 아이들을 태어나서부터 성인이 될 때까지 입시경쟁에 내몰아 가는 대학서열체계, 그 안에서 자신의 지위를 정당화하는 학교제도, 인(In)서울과 서울바깥을 넘을 수 없는 경계로 만드는 서울공화국의 권력, 가족과 소통하지 못하는 가부장적 아버지… 우리 사회의 내부에서 일상적 파시즘을 재생산하는 기제들은 수없이 많다(신경아, 2017).

'개인' 을 인정하라는 청년들의 요구는 한국 사회에서 독특한 형성 배경을 지닌다. 아래의 기사는 〈경향신문〉이 1,500여 명의 청년들을 대상으로 한 기획기사 '부들부들 청년' 의 한 켠에 실린 글이다. 초 · 중 · 고등학교를 다니는 동안 한국의 청소년들은 일종의 단합대회 같은 수련 프로그램에 의무적으로 참여해야 한다. 단체훈련이라는 이름으로 행해지는 체력 단련이나 반강제적인 극기훈련이 끝나면 노래 부르기나 촛불 켜기와 같은 정서적 동원 프로그램이 이어진다. 한국의 젊은 세대는 이제 이런 집단적 의례에 더 이상 공감하거나 눈물 흘리지 않는다. 대신 "제발 그만하라.", "'우리' 라는 말 대신 '개인' 이라고 부르라."고 외친다. 반강제적 집단 의례를 공동체 의식으로 받아들이지 않는 태도, 개인에 대한 존중을 결여한 과잉 동질화에 대한 거부가 한국의 청년들에게도 세대적 욕구로 형성되고 있는 것이다.

> '우리' 나 '집단' 이라는 개념으로 묶였던 청년들은 이제 그 틀에서 벗어나고자 한다. 개인에 대한 인정은 진정한 공동체의 다른 말로도 해석될

> 수 있다. 이희준 씨(31, 가명)는 퀴퀴한 곳에 학생들을 집어넣고 기합을 주다가 마지막에 '사랑으로' 같은 노래를 부르며 단합을 도모하는 초 · 중 · 고교 때 수련회 모습이 집단주의가 드러난 극단적 사례라고 본다. 이 씨는 "제발 '우리' 라는 말을 그만하고 '개인' 이라는 말을 했으면 좋겠다."며 "개인을 인정하고 배려하지 못할 것이라면 그냥 관심을 꺼 달라."고 했다.[18]

혼밥, 혼술 현상이 일상의 민주화를 보여 주는 것은 아니다. 오히려 그것은 부족한 일상의 민주화를 요구하는 현상이다. 가난해서, 시간에 쫓겨서, 함께 먹을 이가 없어서 혼자 밥을 먹어야 하는 사람들 또는 타인의 시선을 피하고자, 상사의 눈치에서 벗어나고자 혼자 술을 마시는 사람들이 원하는 것은 자신의 일상을 자율적으로 꾸려갈 수 있는 권리이며, 그것을 가능하게 할 사회경제적 · 문화적 조건이다. 그런 점에서 혼밥과 혼술 현상은 그 주체들이 의도하든 하지 않든 아직 완성되지 않은 정치경제적 민주주의와 일상의 민주주의를 향한 열망이 담긴 의미 있는 징후로 해석되어야 한다.

4. 꿈의 회복을 위한 사회적 조건

당분간 한국 사회에서는 '개인' 의 인정을 주장하는 목소리들이 높아질 것이다. 브레이크 없이 달려온 '위험의 개인화' 라는 후기근대적 조건 속에서 개인의 자율성에 대한 사회적 인정과 자율성을 실현하기 위한 정치 · 경제 · 사회 · 문화적 조건의 확보를 위한 개인들의 열망이 높아지고 있기 때문이다. 이러한 예측이 가능한 이유는 지금까지 살펴본 한국 사회의 네 가

---

18) 경향, "부들부들 청년, 4부 ① 미개의 출구 'ㅇㅈ, 노력만큼 알아 달라'…불평등에 지친 청년에게 필요한 건 인정"(http://news.khan.co.kr/kh_ news/khan_art_view.html?artid=201603212338205)

지 담론들—불안의 개인적 서사, 자기계발 서사의 나르시시즘, 헬조선의 서사, 그리고 혼밥 · 혼술의 서사—의 출현과 전개과정에 대한 분석에서 발견된다. 세기말 시대적 위기에 직면한 한국 사회에서 구성원들이 부닥친 생존의 위기를 개인적 불행으로 돌리고, 자아실현을 자기계발로 치환하는 자기착취의 기제들, 그런 기제들의 실패 결과 들불처럼 확산된 파국적 거대 서사는 더 이상 견딜 수 없게 된 수많은 개인들을 촛불 집회라는 광장으로 이끌었다. 그리고 이제 다시 집으로 일터로 돌아온 사람들은 정치경제적 변화를 넘어 진정한 개인으로서 자기 삶의 자율성과 일상의 민주주의를 꿈꾸고 있다.

위험의 개인화 시대를 살아가는 개인들이 다시 꿈꿀 수 있는 사회적 조건은 무엇인가? 아직 더 많은 토론과 고민이 필요하겠지만, 그 실마리는 개인의 인정을 바탕으로 한 공공성의 확대에서 찾을 수 있다. 2016년 1월 한국 사회를 설명하는 시대적 키워드로 많은 이들이 '각자도생(各自圖生)'을 꼽은 적이 있다. '제각기 살아나갈 방도를 꾀함'(다음 사전), 즉 개인들 스스로 생존의 문제를 떠안고 가야 한다는 개인화의 인식이다. 그러나 이런 위험의 개인화 사회에서 개인들의 삶은 불안정하다. 따라서 개인의 온전한 삶을 위한 사회의 책무가 실현되어야 하며, 이것이 곧 공공성의 확대다. 그리고 이런 공공성의 확대는 개인의 자율성에 대한 요구를 존중하고 실현하는 수준에서만 바람직하다. 개인의 인정을 토대로 한 공공성의 수립이 한국 사회의 전망이 되어야 한다.

어쩌면 이것은 이미, 그것도 일상의 차원에서 시작되고 있다. '혼밥'과 '소셜다이닝'[19]이 동시에 전개되는 현실이 그것이다. 리프킨(Jeremy Rifkin)이 『유러피안 드림』에서 제기한 두 가지 의미의 자유, 즉 혼자 밥을 먹을 자유(소극적 의미의 자유)와 혼자 밥을 먹지 않아도 되는 자유(적극적

---

19) 소셜다이닝(social dining)이란 SNS를 통해 관심사가 비슷한 사람들끼리 만나 식사를 즐기며 인간관계를 맺는 현상이다(네이버 사전).

의미의 자유)가 동시에 충족될 때 인간의 실존은 더 이상 개인의 문제가 아닐 수 있을 것이다.

제 9 장

지구화와 이방인의 꿈

| 최종렬(계명대 사회학과) |

1. 들어가는 글

김홍중은 그동안 사회학의 분석 대상에서 소외되어 왔던 꿈을 사회학 안으로 끌어들이는 이론 작업을 하고 있다(김홍중, 2015a, 2015b). 그는 1960년대부터 1997년 IMF 외환위기까지 산업화와 민주화의 몽상구성체가 한국 사회를 만들어 왔다고 본다. 몽상구성체란 무엇인가? "사회집단이 만들어 낸 미래의 소망표상 시스템으로서, 리얼리티의 실제적 형성에 영향력을 행사하면서 그 안에 삼투되어 들어가 있는 꿈과 리얼리티의 앙상블을 가리킨다"(김홍중, 2015b: 57). 김홍중은 산업화와 민주화의 몽상구성체가 세계화의 물결 속에서 급속도로 붕괴되면서 그 자리를 비집고 새로운 몽상구성체인 신자유주의적 세계화가 들어왔다고 한다. "우리는 산업화를 꿈꾸었고, 민주화를 꿈꾸었고, 이제 세계화의 꿈의 물결에 쓸려 간다. 이 꿈의 주체인 '우리'는 누구인가? 그 꿈의 정체는 무엇인가?"(김홍중, 2015b: 67).

나는 이러한 물음에 공감하면서 김홍중의 작업에 의지해 '이주노동자의 꿈'을 사회학적으로 분석해 보려고 한다. 1980년대 후반 이래 급속도로 진행된 이주의 지구화를 통해 많은 이주노동자가 '우리' 안에 들어와 있다. 이주노동자가 이미 우리인 셈이다. 이들에 대한 꿈을 분석해 보면, 새로 구성되고 있을 몽상구성체의 한 단면을 흐릿하게나마 그려볼 수 있을지도 모른다. 수용국인 한국의 입장에서 이주노동자의 꿈은 한국 국민국가의 프레임 안에서만 의미를 지닌다. 이주노동자는 본국으로 돌아갈 그날을 위해 한국에서 주어진 작업장 안에서 노동만 하며 한시적 체류의 삶을 살도록 법으로 강제된다. 이주노동자는 과거와 단절되고 미래와 연결되지 못한 채 영원한 현재 속에서 노동만 하도록 강제된 '절대적 법적 이방인'이다. '대한민국'은 이주노동자에게 가족 없이 고립되어 영원한 현재 속 노역장에서 노동만 하며 살라고 강요하고 있다(최종렬, 2013: 169-324). 이 글은 이러한 국민국가의 시각이 아니라 이주노동자가 직접 들려주는 꿈 이야기에 대해서 살펴보려고 한다.

이 글의 짜임은 다음과 같다. 2절에서는 김홍중의 꿈과 꿈-자본 개념이 지닌 특성을 살펴본다. 김홍중은 전략적으로 '꿈'을 전 사회학적인 신비한 힘으로 놓고, '꿈-자본'을 서사의 한 종류인 로망스로 본다. 3절에서는 장률 감독이 2013년 출품한 〈풍경〉 속에 나타난 이주노동자의 꿈을 김홍중의 꿈 개념으로 살펴본 후, 이들이 사오십 년 전 한국인이 꾸었던 꿈을 다시 꾸고 있음을 밝힌다. 4절에서는 김홍중의 꿈-자본 개념을 가지고 두 명의 이주노동자의 이야기에 대한 서사분석을 통해 그들의 꿈의 특성을 밝혀낸다. 한 명은 전태일의 꿈을, 다른 한 명은 이명박의 꿈을 다시 꾸고 있다. 또한 김홍중의 꿈-자본이 로망스를 특징으로 하지만, 이 연구에서는 비극, 희극, 아이러니도 나타남을 보여준다. 5절에서는 서사 이론을 꿈에 도입하는 것이 어떤 이론적 함의를 지니는지 간단히 살펴본다.

2. 김홍중의 꿈과 꿈-자본

1) 꿈

김홍중에 의하면 꿈은 "욕망과 희망의 작용을 통해 구성/교섭/변형되며, 실천의 흐름에 방향과 의미를 부여하는 미래의 소망표상"(김홍중, 2015b: 35)이다. 이를 좀 더 분석적으로 나누어 설명하면 다음과 같다. 우선 김홍중은 '욕망'을 프로이트(Sigmund Freud)를 따라 "특정 대상에 대한 적극적 욕구(리비도)"(김홍중, 2015b: 42)로 정의한다. 이러한 정의는 라캉(Jacques Lacan)의 정신분석학이 구분한 필요(need), 요구(demand), 욕망(desire) 개념 중 필요에 해당한다(Lacan, 1977).

라캉은 이러한 구분을 유아가 '말하는 주체'가 되는 과정을 통해 설명한다. 아직 신체의 흥분이 조직되지 않아 흥분 상태에 있는 유아는 생존하기 위해 반드시 충족되어야만 하는 몸의 욕구인 '필요'를 가지고 있다. 이러한 필요를 충족시켜 주는 존재는 보통 생물학적 엄마인데, 가끔씩 엄마가 어디로 가버리게 되면 유아는 생존을 위협 당하는 상태에 내몰리게 된다. 유아는 '포르트-다(fort-da)' 게임을 통해 자신의 필요를 언어로 '요구' 하는 법을 배우게 된다. 이 순간 필요는 언어 형식인 요구 속에서 원래 모습이 뒤틀린다. '욕망'은 바로 이러한 필요와 요구의 틈새로부터 출현한다. 유아는 잃어버린 엄마와의 하나됨을 되찾으려 하며, 그래서 엄마의 모든 것이 되려고 욕망한다. 이미 언어 속에 소외된 유아가 언어 속에 소외된 또 다른 주체인 엄마를 욕망하는 셈이다. 엄마의 욕망의 대상이 되려는 유아의 욕망은 엄마의 욕망을 욕망하려는 욕망과 겹쳐진다. 유아는 점차 엄마가 자신을 넘어서는 그 무언가를 욕망한다는 사실을 깨닫는데, 그것이 바로 '아버지의 이름' 또는 '팔루스(phallus)'이다. 이는 사실상 상징적 질서인데, 유아는 이 속에서 말하는 주체가 된다.

이렇게 구분해 볼 때 김홍중의 욕망이 겨냥하는 것은 구체적 타자인 작은 엄마(mother)이지 언어 속에서 소외된 큰 타자인 엄마(mOther)가 아니다. 욕망이 구체적 타자에 고착되어 있는 것이다. 구체적 타자가 나의 '결핍'을 채워줄 수 있는 효용을 가지고 있는 대상이기 때문이다. 여기에서 욕망은 결핍으로 정의된다. 결핍이 충족되면 욕망이 사라진다. 이러한 개념은 인간의 욕망을 '생존'과 관련된 것으로 본다. 보다 정확히는 자신의 생존여부를 결정하는 구체적 타자에 대한 강력한 욕구가 바로 욕망이다. 이는 생존과 관련된 원초적 욕구로서, 엄밀히 말해 근대 인간의 욕망이 아니다. 근대 인간은 특정의 대상을 욕망하는 것이 아니라 대상 체계를, 아니 정확히 말하면 상징체계를 욕망하기 때문이다. 상징체계는 은유와 환유의 축을 따라 끊임없이 변전하기 때문에 욕망의 충족은 항상 불만족을 가져올 수밖에 없다. 하지만 김홍중의 욕망은 상징적 질서와의 관계 속에서 설정되지 않고 언어 이전의 생물학적 힘인 리비도(libido)로 개념화된다. 이 리비도는 흐트러진 에너지의 평형상태를 다시 회복하려는 힘이다. 이렇게 되면 욕망은 상징적 의미를 지니지 않는 전(前) 사회학적인 신비한 힘이 된다.

또 다른 중요한 개념인 '희망' 역시 신비한 속성을 지닌 것은 마찬가지다. 희망은 "욕망을 지원하는 감정적 에너지"로서 "자신을 부정하는 사건들(절망, 고통)을 딛고 넘어서는 탄력회복성(resilience)을 자신의 구성요소로 갖는다"(김홍중, 2015b: 42). 그렇다면 이러한 감정적 지원과 특유의 탄력회복성은 어디에서 나오는가? 욕망이 신비한 전 사회학적 힘인 것처럼 희망 역시 그 원천이 어디에서 오는지 가늠할 수 없는 신비한 감정이 된다. 희망은 "절망과 대립한다기보다는 절망적 체험의 한복판에서 의연하게 솟아나는 존재의 탄력적 감정"(김홍중, 2015b: 42)이다. 절망 속에서 갑자기 '의연하게' 희망이 솟구쳐 올라온다는 '수사적 선언'으로 희망이 솟구치는 원천을 대체할 수는 없을 것이다. 김홍중은 이에 대한 답을 구하는 대신에 희망을 욕망을 작동시키는 기능으로 묘사하고 있다. "희망 감정은, 행위자가 욕망하는 상태를 실현시키기 위한 실천들을 강화시키고 유지하는 기능을 수행한다"(김홍중, 2015b: 43).

앞의 욕망 개념과 관련해서 희망 개념을 보면 그 원천이 프로이트 식으로 설명될 수 있다는 것을 알 수 있다. 왜 희망하는가? 생존하기 위함이다. 유아는 자신을 돌봐 주던 엄마가 다시 되돌아올 것이라는 희망을 가지지 않으면 소멸하고 말 것이다. 유아는 마치 시인 이성복(2016)이 말한 극지에 서 있는 것과 같은 상태에 있다. "극지는 극한의 사회 · 물리적 조건으로부터 솟구쳐 올라 이르게 된 어떤 높은 정신의 경지"로서 "자기 삶을 연소해야만 밝힐 수 있는 자리"라서 "그 어떤 사회범주도 효력을 발휘할 수 없다." 여기에서 "시인은 극악한 현실을 초월하는 노래를 부른다. 그 외에는 달리 어쩔 길이 없다"(최종렬, 2016: 56-57). 이와 마찬가지로 유아는 엄마가 다시 돌아와 자신을 돌봐 줄 것이라는 희망의 끈을 놓지 않고 노래를 부른다. 절망 속에 놓여 있지만 희망의 감정을 품는 일, 그 외에 유아가 할 수 있는 일이 무엇이 있겠는가?

그런데 유아가 할 수 있는 일이 더 있다. 그것은 엄마가 되돌아온 미래의 상태를 '소망'하는 것이다. 실재에는 엄마가 부재하지만, 미래에는 엄마가 현존하도록 상상하는 것이다. '없음'을 '있음'으로 상상하는 것, 그것이 바로 상징이다. 이는 마치 아이가 '포르트-다' 게임을 하면서 엄마의 부재와 놀이하는 법을 배우는 것과 같다. 이는 현실의 제약은 전혀 생각하지 않고 단순하게 공상하고 환상하는 것과는 다르다. 오히려 캠벨(Colin Campbell)이 말한 몽상하기(daydreaming)와 맥을 같이한다. "몽상하기는 아주 생생한 미래 이미지들을 (의도적으로 또는 우선적으로) 생각해 내게 하고 또 그것들을 즐거운 것으로 느끼거나 그렇게 느끼게 하기 위해 그 이미지들을 다듬는 정신적 활동의 형태를 취한다"(캠벨, 2010: 159). 소망은 단순한 공상이나 환상이 아니라 "꿈 자체에 표상된 기대"(김홍중, 2015b: 42), 즉 개인이나 집단이 자신의 기대를 미래로 투사시킨 표상이다. 이제 비로소 꿈은 상징적 질서와의 관계 속에서 정의된다. 핵심은 서사다. "미래의 소망표상은 실천의 흐름에 방향과 의미를 부여한다. 방향과 의미는 미래로부터 온다. 자신이 이루기를 바라는 미래의 사태가 일종의 의미론적 광원이 되어 현재를 비추고, 현재의 의미는 미래와의 연관 속에서 생성된다. 즉, 지금 전개되는 실천의 '의미'는 그것이 귀결될 미래의 희망적 사태를 준거로 구성되며, 그 핵심에서 지금과 미래의 '차이'가 빚어지는 것이다"(김홍중, 2015b: 41).

소망은 현실세계와는 다른 차원의 세계를 미래에 구축하는 상징체계다. 이 상징체계는 이상적 가치로서, 이를 통해 현존하는 사회질서를 바라보면 긴장이 발생한다. 소망은 베버(Weber, 1978: 486)의 용어를 빌려 말하자면 "구원에의 필요(need for salvation)"다. 기독교, 유교, 도교, 불교,

힌두교, 유대교와 같은 세계종교는 모두 인간이 처하는 문제 상황을 궁극적인 의미의 차원에서 보다 일관적이고 체계적이며 포괄적으로 설명하는 고도로 분화된 상징체계다. 인간이 살아가는 세계에는 선한 자가 고통받고 악한 자가 흥하는 부조리한 사태가 흔히 발생한다. 이에 대한 뭔가 일반화된 합리적 설명이 필요하다. 구원에의 필요가 발생하는 것이다. 종교 상징체계가 만들어 낸 궁극적 규준과 제도화된 세속적 질서 사이의 불화를 하나의 유의미한 전체 세계상을 수립함으로써 일반적으로 해소하고자 하는 것이다. 김홍중은 이러한 해소과정을 소망이 실현되는 서사과정으로 본다. "미래에 설정된 목표와 현실상태의 간극이 좁혀지는 과정(희망, 장애, 극복)으로부터 삶의 이야기(역사)가 솟아 나오며, 의미와 방향이 부여된 실천들은 하나의 조직된 내러티브로 구조화되는 것이다"(김홍중, 2015b: 42).

그렇다면 미래의 소망표상인 꿈이 어떻게 실천의 흐름에 방향과 의미를 부여하는가? 그것은 꿈이 희망→장애→극복이라는 로망스 장르의 형태를 띠고 시간적으로 펼쳐지기 때문이다. 로망스에서는 주인공이 일반 평범한 사람에 비해서 월등한 권력을 지니고 있다. 주인공의 적인 반주인공 역시 그에 필적하는 권력을 지니고 있다. 로망스는 궁극적으로는 주인공이 반주인공에게 승리하는 이야기다. 그 과정은 결코 순탄하지 않지만, 그렇다고 절망적인 것은 아니다. 오히려 주인공이 온갖 어려움을 뚫고 우여곡절 속에 최종적으로 승리하는 어드벤처 형식을 띤다. 수용자는 로망스 장르를 자신의 '소망성취'의 관점에서 접근한다. 악과 싸우는 주인공과 강력한 심리적 동일시를 통해 주인공의 승리가 마치 자신의 승리인 것처럼 여긴다. 로망스 장르가 사회운동에서 막강한 힘을 발휘하는 이유다(Jacobs and Smith, 1997).

2) 꿈-자본 혹은 씨앗-자본

김홍중은 "이처럼 행위능력으로 기능하며 실천과 유기적으로 연관되는 꿈꾸는 능력을 '꿈-자본'"(김홍중, 2015b: 44)이라고 부른다. 꿈-자본은 "미래를 선취하여 거기에 자신의 이상적 가능성을 투사하고, 현재적 쾌락을 연기하면서 목표를 향해 스스로 추동하는 능력"(김홍중, 2015a: 251)이다. 로망스 서사가 바로 꿈-자본인 것이다. 로망스 서사 안에서 욕망과 희망이 미래의 소망표상을 성취할 수 있도록 상승적으로 조직된다. "꿈-자본은 꿈을 꿀 수 있는 힘, 꿈을 통해 자신이 미래에 향유하고자 하는 세계와 자아의 영상을 선취해 낼 수 있는 힘, (불)가능한 꿈에 대한 감각, 합리적 실천을 추동해 낼 수 있는 가능성을 모두 포괄한다. 그것은 욕망과 희망의 힘이자, 실천을 향해 존재를 떠미는 내적 힘이다. 그것은 자본을 지향하게 하는 마음의 발동 그 자체가 구성하는 자본이며, 자본을 향한 발심, 욕심, 관심, 탐심의 능력이다"(김홍중, 2015b: 51).

김홍중은 꿈-자본 개념을 정교화하기 위해 부르디외(Pierre Bourdieu)의 '자본' 개념을 끌어들인다. 부르디외의 자본 개념은 항상 아비투스(Habitus)와 장 개념과 한 쌍으로 다닌다. 그런데 놀랍게도 김홍중(2015b: 52)은 "꿈-자본을 반드시 장의 수준에서만 논의할 이론적 필연성은 존재하지 않는다."고 말한다. 그 이유는 무엇인가? "장은 주로 전문직과 공적 활동을 포괄할 수 있을 뿐, 사회적 삶의 다양한 다른 양상들을 포착하지 못한다. 행위자들은 장에서만 실천하며 꿈꾸는 것이 아니라, 장의 외부에서도 다양한 실천과 몽상을 수행한다"(김홍중, 2015b: 52). 장의 외부? 부르디외에게 사회는 상호 연관된 장들(inter-related fields)로 구성된 '사회적 공간(social space)' 이다. 근대사회의 사회적 공간은 여러 장으로 분화되어 있을 뿐만 아니라 장들이 서로 중첩되기도 하고 어떤 장이 다른 장 안에 배태되기도 한다. 장이 있다는 것은 우선 그 안에 자본이 있다는 것을 의미한다. 동시에 참여자들이 그 장 안에서 문제가 되는 자본이 정당하며 가치 있는 것이라는 믿음, 즉 일루지오(illusio)를 갖고 있는 것을 의미한다. 장은 그래서 그러한 일루지오를 창출한다. 장과 자본은 분리되어 논의될 수 없다는 말이다(Jenkins, 1992). 그런데 김홍중은 꿈-자본을 장의 외부에서도 논의할 수 있다고 말한다. 장의 외부란 무엇일까? 상호 연관된 장들인 사회적 공간 외부에서 꿈-자본이 작동한다는 것일까?

김홍중(2015b: 51)은 "꿈-자본은 일루지오와 아비투스 수준에서 형성되는 자본"이라고 분명히 말한다. 하지만 부르디외에게 일루지오와 아비투스는 장과의 관계 속에서만 작동하는 개념이라는 점을 고려하면, 장을 빼놓고 꿈-자본을 논의하는 것은 불가능하다. 김홍중은 사몽(私夢), 공몽(共夢), 공몽(公夢)을 장의 외부에 위치시킴으로써 이 문제를 풀어간다. "사몽(私夢, private dream)은 개인의 사적(개인적 · 가족적) 꿈이다. 공몽(公夢, official dream)은 가령 '아메리칸 드림' 이나 '유러피안 드림' 혹은 시진핑의 '중국몽(中國夢)' 처럼 공적 주체, 특히 국가가 이념과 정책의 수준에서 보여 주는 미래의 청사진과 사람들의 열망의 조직된 형태를 가리킨다. 공몽(共夢, common dream)은 특정 시대의 특정 그룹의 사람들(조직, 지역사회, 시민사회)이 함께 공유하는 꿈을 가리킨다"(김홍중, 2015a: 275). 결국 가족(친밀성의 영역), 국민국가(정치 영역), 시민사회(시민 영역)가 아직 시장화되지 않았다는 말이다.

이는 꿈-자본을 씨앗-자본이라고 부른 데서 명확해진다. "비유적으로 말하자면, 꿈-자본은 이미 물질화된 자본이 아니라, 다른 형태의 자본들(경제적 · 사회적 · 문화적)을 축적해 사회공간에서의 위치상승과 더 나은 삶을 위한 활동에 돌입하게 하는 실천동기를 이루는, 일종의 '씨앗-자본(seed-capital)' 이다"(김홍중, 2015b: 51). 씨앗-자본은 "자본 이전의 자본"(김홍중, 2015a: 250)이다. 김홍중이 욕망과 희망을 생존과 관련된 전 사회학적 신비한 힘인 것처럼 정의한 이유가 여기에 있다. 그건 꿈의 '씨앗' 속성을 강조하기 위해서다. 생존에 대한 욕망과 희망은 모든 자본의 씨앗이다. 생존에 대한 욕망이 있다는 것은 생존에 필요한 무엇인가를 결핍하고 있다는 것이고, 그럼에도 좌절하지 않고 희망의 감정을 품고 있다는 것을 말한다. 그래서 씨앗인 것이다. 이런 씨앗이 없으면 미래의 소망표상은 아예 만들어지지 않을 것이다. 그렇다면 씨앗의 상태에서는 아직 어떤 장도 만들어지지 않았다고 볼 수 있다. 사몽(私夢), 공몽(共夢), 공몽(公夢)은 모두 자본 이전의 씨앗-자본으로서 장 자체를 만든다. 사몽(私夢), 공몽(共夢), 공몽(公夢)이 로망스 서사로 구성되는 과정에서 씨앗-자본의 싹이 트기 시작한다. 사회 행위자가 로망스 서사를 따라 자기 삶을 조직하는 과정에서 특정의 일루지오와 아비투스가 융합되어 포진되는 장도 만들어지게 된다.

이렇듯 장의 족쇄로부터 풀려난 꿈-자본 개념은 어느 곳 누구에게나 언제든지 가용한 공적 상징체계처럼 되어버린다. 누구나 이 꿈을 자본처럼 활용하여 장의 형성자가 될 수 있다. 자본이란 무엇인가? 가처분 자원을 모두 비생산적으로 소모하지 않고 축적했다가 미래를 위해 투자하는 것이 자본의 속성이다. 투자는 더 많은 가처분 자원을 산출해야 하며, 이는 다시 축적되었다가 미래를 위해 재투자되어야 한다. 축적을 위한 축적, 그것이 자본이다. 이는 사회구조적 차원에서 볼 때는 시장에서 자본 간에 경쟁이 치열하기 때문에 살아남기 위해 축적을 위한 축적을 한다. 하지만 문화적 차원에서 볼 때는 텔로스(telos)를 향해 무한 성장해야 하기 때문에 계속 축적을 위한 축적을 한다. 그렇다면 꿈도 자본처럼 축적을 위한 축적처럼 계속 증대되어야 한다. 그렇게 하기 위해서는 가처분 자원인 욕망과 희망을 생존에 다 쏟아붓거나 비생산적 소모로 탕진해서는 안 된다. 오히려 가처분 자원을 텔로스(미래의 소망표상)를 향해 투자할 수 있도록 해야 한다. 이는 로망스 서사를 구성할 때에만 가능하다. 살아가면서 닥치는 온갖 시련과 고난은 로망스 서사를 더 극적인 어드벤처로 만들어 주는 재료에 불과하다. 그것이 바로 꿈-자본이다.

실제로 김홍중은 꿈-자본 개념을 활용해 정주영의 꿈을 분석한다. 정주영 개인의 사몽은 발전하는 인간이다. 그의 사몽은 "의심이나 의혹을 접어둔 채 [최종 텔로스로 설정되고 발전된] 미래로 쇄도해 들어가는 공격적 낙관을 주된 특성으로 하고 있다"(김홍중, 2015a: 267). 로망스 서사를 주로 하는 꿈-자본을 지닌 것이다. 로망스 서사가 최종적 텔로스로 설정한 발전된 미래는 절박하고 원초적인 생존에의 요구가 극복된 이상적인 모습을 하고 있다. 이 모든 것은 '욕망', 즉 "특정 대상에 대한 적극적 욕구(리비도)"에서 비롯되는 것이다. 욕망은 생존을 해결해야 하는 급박한 필요다. 정주영은 어린 시절부터 생존의 문제에 시달려 왔다. 그는 생존문제를 해결하기 위해 전력투구한다. 그럼에도 해결이 안 된다. 그가 할 수 있는 것은 극지에 서서 불굴의 '희망'을 갖는 일뿐이다. 이것이 없으면 생존 자체가 불가능하다. 정주영의 사몽은 "그의 시대적 이데올로기였던 국가적 발전주의(公夢)와 결합하여 그룹 〈현대〉의 성공으로 귀결되었고, 이는 당시의 대다수 민중들의 생존에 대한 열망, 가난과 빈곤의 극복 열망(共夢)을 지도하며, 그런 씨앗-자본에 의해 연료를 제공받았다"(김홍중, 2015a: 276). 정주영의 사몽은 전형적으로 산업화의 꿈이다. 그는 이 사몽, 공몽, 공몽이라는 씨앗-자본을 활용하여 한국의 산업장을 창출한 몽상가 중 한 명이었다. 이 산업장에는 '발전'이라는 일루지오와 "군사작전을 방불케 하는 동원과 집중"의 수행이라는 아비투스가 마련되었다. 이 아비투스는 아직 장의 구조가 만들어지지 않아 게임의 규칙이 없는 상태라서 온갖 초법, 편법, 탈법으로 뒤범벅되어 있다.

3. 장률의 〈풍경〉과 이주노동자의 꿈

1) 이주노동자의 꿈, 억압된 소망의 위장된 성취

장률 감독이 2013년 출품한 〈풍경〉이란 다큐멘터리 영화가 있다. 등장인물은 열네 명의 이주노동자들이다. 그들이 일하고 있는 삭막한 풍경을 아무런 내레이션 없이 보여 주다가 인터뷰로 들어가는 포맷이다. 질문은 단 하나, "당신이 한국에서 꾼 꿈 중 가장 기억에 남는 것은 무엇입니까?" 노동현장에서 다른 노동도구들과 함께 자리하고 있는 물리적 풍경의 일부로만 보였던 이주노동자들이 자신들의 꿈을 들려주기 시작한다. 이야기하는 순간 풍경의 일부에 불과했던 이주노동자들이 구체적인 인간 한 명 한 명으로 되살아난다.[1)]

동티모르 출신 아우구스티노는 2010년 한국에 들어와 2년 반 동안 일하다 고향으로 돌아가는 길이다. 잠깐 틈을 내 인천공항에서 인터뷰를 한다. "매일 밤 꿈에서는 고향에 있었습니다. 어머니와 밥 먹고 얘기하는 꿈이었는데, 그런 꿈을 며칠씩 꾸기도 했죠. 제 몸은 한국에 있지만 꿈에선 마치 동티모르에 있는 것 같았습니다. 고향에서는 항상 어머니와 함께 있었기 때문에 꿈에서 어머니를 만나면 동티모르에 있는 것처럼 느껴졌어요." 그는 이제 그렇게 꿈에서 그리던 어머니를 만나러 고향에 되돌아간다. 하지만 집에 가면 그곳엔 어머니가 없다. 한국에 와 있는 동안 어머니가 돌아가셨기 때문이다.

스리랑카 출신 타실라다. "아침에 일어나 보니 방안에 사장님, 사모님, 공장장님, 동료 형님과 우리 회사 분들이 모두 있었어요. 스리랑카에 온 거

---

1) 서사분석은 인간을 이야기하는 존재로 본다. 화자가 청자를 염두에 두고 이야기를 펼치는 과정에서 인간으로 현상한다고 보기 때문이다(최종렬, 2012). 이 때문에 이 절에서는 이주노동자가 직접 들려준 이야기를 되도록 많이 인용할 것이다.

라 생각해서 모두를 스리랑카의 아름다운 장소로 데려갔습니다. 랑카틸라카 사원과 시기리야 바위산도 가고 다 같이 재미있게 놀았어요. 잠에서 깨고 보니 기숙사 방이었고 모든 건 꿈이었습니다." 아름다운 곳에 가서 노는 꿈을 꾸었지만 깨어나니 고된 노동이 기다리고 있다.

베트남 출신 호앙 타인은 여성 이주노동자다. 한국에 와서 꾼 꿈 중 제일 기억나는 꿈은 아버지에 관한 것이다. 친하지도 않고 정도 별로 없다. "아빠가 20년 동안 아팠어요. 그래서 정신도 많이 없고, 아빠는 술 먹으면 길에 버린 개에요. 한국에 오고 어느 날 잠이 잘 안 왔는데 자꾸 아빠 생각이 나서 꿈에도 나타났어요. 그 꿈은 너무 무서워요. 아빠가 제 등 뒤에 따라와서 회초리로 때렸어요. 저는 너무 무서워서 도망쳤어요. 지금 다시 생각해 보니 아마도 그때 아빠가 저는 많이 미웠나 봐요." 뒤늦은 깨달음, 지금은 그 아버지가 너무나 보고 싶다.

필리핀 출신 필립 곤잘레스는 지난 밤 로또 1등에 당첨되는 꿈을 꾸었다. "진짜 운이 좋다고 생각했죠. 그동안 갖고 싶었던 걸 사러 갔어요. 특별히 보석을 사러 갔어요. 그리고 고급차도 사러 갔죠. 그러니까 제가 사고 싶은 차는 현대에서 만든 차였어요. 그리고 한국에 있는 친구들도 만났죠. 친구들이랑 관광지에 가고 싶었어요. 서울 타워 같은 좋은 곳에요. 재미있는 걸 찾다가 라이브 밴드가 있는 곳에 갔어요. 친구들과 다 같이 춤도 췄죠. 모두가 행복했어요. 저뿐만 아니라 모두가요." 노동현장을 벗어나는 유일한 길은 로또 1등 당첨되는 것이지만 이는 꿈에서만 이룰 수 있다.

방글라데시 출신 와리우라 브후아이야는 아내를 놔두고 한국에 일하러 왔다. "어느 날 밤, 와이프가 꿈에 나왔어요. 그래서 마음이 너무 좋았어요. 와이프랑 같이 제주도에 갔어요. 저는 제주도가 한국 어디에 있는 줄도 모르고 본 적도 없어요. 그런데 꿈에서 제주도를 가서 보니 너무 예쁜 거에요. 너무 예뻐요. 거기 가서 산도 봤어요. 귤나무, 포도나무도 봤어요. 그리고 외국사람도 많이 봤어요. 거기 구경할 때 외국에서 온 많은 사람들이 너무 재미있어 했어요. 나도 너무 재미있었어요. 저는 제주도에 가본 적이 없어요. 그런데 한국에 있어서 제주도에 가보고 싶어요. 어떻게 갈지 아직 몰라요." 고향에 두고 온 아내를 한국으로 초청해서 제주도로 여행을 가고 싶지만 현실은 이를 허용하지 않는다.

그렇게나 가고 싶은 제주도에서 일하는 이주노동자는 어떠한가? 제주도에서 가사노동자로 일하는 네팔 출신 강가 바스넷이 꿈에 대해 말한다. 그녀는 돈을 벌기 위해 2년 전에 한국에 와서 가사노동자로 일했다. 그곳은 캄보디아 동료는 있었지만 네팔 사람은 한 명도 없었다. 밤마다 두렵고 무서운 악몽을 꿨다. "항상 무서운 기운이 느껴져서 밤마다 안 좋은 꿈을 꿨어요. 계속 무섭고 두렵다는 생각 때문에 밤마다 악몽을 꿨죠. 잠을 제대로 잘 수가 없었어요." 경기도에 있는 한 공장으로 옮겼다. 그곳에는 네팔 사람 4명이 있었다. 악몽은 사라졌지만 허리에 문제가 생겼다. 시청의 도움으로 수술을 받았다. "생각이 많아지면 다시 악몽을 꿨어요. 고향에서 죽은 사람이 꿈에 나타나 저를 잡아가려고 했죠. 하지만 제가 사람들을 멈춰 세우고 저리 가라고, 나를 내버려 두라고 소리쳤어요. 그 후에 조금씩 나아지기 시작했지만 계속 잠을 잘 못 자는데 생각이 너무 많아서 그런가 봐요." 자신을 정서적으로 지지해 줄 고향 사람이 주변에 없어 심란한 생각에 몸마저 괴롭다.

얼굴에 심한 화상을 입은 태국 출신 이주노동자 브라운 쁘큰톳의 꿈 이야기가 이어진다. 화상 입기 전이다. "이렇게 화상을 입기 전 제가 꾸었던 꿈에서 저는 목 매달은 귀신을 따라 강물로 갔습니다. 그러고 나서 귀신이 그 근처에 서 있으라고 했는데 저는 그 말을 듣지 않았어요. 하지만 계속 그 귀신에게 이끌려 갔는데 강물을 따라가 보니 무덤이 나왔습니다. 귀신은 이번에도 그 자리에 있으라고 했지만 저는 말을 듣지 않았어요. 다시 그 귀신은 저를 데리고 높은 산으로 갔습니다. 그리고 이번에 저를 절벽으로 데려가 밀어서 떨어뜨리려 했지만 전 안간힘을 써서 버텼어요. 그리곤 갑

자기 이동을 해서 이번에 배 위에 있었는데 그 귀신이 배 위에 불을 지르는 바람에 배에 불이 붙기 시작했습니다." 현실도 꿈도 모두 죽음의 공포로 둘러싸여 있다.

필리핀 출신 여성 이주노동자 캐서린 앤 코르테지는 한국에 와서 제일 기뻤던 꿈에 대해 말한다. "그저께 꾼 제 남자친구에 대한 꿈이에요. 우리는 내년에 결혼할 생각이거든요. 필리핀에서는 신부와 신랑이 춤을 춰야 되는데 우리 오빠가 무조건 안 추겠다는 거에요. 아마 그것 때문에 꿈에 나타났나 봐요. 그건 무슨 꿈이었냐면 제 꿈속에서 제가 혼자서 춤을 추고 있었어요. 오빠랑 같이 안 있고 저 혼자서 추고 있었어요. 그냥 아무 춤이 아니에요. 조금 야한 춤을 추고 있었어요. 조금 창피했는데 뭐 근데 오빠가 갑자기 나타나더니 제 춤을 보고 '야, 왜 그런 춤을 추고 있는 거야?' 라고 말했어요. 자기는 창피해서 절대 못 추겠대요. 그러고는 자기 친구들을 부르더니 이거 보라고 어떻게 이런 춤을 출 수 있느냐고 그러더라고요. 전 너무 창피해서 몸을 막 숨기는데 오빠는 오빠 친구들이랑 계속 웃었어요. 와, 너무 창피했어요! 그러다 갑자기 꿈에서 깼어요."

캄보디아 출신 여성 이주노동자 초읍 칸피아룬에게 가장 기억에 남는 꿈은 한국에 학생으로 온 지 7, 8개월 되었을 때 꾼 꿈이다. 고등학교 친구와 재미있게 공부하고 집으로 돌아오는 길이다. "그때는 제가 자전거를 탔어요. 자전거를 타면서 좋아하는 가수 노래를 불렀는데요. 너무 신나게 달리다가 길을 잃어버린 거예요. 그래서 제가 다시, 다시 뒤로 돌아가려고 하는데 돌자마자 제가 다니던 길이 갑자기 없어지고 강물이 생기는 거예요. 물이 너무 많이 생겨서 길이 하나도 보이지 않았어요. 무서워서 다시 앞으로 돌아가려는데 앞에도 길이 없어지고 물이 생기는 거예요. 그때 정말 많이 무서웠고 그래서 가장 기억에 남는 꿈이에요."

한국에 온 지 15년 된 방글라데시 출신 셰크할 마문은 3년 동안 열심히 일했던 가구공장을 그만두면서 꾼 꿈 얘기를 한다. 아침에 일어나서 사장에게 일을 안 하겠다고 통보하는 꿈이다. 자고 나면 또 똑같은 꿈을 다섯 번이나 연달아 꾸었다. 생각해 보니 자신이 일을 그만두던 날 때문인 것 같았다. 아무리 열심히 일해도 한국인과 임금 차이가 나서 속상해 하고 있는데 한국인 노동자가 "너는 월급봉투 두 개 받고 일을 하냐?"며 놀리자 너무 슬프고 속상해서 입에서 욕이 튀어나왔다. 그러자 그가 망치를 던지면서 욕을 해댔다. 이주노동자는 열심히 일해도 욕을 먹는구나 생각하고 일을 그만두었다.

한국에 온 지 2년 반 된 중국 출신 쉬첸밍은 돼지내장 다듬는 일을 한다. 합법적인 노동이 아니다. "법무부(추방)가 무섭습니다. 저녁에 퇴근해 집에 돌아가면 꿈도 현실과 별로 다르지 않습니다. 법무부 관련한 혹은 돼지 내장 일을 하는 꿈을 꿉니다. 한국에서 이런 하루는 너무너무 힘이 듭니다. 정말 바라는 것은 하루 빨리 중국 고향집으로 돌아가는 것입니다. 이런 생활은 더 이상 하고 싶지 않습니다. 돌아갈 날이 하루 빨리 왔으면 좋겠습니다."

우즈베키스탄 출신 셰르조드 아크바로브는 원단 만드는 공장에서 일한다. 어느 날 꿈을 꾸었는데 타슈켄트에서 제일 큰 벼룩시장인 이파드롬이 나왔다. 그곳에서는 여러 나라에서 들여온 다양한 종류의 옷감을 판다. 우즈베키스탄에서는 여자들이 시장에서 옷감을 사다가 직접 옷을 해 입는다. "제가 꾼 꿈에서 아내가 우리 공장에서 만든 옷감을 샀어요. 우리나라엔 다양한 나라에서 온 직물이 있지만 제가 만든 옷감을 고향에서 볼 줄은 몰랐어요. 꿈이었지만 놀랍고 기뻤습니다. 우리 공장에서는 우즈베키스탄 사람들이 원하는 좋은 품질의 원단을 만들고 있습니다."

캄보디아 출신 오운 라모아는 비닐하우스에서 일한다. "오늘은 정말 기분이 좋아요. 행복한 꿈을 꿨기 때문이죠. 꿈속에서 저는 고향에 있었고 그곳에 저희 부모님과 할머니, 할아버지 그리고 여러 친척이 모여서 잔치를 하고 있었습니다. 우리 마을에서 자주 하는 잔치였어요. 꿈이었지만 정말 잔치하는 기분이었죠. 매일매일 그분들을 그리워해서 꿈까지 나온 것 같아요. 가족들 얼굴을 보니 진짜 고향에 갔다 온 느낌이었어요. 고향 꿈을 꾸니 기분이 정말 좋더라고요. 하지만 너무 짧아서 아쉬웠어요. 꿈속에서 할머니가 아프셨는데 제가 할머니께 약도 드리고 아프신 데도 주물러 드렸어요. 그러다 꿈에서 깼죠."

베트남 출신 응우옌 반 응우옌은 한국에서 일하면서 고향의 가족 생각을 많이 하고 가족들을 만나는 꿈도 자주 꾼다. "꿈에서 부모님, 형, 여동생이 다 같이 앉아 밥을 먹었어요. 어머니가 우리를 위해 음식을 잔뜩 해주셨죠. 우리는 맛있게 먹고 즐거운 이야기를 했어요. 지금도 그 꿈을 잊지 못하고 항상 마음속에 간직하고 있어요. 가족들 꿈을 자주 꾸는데 고향에 가면 어머니가 저를 보고 많이 우셨죠. 집으로 돌아갈 때도, 떠날 때도 어머니는 울기만 하셨어요. 아버지는 울지 않으셨지만 저를 사랑한 마음은 다 느낄 수 있죠. 이런 꿈들을 많이 꿉니다. 베트남으로 언제 돌아갈지 모르겠어요. 한번은 가족의 품으로 돌아가는 꿈도 꾸었죠. 가족들이 무척 보고 싶습니다. 형이랑 여동생, 특히 우리 부모님 모두 보고 싶습니다."

이주노동자는 왜 이렇게 잠을 자면서 많은 꿈을 꿀까? "기존의 사건들이 전개되었을 수도 있는 방식을 상상을 통해 예견해 보는 것은 모든 사회적 행위의 본질적 구성요소이다"(캠벨, 2010: 160-161). 그런 점에서 꿈은 "사회적 실천을 이해하고 설명하기 위해서 반드시 고려해야 하는 필수 탐구과제"(김홍중, 2015b: 35)이다. 하지만 이주노동자의 꿈은 김홍중이 말하는 꿈, 즉 "사회적 행위자들이 각성상태에서 심중에 품고 있는 미래에 대한 희망, 소망, 원망"(김홍중, 2015b: 34)이 아니다. 각성상태에서는 노동만 하도록 법적으로 강제되어 있기 때문에 마음속에 미래에 대한 희망, 소망, 원망을 품을 수도 없다. 각성상태에서 "시간지평을 타개하여 미래를 여는 하나의 '창조'"(김홍중, 2015b: 35)를 이주노동자는 할 수 없다. 오히려 이주노동자는 잠든 비각성상태에서 생리학적인 꿈을 꾼다. 프로이트가 말한 꿈을 꾼다. "꿈은 (억제된 또는 억압된) 소망의 (위장된) 성취"(Freud, 1965: 194)다.

이주노동자의 꿈은 꿈-자본으로 나아가지 못하고 위장된 성취로 그 소망을 이룬다. 일종의 공상인 셈이다. "비록 실제로 몇몇 공상이 사회적 터부로 인해 충족을 부정당한 소망 내지 어린 시절의 경험에 뿌리를 두고 있는 소망을 표현하는 하나의 방식일지라도, 그러한 공상이 정상적인 개인의 상상적인 내적 삶의 대부분을 구성한다고 가정할 수는 없다"(캠벨, 2010: 161).[2] 하지만 캠벨의 이러한 낙관적인 진단은 이주노동자에게는 해당되지 않는다. 한국 국민국가는 이주노동자에게 "특정 대상에 대한 적극적인 욕구(리비도)"를 가지지 못하도록 억압한다. 대신 이주노동자가 자신의 에스니를 보존함으로써 한국 노동시장의 가장 열악한 곳에서 영구적으로 노동만 하도록 강제한다. "이동성이 이방인의 가장 큰 특징이라고 한다면, 절대적 법적 이방인은 좁은 닭장에 갇혀 하루 종일 알만 낳도록 강제된 암탉과 같이 특정 장소에 법적으로 갇혀 있다. 국민국가는 그들의 부족적이고 원초적이며 낙후된 에스니를 보존하도록 강제하는데, 바로 그것 때문에 국민국가에 유용하기 때문이다"(최종렬, 2013: 256).

2) 반세기 전 한국 노동자가 꾸었던 꿈

이렇듯 이주노동자는 과거와 미래도 없이 원자적인 경제적 인간으로 살아가도록 강제되는 절대적 법적 이방인이다. 그들은 영원한 현재에 살면서, 이동을 박탈당한 채 지정된 작업장에 갇혀 노동만을 해야 한다. 이런 상황에서 이주노동자의 꿈은 이 땅 위에서 꿈을 펼치며 살아갈 수 있는 씨앗이 되지 못한다. 그들의 꿈은 라캉의 용어를 빌려 말하면, '필요' 수준에 머물러 있을 뿐 상징계로 나아가지 못한다. 김홍중의 용어로 말하면, 욕망

2) 소망은 wish를 번역한 것으로, 번역본에서는 원망으로 번역되어 있다.

과 희망이 미래의 소망표상으로 상승적으로 조직되지 못한다. 그런데 가만히 들여다 보면 이주노동자의 꿈은 반세기 전 한국인이 꾸었던 꿈이다. 한국인에게는 이 꿈이 현재 모두 산산조각 나버렸다고 한다면, 이주노동자는 이 꿈을 다시 한번 꾸고 있다.

무엇보다 이들은 한국인이 잃어버린 '가족공동체 언어'를 쓴다. 고향에 있는 어머니에 대한 그리움, 밥상에 둘러앉아 즐거운 이야기를 나누는 식구들, 사이가 좋지 못했던 아버지와의 화해. 이 언어는 마을공동체로 확장된다. 온 마을 사람이 모여 귀향한 이주노동자를 반기는 잔치를 한다. 이는 정확히 사오십 년 전에 한국인이 꾸었던 꿈이다. 1972년에 나온 나훈아의 〈고향역〉은 이를 잘 보여준다.

> 코스모스 피어 있는/정든 고향역/이쁜이 곱분이/모두 나와 반겨 주겠지
> 달려라 고향 열차/설레는 가슴 안고/눈감아도 떠오르는/그리운 나의 고향역
> 코스모스 반겨 주는/정든 고향역/다정히 손잡고 고갯마루/넘어서 갈 때
> 흰머리 날리면서/달려온 어머님을 얼싸안고/바라보았네/멀어진 나의 고향역

급격한 산업화와 도시화로 농촌을 떠난 당대 보통 한국인들은 나훈아의 〈고향역〉이 그리는 세상을 꿈꾸었으리라. 돌아가면 언제나 그 자리에 꿈틀대며 살아 있는 공동체. 언제나 나를 반겨 줄 그리운 사람들. 하지만 당시 한국의 노동자들은 지금의 이주노동자처럼 공장에서 일만 하느라 갈 수가 없었다. 1978년 김민기의 〈공장의 불빛〉은 이렇게 노래한다.

> 예쁘게 빛나던 불빛/공장의 불빛/온데 간데도 없고/희뿌연 작업등만/
> 이대론 못 돌아가지/그리운 고향마을/춥고 지친 밤/여기는 또 다른 고향

고향에 가고 싶지만 이대로 갈 수는 없다. 어떻게든 돈을 벌어 금의환향해야 한다. 그동안이라도 낯선 땅 여기를 또 다른 고향으로 삼고 싶지만 이곳 공장은 춥고 지친 밤만 가득하다. 이주노동자 역시 가족을 위해 노동하러 떠나온 몸이라 돈을 벌지 않고서는 돌아갈 수 없다. 살다보니 이곳이

또 다른 고향처럼 되어 버렸다. 그런데 이곳에 터를 잡고 살 수 없도록 법적으로 강제되어 있다. 춥고 지친 밤은 계속되고 있고, 가족이 기다리고 있는 고향은 여전히 그립다. 꿈에 억압된 고향이 나올 수밖에.

현재 이 꿈은 한국인들 사이에서는 환멸을 불러일으킬 뿐이다. 가족은 더 이상 아련한 그리움의 존재가 아니다. 추석이 되면 그동안 떨어져 지내던 가족들이 함께 모여 안부를 묻고 음식을 나누고 제사(또는 예배)를 지낸다. 가족들이 만나는 것은 즐거운 일이라고 규범적으로 기대되지만, 실제로는 '소위' 명절 증후군으로 고통을 호소하는 사람들이 많다(김미동 · 김해란, 2018). 특히 제사를 위해 음식을 장만하는 여성들(며느리는 물론 최근에는 시어머니도)이 고통을 호소하고 있다. 고부간의 갈등이 고조되고, 집으로 돌아가는 길에는 부부간에 큰 싸움이 일어난다. 그럼에도 한국인들은 추석이 되면 고향을 찾아 대규모로 이동한다. 가장 큰 명목적 이유는 제사를 지내기 위함이다. 그래서인지 제사가 끝나면 바로 다시 집으로 되돌아가는 사람들이 많아지고 있다. 이전에는 제사를 지내는 것이 효를 실천한다는 문화적으로 큰 의미를 지니는 것이었지만, 현재는 그 의미가 잘 통하지 않음에도 여전히 '전통' 의례를 행하고 있다. 습속의 차원에서 죽은 의례를 계속 행하고 있다. 효의 '가치'는 세속화되었지만 효의 '스타일'은 강고하게 남아 행위에 영향을 주고 있는 셈이다(최종렬, 2008: 213-214).

이주노동자는 또한 에로틱한 꿈을 꾼다. 노동으로 억압된 에로티시즘을 되살리는 꿈이다. 이 역시 사오십 년 전에 한국인이 꾸었던 꿈이다. 세속적 금욕 노동을 위해 에로티시즘을 뒤로 무한 유예시키고 노동에만 힘을 쓰던 노동자는 그럼에도 에로티시즘에 대한 꿈을 꾸지 않을 수는 없다. 〈구로동연가〉는 이를 잘 보여준다.

> 구로동은 허기진 뜨거운 청춘들의 해방구/골목어귀 돼지 껍데기집은 연일 만원 성시였고/뒷골목 막걸리 고고장은 용광로처럼 뜨거웠다./그러다가 옆자리에서 흐릿한 청춘의 눈에 밟힌/꿈에서 그리던 이웃집 소녀와의 어

> 색한 만남이/구로동은 새로운 인생의 출발이기도 하여/어둡고 습하였지만 활기가 있었고/내일을 기약하기도 했다./구로동에서 목놓아 부르던 청춘의 연가는 모두 잊었지만/벌집 옆방 그 청춘 남녀들은 지금도 그 옷, 그대로 입고 고향 길을 함께 합니다.

인간은 하루 종일 노동만 하며 살 수는 없다. 하지만 사오십 년 전 생존적 개발주의가 지배하던 시절 한국인은 노동만 하며 살아가도록 강요되었다. 부르주아의 유용성의 축적을 위한 노동에 힘쓰다가 노동자는 에로티시즘을 상실하고 사물로 추락한다. 인간은 사물로만 살 수는 없다. 인간은 죽어야 한다. 사물화된 자신을 파괴하여야 인간으로 되살아난다. 에로티시즘에 빠진 인간은 유용성을 만드는 사물의 세계에 살 수 없다(최종렬, 2010: 135-136). 당시 고된 노동에 시달리던 한국 노동자들은 바로 이러한 에로티시즘의 꿈을 꾸었다.

이주노동자는 또한 로또 당첨을 꿈꾼다. 언뜻 보면 '물신 언어'를 말하는 것 같지만, 사실은 '집합적 소비'의 꿈이다. '주얼리'와 '럭셔리 카'를 사서 좋은 곳으로 친구들과 함께 즐겁게 놀러 다니는 꿈이다. 1978년에 나온 김민기의 노래극 〈공장의 불빛〉에 나온 "이 세상 어딘가에"도 이와 유사한 꿈이 있다.

> 이 세상 어딘가에/있어요 있어요/분홍빛 고운 꿈나라/행복만 가득한 나라 하늘빛 자동차 타고/나는 화사한 옷 입고/잘생긴 머슴애가/손짓하는 꿈의 나라 이 세상 아무데도/없어요 정말 없어요/살며시 두 눈 떠봐요/밤 하늘 바라봐요

니체(Nietzsche, 1968, 1989)는 근면, 금욕, 절제와 같은 도덕을 생산과 보존에 관련된 노예 도덕성이라 보고, 자본주의와 사회주의 모두 노예 도덕성에 빠져 있다고 비판했다. 이런 틀로 본다면 베버의 세속적 금욕주의나 박정희의 새마을 정신(근면, 자조, 협동)은 모두 노예 도덕성에 해당한다. 이는 생존과 보존에 힘쓰는 속된 세계를 추동하는 에토스(ethos)다. 뒤

르켐(Emile Durkhein)은 속된 세계는 성스러운 존재를 만나기 위한 온갖 집합의례를 행하는 성의 세계로 나아가기 위한 것이라는 점을 보여 주었다(Durkheim, 1995). 니체를 급진화한 바타이유(Georges Bataille)는 생산의 질서와 다른 소모의 질서를 보여 준다. 소모는 "궁극적인 생산 목적 또는 생식 목적과는 상관없는 사치, 장례, 종교 예식, 기념물, 도박, 공연, 예술 등에 바쳐지는 소비"(바타이유, 2004: 32)다. 이러한 소모의 세계가 바로 "분홍빛 고운 꿈나라"이자 "행복만 가득한 나라"이다. 노동자라고 왜 소모하고 싶지 않겠는가? 여자노동자라고 왜 "잘 생긴 머슴애가 손짓하는 꿈의 나라"에 살고 싶지 않겠는가?

"그날이 오면" 바로 이런 행복한 나라에 들어가리라 굳게 믿고 한국인은 지난 사오십 년을 줄기차게 노동만 해 왔다. 하지만 마주한 것은 여전한 장시간의 노동과 불안정한 노동조건이라는 참혹한 현실이다. 지표상으로는 세계 경제대국 10위라지만, 한국인 노동자의 대다수가 비정규직에 시달리고 있다. 정말 "분홍빛 고운 꿈나라"와 "행복만 가득한 나라"는 "이 세상 아무 데도 없"다. 이제 한국인은 환멸 속에서 이런 꿈으로부터 깨어나고 있다. 생존과 보존을 위한 노동을 아무리 줄기차게 해 보아도 행복만 가득한 나라에는 결코 들어갈 수 없다는 것을 뼈저리게 깨닫고 있다.

그런데 이런 꿈을 이제 이주노동자가 대신 꾸려고 하고 있다. 한국인들은 환멸 속에서 이 꿈으로부터 깨어나고 있는데, 이주노동자는 거꾸로 그 꿈속으로 들어가려 하고 있는 것이다. 한국의 현실이 워낙 열악하기 때문에 그런 꿈마저 꾸지 않는다면 숨을 쉴 수조차 없기 때문이다. 결핍이 너무나 압도적이어서 '희망' 이라는 감정적 에너지에 의해 지원받지 못하는 '욕망' 수준에서 실제 꿈을 꿀 뿐이다. 그래서 이주노동자의 실제 꿈 이야기를 들어 보면 그 어떤 꿈도 김홍중의 꿈-자본과 닮지 않았다. 꿈이 씨앗-자본이 되기는커녕 억압된 소망의 왜곡된 표상 정도로 힘겹게 나아가려 하고 있다. 꿈이 서사로 제대로 조직되질 않는 것이다. 한국 땅에서 시민은커녕 안정적으로 장기체류할 수 있는 거주민으로도 살아갈 수 없도록 이주노동자를 법적으로 강제하고 있는 것이 현실적인 이유다. 꿈이 무엇이냐는 질문 대신에, 최근에 실제로 꾼 꿈이 무엇이냐는 장률 감독의 질문은 그래서 절묘하다. 한국 사회에서는 이주노동자에게 꿈-자본은커녕 아예 희망도 품지 못하도록 만들어 놓았다는 것을 거꾸로 고발하는 것이기 때문이다. 그러니 소망이 비각성상태에서 위장된 방식으로 성취될 수밖에.

4. 두 이주노동자의 꿈-자본

그렇다면 이주노동자는 아예 꿈-자본이 없는 것일까? 나는 이주노동자의 이야기에 대한 서사분석을 통해 이러한 궁금증을 풀어 보려고 한다. 서사에는 화자가 있고, 그 안에 인물과 사건이 있으며, 또 이를 듣는 청자가 있다. 이 셋이 결합되지 않으면 서사의 여정은 끝날 수 없다. 장르는 화자, 인물과 사건, 청자를 특정의 방식으로 관계 맺도록 한다. 프라이(Frye, 1971)는 서구문학의 전통을 로망스, 비극, 희극, 아이러니라는 네 가지 원형 서사로 구분한다. 각 서사 장르의 목적은 궁극적으로는 청중이나 독자로 하여금 특정의 '마치 ~인 것 같은' 경험을 하도록 하고, 이를 통해 자신의 삶을 재구성하도록 하는 데 있다. 이는 자연적으로 흘러가는 선조적(線條的)인 시간 개념을 뒤집는 체험이고, 이 체험은 주어진 현실을 넘어설 수 있는 힘을 준다. 그런 점에서 서사는 그 자체로 꿈이다. 아니 꿈과 현실의 앙상블이다.

나는 두 명의 이주노동자가 자신의 삶을 서사할 수 있도록 서사적 인터뷰를 실행했다. 한국에서 노동운동을 하다 네팔로 되돌아간 마이너리와 파키스탄에서 이주노동자로 들어와 한국에서 사업가로 성장한 샤히드. 장률은 이주노동자에게 실제 꾼 꿈을 물어보았지만, 나는 자신의 삶에 대한 이야기를 해 달라고 했다. 스스로 서사하도록 공론장을 마련해 준 것이다.[3] 나는 그들의 이야기에 대한 서사분석을 통해 꿈-자본, 씨앗-자본에 대해 살펴볼 것이다. 김홍중은 로망스 서사를 핵으로 하는 꿈-자본에 대해서만 논의하였지만, 난 이들의 이야기에 대한 서사분석을 통해 아이러니와 희극은 물론 비극도 발견하였다. 놀랍게도 나는 이들의 꿈-자본이 한국인의 꿈-자본과 유사하다는 점을 발견하였다. 마르크스는 역사가 두 번 반복된다고 말하였지만, 나는 꿈이 두 번 반복된다고 말하고 싶다. 역사가 꿈이라는 벤야민(Walter Benjamin)의 말이 옳다면(김홍중, 2015b: 62), 이 역시 동어반복일 뿐인가. 노동운동하는 마이너리는 사오십 년 전 전태일이 꾸었던 꿈을 다시 한번 꾸고 있다면, 무슬림 신자이자 기업가인 샤히드는 기독교 신자이자 CEO인 이명박의 꿈을 다시 한번 꾸고 있다. 하지만 서사의 장르가 다르다. 노동운동을 수행함에 있어, 마이너리는 아이러니로 전태일은 비극으로 꾸고 있다. 물질적 성장을 추구함에 있어, 샤히드는 희극으로 이명박은 로망스로 꾸고 있다.

1) 마이너리, 다시 꾸는 전태일의 꿈 : 아이러니와 비극

마이너리는 1974년 네팔 도티에서 장사를 하는 바이샤(Vaishya) 출신의 아버지에게서 태어났다.[4] 어릴 때부터 돈놀이를 하는 아버지를 부끄럽게 생각한 마이너리는 대학에 들어갈 때쯤에는 아버지의 돈장부를 불태우기도 했다. 마이너리는 군인이 되어 체트리(Chhetri)로 한 단계 상승하기를

3) 서사적 인터뷰를 공론장으로 보는 관점에 대해서는 최종렬(2012: 147-156)을 볼 것. 마이너리와의 인터뷰는 2011년 3월 27일과 5월 22일, 2013년 1월 5일과 7월 21일 총 네 번에 걸쳐 있었다. 보다 자세한 내용에 대해서는 최종렬(2013: 273-274)을 볼 것. 샤히드와의 인터뷰는 2013년 5월 6일, 2015년 4월 25일, 2015년 5월 20일 총 세 번에 걸쳐 있었다. 보다 자세한 내용에 대해서는 최종렬(2015: 238-239)을 볼 것.

4) 마이너리의 삶에 대한 보다 자세한 내용은 최종렬(2013: 270-324)을 볼 것.

꿈꿨지만, 네팔 국가의 부패 때문에 아무리 공부를 잘해도 낮은 카스트 탓에 될 수가 없었다. 그래도 각고의 노력 끝에 군인보다 못하긴 하지만 경찰이 된 마이너리는 드디어 체트리로 진입하는 듯했다. 1995년에는 대학시절 사귀던 브라만 출신의 여성과 결혼까지 했다. 카스트가 달라 처가에서 극심한 반대를 했지만 결혼 4년이 지나자 인정해 주었다. 이렇게 네팔에서 안착한 듯했지만, 곧 반군인 마오이스트의 세력이 커지면서 경찰인 마이너리는 목숨을 위협받게 되었다.

마이너리는 이를 피해 한국으로 이주를 감행한다. 왜 한국인가? 먼저 한국에 가 있던 친구의 도움덕분이다. 하지만 보다 결정적인 이유가 있다. "민주주의 나라니까… 발전된 나라니까… 아무래도 G20 안에 있는 나라… 좋은 나라라고…." 이주 당시 스물아홉이던 마이너리는 입국 후 하루 동안 중소기업청에서 간단한 교육을 받고 바로 다음날 고용주 부인을 따라 대구로 내려갔다. 도착할 당시 오후 3시쯤이었는데, 공장 뒤쪽 컨테이너 숙소에서 몇 시간 쉬다가 저녁 8시에 섬유공장 작업장에 바로 투입되었다. 그때부터 이주노동자의 고단한 삶이 시작되었다. 산업연수생 허가 기간인 3년이 어느새 훌쩍 가 버렸지만 입국할 때 브로커에게 지불한 900만 원은 커녕 300만 원도 채 벌지 못해 네팔로 돌아갈 수도 없었다. 돈을 벌려고 온 마당이라 할 수 없이 미등록 이주노동자의 길로 접어들 수밖에 없었다. 합법적 신분을 잃자 3년 동안 일하던 공장을 떠날 수밖에 없었다. 다른 일자리를 찾던 중 이주노동자 지원단체(MWF: Migrant Worker' s Friends)[5]를 통해 자신이 3년 동안 최저임금에도 못 미치는 돈을 받고 일하였다는 것을 알게 되었다.

마이너리는 MWF의 도움을 받아 고용노동부에 신고를 하였고 1년 후에는 돈을 받게 되었다. 이 과정에서 한국도 사람을 차별하는 사회구나 깨

5) MWF는 익명성을 위해 내가 만든 용어이다.

닫게 되었다. 그 후 마이너리는 MWF를 통해 세계노동운동사를 배우면서 계급의식을 각성하게 되고, 이후 미등록 이주노동자로 살아가는 동시에 MWF에서 다른 이주노동자를 돕는 일에 전념하게 된다. 마이너리는 민족과 국적을 상관하지 않고 어려움에 처한 이주노동자를 돕는다. 그에게는 '사람'이 중요하다. 민족, 국민, 국가, 국민국가와 같은 근대국민국가 체제 아래에서 대부분의 사람들이 사용하는 '국민적 어휘'를 활용하지 않는다. 그에게 사람은 말을 하면서 서로의 성스러운 자아를 호혜적으로 실천할 수 있는 행위자를 의미한다. 한국 사회 안에서 이주노동자는 다른 사람 앞에 성스러운 자아를 가진 사람으로 출현할 수 없다. 하지만 MWF에서는 모두 성스러운 자아를 가지고 서로 호혜적으로 자아를 연출하고 인정하는 게임을 행할 수 있다. 마이너리는 고향에 가는 것도 미룬 채 한국에서 노동운동에 몰두하였다. 결국 추방당하다시피 네팔로 되돌아갔지만, 현재 그곳에서 한국으로 입국할 예비 이주노동자들에게 노동운동을 가르치며 살아가고 있다.

무엇이 마이너리로 하여금 절대적 법적 이방인의 자리를 뛰어넘어 노동운동에 전력하게 만들었는가? 그의 꿈-자본은 무엇인가? '욕망' 차원에서 마이너리는 생존에의 의지를 넘어 사람다운 삶을 원한다. 사람다운 삶은 우선 차별이 없는 삶이다. 이러한 사람다운 삶에 대한 의지는 네팔에서 겪은 극도의 신분차별 체험으로부터 나온다. 외국 유학을 가기 위해 국가장학생 시험을 쳐서 상위 10% 안에 들었다. 하지만 정작 자신보다 공부를 못했음에도 카스트가 높다는 이유로 다른 학생들만 장학생으로 뽑혔다. 대학 때 등록금 비리 반대운동에 나서 경찰에 잡혀갔지만, 그중 높은 카스트 집안의 학생들은 풀려나고 마이너리는 계속 잡혀 있었다. 군인이 되기 위해 시험을 쳤지만, 알 수 없는 이유로 계속 떨어졌다. 그러자 한 단계 낮춰 경찰 시험을 보고 드디어 경찰이 되었다. 이렇듯 마이너리는 바이샤라는 카스트의 한계를 넘어서려는 욕망을 가지고 있다.

마이너리는 결코 '희망'을 잃지 않는다. 경찰이 되어 실질적으로 카스트가 체트리로 한 단계 상승했고, 브라만 출신의 아내도 얻어 카스트의 제약으로부터 어느 정도 벗어났다. 만약에 마이너리가 희망을 버렸다면, 아마도 계속해서 차별받는 바이샤의 삶에 머물러 있었을 것이다. 그러나 이러한 희망의 삶도 얼마 가지 못했다. 마오이스트들이 세력을 확장하면서 목숨을 위협받기 시작한 것이다. 경찰 월급으로는 생활이 빠듯하기도 한데다 목숨까지 위태롭게 되자 마이너리는 이주를 결심한다.

마이너리는 희망을 품고 '좋은 나라' 한국으로 이주한다. 이때 '성장 서사'를 사용한다. 한국에 가서 돈을 벌어 가족을 경제적으로 일으키겠다. 이 서사는 이주노동자라면 누구나 활용한다. 문제는 마이너리가 이러한 서사를 '노동운동 서사'로 뒤바꾼다는 점이다. 돈을 벌려고 발전된 민주주의 나라 한국으로 왔지만, 한국에도 여전히 차별이 존재한다는 것을 체험한 후 서사를 바꾼 것이다.

> 한국에 팔 년 살아가면서 한국 땅에서 일어나는 이주노동자 문제를 알게 돼서… 이거 너무 하는 거 아니냐. 이제 싸워야 되는 거 아닐까 하는 생각. 수많은 밑바탕에 있는 노동자들이 노동자 인정도 못 받고 노예처럼 살고 있어요. 정부가 기를 써서 이 사람들을 데려오는데 노동자 대접 안 해주고, 인권 없이 이 땅에서 노예처럼 살아서. 이거 너무하는 거 아니냐. 싸워야 되는 거 아니냐. 친구들 만나서 이런 이야기하고.

가족을 중심으로 서사를 구성하는 것에서, 이제 동료 이주노동자를 위해 헌신하는 운동가의 삶으로 서사를 조직한 것이다. 마이너리에게 사람은 항상 구체적인 대면적 상호 작용 속에 있다. 그에게 사람은 추상적인 개념이 아니다. 마이너리는 그 자신이 절대적 법적 이방인이다. 자신의 존재를 증명할 합법적 등록증이 없어 온전한 사람으로 다른 사람 앞에 현상할 수 없다. 그런데도 마이너리는 극지에 서 있는 다른 미등록 이주노동자에게 손을 내민다. 양쪽 국가에게서 시민권을 보호받지 못하는 일종의 무국적자신세인 마이너리는 국가주의도 민족주의도 아닌 절대적 법적 이방인의 극한상황에 처해 있는 '사람'을 위해 살아간다. 그것은 물론 대면적 상호 작용을 통해 만난 구체적인 사람의 상황을 이해하고 공감할 수 있기 때문이다. 네팔로 돌아가서는 어떻게 살 것이냐고 묻자 주저 없이 말한다. "가서 운동해야 한다고 생각합니다. 우리나라에서 한국으로 많이 와요. 그 친구들한테 한국에 가서 니가 무슨 일 해야 된다. 니 돈 얼마 받는다. 당신 권리가 뭐냐 알려 줘야 합니다."

마이너리의 씨앗-자본은 자신이 몸 바쳐 일해야 할 이러한 절대적 법적 이방인을 향해 싹튼다. 마이너리에게 이 세계는 불합리하다. 네팔은 카스트 제도를 통해 사람을 차별한다. 이를 피해 '민주주의' 나라 한국으로 왔지만, 여기에도 이주노동자에 대한 극심한 차별이 존재한다. 마이너리는 네팔에서는 왜 이 세상이 부조리한 것인가에 대한 근원적인 질문을 던지지 않았다. 대신 부조리한 세상을 떠나 차별이 없는 평등한 나라로 이주를 감행하였다. 하지만 한국에서의 삶은 다시 한번 마이너리를 부조리한 세상에 마주하게 한다. 이제 마이너리는 묻게 된다.

> 제 개인 생각인데, 한국 정부가 필요해서 이주노동자 데리고 왔는데. 이주노동자 왜 차별하는지 이해가 안 돼요. 임금 차별이나, 일하는 시간 차별이랑. 이런 차별 있는데. 근데 우리가 "차별이다. 우리도 권리 있는데." 하면, "너는 외국 사람이다. 안 줘도 된다." 이러는 게 이해가 안 돼요.

마이너리는 네팔에 있을 때와 달리 이러한 의문에 대한 근원적인 해결책을 찾고자 한다. 베버의 용어를 빌려 말하면, "구원에의 필요"가 생긴 것이다. 이제 마이너리는 '고통의 신정론'으로 이에 답한다. 전지전능한 신과 같은 민주주의 국가 '대한민국'이 왜 이주노동자를 차별하는 악이 성행하도록 놔두는가? 분명히 한국이 필요해서 데려온 이주노동자를 차별하는 이유는 무엇인가? 이주노동자가 한국에서 겪는 이 모든 고통의 이유는 무엇인가? 마이너리는 전태일을 배우고 세계운동사를 배우면서 이에 대한 근원적인 해결책을 찾는다. 그건 '노동해방 서사'다. 현재 겪는 모든 고통

> 은 이주노동자가 차별받지 않고 살아갈 수 있는 노동해방의 세계를 건설하는 과정에서 극복해야 하는 고난일 뿐이다. 결국 마이너리의 꿈-자본은 고통의 신정론을 담고 있는 것이다.

마이너리의 노동해방 서사는 청자로 하여금 아이러니에 빠지게 만든다. 아이러니에서 주인공은 패러디와 풍자라는 부정적인 속성을 지니고 있기에 관객은 그 인물과 거리를 둔다. 하지만 다른 한편으로는 아이러니는 성찰성, 차이, 용인, 시민사회에 대한 건강한 형태의 비판을 촉진한다. 로티(Rorty, 1989: 73)는 아이러니스트를 무엇보다도 자신이 현재 사용하고 있는 '최종 어휘' 에 대해 근본적이고도 지속적인 의심을 갖는 사람으로 정의한다. 자신의 최종 어휘가 다른 사람들이 사용하는 어휘보다 더 실재에 가깝다고 여기지 않는다. 근대 100여 년 동안에 한국인의 최종 어휘는 국민국가였다. 민족, 국민, 국가, 국민국가와 같은 최종 어휘에 기대어 삶의 궁극적 의미를 얻었다. 하지만 마이너리는 이런 최종 어휘 없이 잘도 살아간다. 자기 앞가림도 제대로 할 수 없는 '미등록 이주노동자 주제' 에 보편적인 인간애를 들먹이다니. 한국인 청자는 마이너리의 이야기를 들으면 혀를 끌끌 찰뿐이다. 그러면서도 국민국가 틀 안에 갇혀 있는 자신을 돌아보게 된다. 아이러니 서사의 힘이다(최종렬, 2013: 319-324).

마이너리의 꿈-자본은 반세기 전 이 땅의 노동자 전태일의 꿈-자본과 놀랍도록 닮았다. 전태일은 1948년 봉제 노동자 전상수와 그의 아내 이소선 사이에서 장남으로 태어났다. 아버지는 미싱 한두 대를 가지고 봉제일을 하였는데 벌이가 신통치 않아 온 가족이 가난에 허덕였다. 어머니 이소선은 어릴 적 일찍 아버지를 여의었다. 아버지가 독립운동에 가담했다는 혐의로 일제경찰에 끌려가 학살된 탓이다. 어릴 적부터 의붓아버지 밑에서 자란 이소선은 어린 시절부터 "인간차별이라면 아주 치를 떨게"(전태일기념관건립위원회, 1983: 31)되었다. 전상수와 결혼 후 이소선은 문전걸식에서 광주리행상까지 닥치는 대로 일했다. 그 과정에서 경찰에게 판자촌이

철거당하거나 광주리행상에서 쫓겨나는 일을 경험하였는데, 그때마다 동료들을 규합하여 경찰에 대항하기도 하였다. 어느 때부터인가 교회에 다니기 시작하였고, 이는 전태일에게 많은 영향을 주었다.

1954년 부산에서 소규모 양복제품업을 하던 전상수는 사업이 망하자 가족을 이끌고 서울로 올라왔다. 하지만 서울에는 변변한 일자리가 없어 가난과 굶주림에서 벗어날 수 없었다. 전상수는 술로 날을 지새웠고 가족을 먹여 살리는 일은 온전히 이소선의 몫이 되었다. 초등학교에 입학했던 전태일은 그새 6명으로 불어난 가족의 생계를 책임질 수밖에 없는 처지에 몰리게 된다. 초등학교 4학년을 중퇴하고 동대문시장에 나가 장사를 시작하였다. 가난을 이기지 못하고 가출했던 전태일은 온갖 고생 끝에 당시 대구에 있던 집에 안착하게 된다. 여기서 가정 사정 등으로 중학교에 진학하지 못한 학생들이 다니는 청옥고등공민학교에 입학하게 된다. 공부를 할 수 있었던 이때가 전태일에게는 가장 행복했던 시절이다.

이런 행복은 오래 가지 않았다. 아버지가 학교를 그만 두고 재봉일만 하라고 했기 때문이다. 이를 거부하고 가출했다 돌아온 전태일에게 아버지는 소리친다.

> 지 나이 열여섯에 중학교 1학년인데 어떻게 공부해서 학문으로 성공한단 말이야…. 어디 장관이나 국회의원 하는 사람도 학문을 가지고 하는 줄 알아? 돈 가지고 하는 거야, 돈! 이 병신새끼야! 스무 살, 서른 살이 넘어도 돈만 있으면 얼마든지 할 수 있어. 이 병신자식, 지랄용천하지 말고 어서 못 나가겠어!(전태일기념관건립위원회, 1983: 48).

공부가 너무나 하고 싶었던 전태일은 아버지의 명을 어기고 동생 태삼이를 데리고 서울로 가서 고학하는 길을 선택한다. 하지만 서울은 녹록치 않았다. 잠자리도 없는 서울에서 구두닦이와 날품팔이로 날을 지새워도 학비를 벌기는커녕 먹고살기조차 힘들었다. 집으로 돌아가면 공부를 할 수가 없고, 그렇다고 서울에서 고학을 하자고 발버둥쳤지만 현실은 전혀 이를 뒷받침해 주지 못하였다. 집 떠난 지 사흘 만에 온갖 고생을 경험한 전태일은 할 수 없이 동생을 데리고 집에 돌아왔다. 기다리고 있는 건 아버지의 혹독한 매질. 폭음으로 가부장의 책임을 방기한 아버지는 자녀들에게 교육은 말할 것도 없고 생계마저 제공하지 못했다.

전태일은 결국 학교를 그만 두고 생활전선에 뛰어들 수밖에 없었다. 1964년 봄 열여섯 살에 전태일은 평화시장에서 '시다'로 노동자의 길로 들어섰다. 구두닦이와 신문팔이로 떠돌다가 드디어 월급을 받는 노동자가 되었다는 사실에 전태일은 희열을 느꼈다. 하지만 곧 이러한 희열은 노동지옥에 대한 분노로 바뀌었다. 자신의 노동이 힘들기도 했지만 나이 어린 소녀들의 중노동을 보면서 마음속에 분노가 솟구친 것이다. 1969년 11월경 전태일은 대통령과 근로감독관에게 보내는 편지를 작성한다.

> 저희들은 근로기준법의 혜택을 조금도 못 받으며 더구나 2만여 명을 넘는 종업원의 90% 이상이 평균 연령 18세의 여성입니다. 기준법이 없다고 하더라도 인간으로써 어떻게 여자에게 하루 15시간의 작업을 강요합니까? 미싱사의 노동이라면 모든 노동 중에서 제일 힘든 [정신적, 육체적으로] 노동으로 여성들은 견뎌 내지를 못합니다. 또한 2만여 명 중 40%를 차지하는 시다공들은 평균 년령 15세의 어린이들로써 육체적으로 정신적으로 성장기에 있는 이들은 회복할 수 없는 결정적이고 치명적인 타격인 것을 부인할 수 없습니다(전태일, 1988: 137).

전태일은 이 편지를 발송하지 못한다. 이 진정서가 문제를 해결하는 데 아무런 효과를 발휘하지 못한다는 것을 깨달았기 때문이다. 그동안 수차례에 걸쳐 근로감독관에게 근로기준법을 지키라고 요청했지만 묵살 당했던 터였다. 전태일은 〈바보회〉를 조직하여 노동실태를 조사하고 노동조건을 개선하기 위해 각고의 노력을 기울인다. 하지만 돌아온 것은 해고 통보. 전태일은 1970년 다음과 같은 유서를 남기고 자신의 몸을 불사름으로써 스물두 해의 짧은 삶을 마감한다.

> 이 결단을 두고 얼마나 오랜 시간을 망설이고 괴로워했던가? 지금 이 시각 완전에 가까운 결단을 내렸다. 나는 돌아가야 한다. 꼭 돌아가야 한다. 불쌍한 내 형제의 곁으로, 내 마음의 고향으로, 내 이상의 전부인 평화시장의 어린 동심 곁으로. 생을 두고 맹세한 내가, 그 많은 시간과 공상 속에서, 내가 돌보지 않으면 아니 될 나약한 생명체들. 나를 버리고, 나를 죽이고 가마. 조금만 참고 견디어라. 너희들의 곁을 떠나지 않기 위하여 나약한 나를 다 바치마. 너희들은 내 마음의 고향이로다(전태일, 1988: 172).

전태일의 꿈-자본은 무엇인가? 무엇이 그로 하여금 '나약한 생명체들'을 위하여 자신의 몸을 불사르게 하였나? 전태일에게 '욕망'은 우선 생존이다. 1969년 가을 무렵 어린 시절 가출했던 때를 회상하는 전태일의 글은 이를 잘 보여준다.

> 태양은 마른 대지 위의 무엇이든지 태워버릴 것 같이 이글거린다. 열네 살의 한 소년이 허기진 배를 달래면서 부산진역에서 엣(옛)날 그가 살던 영도섬 다리쪽으로 무거운 다리를 옮겨놓고 끌어놓으면서 이글거리는 태양 아래 국제시장 입구 어는 양화점 쇼윈도우 그늘진 곳에서 잠시 갈증나는 더위를 피하고 있다. 소년은, 누구 무엇에게 반항함이 없이 생각한다. 나는 왜 언제나 이렇게 배가 고파야 하고, 항상 괴로운 마음과 몸 그리고 떨어진 신발에, 남이 입다 버린 헌 때뭉치인 계절에 맞지 않는 옷을 입어야 할까를(전태일, 1988: 23-24).

그렇다고 생존을 위한 생존을 추구한 것이 아니다. 소년 전태일은 공부를 하고 싶어서 가출을 한 것이기 때문이다. 전태일에게 결핍은 생존 그 자체가 아니라 공부였다. 바로 이 결핍에 대한 욕망을 지닌 것이다. 공부를 안 하면 밑바닥에서 차별받는 삶을 산다는 것을 잘 알고 있었다. 하지만 아버지는 돈을 먼저 벌라고 다그친다. 현실적으로 아무런 힘이 없는 어린 소년은 결국 아버지에게 굴복하고 생존을 위한 노동의 길로 들어간다. 필요 수준의 욕망을 추구하기에도 너무나 열악한 현실이었기 때문이다.

하지만 전태일은 '희망'하기를 멈추지 않는다. 1967년 "자기훈련"이란 제목으로 쓴 글에는 다음과 같은 다짐이 들어 있다.

> ※ 목적을 잡고 꿈을 이루러 돌진해라, 자기 손으로
> ※ 인생의 건축기사로써는 사람은 그 일에 온갖 정력을 퍼붓지 않으면 안 된다. 물질적으로 1달러도 못 나가는 육체까지도.
> ※ 아무리 어려운 일이라도 해결할 수 있다고 생각되는 한 행하라.
> ※ 목적이 문제가 아니다. 목적의 성공이 목적이다.
> ※ 입은 굳게 다물고 양 귀와 두 눈은 크게 떠라.

이러한 희망은 로망스 서사를 구성하기에 충분한 감정적 에너지를 제공할 수 있는 것처럼 보인다. 하지만 전태일은 이상적인 '미래의 소망표상'을 만들어 낼 수가 없다. 우선 현재의 고통이 왜 받아야 하는 것인지 근본적으로 답할 수 없기 때문이다. 이 세상에서 살아가는 것은 고통이다. 그런데 왜 그런지 알 수가 없다. "누구 하나 그 소년은(의) 의문을 풀어 줄 사람은 없다"(전태일, 1988: 24). 결국 전태일은 자신의 몸을 불사름으로써 자신이 도대체 대답할 수 없는 근본적 질문을 던진다. 인간이란 무엇인가?

> 나이 어린 자녀들은 하루에 16시간의 고된 육체노동을 감당하지 못합니다. 나이가 어리고 배운 것은 없지만은 그도 사람, 즉 인간입니다. 태어날 때부터 생각할 줄 알고, 좋은 것을 보면 좋아할 줄 알고, 즐거운 것을 보면 웃을 줄 아는, 하나님이 만드신 만물의 영장, 즉 인간입니다. 다 같은 인간인데 어찌하여 빈한 자는 부한 자의 노예가 되어야 합니까? … 왜 하물며 가장 청순하고 때 묻지 않은 어린 연소자들이 때 묻고 더러운 부한 자의 기름이 되어야 합니까? 사회의 현실입니까? 빈부의 법칙입니까?(전태일, 1988: 153-154)

전태일은 이 고통이 도대체 무엇을 의미하는지 답해 달라고 세상을 향해 근원적인 질문을 던진다. 차마 고통의 신정론으로 발전하지 못한 전태일의 꿈-자본은 그래서 씨앗이 채 트기도 전에 소멸하고 만다. 아직 국가의 공몽이나 시민사회의 공몽도 전태일에게는 가용한 공적 상징체계가 아

니었다. 그러니 그 어떤 꿈도 고통에 대한 근원적인 답을 해 줄 수 없었다. 이때 전태일은 로망스 서사 대신에 비극 서사를 구사한다. 비극에서 주인공은 일반 사람보다 뛰어난 권력을 가지고 있다. 하지만 주류 사회로부터 소외되어 있어서, 결국 전능한 외적 운명에 굴복하거나 그 사회의 근본적인 도덕법칙을 위반하게 된다. 비극에서 주인공은 사회에 대항하다가 결국은 패배하게 되어 있다. 이는 주인공이 마땅히 패배해야 할 행위를 해서가 아니다. 오히려 주인공의 행위는 옳으나 이를 가로막고 패배시키는 외적 운명이나 사회의 도덕법칙이 문제다. 선한 주인공이 이에 맞서 싸우다 처절하게 패배하는 것을 보는 청자는 그 싸우는 과정을 보면서 그 결말이 피할 수 없는 파국으로 끝날 것임을 예상하기 때문에 비장감을 느낀다. 이 비장감은 주인공을 좌절시키는 사회의 도덕법칙에 대한 분노로 이어진다.

비극 서사는 지배층에게 매우 위험한 장르이다. 선한 주인공을 파멸시키는 현 체제에 대한 공중의 분노를 야기할 수 있기 때문이다. 전태일의 비극 서사는 실제로 막강한 서사의 힘을 발휘하기 시작했다. 비록 체계적인 고통의 신정론을 발전시킬 수는 없었지만, 왜 이 고통을 참아야만 하는지 근원적인 질문에 살아남은 자들이 답하기 시작했기 때문이다.

> 그의 죽음과 함께 평화시장 어두운 골방 속의 참혹한 노동에 관한 소식이 세상에 알려졌고, 그것이 발단이 되어 전체 한국노동자들이 겪고 있는 인간 이하의 고통에 대한 새로운 관심이 새로이 일어나기 시작했다. 사람들은 이제껏 아무도 발음하려고 하지 않던 '노동자' 니 '노동운동' 이니 하는 어휘들을 입에 올리기 시작했다. 영원한 침묵의 그늘 속에서 덮여 버려져 있었던 노동문제가 신문잡지 지식인들의 대화, 학생과 노동자들의 항의의 목소리 속에 공공연히 나타나게 되었다(전태일기념관건립위원회, 1983: 21).

이 고통이 왜 감당해야 할 만한 것인지 답하라는 요구에 응답하기 시작한 것이다. 한국 노동운동사는 전태일의 분신을 전후로 해서 극명하게 나

뉜다. 물질적 차원에서는 노동자들의 힘이 커지면서 노동운동이 발전한 것이라 할 수 있지만, 문화적 차원에서는 전태일이 근원적으로 물었던 질문에 답하려는 과정에서 그렇게 된 것이라 볼 수 있다. 이 덕분에 반세기 후 이주노동자 마이너리가 비극 서사를 구사하지 않을 수 있게 된 것이다. 더 나아가 한국인도 구사하지 못하는 아이러니 서사를 구사하면서, 근대국민국가의 틀 안에 갇힌 한국인을 들깨우고 있는 것이다.

2) 샤히드, 다시 꾸는 이명박의 꿈 : 희극과 로망스

파키스탄 출신 샤히드는 독실한 무슬림이면서 사업에 성공한 기업가이기도 하다.[6] 파키스탄에서 의과대학 2학년에 다니다 파키스탄어로 전공을 바꾸었다. 자국에서 미래를 꿈꾸던 샤히드는 사우디에서 노동자로 일하던 아버지가 귀국한 후 수입이 변변찮아 집안 살림이 어려워지자 이주를 결심한다.

> 근데 이제 그때는 가정이 어려웠어요. 아빠도 사우디에서 그만두고, 뭐 농사하는 거는 있지만, 제대로 못 먹고 사는 게 이유가 있었고, 그 다음에 이제 주변에 있는 사람들도 누구는 미국에 있고, 뭐 그래서 그 집은 미국에 있는 아들 뭐 그 집은 잘 먹고 잘 살고, 자동차도 있고 집도 뭐 그런 거. 우리도 마찬가지 아빠가 외국에 가서 일 하라고 그래서, 한국에 오는 게 됐어요.

샤히드는 2001년 브로커에게 6천 달러를 건네고 한국으로 들어왔다. 당시 자국 국민이 스물세 살 이상이 되어야 해외로 나갈 수 있도록 허용하는 정책 때문에 샤히드는 나이를 네 살 많게 속인 위조여권을 만들어 한국에 들어왔다. 경북 왜관에 있는 공장에서 임금으로 70만 원을 받았다. 15만 원으로 생활하고 나머지는 모두 파키스탄으로 보냈다. 미등록 이주노동자로 저임금 노동을 전전하던 샤히드는 한국 정부가 미등록 이주노동자문

6) 보다 자세한 샤히드의 삶의 행로에 대해서는 최종렬(2015)을 볼 것.

제를 해결하기 위해 일시적으로 사면조치를 취한 덕분에 합법적 지위를 얻게 된다. 공장에서 성실하게 일한 덕에 회사에서 비자를 받게 해 주었기 때문이다.

이후 샤히드는 공장의 책임자가 될 정도로 인정받게 되고, 월급도 200만 원 정도 받게 되었다. 이렇게 경제적으로 어느 정도 안정되자, 샤히드는 종교활동에 적극 나서게 된다. 당시 공장에 다니고 있던 이맘(무슬림 성직자)을 만나 모스크를 세우는 일에 앞장선다. 샤히드를 포함해 여러 파키스탄 출신 무슬림은 이맘의 지도 아래 2002년에는 예배소를 차렸고, 이후에는 4억 원의 공사비가 드는 모스크를 무슬림의 기금을 모아 세웠다. 모스크는 파키스탄 출신 무슬림이 모이는 중심지가 되었고, 이곳에서 샤히드는 미리 와서 사업가로 성장한 다른 파키스탄 출신 무슬림들을 만나게 되었다. 샤히드는 이들의 도움으로 파키스탄 무역회사로 자리를 옮긴다. 그곳에 가게 되면 기업투자비자를 받을 수 있었기 때문이다. 일종의 에스닉 기업인 파키스탄 무역회사에서 샤히드는 인정을 받고, 결국 독립해서 자신의 무역회사를 차린다. 물론 파키스탄 사장의 전폭적인 지지가 있었다.

이렇듯 샤히드는 종교활동을 펼치는 동시에 파키스탄 이주자들의 네트워크를 활용해 기업가로 변신하는 데 성공했다. 2005년에는 파키스탄 여성과 결혼해 한국으로 같이 들어왔다. 2010년까지 샤히드는 가정생활, 종교활동, 사업 모두에서 승승장구하게 된다. 그러다 2010년 이맘이 추방되면서 샤히드의 기업투자비자 갱신도 어렵게 되어 추방될 위기에 놓이게 된다. 샤히드는 난민신청을 해서 이 위기를 돌파해 나갔다. 난민신청을 한다고 해도 실제 받아들여지는 비율은 매우 낮다. 이때 샤히드는 한국의 기독교 단체의 도움으로 계속해서 난민 신청을 하게 된다. 자신이 무슬림임에도 기독교 단체의 도움을 마다하지 않고 적극적으로 활용한 것이다. 난민신청 기간 동안에는 추방당하지 않는다는 것을 기독교 단체로부터 배운 샤히드는 이 기간을 활용하여 계속해서 종교활동과 사업을 성공적으로 진행하고 있다.

그럼 다음과 같이 묻게 된다. 구원이라는 무슬림의 종교적 가치를 추구하는 샤히드가 무한성장이라는 세속적 가치가 지배하는 한국 자본주의 사회에서 어떻게 미등록 이주노동자에서 기업가로 전환할 수 있었나? 샤히드는 종교인답게 한국이라는 경험적 실재와 무슬림이라는 상징적 실재를 넘나들며 살아가고 있다. 샤히드는 베버의 종교 이념형에 따를 때 '세상 안 신비주의(inner-worldly or this-worldly mysticism)'를 실천한다.[7] 샤히드는 신비주의자답게 세상을 일시성과 허무성의 영역으로 본다. 종교인답게 세상의 본질적 의미를 알고 싶어 하지만, 이는 인간의 합리적 인식을 넘어서는 것이라 생각한다. 따라서 신비적 깨달음의 주관적 상태를 구원으로 본다. 삶의 목적은 세상 안에서 신성과 신비적 일체화를 이루는 것이다. 이는 기도하는 방법을 정해 놓은 하디스(마호메트에 대한 구전전승을 기록한 책)를 따라 하면 된다.

> 항상 이제 기도가 열심히 해야 해요. 하루에 다섯 번, 이 다섯 번 기도가 되면은 사탄은 가까운데 오는 게 많이 줄어요. 비율이 많이 줄어요. 근데 내가 아침 기도 안 했다, 내일 하면 돼, 그러면 또 사탄 "낮에 오후 기도 때도 하지 마, 괜찮아. 내일 같이 하면 돼." 이렇게 나 만들기 위해서 고생하고, 내가 반드시 기도 시간에 기도해야 하고, 나쁜 일 하기 전에 생각하고 해야 되고, 안 해야 하고. 그런 결정이 중요해. 봐주는 것도 있지만, 그 일 아예 안 해야 해.

신비주의자는 세상의 질서를 외적으로만 수용하기에 세상사를 내면의 진정성으로 진지하게 대면하려 하지 않는다. 샤히드에게 한국은 내면의 진정성으로 진지하게 대면해야 할 세계가 아니다. 한국은 좋은 사회다. 일자리도 있고 남들이 간섭하지 않는 익명성의 자유도 있고 또 민주주의의 성장으로 평화와 질서가 있다.

---

7) 베버의 종교 이념형에 대해서는 최종렬(2015: 242-252)을 볼 것.

> 일반적으로 우리하고 비교하면은 좋은 사회. 그 뭐 그중에 일반적인 문제, 경제 문제, 일 하고 싶으면은 일 할 수 있는 방법이 여러 가지 있어요. 두 번째는 남이 나한테 뭐 말 안 해요, 노터치잖아. 내가 뭐 하는지 왔는지 안 왔는지, 뭐 그런 점. 그다음에 뭐 우리나라하고 이제 평화, 우리나라에 지금 뭐 아직 안전한 정치가 아니에요. 나는 이 나라에서 새벽 두 시, 세 시에도 혼자 살 수 있고, 도로가에 갈 수도 있고, 뭐 그런 점. 그다음에 이제 자식들이 여기 태어나서 공부하잖아요, 또 바꿀라 하면은 애들이 다시 공부해야 되고, 그다음에 이 나라가 IT발전, 기술 발전 그다음에 휴머니티, 여러 가지 좋은 그거 때문에 여기서 살고 싶은 거는 있어요.

그래서 샤히드에게는 고통의 신정론이 없다. 자신이 살아가고 있는 한국이 부조리하다거나 악하다고 생각하지 않기 때문에 이에 맞설 필요가 없다. 다만 한국에는 무수한 유혹이 있다. 그런 점에서 베버를 빗대어 말하면, '유혹의 신정론'이 있다. 왜 전능한 하나님이 만든 세상에 이렇게나 유혹이 많은가? 극도로 세속화되고 물질주의적인 자본주의에서 살아가는 무슬림 샤히드에게는 실상 거의 모든 것이 유혹 덩어리다. 특히 여자는 자신을 유혹에 빠트릴 때 사탄이 주로 활용하는 소재다.

> 나는 여자 같이 보고 있으면, 그냥 여자 둘이 보고 있어요, 나는 괜찮아요, 근데 조금 시간이 지나면, 여잔데 좀 해야 되는데, 그렇게 나쁘게 생각. 그거 때문에 여자 남자가 같이 예배가 안 되는 거예요. 이슬람에서 여자는 바나나예요. 바나나처럼 아주, 이 바나나가 껍데기 빼잖아요. 그면 모기 와서 먹어요. 삼십 분 지나면 사람 못 먹어. 똑같이 여자도 보호해서 히잡을 쓰고 그렇게.

그럼 어떻게 해야 하는가? 기도를 통해 신비적 일체감을 추구할 수 있지만, 하루 종일 그렇게만 할 수는 없다. 꾸란과 하디스로 두껍게 껍질을 씌워야 유혹의 문드러짐으로부터 구원받을 수 있다. 한국에는 온갖 유혹이 있지만, 이슬람법만 충실히 따라 산다면 얼마든지 극복할 수 있다. 샤히드에게 꾸란과 하디스는 로티의 용어를 빌려 말하면 '최종 어휘'다. 전혀 우발성을 허용하지 않는 의사소통 신념이다. 하지만 꾸란과 하디스에 규정되지 않은 행위들은 어떻게 하나? 얼마든지 행위의 자유가 있다. 무슬림은 꾸란의 말씀대로만 살지 않느냐는 질문에 다음과 같이 답한다.

> 맞아요. 원래, 원래는 100%가 아니더라도 70-80% 믿으면 이렇게 해야 돼요. 해야 되는데, 지금 이 세상에 한국에 한국도 생각하면은, 내가 비록 한때 내가 이슬람 뭐 나는 무슬림이다, 내가 이슬람 생각도 안 하고, 내가 돈 벌고 싶은데, 그 돈은 내가 어떻게 벌어요? 이슬람법에 따라서. 그때는 이슬람 생각 안 해요. 돼지고기는 안 먹는다, 돼지고기 안 먹는 거 하고 돈 벌었는 게 합법적으로 벌었는 거 하고 똑같아요. 돈 벌어가 그 돈 먹는 거 돼지고기 먹는 거 똑같아요.

이렇듯 샤히드는 일상의 삶에서 매우 '유도리'가 뛰어난 사람이다. 신비주의자답게 종교 관념과 일상의 실제적이고 구체적인 행위 사이에 체계적인 연관이 없다. 그러다 보니 형편에 따라 요리조리 신축성 있게 일을 처리하는 능력이 매우 뛰어나다. 한국에 입국할 때 위조여권을 갖고 들어온 점, 편법을 이용해 사업투자비자를 만든 점, 파키스탄에서 테러 조직과 연관되어 있던 이맘을 도와 모스크를 만든 점, 거짓 난민신청하는 점 등 온갖 방법을 활용하여 한국 땅에서 장기 거주할 수 있는 길을 찾는다. 물론 이는 한국 정부가 이주노동자에게 합법적인 이민을 허용하지 않기 때문에 벌어진 일이기도 하다. 그럼에도 종교인이라면 쉽게 할 수 없는 편법을 잘 활용한다는 것은 샤히드가 세상 안 신비주의자이기 때문에 가능한 일이다.

샤히드의 '욕망'은 생존이 아니라 구원에 있다. 그는 이를 추구하는 엄청난 '희망'도 가지고 있다. 그런데 그는 구원이라는 '미래의 소망표상'을 로망스 장르로 구성하지 않는다. 오히려 매일매일 소시민이 일상을 살아가면 겪는 희극으로 자신의 서사를 구사한다. 희극의 주인공은 다른 평범한 사람보다, 또한 자신의 환경보다 뛰어나지 못한 사람으로 보통 협잡꾼, 익살꾼, 자기비하자로 나타난다. 청자는 그의 평범한 인간성에 반응을 나타내며, 그가 자신의 경험에서 발견하는 것과 똑같은 개연성의 기준을 지킬 것을 기대한다. 희극은 대개 주인공을 사회 속에 통합시키는 형식을 취한다. 주인공의 행위가 어리석든 현명하든, 정직하든 악하든 언제나 승리를 쟁취하면서 끝난다. 주인공의 소망을 봉쇄하던 어떤 사회에서 그의 소망을 성취시켜 주는 또 다른 사회로 이동하는 것이다. 청자는 이를 통해 공감과 조소의 카타르시스를 느낀다.

한국에서 샤히드의 삶은 공감을 불러일으키면서도 조소를 자아낸다. 여자를 피한답시고 지하철과 버스도 못 타고 어떻게 살아가냐고 묻자 원래는 눈을 감아야 하지만 현실이 이를 못하게 한다고 답한다.

> 눈 감아야 하는데 못 하니까 그거 변화가 오는 거예요. 그거 지금 우리 변화에요. 옆에 이렇게 앉아 있는 거, 이제 만약에 내가 보잖아요, 나는 이제 나쁜 일해요, 종교적으로 보면은 다른 여자 보는 것도 나한테 … (말을 얼버무림) 해요. 그게 이제 변화. 우리 한국에 와서 가끔씩 악수도 해요. 여자하고, 원래 안 돼요, 절대 안 돼요. 근데 악수도 하고, 같이 밥도 먹어요. 가끔씩. 놀러도 가요. 근데 이제 차이가 있어요. 생각 차이가 있고, 맘 안에 내가 나쁜 일이 있지만, 어쩔 수 없어요. 그게 변화예요. 그다음에 집에 뭐 통신, TV도 들어와 있고, 사진도 찍고, SNS에도 올리고, 원래 그런 거는 다. 근데 어쩔 수 없어요. 그렇게 만약에 못 따라 가면은, 힘들고, 그 다음에 발전도 못하고. 근데 이제 이런 거 사용하면서도 룰 지켜야 해요. 룰 지키면서, 아주 작은 최대한 줄이는 거만 사용하고 하지 말자.

이렇듯 샤히드는 어느 정도 쓴웃음을 자아내면서 공감이 가는 이야기를 한다. 공공장소에서 어떻게 여자를 쳐다보지 않을 수 있겠는가? 하지만 꾸란에서는 그렇게 하지 말라고 가르친다. 그럼 어떻게 해야 하나? 할 수 있는 데까지만 한다. 그 다음에는 신이 알아서 하신다고 믿는다. 유혹으로 가득 찬 일시성의 세계에서 삶은 어차피 계속 거꾸러지기 마련이다. 그럴 때마다 꾸란과 하디스에 의지해서 유혹을 이겨나가야 한다. 실패해도 어쩔 수 없다. 어차피 인간은 알면서도 죄를 저지르도록 되어 있는 희극적 존재다. 중요한 것은 신께 용서를 비는 것이다.

> 네, 근데 이제 이렇게 믿고 계속 나쁜 일 하잖아. 나쁜 일 일부러 하고 일부러 하고 그러면 또 이제 처벌이 더 강하게 되고, 원래 이리 하면 안 되지, 내가 만약에 나쁜 일 했는데 일부러 하는 게 아니고 스스로가 했다, 그러면 이제 하나님한테 사과, 미안하다고 앞으로. […] 네, 살아 있는 동안에, 미안하다고, 담에 이런 거 안 한다 약속하고 그러면 그 처벌은 조금 적게 받고. 근데 일부러 이리 하고, 하고 그러면 돌아가고 난 다음에 계속 처벌받아요.

샤히드의 이러한 유도리 있는 모습은 기독교 신자이자 성공한 CEO인 이명박과 매우 닮았다. 이명박은 1941년 일본의 오사카에서 이충우와 채태원 사이에서 4남 3녀 중 다섯째(3남)로 태어났다. 아버지가 1935년 일본으로 돈 벌러 건너간 사이에 출생한 것이다. 해방되자 이명박의 아버지는 일곱 명의 가족을 이끌고 한국으로 되돌아왔다. 하지만 부산에서 배가 난파되는 바람에 일본에서 번 모든 재산을 한순간에 날렸다. 집안 사정은 입에 풀칠하기도 힘든 만큼 열악했고, 온 가족이 생계활동에 매달려야 했다. 특히 이명박은 학업을 하는 형을 위해 일찍 생활전선에 뛰어들어야 했다. 어려서부터 장사에 능한 큰형은 일찍 집을 떠났고, 작은형은 서울로 유학을 갔다. 이명박은 부모님을 도와 형의 학비를 대야 해서 대학 진학은 꿈도 꾸지 못하는 신세였다. 이명박은 고등학교 졸업 후 서울로 이사하여 막노동을 비롯해 온갖 잡일을 전전했다. 그 과정에서 청계천 헌책방 주인에게 싸게 산 책으로 대입 준비에 들어가 고려대 상과대학에 붙었다. 하지만 학비가 없어 갈 수가 없는 상황이었는데, 이태원 시장에서 좌판 일을 하던 어머니가 이웃 상인들의 도움을 받아 등록금을 마련해 주었다. 시장에서 매일 청소를 하는 조건이었다.

이태원 시장에서 매일 일하면서 대학을 다니던 이명박은 생활고를 피해 군대에 입학하였지만 기관지확장증을 진단받아 훈련소에서 강제 퇴소

당했다. 이후 대학 3학년 때에는 상대 학생회장에 당선되었고, 한일협정을 반대하는 6·3 시위를 주도했다. 이로 인해 대법원에서 징역 3년, 집행유예 5년을 선고받고 6개월간 복역한 후 풀려났다. 대학 졸업 후에는 취업을 하려고 하였으나 학생운동 전력 때문에 쉽지 않았다. 그러자 박정희 대통령에게 편지를 써 정면 돌파를 시도했다. 마치 박정희가 만주군관사관학교에 입학하기 위해 혈서를 쓴 것처럼. 덕분인가, 현대건설에 입사해 5년 만에 이사가 됐고 12년 만인 1977년엔 37세 나이로 현대건설 사장이 되었다. 사람들은 이를 '샐러리맨의 신화' 라고 불렀다.

그 이후의 삶은 너무도 잘 알려져 있다. 크고 작은 어려움이 있었지만, 항상 어떻게든 이를 극복하고 더 앞으로 나아갔다. 국회의원이 되었다가 선거법 위반으로 사퇴하고 미국으로 건너갔다. 이후 한국으로 다시 돌아와 서울시장에 당선되었다. 대통령에 도전하였는데, BBK 주가조작사건에 연루되어 어려움을 겪었지만 검찰에 의해 무혐의 처분을 받으면서 대통령에 무난히 당선되었다. 대통령 임기 초기에는 소고기 수입 반대 촛불집회와 세계금융위기로 한동안 어려움을 겪었지만 이를 다 이겨 내고 박근혜를 통해 보수정권 재창출에 성공하였다.

이렇게 보면 이명박은 김홍중이 말한 전형적인 꿈-자본을 실현한 인물로 보인다. 이명박의 '욕망', 즉 결핍은 무엇인가? 그것은 지독한 가난이 낳은 결핍이다. 이명박의 아버지는 전태일의 아버지와 달리 열심히 노동하며 가족을 부양하는 가부장이다. 그의 어머니는 독실한 기독교 신자로서 가부장을 도와 4남 3녀를 양육하는 데 전념한다. 이명박은 가난했지만, 돈이 아니라 공부를 추구한다. 그에게는 결핍이 바로 공부로 나타난 것이다. 그래서 청계천 헌책방에서 대학입시 책을 구해 공부한다. 대학에 들어갈 형편이 안 되면서도 대학 준비를 하는 것이다. 결과적으로 이명박은 고려대학교 상과대학에 들어갈 수 있었다. 그것도 대학에 대한 별다른 정보 없이 형을 따라 상과대학에 진학한 것이다.

이렇게 대학에 진학할 수 있었단 것은 이명박이 결코 '희망'의 끈을 놓지 않았기 때문이다. 이러한 희망은 어머니로부터 배웠다. "비록 많이 배우지 못하셨고 하루 벌어 하루 사는 형편이었지만, '지금은 우리가 어려워도 자식들 반듯하게 키우면 다음 대에 가서는 틀림없이 일어설 수 있을 것이다. 그렇지 않으면 다음 대에도 우리 집안은 여전히 희망이 없다.' 하는 믿음을 실천하셨습니다"(이명박, 2017: 8-9). 이명박은 어머니로부터 결핍 속에서도 희망하는 법을 배웠다.

이명박은 또한 이러한 욕망과 희망을 '미래의 소망표상'으로 조직해 낸다. 그것 역시 어머니로부터 배운 것이다. 매일 새벽 어머니는 온 가족을 깨워 새벽 기도를 드린다. 제일 먼저 나라와 사회가 불안하지 않게 해 달라고 기도하고, 이어 일가친척의 안녕을 기원하는 기도를 한다. 그 다음 동네 이웃들의 행복을 빈다. 그러고 나서야 자녀들의 이름을 하나씩 부르며 기도를 한다. 이명박은 어린 터라 맨 나중에 가서야 기도의 대상이 되었다. 이명박은 어머니의 이러한 기도생활을 보면서 자연스럽게 나보다 공동체를 먼저 생각하는 미래의 소망표상을 품게 되었다.

> 솔직히 말해 어릴 적 나의 이상은 우리 모두가 '더불어 잘사는 세상'이었다. 잘산다는 것은 경제적으로 안락하고 사회적으로 안정되며 문화적으로 신명나는 세상이라고 나는 믿었다. 내가 그러한 이상을 갖게 된 것은 자랄 때부터 젊은 날에 이르기까지 우리의 삶이 경제적으로 가난했고 사회적으로 불안했으며 문화적으로 일천했기 때문이다. 나는 그것을 극복하고 싶었다. 그런 점에서 나는 현실을 버린 적이 한 번도 없었지만 동시에 나의 이상을 포기한 적 역시 한 번도 없었다. 나의 삶은, 감히 고백하자면 현실과 이상 사이에서 균형추처럼 그 거리를 재고, 그 거리를 좁히기 위한 도정이었다(이명박, 2005: 6).

이명박은 로망스 서사를 구사하는 전형적인 인물처럼 보인다. 이를 베버 식으로 말하면, 이명박은 세상 안 금욕주의자인 것처럼 보인다. 세상 안 금욕주의(inner-worldly or this-worldly asceticism)는 세상수용적 금욕주의

(world-accepting asceticism)라고도 불린다. 세상은 유혹과 죄악의 영역이지만, 그럼에도 이 세상 안에서 살아가야 한다. 신을 통해 세상을 정복하는 것이 구원이다. 삶의 목적은 신성한 의지를 세상 안에서 실현하는 것이다. 세상의 제도에 참여하지만, 그에 대해 대립하는 태도를 지닌다. 종교인으로서 경건해야 하며 신의 선택된 도구로서 자격을 지녀야 한다는 조건 아래에서만 세상에 참여한다. 소명으로서 직업을 수행할 수 있는 치밀한 자기훈육, 즉 긍정적인 유형의 윤리적 투쟁을 수행할 수 있는 스킬이 필요하다. 이를 위해서는 무엇보다도 세상 안에서 직업을 가지고 있어야 한다. 무직자는 치밀한 절차를 통해 금욕노동을 하려야 할 기회조차도 갖지 못하기 때문에 이 점이 특히 중요하다. 이 경우도 습속을 철저하게 합리화해 자신과 세상을 지배한다. 종교인 이명박은 고백한다.

> 나는 정치인이기 이전에 교회 장로입니다. 그래서 다른 사람보다도 더 깨끗하고 올바르게 살려고 노력하고 있습니다. 저를 위해 중보기도를 해 주신 분들이 있기에 제가 존재하고 있다고 생각합니다. 하나님이 인도하시지 않는다면 아무것도 할 수 없음을 진실로 고백합니다(이채윤, 2006: 13).

이는 모두 어머니로부터 기원한다. 그 기도는 무엇을 의미하는가? "'지금은 어렵지만 잘될 거다.' 늘 하시던 어머니 말씀. 지금은 어렵지만 지금은 힘들지만 잘될 거다. 잘될 거다. 지금은… 지금은… 언제까지 이 '지금'이 계속될까 절망했는데 끊임없이 읊조리다 보니 … 잘될 거다. … 잘될 거다. 결국엔 잘될 거다. 어머니 간절한 기도는 축복의 주문이었습니다"(이명박, 2017: 120). 기독교의 기도는 결국 잘될 거라는 축복의 주문이었다. 이명박은 이 축복의 주문 덕분에 자신이 성공할 수 있었다고 말한다. "살면서 힘든 고비가 많았고 극단적인 생각을 안 한 것은 아니지만 '참고 견디면 이 다음에 잘될 거다.' 하셨던 어머니 말씀이 늘 뇌리에 떠나지 않았습니다. 어머니의 기도 덕분인지 나와 내 가족만이 잘사는 것이 아니라 글로벌 기업의 CEO가 되어 세계를 누비며 일했고 국제도시 서울의 CEO 시장이 되었으며 대통령으로서 대한민국을 경영하는 큰 책임도 맡았습니다” (이명박, 2017: 9–10).

그런데 이명박을 비판하는 사람들은 전혀 다른 이야기를 한다. 이명박이 전과 14범이라고. 건축법 위반, 도시공원법 도시계획법 위반, 업무방해 및 폭력처벌법 위반, 근로기준법 위반, 수뢰의혹, 범인도피/공직선거 및 선거부정방지법 위반, 선거법 위반 혐의, 사기 혐의, 무고 혐의, 명예훼손 혐의, 공직자윤리법 위반, 증권거래법 위반, 증여세 탈루의혹, 수뢰/직권남용, 성매매특별법 위반 등 이명박이 받는 의혹은 신문에서 쉽게 찾아볼 수 있다. 최근에는 특정범죄가중처벌법 뇌물 및 국고손실 · 조세포탈, 특정경제범죄가중처벌법 횡령, 직권남용 권리행사방해, 정치자금법 위반, 대통령기록물법 위반 등 16개 혐의로 구속 기소되었다. 검찰은 이명박 전 대통령에 대한 구속영장을 청구하면서 삼성 뇌물(67억 원대), 국정원 자금 상납(7억 원대), 공직임명 대가 금품수수(36억 원대), 다스 관련 직권남용, 다스 비자금 횡령(349억 원대), 다스 법인세 포탈(31억 원대), 3402건 대통령기록물 유출 혐의를 적용했다.

도대체 어떻게 된 일인가? 세상 안 금욕주의자가 이런 온갖 편법과 위법을 저지른다는 것이 가능하기나 한가? 이것이 사실이든 아니든, 만약 이명박이 종교 신념을 통해 일상을 금욕적이고 체계적으로 조직하는 세상 안 금욕주의라고 한다면 이는 결코 이해하기 어려운 일이다. 하지만 한국의 주류인 개신교의 꿈과 관련해서 살펴보면 잘 이해가 된다. 한때 고통의 신정론을 통해 악한 현실을 비판하고 강력한 유토피아를 꿈꾸었던 개신교는 더 이상 그렇게 하지 않는다. 하나님으로부터 축복을 받아 이미 충분히 좋은 사회(유토피아)에 살고 있다고 여기기 때문이다(최종렬, 2015: 283–285). 미래의 소망표상이 이미 현실에서 이루어진 것이다. 북한은 축복의 부정적 준거요, 미국은 긍정적 준거다. 보수 기독교 집회에 태극기와 성조기가 나란히 나오는 이유다. 북한에 비하면 우리는 얼마나 행운인가? 청교도가 세운 하나님의 나라 미국이 우리를 보호해 주고 있으니 이보다 더한 행운이 어디에 있는가?

이렇듯 개신교에는 '행운의 신정론'이 우세하다. 식민지와 한국전쟁을 뚫고 우뚝 세운 자랑스러운 '대한민국'이 누리는 이 과분한 행운이 왜 마땅히 하나님으로부터 받을 수밖에 없는 축복인지 정당화하느라 바쁘다. 현실의 성공은 하나님의 축복의 징표이며, 따라서 성공만 가져온다면 그 무슨 일도 행할 수 있다. 개신교가 현세적으로 비합리적인 수단을 통해 현세적으로 합리적인 목적을 추구하는 일종의 주술이 되었다(김충환, 2014; 김흥수, 2000; 신광철, 1999; 이진구, 2000). 개신교는 무슬림 샤히드와 마찬가지로 최종 어휘에 기댄다. "세상만사 모든 일은 다 하나님이 주관하시는 것"(권혁률, 2014: 193)이라고 신앙고백만 하면 현세의 모든 부조리도 하나님의 섭리로 정당화된다. 그렇게 되면 고도로 체계화된 이상적인 상징체계를 가지고 현실을 체계적으로 조직할 필요가 없게 된다. 남은 것은 나에게 주어진 축복을 누리는 것뿐이다.

이러한 점을 볼 때 개신교 장로인 이명박의 능수능란한 전략적 삶은 개인의 탁월한 역량일 뿐만 아니라 한국 주류인 개신교 전체의 에토스이기도 하다. 이는 산업화 세대의 에토스를 잘 드러낸다. "'우리도 한번 잘살아 보세', '우리는 해 낼 수 있다.'와 같은 구호를 내걸고 공직자, 기업인, 근로자, 모두 동참하여 사회의 구심점을 집중시켰던 세대다. 한강의 기적이라고까지 표현된 한국 근대화의 역군들이 몰고 다닌 이들 세대의 힘을 외국인들은 'can do spirit'이라고 즐겨 표현했다"(이명박, 2002: 247).

현재 한국 국민은 이러한 'can do spirit'을 많이 상실했다. 아무리 노력해도 되지 않는 사회구조적 불평등 앞에 절망하였기 때문이다. 이제 산업화의 꿈으로부터 깨어나고 있다. 수감된 CEO 대통령 이명박은 그러한 환멸의 각성을 적나라하게 지시하고 있다. 그런데 이제 한국 땅에 들어온 샤히드는 이러한 정신을 되살려 삶을 아주 융통성 있게 잘도 꾸려가고 있다.

언뜻 보면 로망스 서사를 구사해서 삶을 선조적으로 조직하는 것 같지만, 사실상은 희극을 통해 일상의 삶을 편법적으로 요리조리 조합하고 있다.

5. 나가는 글

김홍중은 20세기 중반 이후 한국의 문화사를 한국 사회를 만든 특정 사회집단들의 이념, 조직, 네트워크로 설명하지 말고, 그들의 꿈으로 설명하자고 제안한다. "박정희의 꿈, 전태일의 꿈, 윤상원의 꿈, 민초의 꿈, 정주영의 꿈, 순복음교회의 꿈, 중산층의 꿈, 강남엄마의 꿈, 여공이나 식모의 꿈, 사회운동가의 꿈, 노인들의 꿈, 자살한 청소년들의 꿈, 탈북자들의 꿈, 꿈을 상실한 자들의 꿈, 촛불소녀의 꿈, 세월호 유족의 꿈, 그리고 가능한 모든 인간집단들의 꿈을 질문하는 것이 이런 관점에서 새롭게 열리는 사회학적 비전이다. 이는 지배하는 자들의 꿈, 승자들의 꿈, 상승하는 꿈과 몰락하는 꿈, 사라진 꿈, 짓밟힌 꿈, 침묵에 갇힌 꿈, 파괴된 꿈, 악몽들과 절망들을 찾아내고 드러내는 작업이다"(김홍중, 2015b: 65-66).

이 글은 김홍중의 이러한 제안에 대한 적극적인 호응이다. 이주의 지구화의 흐름 속에 한국으로 들어온 이주노동자의 꿈을 김홍중의 꿈과 꿈-자본 개념을 가지고 분석해 보았다. 장률 감독의 〈풍경〉은 이주노동자의 꿈이 상징화되지 못하고 전 사회학적인 신비한 힘 정도로 머물러 있도록 억압되고 있다는 점을 잘 보여 준다. '좋은 나라' 대한민국은 이주노동자의 꿈이 상징계로 진입하지 못하도록 억압하고 있다. 한국인이 환멸 속에서 깨어난 꿈을 그들이 자신들의 꿈으로 삼아 다시 꾸라고 물리적으로 강요하고 있다.

다른 한편 꿈-자본을 가진 것으로 보인 두 명의 이주노동자의 꿈에 대한 서사분석은 그들이 한국의 몽상구성체 안에 새로운 꿈을 들여온 것은 아니라는 것을 보여 준다. 오히려 그들은 반세기 전 한국인이 꾸었던 꿈을 다른 장르로 바꾸어 꾸고 있다. 같은 내용의 꿈을 다른 장르로 꾸면 어떤 다른 효과가 나타나는가? 전태일의 비극적인 꿈을 아이러니로 다시 꾸고 있는 마이너리는 '민주화의 꿈'이 국민국가 프레임에서 벗어나야 한다는 점을 일깨워 준다. 김홍중(2015b: 67)은 "1960년대 이후 약 30년을 지속한 발전의 꿈, 한강의 기적이라는 신화, 산업화의 성공에 대한 자부심을 단숨에 붕괴시키는 집합적 꿈의 파산"을 말했지만, 이명박의 로망스를 희극으로 다시 꾸고 있는 샤히드는 이 꿈이 여전히 질긴 생명력을 갖고 있음을 보여 준다. 역설적으로, 김홍중의 진단대로 아직 대안적 몽상구성체가 제대로 형성되고 있지 않다고 할 수 있다.

마지막으로 이 글의 이론적 의의를 밝히면 다음과 같다. 김홍중은 몽상구성체 안에는 여러 꿈들이 각축, 경쟁, 충돌, 병존, 융합하고 있다고 말한다. 나는 이러한 모습이 꿈을 서사와 연결시켜 논의할 때 더 잘 드러난다고 본다. 김홍중도 꿈-자본을 말할 때 꿈을 서사와 관련짓는다. 그런데 그 장르가 로망스로 한정되어 있다. "실천의 흐름에 방향과 의미를 부여하는 미래의 소망표상"이 단지 로망스 서사인 것만은 아닐 것이다. 아이러니, 비극, 희극과 같은 다른 원형 장르는 물론 여러 혼합 장르도 얼마든지 실천의 흐름에 방향과 의미를 부여하는 미래의 소망표상을 만들어 낼 수 있다. 김홍중이 나열한 그 많은 꿈이 모두 로망스 장르만 가지고 있다고 한다면 한국의 몽상구성체는 내용은 다양할지 몰라도 형식은 단일한 것으로 그려지게 될 것이다. 꿈의 서사가 보다 다양한 장르로 조직될 수 있다는 관점을 가질 때 몽상구성체의 역동적인 모습이 더 잘 드러날 것이다.

---

* 이 글은 『사회와 이론』 32집(2018)에 "꿈과 서사, 반복되는 : 이주노동자와 국민의 이야기에 대한 서사분석"이란 제목으로 발표되었다. 여기에서는 책의 구성에 맞추어 일정 정도 내용과 형식을 수정하였다.

제 4 부

21세기로 열린 꿈/희망의 재구성

제 10 장

지능정보사회의 일과 직업, 그리고 꿈

| 배 영(숭실대학교 정보사회학과) |

1. 서론 : 기술과 꿈

기술은 꿈을 실현시키는 매개이자, 꿈의 결과물이다. 인간들이 원하고 바라는 바가 구현되기 위해 기술이 필요했고, 또 그러한 꿈이 현실 속에 자리 잡을 때 꿈은 기술로 그 모습을 드러냈다. 언제든 밤하늘에서 볼 수 있는 달과 별은 항공우주기술로 인해 신화 속에 존재하는 표상이 아니라 미래 인간들의 또 다른 삶이 존재할 수 있는 가능성의 공간으로 변화되었다. 물론 하나의 기술만으로 신화가 현실이 된 것은 아니다. 다양한 분야에서, 오랜 기간 동안 축적된 인간들의 노력과 호기심이 총체적으로 작용하여 인간의 꿈을 현실로 만드는 기술로 역할한 것이다.

현실이 된 꿈은 인간들이 가진 가치와 세계관에 영향을 미칠 뿐만 아니라 궁극적으로는 사회 속에 이전까지 존재하지 않았던 새로운 변화를 추동한다. 개인들의 일상 생활세계의 변화는 물론 거시적 사회구조의 변화까지 나타나게 된다. 예를 들어 서구의 산업혁명을 배태시킨 증기기관기술로 나타난 기차나 통신기술의 발전으로 보급된 전화는 이전에 존재했던 사람들의 물리적 시공간 개념을 완전히 바꿔 놓았다. 또한 그렇게 바뀐 일상의 속도와 범위의 확장은 개인 영역에 머물지 않고 산업과 문화적인 차원에서의 변화로 이어졌다. 시공간의 응축 또는 소멸로 얘기되는 일상 공간과 산업 현장에서의 변화는 수많은 '불가능'을 '가능'으로 바꾸는 계기가 되었다.

한국 사회는 세계 그 어느 나라보다 변화와 발전의 속도가 빨랐다. 산업화는 물론 민주화의 과정도 압축적으로 나타났다. 변화의 공간은 새로운 기술의 테스트 베드로 작용했다. 중장기적인 정부의 계획이 작용했지만, 좁은 땅덩어리와 부족한 자원문제를 극복하기 위해 필요한 것은 새로운 기술과 기술을 실현시킬 수 있는 노동이라는 공감대가 일반적이었다. 그랬기에 가정 내에서도 교육에 대한 우선적 고려와 헌신적인 투자가 가능했다.

성공적이었다. 1970년대와 80년대 산업화 과정을 거치며 한국은 전 세계의 주목을 받게 된다. 감내해야 하는 희생과 고통이 존재했지만, 미래를 위한 개인들의 다양한 꿈이 실현되는 시기였다. 적어도 1990년대 말 IMF 외환위기로 불리우는 경제적 공황이 찾아오기 전까지는 그랬다.

외환위기를 거치면서 한국 사회는 처절한 반성과 혁신을 요구받았다. 국가 파산 위기라는 엄혹한 현실 앞에서 선택은 제한되었다. 더 나아가 가혹한 답안은 주어져 있었고, 수용은 불가피했다. 다니던 회사는 없어졌고, 가장들은 거리로 내몰렸으며 새롭게 사회에 진입하려던 초년생들은 갈 곳을 찾지 못했다. 기본적인 생활이 어려워지며 개인들이 품었던 꿈은 그저 꿈에 머무르게 되었다. 이때 이후로 우리 사회에서는 구조조정과 청년실업, 불완전 고용이라는 말이 일상용어가 되었다.

내몰린 꿈에 일말의 기대와 희망을 가져다준 것은 새로운 기술이었다. IT로 대표되는 정보통신기술은 그동안 존재하지 않았던 산업을 창출했고, 기존에 존재했던 거의 모든 산업에 연관되었다. '벤처(venture)' 라는 말이 사전적 의미보다 '소규모이지만 창조적 아이디어와 첨단기술을 기반으로 새로운 가치를 창출하는 기업' 이라는 의미로 통용되기 시작했다. 본연의 가치 창조보다 투자 유치에 몰두하는 거품 모델도 존재했지만, IMF 외환위기를 극복하는 데 IT를 바탕으로 한 새로운 기술 기반의 패러다임은 결정적 역할을 담당했다. 고단한 삶은 계속되고 있지만 새로운 기술은 새로운 꿈을 위한 매개로 작용했다.

IT기술에 기반한 새로운 정보환경은 우리의 일상에 커다란 변화를 가져왔다. 이전에 볼 수 없었던 새로운 공간인 온라인 혹은 사이버 공간은 개인들의 꿈이 펼쳐지는 공간적 의미와 함께, 자신의 역량을 발휘하여 새로운 도전과 성취가 실현되는 장(場)의 의미가 공존하고 있다. 또한, 개인들의 일상 생활시간을 검토해 볼 때, 이제 인간의 역사에서 '온라인' 은 공간적 의미에서는 가상이라 할 수 있지만, 시간적 의미에서는 벗어날 수 없는 또 다른 일상의 공간으로 자리 잡은 것으로 볼 수 있다.

온라인 공간은 물리적 한계로 인해 제한되어 있던 인간의 인지능력이 정보기술을 매개로 무한 확장되는 특성이 나타나는 곳이다. 그 과정에서 볼 수 있는 의식 · 무의식적인 일상 기록은 자신의 정체성에 대한 반복적 검토와 함께 타인의 생활과 인식에 대한 끊임없는 비교를 담고 있다. 타인과의 비교는 변화를 위한 새로운 에너지로 작용한다. 내 생각과 행동을 다른 이와 비교하면서, 인지하지 못했던 새로운 경험의 장을 확장해 가는 것이다. 비단 지금 생각하고 행동하는 바만 그런 것은 아니다. 내가 품고 있는, 내가 바라는 그 무엇의 모습, 즉 내가 가진 희망과 욕구의 모습도 비교의 대상이 된다. 나만의 꿈이 우리의 꿈으로 공유될 수 있는 기반이 마련된 것이다.

최근에는 '4차 산업혁명' 에 대한 논의가 봇물 터지듯 나타나고 있다. 4차 산업혁명은 2016년 세계경제포럼(WEF: World Economic Forum)에서 처음 논의된 이후 새로운 변화를 상징하는 말처럼 언급된다. 산업혁명이라는 말에서 느껴지듯, 전면적이고 급속한 변화를 의미하는데, 1차 산업혁명이 증기기관의 등장에 기반한 기계화 혁명이라면, 2차 산업혁명은 전기와 자동화 기술로 가능해진 대량생산혁명, 3차 산업혁명은 컴퓨터와 인터넷 기반의 지식정보혁명이라 할 수 있다. 인공지능(AI), 사물인터넷(IoT), 클라우드컴퓨팅, 빅데이터 등의 지능정보기술이 이전의 산업과 서비스에 융합되고 새로운 신기술과 결합되어 거대한 변화를 가져올 것으로 예상된다. 이러한 지능정보사회는 초연결(hyperconnectivity)과 초지능(superintelligence)을 특징으로 하기에 기존 산업화에 비해 더 넓은 범위(scope)에 더 빠른 속도(velocity)로 전면적 사회변화를 가능하게 할 것이다.

그렇다면 발전을 통해 변화를 거듭하는 기술환경 속에서 우리의 삶은 어떤 모습일까? 우리가 가진 일상의 꿈과 희망도 긍정적인 방향으로 발전하고 있는가? 이 글에서는 새로운 기술로 인해 가능해진 지능정보사회에서 이전과 달라진 개인들의 희망과 기대, 그리고 새로운 좌절을 살펴보고자 한다. '4차 산업혁명'이라 불리는 새로운 가치 및 시장의 등장은 기존에 인간이 가진 성취 목표로써의 꿈의 형태와 내용 또한 변화시키고 있다. 변화의 영역이 워낙 다양하게 펼쳐져 있기에 여기에서는 효과적인 논의를 위해 일과 직업의 변화에 주목했다. 일과 직업의 영역은 인공지능을 포함한 새로운 기술환경의 도래와 함께 사회적으로 가장 크게 영향을 받는 영역이기 때문이다.

2. 지능정보사회의 전개와 새로운 패러다임

산업사회의 기반이 토지, 노동, 자본이라는 3요소였다면 지능정보사회는 여기에 데이터, AI, 알고리즘이 필수 요소로 더해진다. 새로운 3가지 요소는 서로 결합하고 순환하는 특성을 갖는다. 데이터를 원료로 알고리즘이라는 틀 속에서 다양한 AI 기반의 기술이 나타난다. 또, AI 기술의 활용을 통해 축적되는 데이터는 다시 반복학습을 위한 자원으로 투입되어 알고리즘의 보완 및 발전이나 새로운 AI 기반 기술의 등장에 매개로 작용하는 순환구조를 형성한다. 이러한 구조가 선순환의 사이클로 만들어지면 끊임없는 개선과 혁신, 그리고 고도화의 과정은 자연스레 안정적인 가치사슬로 구축된다. 즉, 데이터와 AI, 그리고 알고리즘은 개별적인 투입 요소이지만 결합하여 새로운 무언가를 만들어 낼 때 본연의 가치가 더욱 드러난다.

전 세계적으로 장기화되고 있는 경제침체가 시장에서의 경쟁구도를 심화시키고 있는 상황에서 인공지능의 도입으로 인한 산업적 · 경제적 효과는 매우 클 것이라 전망된다. 인공지능 도입의 기본적 취지는 사람을 대신하여 사람이 할 수 없는 일을 수행하거나, 많은 사람들이 수행해야 하는 일을 대신하는 것이다. 때문에 인공지능의 도입과 관련하여 이루어지는 우선적 고려는 자원 투입에 대한 산출의 효율성에 초점이 맞춰진다.

생산은 거시적인 경제 시스템 내에서 반드시 효율성만을 고려하여 전개되는 것은 아니다. 사회 구성원 전체의 보편적 복지라는 큰 틀도 분명히 무시할 수 없는 요인이 된다. 하지만 새롭게 등장한 기술은 기존의 일반적 원칙의 틀을 파괴하면서 현재 기반하고 있는 생산 및 생활 방식과의 마찰이 불가피할 것이다. 20세기 이후 성장의 패러다임을 구성했던 다음의 세 가지 축, 즉 지속적인 생산성의 향상과 상승하는 임금, 그리고 증가하는 소비 사이의 선순환 고리는 새로운 기술환경의 전면화로 인해 급속하게 무너질 것이다.

보다 구체적으로 살펴보면, 새로운 기술로 인해 생산성의 향상은 매우 급속하게 나타날 것으로 예상되지만, 생산을 통해 만들어진 부의 재분배과정에서 대부분의 노동자들의 실질 소득은 감소되고 이로 인한 소비의 양극화로 인해 지금까지와는 다른 패러다임의 전개가 불가피하다. 아울러 새롭게 나타나는 기술은 인구 고령화, 기후변화, 자원 고갈 등으로 대표되는 구조적이고 장기적인 해결을 모색해야 하는 사회문제 및 환경문제와 뒤얽혀 돌아갈 것이다. 다양한 문제들의 해결에 새로운 기술의 조응이 적절하게 이루어지지 않는다면 복합적 위기로 인한 총체적 어려움에 빠질 가능성도 상존하고 있는 상황이다.

기술의 발전은 그 속도와 방향에 따라 변화를 끊임없이 추동하고, 다양한 일들을 생성, 통합, 분화 그리고 소멸하는 과정을 만든다. 그중에서도 최근 가장 큰 관심을 끌고 있는 것은 인공지능과 관련된 영역이다. 다만, 현재까지는 인공지능이 미칠 미래에 대해 부정적 전망이나 우려의 목소리가 많이 전해진다. 2014년 10월, 테슬라의 창업자인 엘런 머스크는 "인공지능에 대한 연구는 악마를 소환하는 것"이라며 인공지능을 인류를 위협하는 위협적인 존재로 정의한 바 있다. 또한 스티븐 호킹도 2014년 12월에 "인공지능 개발이 인류 전체의 멸망을 가져올 수 있다."며 인간과 기계의 경쟁에서 기계의 우위를 예측하며 앞으로 전개될 미래에 대한 우울한 전망을 피력했다.

지배적인 우울한 전망에 비해 미약하기는 하지만 새롭게 나타나는 일자리나 인간의 역할에 대한 기대도 존재한다. 예를 들어 본격적인 증강노동관리자(augmented labor operator)의 등장이다. 급속하게 고령화가 진행되고 있는 우리 사회에서 노인 인구의 절대 숫자나 비중의 증가는 가파르게 진행 중이다. 이 얘기는 달리 말하면 생산현장에서 물러난 인력이 증가함을 의미한다. 오랫동안 생산현장에서 일하며 체화된 근로자의 암묵지(暗默知)는 은퇴와 함께 사라진다. 암묵지를 실재지(實在知)로 바꾸기 위한 여러가지 방식이 강구되어 왔지만, 당사자가 직접 행하는 것만큼 효과를 나타내지 못하는 것은 당연하다. 자연적인 노화로 인해 육체적으로 약화된 근로자의 부담을 크게 줄여 줄 수 있는 것이 증강노동이다. 은퇴 근로자들이 로봇을 제어함으로써 물리적인 도움을 받고, 로봇이 감당할 수 없는 복잡하고 미묘한 판단과 처리는 경험 많은 인간이 담당하는 협업 모델을 기대할 수 있는 것이다.

새로운 기술에 대한 기대보다 부정적 전망이 나타나는 근거는 현재 예측할 수 있는 기술의 잠재력과 가능성에 비해 그러한 기술을 제어할 수 있는 메타적 기술 및 규범에 대한 모색이 충분히 이루어지고 있지 않기 때문이다. 하지만 앞으로 전개될 미래 사회에서 인공지능을 비롯한 새로운 기술과의 공존은 피할 수 없는 현실이 될 것이기에, 제시되고 있는 다양한 위험과 우려에 대해 체계적으로 접근하고 이에 대한 대책의 구체화가 필요하다. 특히 사회적 변화는 기술에 비해 더디게 이루어지는 만큼 장단기 대책의 구분과 대비가 마련되어야 할 시점이다.

3. 지능정보사회의 일과 고용

1) 새로운 기술의 도입과 인간의 일

인간의 일과 직업은 새로운 기술환경의 도래와 함께 직접적으로 검토와 대비가 필요한 영역이다. 역사적 경험 속에서 볼 때, 사회의 변화와 발전에 따라 인간의 일은 변화하고, 이러한 인간의 일이 변화하면서 사회의 변화도 가능했다. 일은 인간이 사회 속에서 기본적인 삶을 영위하는 데 있어 필수적인 요소이기에 인간의 일과 사회의 변화는 서로 조응하는 유기체적 특성을 갖는다. 이러한 일의 성격과 내용을 구성하고 변화시키는 데 결정적 요인 중 하나가 바로 기술이다.

새로운 기술의 도입과 인간의 일 사이에는 갈등과 긴장이 언제나 존재했다. 특히 기계가 노동을 대체함에 따라 대규모 실업이 발생하리라는 공포는 과거에도 여러 차례에 걸쳐 나타난 바 있다. 산업혁명의 과정 속에 1812년 영국에서 벌어진 러다이트 운동에서부터 컨베이어 시스템을 중심으로 한 20세기 자동화의 급속한 확산에 이르기까지 생산성의 향상이라는 효율의 증가는 나타났지만, 이와는 별개로 노동의 저항은 계속 되었다. 거슬러 올라가 보면, 근대 이후에 나타난 생산성의 증가와 이로 인한 경제발전은 주로 직업상의 특화, 즉 아담 스미스가 말하는 '분업'에 크게 의존해 온 것이 사실이다. 하지만 인간의 관점에서 분업이 갖는 아이러니는 어떤 분야에서 특화가 진행되면 될수록 이 분야의 생산성의 증가는 가능해지지만, 작업에서의 인간 소외는 더욱 가속화된다는 것이다.

산업화 이후 육체적인 노동의 영역은 상당 부분 기계에 넘겨주었지만 아직까지 지적인 노동은 인간의 몫으로 남아 있다. 하지만 향후 딥러닝(deep learning)에 기반한 인공지능의 확산으로 인간 고유의 영역이라 생각되던 지적 노동의 상당 부분 역시 인간으로부터 빼앗아 갈 가능성이 높아졌다. 이는 생산과정과 운영의 판단과 결정에 있어 인공지능의 역할이 커진다는 의미인데, 단순히 부분적이고 반복적인 업무의 수행을 넘어 복잡한 상황에서 창의적인 해결을 도모할 수 있는 존재의 등장을 의미한다. 아울러 인공지능은 기계이고, 기술이기에 이 또한 자동화와 대량화를 통해 확산의 속도는 더욱 빨라질 것이다(김대식, 2016).

2) 4차 산업혁명과 일자리 규모의 변화

2016년 1월 세계경제포럼에서 발표된 "일자리의 미래(The Future of Jobs)" 보고서에서 인공지능과 머신러닝, 로봇, 사물인터넷, 3D 프린팅, 바이오 등 신기술이 주도하는 혁명을 '제4차 산업혁명' 으로 정의하였다. 이와 함께 앞으로 5년 동안 4차 산업혁명으로 선진국에서 710만 개의 일자리가 사라지고 새로운 기술에 기반하여 만들어질 일자리는 불과 200만여 개 수준으로 전망했다. 결국 약 500만여 개의 일자리가 사라진다는 전망인데, 사무직 및 관리직은 향후 5년 내에 475만 9천 개, 제조 및 생산 분야에서는 160만 9천 개의 일자리가 사라지는 반면 컴퓨터와 수학 분야에서는 40만 5천 개, 마케팅과 금융 분야는 49만 2천여 개의 새로운 일자리가 생겨날 것으로 예측하고 있다.

아울러 컨설팅업체인 맥킨지는 2025년 인공지능을 통한 지식노동 자동화의 파급효과가 연간 5조 2,000억 달러에서 6조 7,000억 달러에 달할 것으로 전망하여 그 영향의 정도를 가늠했다. 산업별로 볼 때, 미국의 농업용 로봇의 확산은 이민정책의 기본 전제를 뒤흔들 정도의 파괴력을 가져올 것이라는 전망이다.

한국의 경우 다른 나라에 비해 특히 로봇에 의한 일자리 대체가 높을 것이란 전망이다. 보스턴 컨설팅 그룹이 2015년 2월 발표한 "The Shifting Economics of Global Manufacturing-How a Takeoff in

Advanced Robotics will Power the Next Productivity Surge" 보고서에서 2025년까지 로봇에 의해 예상되는 노동비용 감축수준을 국가별로 비교한 결과 세계에서 가장 높은 33%로 전망되었다. 이는 비교적 높은 수치로 2위를 나타낸 일본의 25%와도 무려 8%나 격차가 있는 수치로, 우리가 앞으로 세계에서 가장 높은 비율로 인간의 노동력이 로봇에 의해 대체될 것이라는 의미이다.

노동시장의 변화는 예상보다 더 급박하게 진행되고 있다. 예를 들어 2013년 12월 국내 금융 및 보험 관련 분야의 근로자는 85만 9천 명이었는데, 1년이 지난 2014년에는 80만 7천 명으로 나타나 5만 명 이상 감소한 수치를 보여준다. 과거 인터넷 뱅킹이 나타났던 초기에는 입출금이나 송금과 같은 업무만 온라인에서 이뤄졌었는데, 이제는 계좌의 개설과 해지 또한 온라인상에서 가능하다. 또 핀테크의 본격화로 인해 금융업무의 모바일화가 가속화되고 있는 상황도 이러한 변화에 주요 요소로 작용한 것으로 볼 수 있다. 이렇듯 은행업무와 같이 비교적 간단한 업무를 스마트폰만 있으면 가능해진 상황에서도 변화의 크기가 작지 않은데, 인공지능의 본격화로 인해 도래할 것으로 예상되는 변화는 이보다 훨씬 더 크고 넓게 나타날 것이다. 인공지능에게 위임할 수 있는 '기능'과 '일'들이 늘어난다는 것은 일상 속에서 반복적이고 힘들게 행해 왔던 고된 업무로부터 해방된다는 긍정적 의미도 가지지만, 동시에 그렇다면 인간이 해야 할 일은 무엇인지에 대해 근원적 질문이 필요한 상황임을 의미한다.

이와 함께 전통적 산업에서의 변화 또한 고용의 폭을 줄여 가고 있다. 미국의 섬유산업은 저임금 국가로 주요 생산기지가 이동함에 따라 1990년대에 들어서며 거의 와해되는 상황으로 치닫게 되었다. 통계적으로도 이런 양상은 잘 드러나는데, 1990년부터 2009년까지 섬유 분야에 종사하는 미국 내 인력의 70% 이상인 120만 명이 해고되었다(클리프턴, 2015). 그러나 그 이후 반전이 나타났다. 미국 내 섬유생산이 오히려 가파른 회복세를 보이는 이상현상이 시작된 것이다. 즉, 2009년부터 2012년 사이에 미국 섬유 및 의류 수출고는 30% 증가하여 230억 달러에 육박하게 되었다. 이러한 반전의 배후에는 최저임금 국가의 근로자와 경쟁이 가능할 정도로 효율성이 뛰어난 자동화 기술이 역할하고 있었다.

전통적 제조업의 유턴현상은 새로운 기술과 저임금 국가의 노동비용 상승으로 인해 매년 증가하고 있다. 특히 중국에서는 2005년에서 2010년 사이에 일반 공장 근로자의 임금이 연평균 20%씩 상승하는 것으로 나타나 더 이상 값싼 노동을 바탕으로 한 경쟁력은 유지하기 어려움을 보여 준다(포드, 2016). 2012년 보스턴 컨설팅 그룹이 미국 제조업체 임원진을 대상으로 실시한 설문조사를 보면 매출 100억 달러 이상인 대기업 중 절반 이상이 생산시설의 유턴을 적극 추진 중이거나 고려하고 있는 것으로 나타난다. 즉, 이러한 양상은 비단 특정한 국가에 해당되는 사항이 아니라 보편적인 흐름 속에 더욱 가속화될 것이다.

변화는 비단 저개발 국가만의 문제는 아니다. 저임금으로 대표되는 미국의 패스트푸드 관련 일자리는 그동안 소매업에서의 저숙련 노동력과 함께 경쟁력이 없는 근로자들을 위한 민간 부문의 안전망 역할을 해 왔다. 과거에는 학생들이 학비를 벌기 위해 아르바이트를 하는 일터로 패스트푸드점이 활용되었지만, 점차 나이가 많은 근로자들이 이곳의 임금을 주 수입원으로 하여 살아가는 상황으로 변화되었다. 미국의 경우 패스트푸드 근로자의 90% 이상이 20세 이상이며, 평균연령은 35세인 것으로 나타난다. 하지만 우울한 현실은 이어진다. 이러한 일자리 또한 새로운 기술도입으로 점차 사라져 가고 있다(클리프턴, 2015). 기계가 판매를 대신하는 자판기와 키오스크가 널리 보급되고, 결재가 사물인터넷 기반으로 이루어지는 시스템이 결합되어 무인 상점도 선보이는 상황이다. 혹자는 이런 상황 속에서 기존의 소매업 관련 일자리는 확실히 사라지겠지만, 반면에 자판기의 유지, 수리, 상품 재충전과 관련된 새로운 직종이 창출될 것이기에 일자리에 대한 우려는 필요 없다고 주장한다. 하지만 새 직종의 일자리 수는 사라지는 일자리에 비해 훨씬 적을 것이라는 예측이 보다 일반적이다.

3) 고용 변화와 새로운 우려

이번에는 그동안 사회적으로 인공지능과 관련하여 가장 많은 논의가 진행되고 있는 자율주행 자동차가 보편화되는 상황을 가정하여 인공지능과 일자리에 대해 논의해 보자. 현재 운전을 스스로 해야 하는 상황 속에서는 이동 수단의 적시 활용의 불확실성을 줄이고자 차를 소유하여 운행하는 경우가 일반적이다. 버스나 택시와 같은 대중교통 수단은 소유가 아닌 공유 혹은 공용(共用) 형태의 이동수단으로, 경제적인 측면에 있어서는 개인들에게 효과적인 방식이다. 하지만 필요한 적시 적소에 얼마나 활용할 수 있는지라는 시간활용 기준에서 보면 감수해야 할 불편은 존재한다. 일정 정도의 이용 불확실성은 존재하고, 개인 소유의 차량보다 편의성 또한 떨어진다.

개인적 편리를 도모하는 개인의 소유차량은 전 사회적으로 보면 이용 효율이 매우 떨어지는 것을 발견할 수 있다. 즉, 영업용 차량이 아닌 일반 가정용 차량의 경우, 운행과 주차의 비율이 1:9 정도로 나타난다. 운행되고 있는 차량보다 주차되어 있는 차량의 비중이 9배 정도 높다는 것이다. 생각의 전환과 기술의 접합이 이루어져, 만약 자동차를 소유가 아닌 공유 혹은 공용의 개념으로 접근하게 된다면 사회적 효율성은 극대화될 수 있다. 빅데이터의 활용을 통해 적시 적소에 차량 공급이 이루어지고, 자율주행 자동차와 관련된 제반 여건들이 갖춰진다면 현재 가정용 차량의 10~20%만으로도 기존의 사회 구성원들이 원하는 이동에 있어서의 목적 달성은 충분히 가능할 것이다.

아울러 차량 증가에 따른 사회적 문제의 해결도 가능해진다. 차량 대수의 감소로 인해 현재 나타나고 있는 주차장문제나 자동차 매연 및 운행에 필요한 절대시간의 단축 등의 긍정적 효과를 예상할 수 있는 것이다. 이렇듯 새로운 기술의 도입과 그 운용으로 인해 자원의 이용 효율은 증가한다고 할 수 있지만, 일자리의 측면에서 보면 우려는 커진다. 지금보다 훨씬 적은 차량만으로도 이용 목적을 달성할 수 있기에 자동차 생산 관련 산업의 축소는 너무도 자명한 일이 되고, 주유소나 정비소, 자동차 보험과 같은 영역도 직접적으로 일자리가 줄어드는 상황이 되기 때문이다.

또한 빅데이터와 인공지능의 활용을 통한 고용 영역의 변화도 주목이 필요하다. 자원의 소유에서 공유를 통해 사회적 효율을 추구하는 우버(Uber)의 원리에서 차용하여 고용도 '우버화' 될 것이라는 전망이 부상하고 있다. 우버나 숙박 관련 업체인 에어비엔비가 시장에서의 공급자와 수요자를 상시 연결하듯, 지능정보기술에 의해 인력요소시장도 구인자와 구직자 간의 상시적 네트워크의 형성이 가능할 수 있다는 것이다. 그 결과 노동을 상품으로 한 시장 메커니즘이 보다 촘촘하고 원활하게 작동할 수 있으리라는 기대도 커지고 있다. 이는 특히 현재의 비정규직이나 파트타임 고용 등에 있어 큰 효과를 거두며 전반적인 노동시장의 변화에도 큰 영향을 미칠 것으로 예상된다. 이론적으로는 경영자 측 입장에서는 필요한 수준까지 탄력적으로 노동력을 활용하여 효과적인 자원관리를 할 수 있다는 점이 부각된다. 노동을 제공하는 사람의 입장에서도 자신이 원하는 시장, 장소, 근로시간을 지능정보기술을 활용하여 매우 효과적으로 선택할 수 있다는 점에서 긍정적 기대를 갖게 한다.

하지만 부정적 우려 또한 동시에 제기된다. 즉, 지능정보사회에서 요구되는 능력을 보유한 근로자일수록 이러한 환경을 잘 활용하여 효과적으로 대응할 수 있는 반면, 그렇지 못한 근로자는 상대적으로 불리하게 된다. 정보격차가 곧 기회의 격차와 생활의 격차로 연결되어 양극화된 삶은 심화될 것이라는 전망이다. 또한, 새로운 기회에 대한 선택의 여지는 많아지고 또

넓어지더라도 결국 고용의 주도권은 경영자 측에서 쥐고 있는 만큼 현실적인 위계와 불평등을 완전히 해소하기는 어려울 것이라는 예상도 계속된다. 이렇듯 변화되는 상황 속에서 고용의 탄력성과 유연화가 매우 큰 노동시장일수록 근로자의 권리 재정립을 위한 장기적인 차원에서는 대책 마련과 이에 대한 사회적 합의가 필요하다는 주장이 힘을 얻고 있다.

4. 지능정보사회의 직업과 꿈

1) 기술의 고도화와 직업의 지형 변화

다음으로 인공지능의 도입과 인간의 꿈 실현에 있어 직접적 매개가 되는 직업과의 연관을 살펴보자. 이미 기존에 인간이 담당했던 일들 중 상당 부분이 인공지능으로 대체될 것이라는 전망이 나타나고, 또 구체적인 사례를 통해 우려는 현실화되고 있는 상황이다. 본격적인 기계화와 자동화에 의해 가능했던 1세대 기술은 인간의 조작에 의해 수동적이고 도구적인 역할을 수행했다. 반면, 정보기술과 인공지능, 로봇, 빅데이터 그리고 사물인터넷기술이 포함된 새로운 차원의 기술은 전혀 다른 성격의 2세대 기술로 정의될 수 있다. 즉, 과거의 기술은 노동집약적 산업의 영역에서 블루칼라를 중심으로 인간의 기능을 대체하는 방식으로 발전해 왔지만, 이제는 사무직, 관리직 등 화이트칼라 계층뿐만 아니라, 인간이 독점하리라 생각했던 금융업, 법률, 의료, 언론 분야에서 은행원, 증권전문가, 기자, 법률 및 의료분야 등 전문적 직업 영역에까지 인공지능과 로봇들로 대체될 가능성이 높아진 상황이다.

암울한 전망은 여기서 그치지 않는다. 2세대 기술로 인한 기계와 인간의 직업경쟁은 단순히 실업이나 저임금의 문제가 아니라 기존 직업의 소멸을 가져올 수 있다는 점에서 보다 심각하다. 물론 기존 직업의 소멸과 함께 새로운 직업의 등장이나 대체와 같은 현상도 부분적으로는 나타나겠지만, 이제까지의 패러다임 속에 살아 온 대다수의 사회 구성원들에겐 결국 생산과 직업 영역에서 완전한 소외, 즉 중요한 꿈의 한 축을 상실함을 의미하게 된다. 이는 거시적인 차원에서 사회적 생산에 있어 큰 비중을 담당하던 중산층의 경제력 상실을 의미하게 되고 이후 중산층의 몰락과 양극화의 심화, 생계형 범죄의 증가 등이 연쇄적으로 나타날 수 있다는 점에서 우려의 심도는 깊어진다.

만약 인공지능이 보편화된다면 현재의 일자리 규모나 직업적 양상은 어떤 변화를 겪게 될 것인가? 한 조사에 따르면, 미국의 경우 일자리가 아니라 '직업'의 47%가 사라질 것이라는 예측이 나타났다(한국고용정보원, 2016). 물론 직업의 종류에 따라 사라지는 직업과 대체되는 직업, 그리고 인공지능이 도입되더라도 당분간은 없어지지 않을 직업도 존재한다. 인공지능의 도입으로 가장 쉽게 대체될 수 있는 영역으로는 콜센터와 특허 관련분야, 그리고 헬스케어 관련 직종이 대표적으로 제시된다. 세 가지 영역의 공통점은 대량 정보에 대한 조합을 통해 소비자들에게 필요한 정보를 제공해 준다는 것인데, 다양한 사례가 존재하고 그러한 사례들을 기반으로 대안적 솔루션을 찾아낼 수 있는 특성을 가진 일들이다.

반면, 세 가지 카테고리 영역에서의 일들은 쉽게 사라지지 않을 것이라고 전망된다. 먼저 조직의 운영과 사회 구성원들의 이해 관계 및 갈등을 조정하는 기업의 CEO나 판사와 같은 영역이다. 흥미로운 것은 이 직업군이 자동화나 지능화가 불가능해서 사라지지 않는 것이 아니라, 해당 업무를 인공지능이 수행하게 될 때 사회적 수용이 쉽지 않은 점 때문이라는 것이다. 다음으로 인간의 심리 및 감성과 연결된 직업들로 상담 및 훈육과 관련된 분야가 제시되고 있다. 마지막으로는 기존에 존재하지 않았던 새로운 가치를 창출하는 직업군들을 들고 있다. 종합적으로 볼 때, 인간이 인공지능과의 경쟁에서 우위를 점할 수 있는 직업군은 먼저 인간의 관념 속에서 이해당사자들의 대립된 의견을 조정할 수 있는 권위를 가진 직종이다. 아울러 해당 업무와 관련된 기존의 데이터가 존재하지 않거나, 너무 소수이거나 아니면 너무 개별적이어서 알고리즘에 의한 체계 정립이 어려운 분야라고 할 수 있다(김대식, 2016).[1]

또 인공지능이 발달하더라도 여전히 예술이나 발명과 같은 창조적인 시도를 하거나, 인간만이 가진 감정적인 교감을 통해 동기부여를 하는 부분, 그리고 사람에게는 별것 아니지만 기계가 구현하려면 매우 복잡해지는 동작들(예를 들면 떨어진 낙엽을 집는 등)처럼 육체적인 숙련을 통해 작업해야 하는 것들은 여전히 인간이 우위에 설 수 있는 영역이라고 보고 있다. 여기에서 나타나듯 일반적으로 함께 논의되고 있는 '인공지능'과 '로봇기술'을 분리해서 생각할 필요가 있다. 로봇기술 범주 안에 당연히 인공지능 기술을 포함시킬 수도 있겠지만, 주로 인간의 피지컬한 대체재로서 제시되는 로봇기술과, 계산과 판단력 등 추상적이고 정신적인 영역을 대체하는 인공지능을 분리해서 봐야 한다는 주장이다.

앞으로 인공지능이 가져올 변화는 소위 인간의 전유 영역이라고 여겨졌던 '두뇌와 관련한 일'에서 더 큰 파장을 일으킬 것이다. 인공지능으로 인해 사라질 직업에 대한 전망에 있어 블루칼라보다 화이트칼라 쪽에 대한 관심과 논의가 다수 제기되는 것도 이러한 이유에서다. 서스킨드(Susskind, 2015)는 장기적으로 점점 강력한 기계와 기술이 등장함으로써 전문성을 공유하는 방식은 지금보다 훨씬 진화할 것이며, 그에 따라 전문직의 변화 또한 불가피할 것으로 보았다. 그동안 전문성 · 독립성 · 도덕성, 높은 가치 등을 내포하고 있었던 전문직의 카테고리는 현실적으로 점진적인 변혁을

---

1) 김대식은 상대적으로 여전히 인간이 자동화 기계에 비해 뚜렷하게 장점을 가진 영역으로 3가지를 들고 있는데, 1) 창의적인 시도 영역(Creative endeavours), 2) 소셜 인터랙션 영역(Social interactions), 3)손재주 같은 피지컬 사용 영역(Physical dexterity and mobility)이 대표적임.

통하여 새로운 변화를 겪을 수밖에 없고, 정보기술이 특정 전문직이 아니라 전문직 제도라는 전반적인 영역과 범위에 영향을 미치게 될 것이라는 점을 지적하고 있는 것이다. 이제까지 기계가 넘볼 수 없는 전문직의 영역까지 인간이 설 자리를 잃게 된다면 직업 영역에서의 인간은 더욱 왜소해질 수밖에 없다. 하지만 문제는 여기에서 그치는 것이 아니다. 물리적 능력을 갖춘 로봇기술과 결합된 인공지능은 본원적인 의미에서 인간을 대체할 수 있다는 점에서 사회적 파장은 이제까지 어떤 기술의 도입보다 강력하게 다가올 것이기 때문이다.

2) 새로운 전제의 필요

인공지능에 의한 일의 대체가 반드시 우울한 전망만을 가능하게 하는 것은 아니다. 앞서 살펴본 것처럼 산업혁명 이래 새로운 기술의 도입으로 전환기에 어려움을 겪게 되는 직종은 분명히 존재했지만, 뒤따라 새로운 직종의 개발과 직업군의 형성은 지속적으로 나타났기 때문이다. 인공지능에 대한 논의가 많아지면서 아이러니하게도 인간의 본질에 대한 질문 또한 지속적으로 나타난다. 인공지능이 보편화되는 상황에서는 그것이 대체할 수 없는 인간만의 기능이 무엇인지를 찾아내는 것이 중요하다. 이는 개인들의 직업적 생존과 의미 있는 삶의 구성을 위해 매우 중요한 논의를 이루게 될 것이다.

이와 함께 사회적 관심이 필요한 지점은 직업이 개인의 정체성에 미치는 영향이 매우 큰 상황에서 인공지능에 의해 내몰려진 개인들의 자기 정체성 정립의 문제다. 기술의 궁극적인 목표가 인간들의 시간을 보다 편하게, 그리고 보다 재미있게 구성하는 것이라는 점에서 노동에 대한 의미부여는 현재와 다른 차원에서 전개될 필요가 있다. 일(노동)과 직업에 대한 새로운 차원의 가치부여가 마련되어야 개인들은 아노미적 혼란의 극복이

가능해질 것이다. 이를 위해 '무엇을 기준으로, 또 어떤 노동과 직업에 대한 윤리를 마련할 것인가?' 와 같은 근본적인 차원에서의 문제제기가 시작되어야 한다.

관련하여 현재 나타나고 있는 인공지능 논의의 일반적 패러다임은 매우 수동적이라는 주장도 생각해 볼 필요가 있다. MIT의 브린욜프슨과 맥아피(2014)는 "기술변화로 인한 파급효과를 인간이 바꾸는 데 무력하다는 것을 전제로 하고 있기 때문에 '인공지능이 일자리를 얼마나 잡아먹을 것인가' 라는 질문은 잘못된 것"이라 말한다. 인간의 의지와 역량을 결집하여 인간중심의, 그리고 인간우선의 방향으로 패러다임의 변화를 전개해야 함에도 불구하고, 위험에 대한 과잉 방어적인 자세와 다양한 우려에 대한 강조가 주를 이루고 있다고 보는 것이다. 대신 이들은 인공지능이 더 나은 세상을 만드는 데 기여하는 도구가 되도록 교육, 인프라, 기업가정신, 이민, 조세 등에서 공공정책의 대대적인 변화를 꾀하는 것이 우선 과제이며, 기업들도 더 많은 기회를 창출하는 새로운 조직 모델과 접근 방법을 개발해야 한다고 조언한다.

아울러 필요한 것은 새로운 직업을 통한 꿈의 실현과 함께 향후 인공지능의 등장으로 얻게 되는 잉여의 존재에 대한 새로운 고찰이다. 일의 영역과 함께 생활세계를 구성하는 중요한 요소가 여가이다. 발전된 기술로 인해 발생되는 사회적 잉여 가운데 우선 고려될 수 있는 것은 시간의 측면이다. 현재에 비해 상대적으로 투여되는 노동시간이 줄어들면, 자연스레 더 많은 관심과 소비가 일어나는 공간은 여가의 영역이 될 것이기 때문이다. 성장의 시기를 거치며 생활에 있어서 일이 중심이 되던 생활시간의 구성이 변화하고 있다. 늘어난 여가시간은 노동시간의 감축을 전제하고 있기에 변화는 불가피하다. 하지만 여가시간의 절대 증가가 곧 그동안 인간들이 꿈꿔 오던 삶의 질의 제고로 곧장 연결되는 것은 아니다. '몰입' 개념으로 유명한 칙센트미하이(Mihaly Csikszentmihalyi)가 이미 오래전에 얘기했던

'주어진 시간의 불편함'이 보다 광범위하게 나타날 수 있는 것이다(칙센트미하이, 2004). 즉, 일반적으로 사람들이 자신에게 주어진 자유시간을 즐기는 일이 매우 쉬운 것처럼 생각하지만 사실은 그렇지 않다는 것이다. 부과된 할 일들은 그간의 경험 속에 비교적 명확하게 할 바가 정해져 있지만 여가는 그렇지 않기 때문이다. 그래서 여가가 주어져도 효과적으로 그 시간을 활용하지 못하면 삶의 질은 결코 향상되지 않을 것이다.

다양한 전망이 제시되고 있는 가운데, 낙관론자들은 인공지능의 본격화로 많은 일자리가 없어지더라도 사회적 부는 상승하고, 여기에서 발생하는 잉여의 재분배를 통해 다수의 국민들이 일은 덜 하거나 안 하면서 소비와 여가는 더 많이 누릴 수 있다고 본다. 하지만 일자리 없이 제공되는 안락한 환경과 그 안에서 주어지는 신체적 자유와 시간적 여유가 반드시 개인의 행복과 연결될 것인지에 대해서는 좀 더 논의가 필요하다. 일을 통해 얻을 수 있는 경제적 성과도 중요하지만, 한 개인이 사회를 살아가는 데 영향을 미치는 자아의 실현과 정체성의 확립 또한 일을 통해 가능한 부분이 매우 크기 때문이다.

노동시간의 감축과 함께 나타날 증대된 여가시간의 영역에서 인공지능의 역할 비중이 커질 가능성이 매우 높다. 그렇다면 미래의 계층화와 계층에 따른 개인들의 삶의 차이는 과거의 패러다임이라고 할 수 있는 생산 수단이나 생산의 결과물의 소유에서 누가, 그리고 어떤 여가를 얼마나 즐기고 있는지가 중요한 기준으로 변화할 것이다. 즉, 생산과 소유의 양극화된 상황이 여가소비에 있어서의 양극화로 이어질 가능성이 크다는 것이다. 이렇듯 인간이 노동 속에서 얻게 되는 다양한 성취감과 자존감을 과연 신체적 안락함과 시간적 여유가 대체하게 될 것인지, 오히려 정신건강상 발생하는 다양한 문제들로 인해 개인과 사회가 감당해야 할 부담은 더욱 커지게 되는 것은 아닌지에 대한 고민 또한 시작되어야 하는 것이다.

지능정보사회에서 구성원들이 가질 수 있는 꿈의 범위와 종류는 더 넓어지고 다양해졌다. 새로운 기술과 정보로 인해 새롭게 꿈꿀 수 있는 일들이 많아짐은 물론, 이미 가지고 있었던 꿈이라도 과거에는 불가능했던 일들이 실현되고 있다. 꿈의 실현은 꿈의 존재를 전제로 한다. 품고 있는 꿈이 없다면 실현은 아예 불가능하다. 앞으로 기술 기반의 사회에서 늘어날 것으로 예상되는 여가의 영역은 꿈과 관련하여 중요하다. 건강하고 생산적인 여가가 곧 직접적인 꿈 실현의 영역으로 나타날 수도 있겠지만, 이와 함께 중요한 점은 여가의 영역이 일과 관련된 꿈을 구상하고 실현의 기반을 제공하는 인큐베이터로 작용할 수 있다는 것이다. 일을 위한 쉼의 영역으로서 필수적인 여가뿐만 아니라, 보다 나은 삶을 위한 꿈을 준비하는 근거로서의 여가의 중요성이 더욱 커질 것이다. 개인이 활용할 수 있는 기술과 정보는 끊임없이 증가할 것이기 때문이다.

5. 우려를 넘어, 새로운 기대를 위하여

인공지능을 포함한 새로운 기술의 확산은 개인들에게는 실업의 문제로 인한 어려움이 나타날 수 있겠지만, 전 사회적으로는 효율의 증대로 인한 가치의 축적이 이전 시기에 비해 획기적으로 늘어날 가능성이 크다. 사람이 하던 일을 인공지능과 로봇이 대체하면서 과거와 같은 인건비에 대한 부담이 대폭 줄어들게 되고, 노동력의 유지를 위해 필요했던 근로시간이나 다양한 복지제도 등 비생산적 인프라의 축소가 전면적으로 나타날 것이기에 투입된 자원에 비해 나타나는 생산은 매우 클 수밖에 없다.

네트워크에 기반한 지능정보사회 또한 개인의 역량을 증가시키는 토대가 된다. 메이커스(Makers)의 등장이 대표적이다. 어려운 경제환경이 지속되면서 기업과 작업장에서의 안정적 고용은 쉽지 않은 일이 되었다. 이러한 구조적 어려움을 극복할 수 있는 방안으로 정부에서는 창업에 대한 지원을 여러 가지 차원에서 시행하고 있지만 실질적 효과를 거두는 데는 여전히 어려움이 존재한다. 그 방식이 잘못되었다기보다는 1인 창업을 위한 환경의 미성숙과 불가피한 시행착오의 시간들이었다고 본다. 실패를 통해 쌓인 경험은 미래를 위한 토대가 된다. 메이커스는 기존의 방식에서 벗어나 혁신적 제조와 생산을 실행하는 참여자이다. 특히 시제품의 생산이 3D 프린팅으로 가능해지면서 상상을 현실화시키는 비용과 시간이 대폭 감소했다. 생산뿐만 아니라 네트워크를 통한 마케팅과 거래, 그리고 새로운 플랫폼에 기반한 유통은 시장에서 메이커스들의 역량 증진에 기반이 된다. 경계 없는 시장은 더욱 확대될 것이다.

하지만 우려 또한 여전하다. 대다수의 국민들은 인공지능의 활용에 있어 상대적으로 소외된 다수로 남는 상황이 초래될 것이고, 결국 이러한 과정에서 개인들의 '생산적인 꿈'은 상실될 가능성이 크다는 우려이다. 기술의 활용여부에 따른 사회적 배제의 가능성이 늘 상존하는 상황에서 일상의 오프세계에 존재하는 기본적 삶의 경계는 물론이고, 기술활용과 그러한 경험이 가져다줄 수 있는 새로운 꿈의 영역에 있어서도 격차의 존재와 나아가 격차의 재생산은 불가피할 것으로 전망된다. 때문에 변화된 환경 속에서 개인의 '꿈'과 사회적 '꿈'의 실현을 위해 필요한 조건은 무엇인지에 대한 근본적 모색의 필요성이 커지는 것이다.

한동안 다운시프트(downshift)라고 불리는 삶의 방식에 관심이 모아진 바 있다. 물질우선의 무한 경쟁과 그로 인한 스트레스와 과중한 업무에서 벗어나자는 것이다. 누리는 것의 기준을 낮출 수 있다면 우리가 지고 갈 부담 또한 낮아질 수 있을 것이라는 기대 속에 나타났던 트렌드다. 물론 이러한 시각의 변화와 그에 따른 생활 방식이 달라질 수 있다면, 기대를 줄이며 그로부터 얻을 수 있는 다른 가치들에 만족할 수 있다면 충분히 고려될 수 있는 방법이다. 하지만 일시적인 것이 아닌 지속적으로, 그리고 장기적으로 운용가능한 삶의 방식으로 만드는 것은 그리 쉽지 않다. 여러 가지 필요와 구조적 강압으로 인해 다시 원래의 삶으로 복귀하는 일이 훨씬 일반적으로 나타난다.

같은 맥락에서 요즘 다양한 매체를 통해 '워라밸'이 언급되고 있다. 워라밸은 '워크-라이프-밸런스(Work-Life-Balance)'의 준말로, 일과 삶의 균형을 통해 여유를 가지고 일상을 구성하자는 의미이다. 기성세대가 '하고 싶은 일'보다는 '해야 하는 일'에 우선성을 부여했다면, 워라밸세대는 현재의 행복과 여유에 보다 큰 가치를 둔다. 기성세대의 입장에서는 이해하기 힘든 가치관이다. 무엇을 하든 완벽함을 추구하기보다는 자신의 불완전함 그대로를 받아들인다. 자기애가 중요하고, 스트레스 제로를 추구하기 때문에 일 때문에 자기 삶을 희생하고 싶어하지 않는 것도 이들의 특징이다. 이들에겐 퇴근 후의 시간, 즉 저녁의 일상이 매우 중요하다. 정시 퇴근은 기본이고, '나에 의한, 나를 위한' 여가의 중요성을 강조한다. 직장에서도 '사축(회사의 가축처럼 일하는 직장인)', '프로 야근러(야근을 밥 먹듯 일삼는 사람)'처럼 살고 싶지 않다는 의지가 강력하다는 점에서 이전 세대와 확연히 다르다(김난도, 2017).

과거와는 다른 차원에서 나타나는 일과 여가에 대한 의미부여는 사회가 운영되는 지배적 패러다임의 변화와 직접 맞닿아 있다. 개별적 선택으로 보이지만, 하나의 추세로 나타나고 있는 변화는 결국 기저에서 작동하는 요인에서 영향받은 것이다. 내 주변뿐 아니라 일면식도 없는 사람이지만, 네트워크로 연결된 수많은 사람들의 생각이 끼친 영향이 클 것이다. 자연스럽게 비교하게 되고, 그 과정에서 내 일과 여가에 대한 평가가 반복되면서 내 삶과 꿈에 대한 반추와 성찰이 나타난다. 옳고 그름의 영역이 아니라 개인 취향과 선호의 문제이기에 앞으로도 더 다양한 꿈의 마련과 실현에 대한 이야기는 계속될 것이다.

현재의 시점에서 개인들의 인식 변화를 통한 미시적인 차원에서의 변화들을 살펴보는 것도 중요하지만, 결국 실질적인 꿈의 실현에 큰 비중을 담당할 일의 영역에서 거시적인 차원의 준비와 방안 마련이 필요하다. 지금까지의 논의 속에서 탄력적인 노동시장이 현재 진행되고 있는 4차 산업혁명 시대에 일반화된 패러다임으로 자리 잡고 지속된다면, 이후 결과에 대한 예측을 통해 장기적인 대책의 마련이 필요함을 알 수 있다. 노동시장이 유연할수록 원활한 노동인력 및 기술의 수급이 가능한 반면, 기존 국가정책의 기조라고 할 수 있는 고용안정정책과는 상충될 가능성이 매우 높기 때문이다. 이에 다양한 차원에서의 시뮬레이션 및 개인과 조직의 필요에 대한 검토를 통해 장기적 도약과 단기적 안정을 모두 충족시킬 수 있는 해법을 모색하는 것이 필요하다. 그리고 사회적 부담의 한계치를 넘지 않는 한도 내에서 사회적 안전망을 제공하고, 동시에 새로운 격차의 생산을 통해 차별적 꿈이 당연하게 받아들여지지 않도록, 미래가 요구하는 인적 자본의 형성에 투자가 보다 적극적으로 이루어져야 할 것이다.

단순히 기술을 인간에게 효용을 가져다주는 당위적 요소로 보기보다는 새로운 시각의 검토도 필요하다. 인공지능을 필두로 하여 보다 많은 기술의 일상화가 진행될 지능정보사회에서는 그간의 패러다임에 대한 근본적 도전이 불가피할 것이다. 그렇다면 그동안 인간들이 꿈의 실현을 위해 당연한 것으로 수용되었던 기존의 문법은 달라질 것인가? 즉 기술은 끊임없는 경쟁과 결과의 불확실성이나 그 과정에서의 고통의 감내와 같은 조건들을 변화시킬 것인가, 아니면 관성의 틀 속에서 유지될 것인가? 변화된다면, 대체되는 것인가 아니면 새롭게 나타나는 그 무엇으로 봐야 하는가? 전반적이고 근원적인 검토 또한 시작되어야 한다.

제 11 장

생태민주주의의 꿈

| 구도완(환경사회연구소) |

1. 욕망과 불안의 시대

인간이 나무 열매를 따 먹고 사냥과 낚시를 하던 시대를 지나 농경과 목축 그리고 공업을 시작한 이후 생산력은 폭발적으로 늘어났지만 사람들은 여전히 욕망과 불안에서 벗어나지 못하고 있다. 기본적인 필요를 충족하지 못하는 사람들도 여전히 매우 많다. 초기 사회주의자들은 생산을 둘러싼 사회적 관계, 즉 불평등한 계급구조를 없애면, 모든 이들이 필요에 따라 소비하는 자유로운 연합을 만들 수 있으리라는 꿈을 꾸었지만 그런 꿈은 이루어지지 않았다. 많은 이들이 기술과 생산력이 발전하면 누구나 기본적인 필요를 충족하며 살아갈 수 있으리라 생각했지만 실제로는 더 많은 불평등과 환경파괴가 우리 앞에 나타났다. 기후변화와 핵 위험과 같은 돌이킬 수 없는 생태위기가 지구 생명들의 생존을 위협하고 있다.

우리는 누구나 구속받지 않고 자신의 잠재력을 발휘하며 자유롭게 살고 싶은 꿈을 안고 살아간다. 그렇지만 많은 사람들은 힘든 노동에 지쳐 있거나 일자리가 없어서 고통받고 있다. 물과 식량이 없어 고통받는 사람들도 여전히 많다. 저성장이 구조화되고 로봇이 사람을 대체하는 시대에 어떤 이들은 국가와 시장으로부터 배제되어 아무런 도움도 받지 못하고 외로운 죽음을 맞기도 한다. 살아남기 위해, 좀 더 많은 돈과 권력을 얻기 위해 애쓰는 이들도 있고, 내일의 불안 때문에 오늘 잠을 못 이루는 이들도 많다. 또 어떤 이들은 이런 불안을 상품으로 만들어 이런저런 보험으로 돈을 벌고 있다.

많은 사람들이 욕망과 불안 때문에 좋은 대학을 졸업하고, 안정된 일자리를 얻기 위해 경쟁에 뛰어들 수밖에 없는 사회구조 속에서 살아가고 있다. 그런데 이런 구조 속에 파묻히지 않고 그 구조의 안과 밖을 넘나들면서 다른 꿈을 갖고 살아가는 이들이 적지 않다. 이들은 욕망과 불안의 노예가

되지 않고, 자신과 세상을 새롭게 전환시키는 사람들이다. 이들은 현세대 인간만을 위해 자연을 희생시키는 성장과 개발에 반대한다. 자본주의 시장이 빈곤과 환경문제를 해결해 준다는 말도 믿지 않는다. 이들은 국가가 불평등과 환경문제를 한 번에 해결하는 해결사가 될 수 없고 그것이 바람직하지도 않다고 생각한다. 이들은 경제성장이라는 만능열쇠가 사라진 시대에 산업/자본/국가를 넘어서 다른 세상을 만드는 꿈을 꾸는 사람들이다.

이 글은 이들의 삶을 통해 자연 안에서 자연이 주는 선물을 공유하고 순환시키는 삶의 모습을 살펴본다. 이들은 모든 생명이 자유롭고 평화롭게 살아가는 세상을 꿈꾸는 생태민주주의자들이라고 부를 수 있다. 모두의 평화를 위한 정치를 상상하고 그것을 실천하는 사람들이 바로 그들이다. 여기에서 인간중심의(anthropocentric) 민주주의는 생태적 관점에서 새롭게 재구성된다. 이들은 기후변화와 핵의 위험이 전 지구를 위협하는 상황에서 인간 종(human species)만을 위해 자연을 계속 착취하는 것은 지탱될 수 없을 뿐만 아니라 도덕적으로 올바르지 않다고 본다. 나와 이웃, 우리 민족에만 집착하는 배타적 민족주의, 국가주의는 우리의 미래를 보장할 수 없다고 이들은 생각한다. '모든 생명이 함께 잘 사는 세상, 모두의 평화를 이루는 정치'의 꿈을 이들이 어떻게 현실에서 실천하고 있는지 그들의 이야기를 들어 보자.

2. 함께 만드는 대안 경제

현대인들이 한편에서는 과로로 다른 한편으로는 배고픔과 절망으로 고통받고 있을 때, 국가는 사람들의 삶을 지키고 보살피는 데 번번히 실패하고 있다. 이런 상황에서 극단적 인종주의와 배타적 국가주의가 힘을 얻고 있다. 그러나 다른 한편에서는 공동체를 스스로 만들어 서로 돌보면서 세상을 바꾸는 꿈을 실현하고 있는 이들도 적지 않다.[1] 이런 공동체 혹은 결사체 가운데 대표적인 것이 협동조합이다.

우리나라에는 다양한 협동조합이 있는데 농협, 수협과 같이 국가가 주도하는 협동조합 외에도 한살림과 같은 소비자생활협동조합이 있으며, 협동조합기본법 제정 이후 만들어진 다양한 협동조합들도 있다. 여기에서는 '생명을 죽이는 산업문명'을 넘어서서 생명을 살리기 위한 협동운동으로 시작한 한살림을 먼저 살펴보자.

생명운동의 뿌리라고 할 수 있는 한살림운동은 원주에서 시작되었다. 1970년에 장일순은 가톨릭 원주교구 교구장 지학순 주교와 함께 풀뿌리 민중들이 주체가 되어 협동을 통해 생명을 살리는 운동을 벌여 가기 시작했다. 이 운동에 동참한 박재일, 김지하 등 청년들은 민주화운동에 참여했지만 이를 넘어서는 새로운 운동을 모색하고 있었다. 특히 박재일과 그 동지들은 1980년대 초에 일본, 대만 등의 협동조합을 돌아본 후, 유기농산물 직거래운동을 하기로 하고 1985년 '원주소비자협동조합'을 창립하였다. 박재일과 동료들은 1986년에 서울 제기동으로 옮겨가 '한살림농산'이라는 작은 쌀가게를 열었는데, 이것이 현재 60만 조합원이 참여하고 있는 한살림의 시작이었다. 다른 한편 이 새로운 운동 그룹은 '한살림 모임'을 만들어 문명전환을 고민했고, 1989년에 한살림 선언을 발표했다. 이 선언은 자본주의와 사회주의를 모두 생명을 파괴하는 산업문명으로 규정하고 생명을 살리는 새로운 생활운동, 문명전환운동을 벌여야 한다는 내용을 담고 있다.

이 운동에 젊은 시절부터 참여해서 회장까지 역임한 김민경은 1989년 10월 TV 프로그램을 우연히 보고 유기농산물 직거래운동을 하는 한살림

---

1) 여기서 공동체의 의미는 전통적인 농촌공동체와 달리 자유로운 개인들이 스스로의 독특성(singularity)을 유지하고 변화시키면서 다른 사람들과 소통하고 연대하는 자발적인 결사체(association)라는 의미를 갖는다.

을 알게 되었다. 그는 1990년에 조합원으로 가입해서 물품위원회 활동가, 매장운영 활동가, 상근 활동가로 일하다가 서울 한살림 이사장, 한살림연합 회장까지 맡게 되었다. 그녀는 1990년대 유기농산물을 배달하는 실무자들이 오면 집에서 같이 밥을 먹기도 하면서 한살림의 일원이 되었다. 그녀는 한살림 밖은 경쟁을 강요하는 '회사 세상' 이지만 한살림 안은 서로 돕는 행복한 공간이라고 말한다(구도완, 2009: 60).

> "한살림에서 태어나서 죽을 때까지 모든 사업을 할 수 있겠다. 그런 얘기를 해요. 한 살림은 먹을거리가 많이 돋보였지만 우리 안에서 우리들이 필요한 것을 스스로 만드는 것을 잘할 수 있겠다는 생각이 드는 거예요" (구도완, 2009: 63).

그녀의 말에서 시장이나 국가에 의존하지 않고 한살림이라는 협동조합에서 생산, 소비, 돌봄을 함께 해결하며 공동체중심의 복지를 실현하는 꿈을 읽을 수 있다. 그런데 협동조합은 조합원들의 필요를 충족하기 위해 모인 결사이기 때문에 조합 밖의 사람이나 집단에 대해서는 배타적일 수 있다. 이렇게 되면 조직의 이익을 위해 경쟁하는 기업과 크게 다르지 않을 것이다. 원주의 협동운동가들은 이 문제에 관심을 갖고 협동조합 간의 협동, 협동조합 지역사회를 만들기 위한 운동을 벌이기 시작했다. 이 논의에 참여한 김용우는 단위조합중심의 운동은 비전이 없다고 보고 공동으로 일하는 협동조합을 만들자는 논의가 2000년경에 원주에서 이루어졌다고 말한다. 그리하여 2003년 6월에 원주밝음신협, 원주한살림, 원주생협 등 8개 단체가 모여 협동조합들 간의 협동조합인 '원주협동조합운동협의회' 를 창립하였다. 이후 2009년 7월 협의회는 '원주협동사회경제네트워크' 로 이름을 바꾸었다. 원주협동조합운동협의회의 창립 취지문은 협동조합들 간의 협동을 통해 대안사회를 건설하고자 하는 원주 협동운동가들의 청사진을 보여준다.

> "대안사회는 더 이상 우리의 유토피아가 아닙니다. 바로 지금 이곳에서 실현해야 할 절대절명의 과제입니다. 우리는 상호 간의 긴밀한 네트워크를 통해서 거대자본에 대항하여 주민참여의 지역경제를 활성화하는 일을 지속적으로 해 나갈 것입니다. 또한 자연생태계와의 조화를 이루는 그린비즈니스를 확대하여 생명의 도시에 걸맞은 산업 시스템을 갖추어 갈 것입니다"(원주협동조합운동협의회 창립 취지문, 2003).

이 선언문에서 이들은 주민 참여의 지역경제, 자연생태계와 조화를 이루는 그린 비즈니스를 통해 생명의 도시를 만드는 꿈을 이야기한다. 이들은 거대자본이 지배하는 시장에 맞서서 협동조합들 간의 협동을 통해 그 이윤이 지역 안에서 순환되는 지역공동체를 만드는 비전을 제시하고 있다. 이 네트워크가 서로 출자하고 힘을 보탠 결과로 2002년에는 원주의료생협이, 2008년에는 원주푸드 협동조합이 만들어졌다.

8개 회원단체로 출범한 협의회는 2009년 12개, 2010년 15개, 2011년 19개로 늘어났다. 2016년에는 협동조합과 사회적 기업, 공동체 운동기관, 농민생산자 단체, 마을공동체 등 24개의 사회적 경제 조직들이 원주협동사회경제네트워크에 가입해 있다. 전체 조합원 및 회원 수는 약 3만 5천여 명으로, 원주 인구의 10%를 차지한다. 협동조합 종사자는 450여 명에 이르며, 2010년 말 기준으로 총 매출은 약 265억 원이다(유채원 · 구도완, 2015). 원주협동사회경제네트워크는 거대한 시장 경제에 비하면 경제규모는 그리 크지 않지만 대안 경제의 씨앗으로는 의미 있는 조직임에 틀림없다.

3. 자연과 함께하는 사람들

산업주의 시대에 자연은 정복해야 할 대상으로 전락했다. 그러나 산업주의가 꽃을 피운 20세기 중반 이후 미나마타병과 같은 공해병, 기후변화,

원전사고 같은 환경문제를 보면서 사람들은 자연이 파괴되면 인간이 살 수 없다는 것을 절감하기 시작했다. 전체로서의 자연과 생태계뿐만 아니라 동물의 생명 자체를 소중히 여기고 이들에게 고통을 주지 않기 위한 동물보호운동도 확산되었다. 이런 운동을 하는 사람들에게는 인간만이 잘사는 세상은 다른 생물들에게는 고통스런 세상으로 다가온다. 이들의 꿈은 인간과 자연, 인간과 동물이 자신의 영역에서 평화롭게 살아가는 세상이다.

황현진은 '핫 핑크 돌핀스' 라는 작은 동물보호단체를 이끌고 있는 젊은 여성 동물보호운동가다. 그녀는 2010년 거제 환경운동연합 활동가로 일을 시작했다가 불법포획된 고래문제를 해결하기 위해 제주로 내려가게 되었다. 그녀는 좁은 수조에 갇혀 있는 고래를 생전 처음 보고 '이 고래를 바다로 꼭 보내야 되겠다.' 라는 생각을 하게 되었다. 그래서 황현진은 고래를 바다로 돌려보내기 위한 운동에 삶을 걸게 되었고 결국 '핫 핑크 돌핀스' 라는 작은 단체를 만들게 되었다. '인간들이 다른 생명에게 해나 영향을 끼치는 것을 최소화하는 것' 이 그녀의 꿈이다. 인간과 같은 종이 벌이는 만행을 최소화시키자는 것이다. 그녀는 고래를 살리려는 마음으로 운동을 시작했지만 작은 단체라는 한계 때문에 모금도 어렵고 영향력도 작아서 큰 환경운동단체의 영향력에 휘둘려 많은 상처를 받았다. 이런 그녀를 지탱해 준 사람들은 제주 강정마을에 사는 젊은이들이었다.

> "현대인들의 기준에 따르면 완패한 사람이죠. 인생 자체를. 실패한 사람이라 할 수 있죠. 뭐 돈이 있기를 하나. 집이나 차나 이런 것도 없고. 번듯한 잡(job)이라고 할 수 있는 것도 없죠. … 원래는 투쟁이 주목적이었는데, 이제는 강정마을에 스며들어서 삼촌네 귤 농장 가서 알바도 하면서 일이 있을 때마다 해군기지 앞에서 이렇게 하고. 다양한 방식으로 살고 있어요. 자기가 춤을 잘 춘다, 그러면 서귀포 어느 동에서 그런 힐링 프로그램을, 댄스 테라피 이런 거 하는 친구도 있고. 또 캐리커처를 잘 그려서, 또 관광지이기도 하니까, 서귀포 거기서 주말마다 캐리커처 그려 주고. 강정마을에서는 강정마을 관련 웹툰을 만들거나. 자기가 가진 재능을 다양하게

펼치며 살고 있어요"(황현진 면접, 2017.5.31.).

지배적인 가치관으로 보면 '실패한' 사람들이 평화를 위한 투쟁을 넘어서서 자유로운 삶을 누리면서 친구들과 연대하고 있다고 황현진은 이야기한다. 그녀는 큰 동물보호단체나 환경운동단체가 아니라 강정마을에 있는 젊은이들의 응원과 지지를 받고 그 힘으로 버틴다고 말한다. 그녀의 개인적인 꿈은 '우리 사는 세상을 좀 더 재미있고 따뜻하게 바꾸는' 아티스트가 되는 것이다. "인간과 동물은 각자의 위치에서 각자의 방식으로 평화롭게 살았으면 좋겠다."고 그녀는 말한다.

어부로 살다가 자연보호운동에 뛰어들며 인생이 바뀐 사람도 있다. 박정섭은 가로림만에서 물고기를 잡으며 고향을 지키고 있던 작은 마을의 어촌계장이었다. 2000년대 중반 가로림만을 막아 조력댐을 만드는 계획이 발표되자 어민들은 동요하기 시작했고, 보상금을 받고 사업에 동의하자는 여론도 강해지기 시작했다. 박정섭은 앞장서서 어민들을 조직하여 반대운동을 벌였고 수년간 힘든 투쟁을 벌인 결과 조력댐 건설계획을 백지화시키는 데 성공했다. 박정섭은 가로림만 바다가 개인의 소유가 아니라 자연이 모두에게 준 선물이라고 말한다.

> "수천 년 수억 년 동안에 다 살다 가신 분들이 우리한테 고대로 물려준 거야. 이거만큼 만들어 준 자산이 어디 있냐. 재산이 어딨느냔 얘기지. 이거는 만들 수가 없는 거야. … 니 껴여? 내 당장 그러지. 이거 당신 거냔 말이여. 그래서 새만금, 앞으로는요, 새만금 천수만 다 터놔야 돼요. 우리나라가 정말로 이 곳간이 어디가 있느냐면 바다가 다 있어요. 곳간이. 보물창고에요"(박정섭 면접, 2017.6.23.).

많은 사람들이 자연을 사유화하고 산업주의의 희생물로 만들고 있는 시대에 박정섭은 사적 욕망이 아니라 미래 세대를 위해 자연의 순수 증여와 순환 시스템을 유지해야 한다고 주장한다. 그는 어민들과 손잡고 바다에서 생활하고 바다에서 일어나는 일을 지켜보며 새로운 삶을 살아가는 것을 꿈꾸고 있다.

1980년대 학생운동을 했던 이현민은 전북 부안에서 농민운동을 하고 있던 중 새만금 반대운동에 뛰어들게 되었고 이어서 부안 방폐장 반대운동에 참여하게 되었다. 그는 부안 방폐장 반대운동 때 너무 힘들어서 '우리 마음 속에 정말 분노가 절정에 이르면 사람이 미쳐 버릴 수도 있겠다.'는 생각이 들었다고 말한다(구도완, 2009: 111). 그러나 그는 하루도 빠지지 않고 방폐장 반대 촛불집회에 참여하는 할머니들을 보면서 눈물을 많이 흘렸다고 한다. 그런데 이 과정에서 그는 자연과 함께 사는 삶에 대해 깊이 생각하게 되었다.

> "좀 더 잘사는 사회가 아니라 더불어 못사는 사회, 더불어 가난한 사회를 지향해야 된다고 생각합니다. 그러니까 결국 더 언제까지 자연으로부터 끊임없이 뺏어 오고, 더 많이 약탈해 오고, 침탈해 오는 이 약탈의 과정이 아니라, 인제는 적정히 자연에 줄 것을 주고, 자연으로부터 필요한 만큼 공급받는 이러한 사회. 결국 더불어 못사는 사회를 지향해야 된다고 생각을 하거든요."

많은 사람들이 더 많이 소비하기를 바라는 시대에 이현민의 꿈은 이루어질 수 있을까? 그런데 집합적 소비의 장소, 도시에서는 이런 꿈을 이루기가 그리 쉽지 않다. 이 때문에 농촌에서 대안적인 삶을 꿈꾸는 이들이 적지 않다. 젊은 시절 사회주의에 깊은 관심을 갖고, 진보정당에도 적극 참여해서 일했던 변현단은 언제부턴가 '내 안의 자유'가 없다는 생각이 들기 시작했다. 그녀는 '내가 바뀌는 삶이 없는' 것을 느끼며 고민했다. 결국 생태와 환경이 눈에 들어오면서 그녀는 '농(農)'의 가치에 눈뜨게 되었다. 자연의 순환과정을 크게 거스르지 않은 채 원래의 성질을 따라야만 자유로운데 그것이 바로 '농'이라는 것이다. 그녀는 2000년대 후반에 자활영농사업단 '연두농장'의 대표가 되어 기초생활 수급자들과 함께 유기 농산물 생산을 했다. '시장에서 낙오된' 가난한 사람들을 시장으로 다시 돌려보낼 게 아니라 적게 벌더라도 서로 도우면서 자립하는 공동체를 만들어 그 안에서 살 수 있도록 해야 한다는 것이 그녀의 생각이다(구도완, 2009: 117-120).

젊은이들 가운데에서도 농촌에서 농사를 짓거나 이런저런 일들을 하면서 적게 벌고 적게 쓰며 대안적인 삶을 사는 이들이 늘어나고 있다. 충남 홍성군 홍동면에는 지역 농민들과 귀농인들이 함께 생태적으로 지속가능하면서 자립적인 농촌을 만들기 위해 애쓰고 있다. 이 가운데에는 함께 농사지으며, 시민사회단체활동이나 녹색당운동을 하는 청년들도 있다. 이들이 모두 농촌생활에 만족하고 잘 정착하는 것은 아니다. 그럼에도 불구하고 적지 않은 젊은이들이 도시의 삶과 다른 삶을 즐기고 거기에서 새로운 꿈을 실험하고 있다는 것은 우리 사회의 큰 희망이다.

4. 마을에서 세상을 바꾸는 사람들

자본주의 시장과 공업 문명이 환경파괴와 불평등을 불러오는 동안 국가는 무엇을 했을까? 지구상의 많은 국가들은 더 많은 부와 권력을 얻기 위해 다른 나라를 침략하여 식민지로 만들거나 아니면 자국민을 노예로 삼아 약탈을 일삼았다. 이러한 억압에 저항하기 위해 사회주의 혁명가들은 국가 권력을 장악하여 모두가 평등한 세상을 만드는 꿈을 꾸었다. 그러나 그 혁명은 또 다른 거대한 국가의 탄생으로 귀결되고 말았다. 이런 세계사적 변화 속에서 국가 권력을 잡는 것이 중요한 것이 아니라 마을에서 나를 바꾸고, 세상을 바꾸는 것이 더 중요하다고 보는 이들이 생겨나기 시작했다.

1990년대 초 아이들을 협동조합 방식으로 함께 키우는 공동육아에 관심이 있던 젊은 부모들이 마포구 망원동, 성산동에 걸쳐 있는 성미산 근처로 모여들어 어린이집을 만들기 시작했다. 어린이집 아이들은 성미산에 매일 올라 산 곳곳에 이름을 붙이고, 체육대회나 축제를 즐기기도 했다. 그런데 2002년 서울시에서 성미산에 배수지를 건설하기 위해 개발을 하겠다는 계획을 내놓았다. 그러자 어린이집 부모들이 앞장서서 산에 천막을 치고 농성을 하며 반대운동을 벌였고 결국 배수지 건설계획을 백지화시키는 데 성공했다. 반대운동을 벌이면서 사람들은 '이걸 해 보자, 저걸 해 보자.' 하며 꿍꿍이를 벌였고 그 결과 작은나무(마을카페), 동네부엌(마을 반찬가게), 한땀두레(공방) 같은 마을 기업들이 생기기도 했다.

성미산 마을에서 성미산 학교를 만들고 마을 축제를 기획하며 마을에서 세상을 바꾸는 꿈을 꾸던 유창복은 지금 서울시에서 공무원들과 함께 마을을 만드는 일을 하고 있다. 그는 20대에 세상을 바꾸고 나라를 구하겠다고 나섰는데 그 방법은 권력을 가지는 것이었다. 그런 그의 혁명관은 베를린 장벽과 함께 무너졌다. 그렇지만 그는 해체주의의 거센 물결 속에서 자신의 생각을 해체시키지 않고 서울 마포구의 작은 동산, 성미산 아래에서 살아가면서 '일상의 혁명'을 경험하게 되었다.

> "권력을 만든 다음에 세상을 바꾸는 게 아니라 난 매일 세상을 바꾸고 있는데, 그 즐거움이 있는데… 내 일상의 혁명이 훨씬 더 솔직하고 그것이 현실이고 그것이 더 설득력이 있다"(유창복 면접, 2017.4.7.).

유창복은 성미산 배수지 건설 반대운동에 적극적으로 참여했다. 그런데 성미산 싸움이 끝난 후 어린이집을 졸업한 아이들이 대안학교를 찾아 이사를 간다는 소문이 돌기 시작했다. 그러자 유창복은 마을 사람들과 함께 12년제 대안학교를 만드는 일을 시작했다. 이것이 성미산 학교의 시작이다. 그는 학교를 만들고 운영하는 동안 매우 힘들었다고 말한다. 부모들이 아이들의 삶을 생각할 때, '세상이 어처구니없으니 인간답게 대안적인 삶을 살아야 되겠다.' 는 마음과 함께 '세상이 만만치 않으니 밥벌이를 하고 살아야 되겠다.' 는 마음이 공존하고 있었다고 그는 말한다. 이런 생각들이 얽히고 설킨 상태에서 성미산학교는 많은 우여곡절을 겪었지만 지금은 안정되어 성미산에서 아이들이 놀며, 공부하는 학교로 자라나고 있다.

'마을에서 세상을 바꾸는 혁명' 을 즐기던 유창복에게 2011년에 새로운 도전이 다가왔다. 서울시장 보궐선거에서 당선된 박원순이 마을만들기 정책을 추진하기 위해 유창복의 도움을 구한 것이다. 그는 처음에는 천만 대도시에서 마을만들기를 시의 정책으로 추진한다는 게 말이 안 된다고 생각했다. 그러나 고민 끝에 그는 '경험 있는 민간인들에게 자율권을 주고 사업 집행을 할 수 있게 하기' 로 박원순 시장과 합의하고 마을지원센터 일을 맡았다. 그는 주민 세 명 이상만 모이면 사업신청을 할 수 있게 하고 이들을 찾아가서 지원하는 시스템을 만들었다. 이들이 마을계획을 세우면 여러 절차를 거쳐 주민참여예산으로 예산 지원이 되는 제도도 만들어졌다. 유창복은 이 과정에서 사적인 개인들의 모임이 점차 공적인 의제를 놓고 마을의 미래를 위해 논의하고 실행하는 관계로 확대하고 변화되는 모습을 발견했다. 주민들의 자발적인 협동적 활동을 매개로 이질적 관계망들이 서로 연결되면서 공론장의 소통문화가 생기고 그 과정에서 주민들이 성장하여 시민이 되는 과정을 발견했다고 그는 말한다. 그는 마을정책으로 생긴 주체들이 새로운 공공의 주체가 형성되는 과정에서 중요한 에너지원이 될 것이라고 기대하고 있다.

성미산이라는 작은 틈새(niche)에서 일상의 혁명을 경험하며 고통과 즐거움을 모두 느낀 유창복은 서울시라는 거대도시에서 마을을 만드는 실험을 하고 있다. 밑으로부터 천천히 자라나는 풀뿌리를 위로부터 예산, 행정조직, 제도로 키우는 실험이 앞으로 어떻게 전개될지 예상하기는 어렵다. 그렇지만 '성미산' 은 이제 마을의 상징을 넘어서 시민이 중심이 되는 세상으로 전환하는 씨앗이 되고 있다. 마을에서 시작했지만 마을을 넘어서서 공동의 것(commons)을 만들고 키우는 사람들, 생태민주적 세계시민들이 스스로를 키우고 있다.

5. 새로운 정치를 꿈꾸는 사람들

홍성군 홍동면, 원주, 서울 성미산과 성대골 등 지역이나 마을에서 대안을 꿈꾸고 이를 실현하는 사람들이 늘어나고 있다. 앞에서 보았듯이 성미산 마을은 마을을 넘어 서울의 전환을 위한 씨앗이 되고 있다. 그렇다면 전환을 꿈꾸는 마을이 많아지면 산업/자본/국가의 지배 시스템은 자연스럽게 해체되고, 그 자리에 자유롭고 평등한 공동체나 결사들의 연합이 생길 것인가? 그 많은 무기와 자본은 누구의 손에 있고 어떻게 될 것인가?

이런 문제에 관심을 갖고 정치를 바꾸려는 젊은이들이 있다. 녹색당에서 일하고 있는 허승규는 1989년 베를린 장벽이 무너졌을 때 안동에서 태어났다. 그는 자신이 태어난 안동으로 돌아가서 보수적인 정치 질서에 균열을 내는 꿈을 갖고 있다. 이 꿈을 갖고 이런저런 생각도 하고 활동도 하고 있을 때 그는 녹색당을 만나게 되었다. 그는 '녹색당과 연애를 했다 싶을 정도로' 녹색당 행사에 열심히 참여했다. 녹색은 '성장지상주의에 정면으로 도전하는 사상'이라고 그는 생각한다. "성장에 다양한 가치를 다 때려 박는 성장지상주의와의 싸움이 중요하다."고 그는 말한다. 성장의 생태학적 한계, 지속가능성, 탈성장을 핵심 이슈로 하면서 성장에 대한 비용부담이 평등하지 않아서 생긴 사회정의문제를 해결하는 것이 녹색당의 과제라고 그는 말한다. 성장지상주의에서 배제된 수많은 사람들, 이주민, 젠더 불평등과 같은 문제를 해결하는 것이 필요하다는 것이다. 그는 녹색은 성찰이라고 말한다.

> "인간에 대한 성찰, 관계맺음에 대한 성찰, 젠더에 대한 성찰, 과로에 대한 성찰, 성찰이 결국 여유와 느림으로 가는 건데, 성장은 성찰과 반대인 거죠. … 성장지상주의를 성찰하는 순간 성장이 멈춰버릴 거라고 생각해요"(허승규 면접, 2017.7.12.).

허승규는 성찰적 삶에 대한 수요는 무궁무진하다고 본다. 기존 방식대로 살지 않겠다는 사람들끼리 먼저 어떤 대안 모델을 만들면, 새로운 도전을 못하는 사람들이 친구가 하는 걸 보면서 따라할 수 있고 그런 가능성은 무궁무진하다고 본다. 실제로 그는 친구들을 설득하여 함께 녹색당 운동을 하고 있다. 그는 기존 정당이나 시민사회단체는 어떤 의제를 정책이나 제도로 변화시키는 데는 단기적으로 유리하지만 기존의 정치질서에 균열을 낼 수는 없다고 본다.

그는 칸트 식의 세계정부론은 패권화될 수 있는 위험이 있고 무정부주의는 사적 폭력을 제어할 권력이 없기 때문에 둘 다 위험하다고 본다. 그의 전략은 국가와 국가를 가로지르는 정치시민사회의 층위를 튼튼히 하여 "각 나라의 평화세력들의 정치력을 강화해서 그 정부가 다른 나라와 전쟁을 하는 것을 그 안에서 분열시켜 버리는 것"이다.

허승규는 많은 청년들이 국가와 시장에서 일자리를 찾기 위해 애쓰고 있을 때, 다른 삶에 대한 수요가 무궁무진할 뿐만 아니라 그 꿈을 함께 이루는 것이 가능하다고 확신하고 있다. 그는 안동의 보수적인 정치구조에 균열을 내고 싶은 열망과 한국과 세계의 정치를 녹색으로 바꾸고 싶은 꿈을 모두 이루고 싶어한다. 그는 생태민주적 세계시민의 꿈을 오늘, 여기에서 실천하고 있다.

6. 국가와 민족을 넘어 세계시민으로

기후변화, 핵, 대기오염 같은 위험은 국경을 넘어 지구상의 모든 생명에게 치명적인 영향을 미치고 있다. 이런 위험의 영향이 커질수록 위험을 통해 이익을 보는 사람과 피해를 보는 사람은 분리되고 이익과 위험의 불평등한 배분은 심해진다. 전 지구적인 위험 앞에서 우리 민족, 우리 국가만 잘살면 된다는 배타적 민족주의, 국가주의는 기승을 부리고 있지만 그 도덕적 정당성은 점점 더 약해지고 있다. 이제 우리는 모든 세계시민이 영원한 평화를 누리는 꿈을 꾸는 사람들의 이야기를 들어 보자.

일본에서는 1960년대와 70년대에 공업화로 인한 환경오염문제가 심각하게 나타났다. 이때 반공해운동이 활발했는데 그 가운데에는 공해수출반대운동도 있었다. 1974년에서 75년에 이르는 시기 동안 이 운동에 참여한 젊은이들은 자국의 공해 공장이 해외로 이전하는 데 반대하는 운동을 벌였다. 이들은 일본 국내에서 공해를 없애면 공해문제가 해결되는 것이 아니고 공해 공장이 한국이나 동남아로 옮기면 결국은 피해를 확산시키는 결과가 된다고 생각했다. 이들은 2차 세계대전에서 일본이 전쟁을 확산시켰듯이 다른 나라 사람들에게 해를 끼쳐서는 안 된다고 생각하고 한국에 진출하는 기업을 모니터하기 시작했다. 그 결과 수은을 배출하는 도야마화학이 한국으로 공장을 이전하려고 한다는 사실을 알고 이들은 '도야마화학의 공해수출을 저지하는 실행위원회'(아래에서는 실행위원회)를 조직하여 반대운동을 시작했다.

도야마화학은 머큐로크롬을 생산하는 과정에서 수은을 배출하는 회사로 지목되어 공장 주변 주민들의 반대를 이기지 못해 이 회사의 생산공장을 한국으로 이전하기로 1974년 4월에 결정했다. 이에 대해 한국의 인천 YWCA에서 주부들이 먼저 반대운동을 시작했다. 이에 호응하여 실행위원회 청년들은 4월 27일 도야마화학 본사 앞에서 시위를 벌였다. 청년들의 거센 반대에 부딪힌 도야마화학은 4일 후 이전 계획의 중지를 발표했다. 이렇게 해서 청년들의 첫 번째 공해수출 반대운동은 성공으로 끝났다.

그러나 이어서 일본화학공업이 울산에 중크롬산소다 제조공장 설립을 추진 중이라는 정보를 접한 실행위원회는 이에 대한 반대운동을 조직하기 시작했다. 이들의 핵심 슬로건은 "일본 화학은 한국으로의 공해수출을 중단하라!", "일본 화학은 폐수유출의 책임을 져라!" 두 가지였다. 실행위원회의 이노우에 스미오(井上澄夫)에 의하면 자신들이 한국으로의 공해수출에 초점을 맞추어 운동을 했지만, 언론에서는 일본 국내의 크롬오염문제만 보도했다. 이노우에 스미오는 1975년 12월호 『展望』지에 기고한 글에서 일본 화학의 폐수무단배출로 인해 국내 오염문제와 직업병문제 등이 크게 문제가 되었음에도 불구하고 그 기업이 한국 민중에게 같은 범죄행위를 전가하려고 하는 사실을 일본 언론이 보도하지 않은 것을 강하게 비판했다. 그는 "일본 언론은 일본 정부나 재계와 마찬가지로 일본인의 일 외에는 생각하지 않는 배외주의적 자기중심주의자 집단임을 스스로 폭로했다."고 말했다. 일본 화학문제는 한국 언론에서 문제가 되어 플랜트 수입에 대한 반대여론도 조성되었지만, 박정희 정권이 최종적으로 설립을 허가했기 때문에, 일본 화학이 지분 50%를 투자한 울산무기화학이 결국 설립되었다(구도완, 2015).

이웃 나라 시민들의 환경과 건강을 지키기 위해 일본 청년들은 자신의 시간과 돈을 내어 공해수출 반대운동을 벌였다. 일본 정부와 언론이 배타적 국가주의의 관점에서 공해문제에 접근했다면 이들은 세계 시민주의, 코즈모폴리턴주의의 관점에서 생각하고 행동했다. 이 운동은 수출중심의 경제성장중심주의, 자민족중심의 애국주의가 지배하고 있는 한국의 주류 공론장을 다시 생각하게 만든다. 2017년 한국에서는 원전이 수출산업이므로 국가가 이를 지원해야 하며 "원전을 반대하는 사람들은 국민이 아니"라고 주장하는 이들이 목소리를 높이고 있다. 경제적 이익을 위해서는 치명적 재난을 불러올 수 있는 위험의 생산과 수출을 정당화하는 사람들이 일본이나 한국, 어디에서나 지금도 권력을 갖고 있다. 산업/자본/국가의 동맹이 지배하는 세상에서 공해수출 반대운동을 벌인 1970년대의 일본 청년들은 세계시민의 덕목과 행동이 무엇인지를 잘 보여 준다.

우리나라에도 생태민주적 세계시민은 적지 않다. 우리나라의 에코피스 아시아, 푸른 아시아와 같은 단체들은 몽골, 중국, 필리핀 등의 나라에서 사막화를 막기 위해 풀과 나무를 심으며 주민들의 지속가능한 발전을 위해 힘을 모으고 있다. 황사로 우리나라에 피해를 주기 때문에 가해자인 중국이나 몽골에게 책임을 요구할 것이 아니라 아시아인으로서 서로 힘을 보태어 위험을 함께 줄여 나가자는 것이 이들의 생각이다.

공정무역을 통해 아시아인들과 함께 잘사는 세상을 만드는 꿈을 꾸는 이들도 있다. '페어 트레이드 코리아 그루'는 "원조가 아닌 무역을 통해 가난한 생산자에게 노동의 대가가 공평하게 지불되는 일자리를 제공"하는 사업을 벌이고 있다. 이들은 "생산과정에서 생태계 파괴를 줄이고 지역환경에 맞는 농법과 전통기술을 장려하여 사람과 자연이 공존하는 대안적 발전을 추구한다." 이 사회적 기업은 2007년에 설립하여 지금은 서울에 네 곳, 강릉에 한 곳의 매장을 낼 정도로 발전했다.[2]

페어 트레이드 코리아를 만드는 데 처음부터 참여한 이미영은 경실련, 여성환경연대 등에서 활동하다가 공정무역 사업을 시작하게 되었다. 그녀는 청춘 시절 어떻게 '애국애족하면서 살 것인가.'를 고민하며 보냈다. 그러다가 그녀는 여성환경운동을 하면서 여러 사람들을 만나게 되었고, 지구공동체와 어떻게 호흡할 것인가를 고민하기 시작했다. 그녀는 아시아의 가난과 빈곤과 전쟁에 책임감을 느껴야 된다고 생각했다. 그녀는 "아시아가 보다 공정하게 정의롭게, 우리 이웃이 정말 같이 잘살 수 있는 방법에 대해서 고민을 하지 않으면, 굉장히 보수적이고 국가의 경제 안에만 메여 있는

2) http://www.fairtradegru.com/shop/main/index.php. 2017.11.16. 검색

시민운동과 시민사회는 한계에 부딪힐" 것이라고 생각했다. 그녀는 지구 시민으로서 살 수 있는 길, 구체적인 실천방법을 고민하다가 공정무역을 시작하게 되었다(구도완, 2009: 94-102).

공정무역은 윤리적인 무역이지만 동시에 사업이기 때문에 매우 어렵다. 공정무역이 지구화된 자본주의의 대안이 되기는 어려운 것으로 보인다. 그러나 시장에서 이런 기업이 살아남아 성장하고 있다는 것은 세계시민의 덕목을 갖고 살아가는 이들이 많아지고 있을 뿐만 아니라 좀 더 공정한 무역이 확산될 수 있는 씨앗이 자라고 있다는 것을 의미한다.

7. 생태민주주의를 향하여

1) 새로운 세상을 여는 청년들

대화문화아카데미 배곳 바람과 물(옛 바람과 물 연구소)은 2013년부터 2018년까지 10회에 걸쳐 약 200명의 청년들을 대상으로 대안적인 삶, 녹색의 가치를 토론하고 체험하는 교육프로그램을 진행했다. 이 프로그램에는 20대에서 40대에 걸쳐 환경운동가, 생협 활동가, 농촌 공동체 운동가, 에코 페미니스트, 동물보호운동가, 예술가, 연구자 등 매우 다양한 젊은이들이 참여하여 생태민주주의, 녹색정치, 에코 페미니즘, 협동운동, 생명운동 등의 주제를 중심으로 토론하며 자신들의 즐거움과 고통을 함께 나누었다. 프로그램에 참여하면서 자신들의 삶이 다른 이들의 삶과 연결되어 있을 뿐만 아니라 자신과 남들의 고통을 함께 치유하고 더 나은 세상을 만들 수 있다는 희망을 갖게 되었다고 말하는 이들이 적지 않다. 이들 가운데에는 가난한 이들도 많지만, 가난에 주눅 들지 않고 서로 도와가면서 삶을 꾸려가고 있다. 나는 이 프로그램에 참여하면서 조직과 권력으로 세상을 바꾸려고 했던 옛 사회운동세력과는 다른 새로운 사회집단이 우리 사회에 형성되고 있다는 사실을 발견했다. 이들은 삶이 고통스럽지만 그 고통을 친구들과 함께 나누며 즐겁고 유쾌한 실험으로 세상을 바꾸고 있다.

나는 2009년에 발간한 『마을에서 세상을 바꾸는 사람들』에서 권리 담론과 성찰 담론을 이야기했다. 전자가 권리를 바탕으로 투쟁과 저항으로 평등을 지향하는 해방정치라면 후자는 자신을 돌아보며 삶의 근본적인 의미를 되물음으로써 생명과 사회를 살리려는 정치라고 해석할 수 있다. 그런데 이제는 사회의 구속을 받고 있지만 자신의 독특성을 놓치지 않고 이것을 유쾌하고 재밌게 변형시키는 새로운 인간, 새로운 담론이 우리 사회에 등장하고 있다. 전통적인 조직이나 사회운동의 관점에서 볼 때 위계와 조직을 거부하고 개인의 절대적 자유를 추구하는 사람들은 사회를 변화시키는 데 당장 큰 영향을 미치지 못할지도 모른다. 그러나 개인 미디어가 세상을 바꾸고 있는 상황에서 소수의 젊은이들이 서로에게서 힘을 얻고 그 힘을 바탕으로 새로운 사회적 실험을 하고 있다는 것은 중요한 사회적 사실이다.

2) 생태민주주의의 지향

지금까지 우리는 협동, 자연/생명, 마을, 녹색 정치, 세계시민을 주제로 남들과 다른 꿈을 실현해 나가는 사람들의 이야기를 들어 보았다. 이들은 모두 연결되어 있지만 각자 다른 곳에서 자신들의 삶을 살아가고 있다. 그렇지만 높은 곳에 올라가서 이들의 삶을 보면 비슷하면서 공통적인 어떤 특징을 발견할 수 있다. 이들은 모두 현세대 인간만을 위해 자연을 도구화하고 파괴하는 성장과 개발에 반대하고, 서로 돕고 연대하면서 국가와 민족을 넘어서서 모든 생명이 함께 잘사는 세상을 만들기 위해 애쓰고 있는 사람들이다. 다시 말하면 산업/자본/국가 시스템의 경계 안과 밖을 넘나들면서 생태/사회/공동체 중심의 대안을 실험하며 만들어 가고 있는 사람들이다. 우리는 이들을 생태민주적 세계시민이라고 부를 수 있다.

생태민주주의는 현세대의 사회경제적 약자는 물론 미래 세대와 비인간 존재의 생존과 생명을 존중하며 이들이나 이들의 대리인 또는 후견인이 정치과정에 참여하는 사회제도나 담론이라고 정의할 수 있다. 생태민주주의자들은 사회경제적, 환경적 평등, 생태적 지속가능성, 비인간 자연의 권리를 주된 가치와 목표로 삼는다. 또한 생태민주주의자들은 자본이 아니라 결사들(association)의 협동을 통해 지속가능한 순환경제를 만드는 것을 지향한다. 또한 이들은 산업주의와 긴밀히 연결된 국가주의(nationalism)를 넘어서서 세계시민주의(cosmopolitanism)와 지역자치주의(libertarian municipalism) 같은 대안적인 정치를 지향한다(구도완, 2018).

생태민주주의자들은 인간과 자연의 이분법에 빠져 자연을 신성화하고 인간을 모두 '암'과 같은 존재로 규정하지 않는다. 문제는 인간이라는 종이 아니라 자연을 착취하고 대상화하는 산업/자본/국가의 지배 시스템이다. 자연 파괴를 기획하고 실행하는 위험(리스크) 결정자들은 더 많은 권력을 갖고 위험을 불평등하게 배분하고 있다. 생태민주주의자들은 이러한 구조를 바꾸기 위해 마을과 지구에서 정치와 경제를 바꾸는 사람들이다.

생태민주주의자들은 생태권위주의자들과 달리 생태적 지속가능성을 위해 강권과 폭력을 동원하는 것을 지지하지 않는다. 이들은 생태위기가 긴박하지만 사회적 토론을 통해 사람들의 생각과 행동을 바꾸는 것이 필요할 뿐만 아니라 그것이 결국에는 더 빨리 문제를 해결하는 길이라고 생각한다. 이들은 지구와 사람을 약탈하는 사람들과 그 구조에 반대하지만 그 구조를 바꾸기 위해 무기를 들지는 않는다.

우리가 앞에서 보았듯이 생태민주주의의 꿈을 현실에서 실천하고 있는 사람들은 우리 주변에 많이 있다. 사회적으로 정의롭고 지속가능한 에너지 체제를 만들기 위해 에너지 자립마을을 만드는 사람들, 협동조합을 만들어 사람들의 필요를 충족시키면서 서로를 돕는 민주적인 결사를 발전시키는 사람들, 동물의 고통을 줄이고 그들에게 자유를 주기 위해 자기의 삶을 바치는 사람들, 사막화로 고통받는 이웃 나라 사람들을 돕기 위해 풀을 심는 사람들, 이런 다양한 사람들이 이곳저곳에서 생태민주주의의 꿈을 현실로 바꾸고 있다.

3) 생태민주주의의 사회적 맥락과 의미

어떻게 해서 생태민주적 세계시민들이 새로운 주체로 형성되기 시작했을까? 첫째, 기후변화와 후쿠시마 원전사고와 같은 회복하기 힘든 지구적 위험(리스크)이 현실로 나타나고 이를 인식한 사람들이 늘어나고 있다. 21세기의 생태적인 위기는 20세기의 대기, 수질, 폐기물, 화학물질 오염과 같은 국지적인 환경문제와 비교할 수 없을 정도로 광범위하고 임박한 위기로 인식되고 있다. 후쿠시마 원전사고로 인해 우리나라에서는 녹색당이 창당되었고, 에너지 자립 마을과 같은 운동이 확산되었으며, 탈핵운동이 대중화되었다. 생태민주주의는 지구 생태위기라는 물질적이고 실제적인 구조적 조건 속에서 사회적으로 형성된 담론적 실천이다.

둘째, 1997년 IMF 위기와 2007년 금융위기를 경험하며 지속적인 성장이 가능할 뿐만 아니라 모두에게 유익하다는 자본주의의 교리를 의심하는 사람들이 늘어나고 있다. 지속적인 성장은 불가능할 뿐만 아니라, 바람직하지도 않다는 탈성장, 탈산업 담론이 확산되고 있다.

셋째, 1989년 베를린 장벽의 붕괴와 함께 국가중심의 사회주의 모델의 이상도 무너졌다. 혁명을 통해 권력을 장악해서 위로부터 유토피아를 만드는 꿈을 꾸던 사람들은 그것이 불가능할 뿐만 아니라 바람직하지도 않다는 생각을 갖게 되었다. 국가 권력을 장악하기 이전에 자유로운 개인들의 연합을 통해 지배와 위계를 줄여 나가는 것이 필요하다고 생각하는 새로운 자유인들이 생기기 시작했다.

넷째, 우리나라에서 1998년에서 2007년에 이르는 '민주정부'와 2008년 이후 권위주의로의 심각한 퇴행을 경험한 후, 개발주의를 넘어서서 민주주의를 생태적으로 재구성해야 한다는 생각을 가진 생태민주적 시민들이 늘어나기 시작했다. 환경운동세력, 양심적 종교인, 지식인 등은 2004년 '환경비상시국' 선언, 부안과 경주 방폐장 반대운동 등을 벌이며 '민주정부'의 반생태성을 비판했고, 이명박 정부의 4대강 사업에 대한 반대운동을 통해 개발권위주의 국가의 약탈적 성격을 비판했다. 이 과정에서 새로운 녹색정치의 필요성을 절감한 이들이 늘어나기 시작했다.

요약하면 지구의 생물리적 · 사회경제적 한계 때문에 자연과 사람을 약탈하는 지속적인 경제성장은 지탱할 수 없다는 신호가 이곳저곳에서 나타나고 있다. 이런 신호를 인식한 예민하고 창의적인 사람들이 생태민주주의를 지향하고 있다. 그러나 위기가 심해질수록 기존의 지배적 사회구조에서 이익을 보는 사람들은 더 강한 폭력과 담론으로 그 구조를 유지하려고 애쓰고 있다. 산업/자본/국가의 시스템에 포획된 많은 사람들은 근본적인 생태민주적 전환의 꿈을 꾸지 못한 채, 오늘을 살아가고 있다.

앞에서 우리가 본 생태민주적 세계시민들은 구조의 억압에 주눅들지 않고 한 발 앞서서 다른 꿈을 꾸고 그것을 유쾌하게 행동으로 옮기고 있는 사람들이다. 성미산이라는 작은 마을의 실험은 지금 서울시를 넘어 전국으로 퍼져 나가고 있다. 부안 방폐장 반대운동에서 시작된 에너지 자립 마을의 꿈은 서울시의 원전 하나 줄이기 정책으로 발전되었고, 타이완 탈핵에너지전환정책의 모델이 되고 있다. 이와 같이 강고해 보이는 산업/자본/국가의 지배 시스템은 그 경계를 넘나드는 생태민주주의자들에 의해 천천히 때로는 급격히 전환되고 있다. 모든 생명이 평등하고 자유롭고 평화롭게 살아가는 세상, 모두의 평화를 위한 정치의 꿈은 그저 꿈만이 아니다. 꿈을 함께 말하고 그것을 행동으로 옮기는 순간 그 꿈은 힘을 갖는다.

제 12 장

21세기 한반도 평화의 꿈

| 김학재(서울대 통일평화연구원) |

1. 꿈들의 꿈으로서의 평화

세계 취약국가 지수(Fragile States Index)에 따르면, 취약한 국가체제하에서는 경제적 빈곤, 전쟁과 내전이 빈번히 발생하고 독재와 정치적 극단주의, 쿠데타와 테러가 만연한 상태에 처한다. 남수단, 소말리아, 중앙아프리카 공화국, 콩고, 수단, 아프가니스탄, 예맨, 아이티, 파키스탄 등이 대표적이다. 이 국가들에서는 이웃 국가나 국제기구로부터의 상시적 개입이 있고, 내부의 엘리트들이 당파를 형성해 균열되어 있으며, 내부의 집단 간 증오가 심하고, 안보기구가 비대하게 발달해서 인권이 극도로 탄압된다. 또한 공공서비스가 부재하고, 국가의 정당성이 취약하며, 경제가 침체되고 빈곤율이 높으며, 불균형 발전이 이뤄지고, 군사분쟁으로 난민이 발생하고 인구압력이 심하다.[1] 한마디로 그 사회에 살고 있는 개인과 집단이 모두 당장의 생존 이외에는 어떤 희망도 갖기 어려운 조건에 내던져져 있는 셈이다. 인간이 생물학적으로 살아 있다는 것 외에는 어떤 제도적 · 사회적 삶의 질이 보장되지 못하는 벌거벗은 삶(*bare life*)을 살아가는 것이다(Agamben, 2000).

반면 세계 적극적 평화지수(Positive Peace Index)에 따르면, 단순히 전쟁이 부재하다는 의미의 소극적 평화(negative peace)가 아니라 더 높은 수준의 적극적 평화를 달성한 나라들이 있다. 이런 나라들에서는 잘 작동하는 정부가 존재하고, 부패 수준이 낮으며, 자원이 사회적으로 공평하게 분배되고, 인적 자원의 수준이 높으며, 이웃 국가와 좋은 관계를 유지하고 있고, 타자들의 권리에 대한 관용도가 높으며, 건전한 경제활동이 보장된다.

1) The Fund for Peace가 집계하고 미국에서 간행되는 외교전문잡지인 *Foreign Policy*가 출간한 지수이다. 이에 따르면 에티오피아, 브룬디, 우간다, 미얀마, 라이베리아 등은 세계에서 가장 취약한 국가들로 분류되어 있다. 한국은 프랑스, 미국, 싱가포르, 일본 다음으로 156위(아래로부터 23위)로 랭크되어 있다(http://foreignpolicy.com/fragile-states-2014/#rankings 2017년 10월 16일 접속).

덴마크, 핀란드, 스웨덴, 노르웨이, 아일랜드, 스위스, 뉴질랜드, 네덜란드 독일 등이 상위권의 대표적 국가들이다.[2] 이런 국가들에서는 아이들에게 4차 산업혁명 시대에 걸맞은 지적 숙련을 갖추기 위해 각자의 재능을 기를 수 있는 교육이 제공되고, 사회정책이 마련되어 있고, 성인들에게는 가족과 일의 균형을 맞출 수 있는 제도와 문화가 존재하며, 환경보호를 위한 시민단체가 활발히 활동하고, 성숙한 시민들에게는 내부의 갈등을 협의와 민주적 합의로 풀어 나가며 투명하게 운영되는 정치참여가 보장된다. 인간은 충분히 교육받고, 적절한 보상을 받는 일을 하고, 가족과 일의 균형이 잡혀 있고, 정치에 참여하고, 공동선을 위해 활동한다.

이처럼 평화가 부재한 삶과 더 풍요롭고 높은 질의 평화 속에서의 삶은 극단적으로 대비된다. 외부로부터의 위협이 사라진 평화로운 상태에서는 한 사회의 성원들이 자유롭게 자신들의 꿈을 꾸고 이를 실현하려는 모색을 하게 되지만, 평화가 부재한 삶에서는 그 이상의 꿈을 꿀 수 없다. 그런 점에서 평화란 인간이 꾸는 꿈들을 보장해 주고, 더 나은 꿈을 꾸게 해 주는 바탕이 되는 '꿈들의 꿈' 이라고 할 수 있다.

한반도 주변의 국가들은 어떤 수준의 평화를 이루었을까? 동북아 국가들은 완전히 취약한 국가들로 분류되지도 않고, 그렇다고 세계적인 수준으로 적극적 평화를 이룩한 국가들에 속하지도 않는다. 우리가 이룬 평화가 있고, 여전히 성취해야 할 평화가 있는 셈이다. 당장의 무력 분쟁과 군사적 충돌이 발생하지 않는다는 의미의 소극적 평화는 어느 정도 이루었지만, 더 많은 의존과 협력, 화합과 관계를 달성하는 적극적 평화의 수준을 높일 필요가 있다.

---

2) 호주의 경제와 평화연구소(Institute for Economics and Peace)가 매년 집계하여 보고서를 간행하고 있다. 2017년 집계에서 한국은 세계 29위, 일본은 19위, 미국은 17위, 대만은 42위, 중국은 75위, 러시아는 107위, 북한은 163개국 중 159위를 차지했다(http://visionofhumanity.org/app/uploads/2017/10/Positive-Peace-Report- 2017.pdf 2018년 9월 26일 접속).

이 글은 적극적 평화의 기준으로 볼 때, 동북아 국가들 간의 평화의 현 상태를 짚어 보고, 앞으로 한반도의 평화만들기 과정이 통과해야 하는 핵심 문제들을 검토하고자 한다. 특히 이 글에선 개별 국가들의 수준에서 이루어야 할 평화와, 남과 북 사이에서 이루어야 할 평화의 문제들을 검토하려 한다.[3]

2. 국가들의 평화 : 인정 · 주권 · 공동체

한반도의 평화를 꿈꾸는 데 필수적인 것은 바로 주변 국가들과의 평화로운 관계이다. 가장 분명하게 확보되어야 할 것은 적어도 이웃 국가들끼리 전쟁이나 침략이 사라지는 소극적 수준의 평화일 것이다. 돌이켜 보면, 19세기 말~20세기 전반까지 동북아시아에서는 중국, 일본, 러시아, 미국의 세력 다툼이 치열했고 이는 연이은 전쟁으로 나타났다. 청일전쟁(1894~95), 러일전쟁(1904~05), 만주사변(1931), 중일전쟁(1937~54), 태평양전쟁(1941~45), 한국전쟁(1950~53)이 4대 강대국 간의 패권 다툼의 산물(Wada, 2014)이었다고 할 수 있다. 하지만 2차 대전 이후 최대 규모의 전면전인 한국전쟁이 종식된 이후 약 64년간 동북아시아에서는 전쟁이 발발하지 않았다. 가장 낮은 수준의 평화는 암묵적인 수준에서 유지되고 있는 것이다.

하지만 한국전쟁은 아직도 공식적인 평화회담과 평화협정을 통해 완전히 마무리되지 않았고, 북핵문제를 해결하기 위한 지난한 노력들은 오랜 적대로 인한 신뢰의 문제로 어려움을 겪곤 한다. 북한과 미국, 일본이 공식 수교를 이루지 않아 교류나 협력, 대화와 협상이 비공식적이고 임시적이기

3) 김홍중은 꿈의 수준을 국가, 사회 민족과 같은 공적 수준, 조직과 단체의 수준, 그리고 가족과 개인의 사적 수준 셋으로 구분했다(김홍중, 2015).

때문이다. 따라서 동북아 평화를 위협하고 군사적 긴장을 높이고 있는 상황을 넘어서 국가 간 평화를 확보하고 유지하기 위해서는 세 가지 근대적 가치가 확립되어야 한다. 그 세 가지 핵심 가치란, 상호 간의 인정, 그리고 평등한 주권질서, 이에 기반한 국가들의 연합을 수립하는 것이다.

1) 상호 인정(Mutual Recognition)

국가에 의한 평화 개념을 가장 먼저 정립한 것은 홉스(Thomas Hobbes)인데, 영국 내전 시기에 태어난 그에게 평화란 강력한 힘과 권위를 가진 국가(리바이어던)가 수립되어 내부를 평정하고, 모든 권력을 국가에 위임해 유지되는 내적 안보질서를 의미했다. 이는 평화라기보다는 안보(security) 개념에 더 적합한 인식이다. 홉스가 생각하는 국제관계에서 모든 국가는 자기 방어(self-defence) 권리를 가지며, 전쟁을 일으킬 수 있는 전쟁권(Jus ad bellum)을 보유한다. 그러다가 국가 간 전쟁이 발발한 경우엔 참전국가끼리 평화협약(peace treaty)을 체결하여 전후 처리에 필요한 결정들을 합의할 수 있다(김학재, 2015; 얀센, 2010).

홉스의 평화관에 따르자면, 국가가 국내외의 모든 차원에서 전쟁과 평화에 대한 권한을 독점하고 있고, 국가는 자기 보존(self-preservation)과 생존을 위해 무엇이건 할 수 있다. 이런 관점은 이후 국제관계론에서 발전한 현실주의적인 관점의 기원이 되었고, 상호 억제력(mutual deterrence)이나 군사적 권력균형(balance of power)을 강조하는 인식의 바탕이 되었다. 하지만 국가 간의 평화가 무력 균형이나 상호 파괴 위협 같이 상대에 대한 불신과 두려움에 의해서 유지되는 것은, 서로 열린 국경으로 사람들이 끊임없이 오고 가고, 발전된 정보기술로 세계가 실시간으로 소통하고 있는 오늘날의 관점에서 평가할 때, 결코 안정적이지도 정당하지도 않다. 끝없는 불신과 갈등, 상호 위협과 군비경쟁의 폐쇄회로를 벗어나기 위해서는 국가들이 서로를 보다 긍정적으로 인식하고 관계 맺는 방향으로의 전환이 필요하다.

그런 점에서 국가 간의 평화를 유지하는 가장 기본적인 조건은 상대 국가에 대한 인정(mutual recognition)이다. 개별 국가들이 각각 자기 보존만을 위해 싸우는 것이 아니라 국가들 사이의 관계(relation) 속에서 살아가고 있다면, 상대 국가의 권위, 즉 주권을 상호 인정하는 것이 필수적인 것이다. 이것이 수세기에 걸쳐 19세기에 유럽에서 확립된 근대적 국가 간 질서의 기초였다고 할 수 있다.

그렇다면 동북아 국가들 사이에서의 상호 인정은 이루어졌을까? 2차 대전 이후 등장한 지역 질서하에서 동북아 국가들 간에는 지금까지도 온전한 상호 인정이 이루어지지 않고 있다. 2차 대전 이후 중국과 한국은 식민지배에서 벗어나며 새로운 정부를 수립했는데, 그와 동시에 미국과 소련의 냉전이 본격화되면서 중국-대만, 남-북한이 분단되어 서로 다른 이념에 기반해 국가건설이 이루어졌다. 냉전시기 중국과 대만, 남한과 북한은 오랫동안 상대를 적대적으로 무력 통일해야 할 대상으로 바라보고, 상대의 주권을 부정했다.

뿐만 아니라 한국전쟁(1950~53)이 발발하자 동북아의 국가 간 관계는 더욱 악화되었다. 중국, 북한과 일본, 미국은 상호 간의 외교적 관계를 수십년간 단절했다. 따라서 냉전 대립은 한편으론 상호 간의 불인정(non-recognition)체제를 강고하게 구축하고 재생산시켰고, 다른 한편으론 적대국 간의 상호 간 관계개선을 시도하는 것도 매우 어렵게 만들었다.

동아시아의 오랜 냉전 질서, 상호 적대와 불인정의 제로섬 관계 속에서 개별 국가들은 오랫동안 자기 보존을 위한 생존경쟁과 동시에 강대국과 상대국에 대한 인정투쟁을 동시에 추구해 왔다. 동아시아에서 상대적으로 더 고립되어 있는 북한은 가장 극단적 형태로 홉스식 생존투쟁과 헤겔식 인정투쟁을 동시에 추구하곤 했다.

북한의 핵개발은 한편으로는 북미 간의 갈등, 소련으로부터의 지원 단절, 한중수교 이후 중국과의 관계 악화라는 상황에서 생존투쟁의 방식이고, 다른 한편으로는 2차 대전 이후 프랑스나 중국, 인도나 파키스탄처럼 독자적으로 핵무기를 보유하여 지역 강대국으로서 공식적 · 비공식적 인정을 받으려는 인정투쟁의 방식이 결합된 것이라 볼 수 있다.

따라서 북핵문제를 해결하고 동북아 평화의 기초를 마련하는 한 가지 방식은 홉스적 관점에서 모든 국가들의 자기 방어권, 전쟁권, 주권을 인정하고 힘을 통한 권력 균형을 이루는 것이다. 이는 국가의 본질과 국제관계의 본질을 생존투쟁으로 보는 현실주의적 방식이다. 하지만 이는 2차 대전 이후 발달한 국제법의 전쟁금지, 무력 사용 폐지의 정신, 그리고 핵을 통한 절멸을 막기 위한 핵 비확산 레짐과 충돌하고 있다. 따라서 홉스적 관점을 따를 경우, 모든 국가의 생존투쟁이라는 현실을 인정하거나, 2차 대전 이후 국제규범의 흐름을 수용하려는 두 가지 상충적인 움직임 사이에서 지속적인 갈등이 발생할 것이다. 즉 핵을 생존투쟁의 수단으로만 보면, 동북아는 결국 모든 국가들이 핵무장을 통한 균형을 추구하는 것으로 귀결될 것이며, 2차 대전 이후 평화와 비핵화의 규범과 전면적으로 배치되는 동북아 국제질서가 등장하게 될 것이다.

이런 길을 '힘에 의한 평화'[4]라고 한다면, 이것은 근대적 국가 간 질서가 형성되기 이전의 대부분의 근대국민국가들이 추구했던 방향이고, 냉전시기 내내 미국과 소련에 의해 추동된 핵경쟁과 무장경쟁이 촉발했던 방향이며, 한반도 전체에서 아직도 지속되고 있는 구도이다. 하지만 이 길로 나아가다 보면 현재의 대북제재 압박이 지속되고, 북한의 핵무장이 더욱 진전되며, 동북아 국가들이 군비경쟁을 하는 위기의 악순환이 반복될 가능성이 크다. 결국은 상호 억제력을 증가하며 전쟁위기가 고조되면서 공포의

4) 2018년의 평화 프로세스가 본격화되기 전, 트럼프(Donald J. Trump) 미 대통령이 한국을 방문(2017년 11월)해 의회에서 한 연설의 요체가 바로 이 '힘에 의한 평화'이다.

균형을 이루려는 경향이 나타날 것이기 때문이다(전봉근, 2017).

따라서 북핵문제를 해결하고 동북아 평화의 기초를 닦기 위해서는 단지 홉스적 의미의 생존투쟁 질서를 넘어서 국가들의 상호 인정에 기반해 인정투쟁으로 초래된 갈등을 정상국가 간 외교를 통해 해소할 필요가 있다. 모든 국가들이 상대의 주권을 인정하고, 공식 외교관계를 수립함으로써, 적대관계나 제로섬관계를 청산하는 것이다. 비핵화와 평화체제 수립을 교환하는 평화 프로세스의 단계 혹은 결과로서 북미수교와 북일수교가 이루어져야 냉전으로 초래된 불인정체제가 사라지고, 동북아의 모든 국가들이 상호 인정에 기반한 외교질서가 수립될 수 있을 것이다.

2) 평등한 주권국가 간 질서의 구축

인정의 문제를 대면하다 보면, 동북아 국제질서에서 각 국가들의 주권이 역사적으로 어떤 상태에 처해 있었는지를 인식하게 된다. 동북아 국제질서는 오랫동안 중화질서로 표현되는 중국중심의 사대관계가 유지되어 왔고, 근대의 초입에는 열강들의 적나라한 권력투쟁이 전쟁으로 치달았으며, 이후 수십 년간 일본에 의한 식민지배로 인해 주권을 상실했고, 냉전질서 속으로 편입되면서 수십 년간 미국과 소련이라는 초강대국이 구축한 위계질서의 하위 파트너(Kim, 2017; 김학재, 2017b: 223-224)로 포섭되어 상대진영에 속한 국가의 주권을 인정하지 않는 적대적 불인정-동맹체제에 속해 있었다.

결국 동북아에서는, 종교전쟁 이후 국내문제에 개입하지 않는다는 의미의 동등한 주권질서를 수립했던 1648년의 베스트팔렌 질서식의 국민국가 간 국제관계가 지금까지 수립되지 않았던 것이다.

예컨대, 중국은 주변국들을 어떻게 대하고 있을까? 중화인민공화국을 수립하고 아시아의 사회주의 리더로서 중국의 국제적 위상을 높이려 했던 마오쩌뚱은 전통적인 '천조(天朝)' 관념을 갖고 있었는데, 이는 '제후들을 거느리는 천자가 다스리는 조정'이라는 의미를 갖고 있었다. 사회주의 중국의 리더가 주변 동맹국들과의 관계를 동등한 주권국가 간 원조-의존관계가 아니라 고전적인 중화질서의 연장으로 이해하고 있었던 것이다. 근대적 국가 간 질서에 대한 교육을 접하지 못한 많은 중국인들도 중국이 대면하고 있는 다양한 영토분쟁과 국경문제, 역사문제에 대해 유사한 인식을 공유하고 있다(션즈화, 2017). 물론 현재의 중국 지도부는 수많은 국제기구에 가입하고 국제관계를 접하면서 근대적 국가 간 질서에 대해 충분히 이해하고 있지만, 대다수의 일반인들은 근대적 주권질서에 대한 이해가 부족한 것이다.

일본은 주변국들을 어떻게 대했는가? 메이지 유신 이후 일본은 약 77년간 주변국들을 상대로 전쟁을 벌이며 식민지배를 하였고, 태평양전쟁으로 미국과 전쟁을 치른 후 패전하였다. 일본이 초래한 태평양전쟁을 종식시키기 위해 체결된 1951년의 샌프란시스코 평화조약은 일본이 변동시킨 동아시아 질서를 어떻게 정리했을까? 일본이 주변국들을 평등한 주권국가들로 인정하고 전후 처리를 했다면, 일본의 식민지배로 인해 전쟁의 피해를 겪어야 했던 여러 국가들이 조약체결과정에 참여하여 전후 처리와 영토문제 등에 대해 최종적 합의를 도출해야 했을 것이다. 하지만 동아시아에 미소 냉전이 도래하고, 한국전쟁이 발발하자, 동아시아에는 동등한 주권 개념에 입각한 국가 간 질서가 수립되지 못하고 냉전적 대립과 위계적인 질서가 탄생했다. 그 결과 중국과 대만, 한국과 북한은 샌프란시스코 평화조약의 합의과정에 참여하지 못했고, 개별적으로 냉전 동맹질서에 포섭되었다. 그 결과 다수의 동북아 국가들은 이 협정의 유효성과 정당성에 의구심을 품으며 그 정당성을 인정하지 않았고, 개별적으로 식민지배의 피해에 대한 보상주장과 영토분쟁을 지속하고 있는 것이다(김학재, 2015; 김학재, 2017b).

세계대전을 치르며 초강대국이 된 미국과 러시아(구 소련)는 아시아 국가들과 어떻게 관계를 맺어 왔는가? 냉전 초기에 미국은 동맹국가로서 일본과 한국의 주권을 인정했고, 중국과도 약 20여 년의 적대를 마무리하고 1970년대에 수교를 맺었다. 미국은 동맹국과는 수교를 맺고 강력한 경제, 군사 동맹체제를 구축하였고, 적대국과는 경쟁하거나 수교를 맺지 않는 방식으로 매우 선별적인 관계를 구축했다. 러시아도 한반도의 지정학에 발을 들여 놓은 이래 일본, 중국에 이어 미국과 패권을 다투었다. 냉전시기에는 중국, 북한과 수교를 맺고 우호지원정책을 폈지만, 한국과는 대립을 하는 등 철저하게 냉전 블록을 구축했다. 이렇듯 아시아의 냉전질서는 정상적인 국가 간 외교관계가 아니라 서로 적대하는 강력한 동맹질서였고, 동맹 내에서는 위계적인 질서가 형성되어 있었다.

결국 근대 동북아 국제질서의 특수성은, 그것이 유럽처럼 상대적으로 작은 국민국가들 간의 평등한 주권원칙을 수립한 국제질서가 아니라 동아시아 혹은 세계의 패권을 다투는 초강대국들 간의 경쟁과 대립의 결과로 균형과 위계가 만들어진 질서였다는 점이다. 미국, 중국, 러시아, 일본은 모두 지역패권을 넘어 세계패권을 추구했던 강대국들이었다. 이 국가들은 대체로 주변의 상대적으로 작은 국가들과 평등한 관계를 수립하기보다는 지배하거나, 직간접적 영향력을 미치거나, 자국 이해관계의 영향권하에 두려는 경향을 보였다.

따라서 원칙적으로 보자면, 동북아에서 보다 안정적인 평화가 구축되고 그것이 장기적으로 지속되기 위해서는 특정한 강대국의 일방적 위계나, 두 강대국 혹은 주변 세력들의 복합적 균형에 의해 유지되거나 변형되는 국제관계보다는, 크기와 상관없이 모든 국가들이 상호 평등한 주권을 존중받는 관계(베스트팔렌적 질서)가 수립되어야 할 것이다.

물론 미래의 패권경쟁을 벌이고 있는 중국과 미국의 관계가 과연 평등한 주권질서의 틀 안에서 행동하게 될 것인지는 불확실하다. 하지만 바로 그 이유 때문에, 동아시아에서 중국과 미국 역시, 다른 국가들과 마찬가지의 지위를 갖는 평등한 주권국가 간 관계의 원칙을 따라야 한다는 규범적 제약이 필요한 것이다.

이렇게 동북아시아에 평등한 주권질서를 만들어 가려면, 초강대국이 아닌 중소국(middle power)을 대변하는 한국의 역할이 매우 결정적이다. 한국은 중국과 미국 사이에서 균형을 유지해야 하고, 북방의 러시아와 몽골, 북한에서부터 남방의 대만, 베트남, 인도, 인도네시아와의 관계도 긴밀히 유지해야 하는 국가이기 때문이다. 한국은 동북아의 평등한 주권질서를 추구하기 위해 이에 대한 아시아인들의 이해의 수준을 높이고, 동시에 이 원칙을 통해 한국이 직면하고 있는 주권, 영토분쟁을 풀어 가고, 남북관계를 풀어 가는 모범을 보여야 할 것이다.[5]

남과 북이 서로를 존중하고, 그에 기반해 한목소리를 내며 중소국의 이해관계를 대변하면서 중국, 미국, 러시아, 일본에 평등한 주권의 존중을 요구할 때, 남과 북은 동아시아에서 주권과 영토 관련 문제에 대한 정당한 해법을 제시할 수 있는 권위를 축적할 수 있다. 남과 북이 강대국의 일방주의를 지혜롭게 견제하고, 중소국의 어려움을 이해하고 도우면서 동북아 주권원칙의 모범을 보이면, 이후 동아시아의 평등한 주권질서를 주장할 규범적 힘을 갖게 될 것이다. 그리고 그런 바탕에서 남과 북이 통일을 이룬다면 한반도는 미, 중, 러, 일의 4강질서의 균형에 수동적으로 영향을 받는 게 아니라 독자적으로 5개국 질서를 형성할 실질적 힘을 갖게 될 것이다.

---

5) 이는 남북관계가 서로 완전한 독립국가로서 서로 분리된 국가 간 관계를 지향해야 한다는 주장이 아니다. 백낙청 교수의 지적처럼, 이미 탈냉전 시기부터 추진되었던 교차승인의 문제는 한반도문제를 통일지향적으로 풀기 위한 하나의 방식이며, 남북의 유엔 동시 가입도 이런 지향의 일환이었다(백낙청 외, 2018: 254-256).

3) 동아시아 평화연합

만일 동북아 국가들이 고전적 위계질서와 냉전의 유산을 넘어서 상호 인정하고, 서로 동등한 주권국가 간 질서를 수립한다면, 그보다 더 안정적이고 상호 협력적인 국가 간 질서, 즉 동북아 공동체를 모색해 볼 수 있다.

유럽 공동체의 역사적 형성과정은 하나의 교훈을 준다. 유럽에선 먼저 평등한 주권국가들이 수립되어 상호 경쟁을 하다가 그것이 제국주의적 경쟁과 두 번의 세계대전으로 치달았다. 동맹질서, 균형질서, 주권질서를 넘어 제국주의와 인류 역사 최대의 전쟁을 겪은 유럽 국가들은, 전범국 독일의 군사적 주권을 제약하여 집단 안보체제를 구축했고(NATO), 경제 분야의 협력(ECSC)에 필요한 초국적 기구의 수립을 통해 경제적 국경을 낮추는 작업을 해 왔다. 즉 유럽은 초강대국의 형성을 막기 위해 오랫동안 권력균형을 추구했고, 평등한 주권 원칙에 기반해 규범을 만들어 냈으며, 나아가 초국적 주권의 공유(shared sovereignty)를 추구해 군사안보문제를 공동결정하는 방향으로 나아간 것이다. 이와 함께 상호 복잡한 분업과 의존관계로 얽힌 경제 분야에서 더욱 국경을 개방하며 미국 같은 거대한 시장에 경쟁력을 갖추기 위해 하나의 시장을 이루는 변화를 이루었다. 물론 이는 규범적으로 따라야 할 모범답안이라기보다는 2차 대전 전범국 독일의 군사적 · 외교적 주권을 제약하고 공동안보질서를 구축하는 과정에서 발생한 역사적 현상으로 이해해야 할 것이다(Krasner, 2005: 69–83).

동아시아에서는 주권국가 간 질서가 상대적으로 부재했던 반면, 유럽처럼 끊임없이 이어졌던 국가 간 전쟁이나 종교전쟁 역시 일어나지 않았다. 동아시아 국가들은 산업화의 시점과 단계가 모두 다르고, 국제시장에 편입되는 시점과 경제의 규모가 모두 다르다. 따라서 동아시아에선 규범적으로 평등한 주권질서가 강하게 형성되지도 않았고, 중국과 일본은 각각의 내수시장이 커서 지역에서 하나의 공동시장을 이루어야 한다는 논리가 강력한 공감을 얻진 못하고 있다(김학재, 2017b).

그럼에도 불구하고 유럽의 사례에서 얻을 수 있는 교훈은, '지역 공동체' 라는 이상적 목표를 향해 나아가자는 도덕적 호소도 중요하지만,[6] 현재 동아시아에 존재하는 다양한 공동의 위협과 문제들, 공동의 이해관계들을 다루는 구체적 과정을 통해 발전해 나가야 할 필요가 있다는 것이다. 이렇게 공동의 문제들, 공동의 이해관계들에 주목할 때, 유럽 공동체의 역사는 우리에게 다음과 같이 몇 가지 교훈을 주고 있다.

첫째, 상호 간의 이해관계가 충돌할 수 있는 국가 간 관계를 좀 더 협력적인 관계로 만들기 위해 공통의 이해관계를 찾고 만들어야 한다는 것이다. 유럽 공동체의 기원으로 여겨지는 유럽석탄철강 공동체는 원래 모네(Jean Monnet)가 2차 대전 후 폐허가 된 프랑스의 경제를 복구하고 근대화시키기 위한 경제개발계획의 필요상 독일의 석탄, 철강과 시장이 필수적이었기 때문에 시작된 것이었다. 프랑스의 경제적 이해관계와 하루라도 빨리 주권을 회복하려는 서독의 정치적 이해관계가 부합하여, 독일의 군사적 주권은 제약하고 경제적 자원도 공유하되, 국내 정치의 정치적 주권을 회복하려 했기에 가능했던 것이다.

따라서 동북아에서는 각 국가들이 어떤 공동의 필요와 이해관계가 존재하며, 공동으로 활용할 수 있는 자원이 무엇이 있는가에 대한 체계적인 검토가 필요하다. 그런 점에서 최근에 한국 학계에서 진행되고 있는 '공동자원론' 에 대한 논의는 큰 시사점을 준다. 이 연구들은 한국, 일본, 대만에서 커먼즈와 공유자원에 대한 연구가 동시에 진행되고 있으며 제주도, 마키하타, 티벳, 누강, 원주 등 구체적인 장소에서 동아시아 국가들이 공동관리의 경험을 쌓아가고 있음을 보여주고 있다. 이론적으로도 도시에서의 현대총유론, 협동조합, 공동체주의 등 동아시아 국가들이 직면하고 있는

6) 유럽에선 오랫동안 유럽의 통합을 주장했던 연방주의자들의 사상과 활동이 등장했다. (Loth, 2015: 1-3).

다양한 공공성의 문제를 주제로 삼고 있다(최현 · 정영신 · 윤여일, 2017; 최현 · 정영신 · 윤여일 편, 2017).

이렇게 구체적인 차원에서 동아시아 국가들이 공동으로 개발하고 활용하며 관리할 수 있는 공동자원을 더 발굴하는 것은 공동의 관여와 공동의 책임성이 결집되는 공동의 공간을 창출하는 작업이 될 것이다. 이는 국가들의 공동체는 아무도 책임지지 않고, 관계와 역량도 존재하지 않는 텅빈 공간(void space) 위에 수립될 수 없다는 것을 의미한다. 단지 평화롭고 동등한 국가 간 관계만을 고민하는 단계에선, 국가들 사이에 이해관계와 삶과 욕망이 겹치는 공간에 대한 적극적 고민이 부재하다. 따라서 동북아 국가들이 공동의 이해관계를 공유하고 있는 공간들, 그 전망과 가능성에 대한 관심이 더 커져야 할 것이다. 이를 위해 이미 존재하는 협력의 역사를 되살리고, 추가적으로 남북, 북중, 한일 간의 갈등의 공간을 상징적인 평화공간으로 바꾸는 평화도시, 평화해역, 평화의 강, 평화 경제 지대와 평화발전벨트[7] 등의 설정과 개발을 고민할 필요가 있다.

실제로 한반도 주변에서 인적 · 경제적 교류와 공동의 이해관계에 주목할 때, 현실적인 기반으로서 도시에 주목해야 하는데, 김석철의 '황해 공동체' 와 '황해도시연합' (김석철, 2005)은 정확히 거대도시를 중심으로 경제 성장을 이루어 온 동아시아의 특성과 경제적으로 부상하는 중국이 통일 프로세스에서 중요한 공통의 기반이 될 것임을 이해한 구상이었다고 할 수 있다.[8]

여기서 더 나아가 최근 문재인 정부의 한반도 신경제지도정책은 이를

---

7) 강원도 고성의 경우 금강산 관광사업의 경험을 토대로 고성을 '통일특별자치군' 으로 만들려는 구상을 하고 있다. 이는 남북강원도로 분단된 강원도가 강원평화특별자치도를 추구하는 것과 연계되어 있다. 이는 강원발전연구원에서 2012년 이후 구상한 계획 중 하나이다(김기석, 2017).

8) 중국의 환발해 경제권 개발과 산동성이 추진하는 해양경제특구, 동북진흥전략은 북한의 '국가경제개발 10개년 전략계획' 과도 잘 조응하는 경제정책들이다.

포괄하는 환황해전략과 함께, 블라디보스톡부터 일본을 연계한 북방경제와 환동해전략을 추가하여 더 확대된 경협 구상을 만들어 가고 있다. 특히 문재인 정부는 지난 8·15 광복절 경축사를 통해, 동북아 6개국과 미국이 함께하는 동아시아 철도 공동체를 제안했다. 이 구상이 현실화되는 경우 남북경협뿐 아니라 동아시아 차원의 교류 협력을 위한 인프라가 마련되는 전기가 될 것으로 보인다.

둘째, 국가 간의 안정적인 평화 자체가 공동의 이익을 보장해 준다는 것이다. 즉, 동아시아의 긴장완화와 평화 자체가 공동의 발전의 기반이 되는, 즉 평화질서 자체가 동북아의 공공재가 되는 관점이 필요하다. 상호 간의 위협과 비대칭성이 제어되는 동등한 주권질서에 기반한 평화로운 동북아 질서는 그 자체로 모든 동북아 국가들에게 거대한 공공재를 제공해 주는 것이다.

이런 관점에서는 오키나와, 한국, 대만 같이 냉전적 갈등이 첨예하게 부딪히고 있는 '핵심 현장(백영서, 2013)' 뿐만 아니라, 동북아의 다양한 갈등을 해소해 나가는 과정이 바로 이로 인한 갈등의 비용을 줄이고, 동북아 전체에 공공재를 제공해 주는 과정이 될 수 있음을 시사한다. 우리 스스로 갈등을 해소하고 평화를 만들어 간 경험 자체가 공동의 지혜가 될 수 있다.

이와 함께 필요한 것이 바로 '동아시아의 평화 배당론(Peace Dividend)'이다. 이는 원래 냉전종식 이후인 1990년대 미국, 영국이 이제 냉전이 끝났으니 국방비 감축을 통해 평화의 경제적 이익을 누리자고 주장한 것에서 시작되었다. 그렇다면 동아시아는 왜 냉전이 끝나도 평화의 과실을 누리지 못하는가? 동아시아에서 얼마나 많은 비용이 군비경쟁과 갈등으로 낭비되고 있는가? 동아시아에 평화가 도래하고 높은 수준의 평화가 안정적으로 유지되면 얼마나 많은 경제적 · 사회적 이익이 발생하며 문화적 · 정신적으로도 풍요로워질 수 있을까? 한반도에 평화가 찾아오면, 장기적으로는 지금의 갈등과 분쟁, 위기 대신 평화로운 경제와 동북아 군축이 이루어지고 더 평화로운 사회가 될 것이다.

북한 핵개발의 동결, 비핵화와 평화체제, 통일과 한국문제의 궁극적인 해결로 동북아시아 군사적 긴장의 요인이 제거되고, 보다 안정적이고 높은 수준의 평화를 향유(享有)하는 동북아 공동체의 길이 열린다면, 각 국가들은 보다 안정적으로 자국의 정치, 경제, 사회, 문화적 발전에 전념하고 집중할 수 있다.

유럽의 사례가 주는 세 번째 교훈은 지역 공동체를 만들기 위해 함께 관여하는 여러 국가들의 성숙한 사회성이 발달한다는 것이다. 유럽은 28개국의 회원국이 함께 공동의 정책을 수립하고 공동의 이해관계를 조율하는 과정을 통해 상호 간의 이해와 경제수준, 복지수준의 수렴,[9] 공동의 규범을 수립하고 이를 확산시키는 사회화(socialization)를 추구하고 달성해 왔다.[10]

물론 최근 유럽에서 진행되는 브렉시트로 대표되는 정치적 분리주의의 부상과 반이민 정서로 촉발된 우익 포퓰리즘의 대두는 전 유럽 차원에서 큰 도전이 되고 있다. 이 배경에는 경제적 전 지구화의 심화로 인해 상대적으로 피해를 보게 되는 계층과 지역, 조세와 재분배의 부담을 더 지게 되는 부유층 사이의 불평등이 심해지는 경향이 있다. 반면 이런 지구적 경향에 대응하기 위한 세계정부나 지역 공동체의 힘이 상대적으로 취약하고, 개별 민주주의 정부의 역량이 축소되며 국가적 · 지역적 차원에서 정치적 반발이 파편적으로 분출되고 있는 것으로 보인다.

따라서 유럽 공동체의 발전과정과 최근의 상황은 우리에게 두 가지 교

---

9) 유럽국가들이 얼마나 통합되어 있는지를 측정하는 European Union 14/25 Index의 척도 중에 EU Homogeneity, EU symmetry, Institutional Conformity 같은 부문은 각 국가별 소득수준과 삶의 질이 얼마나 유사해지는지뿐 아니라, EU가 내리는 정책 결정을 얼마나 수용하고 따르고 있는지도 측정해 보여 준다.

10) 미드(George Herbert Mead)의 사회화 이론은 사람들의 상호 작용에 따른 자기 이미지의 형성에 초점을 맞추어 사회화 단계를 구분했지만, 공동규범을 학습해 나가는 과정으로서 사회화를 국제관계에 적용한 것은 체클(Jeffrey T. Chekel)이다(Chekel, 2005).

훈을 주고 있다. 먼저 유럽은 서로 다른 민족과 인종, 종교와 문화의 차이를 넘어서 하나의 경제, 정치 공동체를 이루기 위해서는 얼마나 포용적이고 성숙한 관계와 연대의 경험이 필요한가에 대한 하나의 경험적 사례를 제시해 준다. 다른 한편 유럽의 현 상황은 유사한 수준의 정치, 경제, 사회, 문화적 발전을 이루고 공유할 수 있는 인간 공동체의 규모의 한계가 어느 정도인가라는 물음을 던지고 있다고 할 수 있다. 유사한 수준의 경제와 복지를 이루더라도 결국 남유럽과 북유럽의 격차가 점차 커지고, 유럽 밖의 국가들에서 분쟁이나 테러가 발생하는 경우 대규모 이주민과 난민들이 유입되는 상황을 지역 공동체와 개별 국가들이 얼마나 수용하고 통합해 낼 수 있는가 하는 난제에 직면하게 되는 것이다.

이상의 교훈을 검토할 때, 국가 간 경제적 교류만 있고, 정치외교적 협력이 상대적으로 취약한 현 단계에서 동북아 공동체는 우선 이웃 국가 간 더 많은 공동의 이해관계가 결합되는 공동자원, 공동의 공간을 토대로, 이해관계가 첨예하게 대립하는 갈등을 평화로 전환하여 평화라는 공공재를 향유(김홍중, 2017)하고, 상호 간 교류의 폭과 깊이를 늘려 가야 할 필요가 있다. 그 과정에서 개별 국가들이 공동의 정책을 수립하고 대응하는 경험을 쌓으며, 나아가 공동의 규범을 사회화하는 과정을 수반해야 한다. 물론 이러한 과제에서도 유럽과 다른 동아시아적 상황에 걸맞은 구체적 지식과 방안이 필요할 것이다.

다른 한편, 유럽과의 역사적 조건과 현재적 상황의 차이를 검토할 때, 무엇보다 개별 국가 내부에 존재하는 불평등, 국가들 사이의 불평등과 지역수준의 불균형문제를 체계적으로 검토하여 지역수준, 국가수준, 동아시아수준에서의 균형 발전과 통합 역량에 대한 진단이 필요할 것이다. 이를 고려할 경우, 동아시아에서는 국가들이 완전한 지역 공동체를 수립하는 것이 아니라 국가들 간에 평화로운 관계를 확고히 보장하는 것을 기반으로 느슨한 국가 간 연합체를 이루는 평화 연합(Peace Union) 정도가 현실적인 중장기적 과제라고 할 수 있을 것이다.

3. 남북한의 평화 : 발전을 통한 평화와 남북연합

동아시아 차원에서 인정, 주권, 공동체라는 가치를 확립해 나가야 한다면, 한반도 차원에서는 무엇을 추구해 나가야 할까?

한반도 평화 프로세스는 크게 세 차원에서 제도화된 부정적 체제(Regime)들을 변화시키고 보다 긍정적 체제들로 대체해 나가는 작업이다. 말하자면, 한반도의 핵-제제 레짐, 정전 레짐, 분단 레짐을 비핵화-협력 레짐, 평화-군축 레짐, 통일-통합 레짐으로 바꾸어 나가는 것이 필요하다. 북한과 미국 사이의 핵개발과 제재의 대치 상황을 비핵화와 협력으로 바꾸어 나가야 하고, 유엔-미국-한국과 중국-북한 사이의 정전체제를 평화체제로 바꾸고 동아시아 차원의 군축과 공동안보를 추구하며, 마지막으로는 남북 간의 분단을 넘어 통일과 통합으로 나아가는 구체적 방식과 전망을 현실화시켜 나가야 하는 것이다. 이러한 3차원적 한반도 평화 프로세스는 동아시아 협력 공동체, 평화 공동체, 통일 · 연합 공동체라는 세 겹의 공동체 구상으로 동아시아 차원의 평화 만들기와 연결될 것이다.

1) 평화로운 봄과, 영구 평화로 나아가는 가을

먼저 평화 프로세스의 비핵화와 평화체제 구축의 차원을 검토할 필요가 있다. 이를 위해서는 우선 과거에 늘 반복되거나 강화되었던 긴장을 완화하는 조치들이 중요하다. 예컨대 늘 반복되어 왔던 4월위기, 8월위기, 10월위기 등 예정된 정치 일정들로 발생할 갈등을 예방하는 것에서 시작할 필요가 있다. 매년 4월이면 미군의 군사훈련, 북한의 김일성 생일과 당 창건일, 한국의 총선이나 대선 등 정치일정과 미국의 정부 예산 심의기간 등이 겹쳐서 늘 한반도의 전쟁위기가 고조되곤 했다. 8월의 군사훈련, 10월의 군사훈련과 당 창건일 등도 마찬가지이다. 이렇게 매번 위기가 반복된다면, 이를 예방하기 위해 향후에는 남북 간 갈등과 위기가 없게, 더 나아가 동북아 차원에서 군사갈등이나 위기가 없는 평화안식년으로 만드는 합의를 구축해 나가는 것이다.

지난 1년간 평화로운 봄을 만들기 위한 노력이 지속되었다. 즉 매년 북핵실험과 군사훈련, 미사일 발사와 미중갈등, 한일외교갈등 등으로 시끄러운 4월, 봄을 갈등 없는 평화로운 봄으로 만들었던 것이다. 한반도의 봄을 평화롭게 만들기 위해 남과 북은 주변국을 설득해 왔다.

중국을 설득하기 위해서는 중국이 추진하는 일대일로의 안정적 추진과 북극항로 구상을 평화롭게 추진하기 위해 북핵문제로 꼬여 있는 한반도 문제를 푸는 것이 필수적인 관문이라는 것을 강조해야 했다. 중국은 한반도 평화 프로세스에 지속적인 지지의사를 표명했고, 최근에는 일대일로 구상에 한반도를 연결하는 것을 공식화했다.[11]

미국을 설득할 때는, 미국의 군비지출을 줄이고, 중국과의 잠재적 군사갈등을 예방하기 위해서는 북핵문제를 푸는 것이 모두에게 이롭다는 것을 알려야 했다. 한국 정부가 추진한 평화 프로세스를 통해 미국은 군사적 위협과 갈등보다는 대화와 협상을 통해 푸는 것에 동의했고, 6월 12일에는 역사상 최초의 북미 정상회담이 개최되었다.

일본의 경우에도 평화헌법을 개정해 내부의 갈등을 초래하고, 주변국의 우려를 높이며 군비를 늘리기보다는 북핵문제를 풀고, 동북아의 평화를 제도화하는 것이 장기적으로는 일본에게도 동북아 차원에서도 이로운 일

11) 중국 랴오닝성은 단둥특구 등을 포함해 동북아 경제회랑을 건설하는 계획을 발표했다.

임을 설득해야 했다. 일본은 남북관계 개선이나 평화 프로세스 자체에 크게 지지를 표명하지 않았지만, 계속해서 참여의사를 밝히며, 최근엔 북일 정상회담을 통해 몇 가지 문제를 직접 해결할 필요가 있다는 의사를 밝히고 있다.[12)]

이렇게 지속적인 노력을 통해 남과 북, 동북아 국가들 사이에서는 긴장보다는 평화로운 관계의 경험을 쌓아 가고 있으며, 오랜 불화와 불신으로 지속되어 온 부정적 기억을 완화하고, 상호 간의 평화를 요구하는 목소리를 더욱 키워가고 있다. 이 과정은 그동안의 부정적 경험들을 넘어서는 과정이기에 앞으로도 오랜 인내와 지속성을 필요로 한다. 그리고 정교한 로드맵을 갖고, 궁극적인 도달 목표를 관련 당사국들과 함께 공유해야 하며, 그 과정에서 이루어진 합의들은 단단하게 제도화해야 할 것이다.

말하자면, 한반도 평화 프로세스는 이처럼 갈등과 긴장을 낮추고, 교류와 협력의 경험 속에서 신뢰를 쌓아 가며, 전쟁이나 갈등의 명분과 이해관계보다, 평화와 협력의 명분과 이해관계를 키워 나가는 일과 다름이 없다.[13)] 명분과 이해관계의 크기는 결국 한반도 평화 프로세스가 제공하는 외교적 '판'의 크기를 결정하고, 그것이 클수록 더 많은 관계들이 긍정적 기대를 갖고 관여할 수 있게 되는 것이다.

다행히도 지금까지는 이런 노력의 결과 남북 간의 갈등이 미중 갈등과 동북아 갈등의 약한 고리가 되었던 상황에서 벗어나, 한반도는 중국과 미국의 패권 경쟁의 대리전장 역할에서 벗어나게 되었다. 이제는 보다 직접적으로 노골적인 미중 무역전쟁이 발생하고 있다. 최근의 남북 정상회담과 9·19 평양 선언, 유엔 총회에서의 평화 외교는 비핵화문제를 둘러싸고

12) 일본의 아베 총리는 최근 북한과의 직접 협상과 대화를 희망한다는 의사를 공개적으로 표명하고 있다.

13) 한반도 평화 프로세스를 둘러싼 안팎의 힘들과 동력, 변화의 요인들을 분석한 글은 김학재(2018b) 참조.

북미 간에 협상이 교착된 상태를 풀고 새로운 모멘텀을 형성하고 있다. 이를 통해 남과 북은 서로 갈등하고 적대하면서 각 정부의 권력이 공고해지는 오래된 '적대적 공존관계' 가 아니라, 서로 평화와 통일을 지향하는 노력을 기울일수록 정부의 정당성이 강화되는 '평화적 공존관계' 로 변화할 가능성을 높이고 있다. 나아가 한반도 평화 프로세스에 더 적극적으로 참여할수록 외교적으로 평화의 정당성이 커지는 선순환적 상황을 만들어 가고 있다.

하지만 이런 선순환적 관계가 늘 지속되리라는 전망은 아직까지 불확실하다. 왜냐하면 중미갈등이라는 구조적 갈등이 장기간 이어질 것이고, 북미 간의 비핵화-평화체제 협상은 미국 내부 정치의 영향을 받을 것이며, 북미 협상을 촉진해야 하는 한국은 중미갈등의 부정적 영향과 국내 정치의 반발을 늘 염두에 두어야 하기 때문이다.

따라서 한반도 평화 프로세스는 한편으로는 평화외교의 명분을 만들고, 상호 의존적인 경제적 이해관계를 늘려서 한반도 외교의 '판' 을 키우는 일이다. 다른 한편으로 평화 프로세스는 중미갈등의 심화와 완화라는 큰 구조적 균열 위에서 북미 대화를 촉진하고 남북관계를 개선하며, 한국 내부 정치를 고려해야 하는 다차원적 판단을 요하는 외교적 기술이다. 특히 해당 국가들의 국내 정치 일정과 평화 프로세스의 일정을 잘 조율하여 속도와 타이밍을 맞추어 나가야 할 필요가 있다.

당면한 문제는 미국의 중간선거로 인해 느슨해진 북미 협상을 이어가며 비핵화와 평화체제 차원의 평화 프로세스를 진전시켜 더 구체적인 합의들을 이끌어 내는 일이다.

이 과정에서 가장 논란이 될 쟁점은 비핵화의 실질적 진전과 제재의 단계적 해제를 어떤 시점에서 어떻게 교환해 나갈 것인가 하는 문제이다. 2006년 북한의 핵실험 이후 설립되어 10년 이상 활동해 온 유엔 안보리 제재위원회의 활동이 종식되고 탈제재로 나아가는 문제는 인내심을 갖고 해결해야 하는 큰 과제이다. 특히 유럽, 미국 국내, 개별 국가의 내부 정치와 긴밀히 연결되어 지속되고 있는 비확산-제재 레짐을 고려하면 이것이 모두 해제되는 단계와 절차에 대해, 한반도 평화 프로세스와 별개로 많은 외교적 노력이 필요할 것으로 보인다.

비핵화-평화체제 차원의 평화 프로세스가 나아가야 할 방향과 단계, 기한에 대해 남북미 간의 신뢰수준이 높아진다면, 제재 해제를 둘러싼 불신과 갈등 대신 합의와 신뢰에 기반한 비핵화 조치와 인도주의적 지원 재개에서 시작되는 단계별 제재 해제를 고려할 수 있을 것이다.

비핵화-평화체제 차원의 평화 프로세스가 궁극적으로는 어디까지 나아갈 수 있을까? 사실 비핵화 과정과 단계에 조응해 제재로부터 협력과 지원으로 나아가는 과정은 서로 적대적인 관계를 더 평화롭고 호혜적인 관계로 만들어 가는 더 장기적인 과정으로 진입해야만 진전이 이루어질 수 있다. 따라서 핵개발과 제재의 대립을 비핵화와 상호 협력으로 바꾸어 나가는 과정은 반드시 정전체제를 평화체제로 바꾸고, 나아가 동아시아 차원의 공동 안보와 군축을 추구하는 과정과 연결되어야 한다. 따라서 비핵화의 실질적 진전에 대한 상세한 구상만이 아니라, 어떤 단계에서 정전협상을 종전선언 혹은 평화협정으로 바꾸어 갈 것인지, 언제 북미수교를 할 것인지 등을 다루는 평화회담의 절차와 의제, 과정을 합의하는 것이다.

미국과 남북의 정치구조와 국내 정치상황을 고려해, 비핵화 프로세스의 모멘텀을 만들기 위해 종전선언이 필요하다면, 그 선언에는 비핵화, 평화협정, 수교, 협력 문제를 포괄적으로 협상할 평화회담의 개최가 포함되는 것이 바람직하다. 비핵화 프로세스가 다소 간헐적인 정상, 고위급 회담으로 유동성과 불확실성에 노출되어 있다면, 보다 장기적인 평화회담에 돌입하는 것은 다양한 의제를 꾸준히 협의하고 논의해 가는 장을 수립한다는 점에서 안정성을 부여할 수 있다. 물론 무거운 의제에 대한 중요한 의견 차이로 인해 갈등이 지속되어 협상 자체가 불가능해질 위험이 있다면, 서로 준비된 시점에서 정상과 고위급 외교로 협상을 하는 형식을 유지하는 것도 각국의 정치 외교적 자율성을 확보하는 방안일 것이다. 하지만 상호 협상이 지속되며 신뢰가 축적된다면, 중요한 의제에 대해 최대한 사전 조율을 해서 합의의 큰 틀을 만들어 내더라도 지속적인 협상을 거쳐 구체적 쟁점들에서도 합의를 이루는 평화회담이라는 절차를 반드시 거쳐야 한다. 평화회담의 필요성은 군축, 수교 등 협상의 의제와 쟁점이 무겁고 중요할수록 점차 커질 것이다.

예컨대 이미 9·19 평양 선언은 남북 간의 군축에 합의함으로써 비핵화와 연계된 군축 프로세스에 모범을 보이는 초석을 놓았다. 이로써 남북은 평화 프로세스를 통해 남북 사이의 군사적 적대를 지워가는 사실상의 평화를 선취하고 있다고 할 수 있다. 그런데 남북이 군사적 적대 수준을 낮춘다고 하여 미국과 러시아, 중국과 일본이 한반도를 둘러싸고 군비경쟁을 촉발하거나 추진할 명분이 자동으로 약화되는 것은 아니다. 이는 동아시아가 여전히 군축이나 평화, 공동안보를 위한 다자주의적 공동규범을 만들고 합의할 장이 수립되어 있지 않기 때문이다. 정전협정을 평화협정으로 대체하는 평화회담을 통해서 북한의 체제보장, 남북 간 군사합의의 수준을 넘어 동북아의 평화와 공동안보질서의 원칙들이 제기될 필요가 있다.

그런 점에서 한반도 비핵화와 평화체제 수립의 가장 이상적인 궁극적 도달점은 비핵화-평화체제 프로세스가 북미 · 북일 수교를 넘어 동아시아 핵경쟁과 군사경쟁을 통제할 남북+중미 군사안보 합의의 도출이 될 것이다.

한국보다 약소국으로서 비핵화 레짐을 지지하며, 강대국의 핵경쟁에 휘말리지 않은 국제적 성취를 이룬 사례에는 몽골이 있다. 몽골은 2012년 9월 17일 몽골을 비핵지대화(Nuclear Weapon Free Zone)하고 안전보장을 하는 것에 대해 결의안을 내고, 유엔 안보리 상임이사국 5개국(미국, 러시아, 중국, 프랑스, 영국)으로부터 이를 보증해 주는 서명을 받아냈다. 이에 따라 안보리 상임이사국들은 몽골의 비핵국가로서의 지위를 존중하고, 이를 위반하는 어떤 행위도 하지 않을 것을 약속했다(Enkhsaikan, 2014).

몽골의 사례 외에도 참고가 되는 것은 유럽에서 핵무기 경쟁이 이루어지고 원자력 발전소가 건설되던 1950년대 후반 EURATOM이라는 기구가 설립되어 공동의 핵에너지 연구와 관리를 지향했던 경험이다. 이왕이면 동북아핵에너지공동체기구(NEATOM)를 수립하여 북한의 핵무기뿐 아니라, 후쿠시마 사태 이후 핵에너지의 전반적 안전성을 상호 점검하고, 미군의 전략핵을 공동관리하며, 동아시아 전반의 핵경쟁, 군비경쟁을 제어할 공동의 노력을 제도화할 수 있다면 바람직할 것이다. 이상적으로는 비핵, 평화, 군축 문제와 관련된 포괄적 국제법들을 묶어서 판문점평화조약(Panmunjom Peace Convention)으로 발전시키는 방안도 고민해야 할 것이다.

이처럼 비핵화-평화체제 차원의 한반도 평화 프로세스는 한편으로는 명분과 이해관계를 키워 한반도 평화외교의 판을 키워가는 문제이며, 중미경쟁과 북미협상, 남북관계 개선을 다차원적으로 고려하며 끌고 가는 외교적 기술을 필요로 한다. 구체적 비핵화 과정은 제재완화와 단계적으로 교환하는 것을 고려할 수 있고, 나아가 협상의 모멘텀을 형성할 종전선언, 추후의 평화협정, 수교문제들을 장기적으로 합의할 평화회담의 필요성이 제기된다. 논의하고 합의해야 할 부분이 최대한 실질적으로 진행되거나 조율되어 있을수록 구체적인 주제에 대한 협상과 합의가 가능하고, 어려운 문제일수록 단기적 소통보다는 장기적 협상을 필요로 할 것이다. 남북한은 한반도 비핵화와 평화체제 수립이 한반도만의 문제가 아니라 중국과 미국, 동아시아가 동시에 고려해야 하는 문제라는 점을 최대한 강조해야 할 것이다.

2) 대칭적 상호 의존성(Symmetric Interdependence)과 경제 공동체

한반도 평화 프로세스의 두 번째 차원은 경제적 협력의 문제이다. 북핵 문제를 둘러싼 갈등이 완화되고, 상호 간 평화의 경험이 축적되고, 이것이 더 장기적인 단계를 지향해 나아간다면, 평화 프로세스에 대한 적절하고 충분한 보상을 제공해, 남북관계뿐 아니라 동북아 국가 간 관계를 더욱 협력적이고 서로 이익을 얻는 관계로 발전시킬 수 있다. 이는 제도화된 평화의 하부구조를 만드는 작업으로 경제적으로 상호 의존적인 분업관계를 심화하는 것이다. 이미 햇볕정책 시기에 추진해 왔던 금강산 관광, 개성공단, 서해안 평화협력지대 구상에 이어 북방경제, 몽골 공동개발 프로젝트, 유라시아 횡단열차 같은 구상들도 이미 제기되었다. 예컨대 김대중 전 대통령은 통일 한반도의 2050년 1인당 GDP가 8만 달러에 이를 것이라면서, 늘 통일의 경제적 결과에 대한 전망을 공유하려 했다(김학재, 2017a: 59-90).

> "유럽에서 영국, 프랑스, 독일, 이탈리아, 오스트리아, 스웨덴 등이 북한에 들어갔습니다. 관광자원도 아주 풍부하지 않습니까. … 또 우리가 북한을 거쳐야만 중앙아시아에서 유라시아 대륙을 관통한다는 것입니다. 남쪽 항구에서 출발한 기차가 그렇게 해서 파리, 런던까지 가는 것입니다"(연세대학교 김대중도서관, 2015).

북미수교, 평화협정, 동북아 핵에너지 공동체 등으로 보다 확실하고 현실적인 북핵문제의 관리가 병행된다면, 더 적극적으로 한국뿐 아니라 동북아 국가들 전체가 관여하는 공동의 장기적 구상을 만들고 이를 설득해 나갈 필요가 있다. 즉 기존의 민족 공동체 설립방안, 남북 경제 공동체 설립방안이 한국과 북한과의 독점적 관계만을 상정했다면, 동북아 국가들이 모두 공동으로 관여하는 경제적 발전 방안을 수립하는 것이다.

북한 정부에게 잠재적인 미래의 발전 모델로 비춰지는 중국은 현재 국민소득 8천 달러를 넘어선 상태에서, 자국의 지속적인 경제성장을 위해 외부 환경이 평화로워야 한다는 평화 발전 개념을 제시했다(國務院新聞辦公室, 2011). 이를 넘어서 안보위협과 군사주의에서 벗어나지 못하는 저발전국을 발전을 통해 평화로운 국가, 사회로 변모시킨다는 '발전을 통한 평화' 라는 인식 전환이 필요하다. 지금 필요한 것은 단순히 중국처럼 30여 년간 개혁개방을 해 온 나라를 기준으로 한 평화로운 발전이 아니라, 거의 개발의 경험이 없는 북한의 핵개발을 막을 수 있는 지속가능한 발전을 통한 평화를 궁극적인 대안으로 제시해야 하는 것이다.

2차 대전으로 폐허가 된 유럽과 서구는 오늘날 World Bank가 된 IBRD를 만들어 재건과 개발을 촉진했다. 향후 한반도를 둘러싼 동아시아는 Asian Bank for Peace and Development를 필요로 할지도 모른다. 북한이 핵을 완전히 폐기하는 대신, 국제사회가 공동으로 북의 발전을 돕고 한반도의 평화와 아시아의 평화를 위해 적어도 20~30년간 장기적이고 지속적인 국제사업을 해 나가는 것이다. 이미 2016년 9월 유엔에서는 북한과 지속가능한 개발을 위해 2017~21년까지 지원을 한다는 전략적 합의를 체결했다(United Nation, 2016). 최근 한국을 방문한 덴마크, 핀란드, 아이슬란드, 노르웨이, 스웨덴 등 노르딕 국가들은 세계의 평화를 유지하고 발전을 이루는 데 관심이 없는 트럼프 대신 중국과 한국 노르딕 국가들이 강력한 삼각 파트너십을 구축하여 문제를 해결하자고 제안하고 있다(Helgesen, 2017). 북한을 고립시키고 붕괴를 기다리는 것이 아니라 우정과 불간섭에 기반해 지원을 지속함으로써 긍정적 발전을 통해 평화를 이루자는 것이다.

문제는 남과 북의 경제발전의 정도가 상당한 격차를 보이고 있다는 점이다. 어느 정도 안정적인 경제적 기반하에서 이루어진 동서독 통일에서도 서독의 경제규모가 동독보다 네 배가량 컸던 것으로 평가된다. 동유럽권에서 상당한 산업발전을 이룬 동독도, 서독과의 통일 이후 경제력 격차가 심화되어 실업, 인구 감소 등 다양한 사회, 경제적 문제가 발생했다. 오늘날 정치적으로는 통일을 서두르지 않지만, 경제적으로는 상호 교류와 의존도를 높여가고 있는 중국과 대만의 양안관계도 근본적으로 큰 규모의 차이를 보이고 있는 경제규모 때문에, 불균형 통합(Asymmetric integration)의 문제에 대한 우려가 증가하고 있다. 이는 정치적 정체성은 공유하지 않는 경제적인 통합의 문제점을 일컫는 용어로서, 먼저 정치적으로 통합된 후 천천히 경제 통합이 이루어지기 시작한 독일의 사례와, 공동의 정체성은 공유하지 않은 채 경제적으로만 의존적이 되고 있는 양안사례 모두가 불균형적 통합의 사례이다. 독일은 정치적 통합을 우선하여 이후 지속된 동서독의 격차를 해결하기 위해 수많은 정치 · 경제적 비용을 치렀다. 양안 사이에서는 정치 논의를 뒤로 미루고 경제적 통합을 우선하여, 경제 통합이 심화되고 의존도가 증가하자 결국 정치적 긴장이 대두되고 있다(Mattlin, 2005).

따라서 우리는 정치 통합과 경제 통합이라는 이중과제의 균형을 체계적으로 고민해야 하는 것이다. 우선 지금까지 남북의 경제 교류에 대한 방안은 주로 개성공단, 금강산 관광, 단둥, 두만강 개발계획 등 특정 공간과 형태에 기반해 이루어졌지만, 보다 포괄적인 검토와 계획이 수립되어야 할 필요가 있다. 김병연은 독일 통일과 동유럽 체제전환 사례들을 비교해 한국에게 바람직한 경제적 통일의 시나리오를 제시했다. 독일의 경우 서독과 동독의 화폐를 1:1로 교환해 준 이후 동독과 서독의 생산성 격차와 노동시장 경직성이 맞물려 동독 기업이 파산하고 실업률이 급증해 많은 어려움이 있었다(김병연, 2017: 209–210).

기존 연구들은 남북 경제 통합을 위해서는 북한에 창업과 기업활동의 자유가 보장되고, 집단농장이 가족농화되며, 시장 교환이 제도적으로 보행되는 최소한의 기반이 마련되어야 한다고 지적하고 있다. 그 후에는 점진적으로 소규모 기업이 사유화가 되고, 가격 자유화가 실행된 후 이원적 은행제도와 경쟁제도가 도입되어야 한다. 마지막 단계에서는 대규모 기업의 사유화와 구조조정, 자본시장 도입 등의 정책이 필요하다는 것이다(김병연, 2017: 228-229, 234).

이러한 논의는 점진적이고 장기적인 과정을 중시한다는 점에서 매우 합리적이고, 시장화와 경제발전이 이루어지며 체제가 이행하는 단계들을 제시한다는 점에서 매우 체계적이다. 그러나 이러한 논의들은 정치 통합을 우선하여 수십 년간 동서독의 격차가 유지되고 큰 통일 비용을 지불해야 했던 독일의 통일 사례와 동유럽의 체제전환 국가들의 변화에 대한 논의들에 기반해 있어서 남북의 현실에 맞게 추진하기 위해서는 일정한 조율이 불가피하다. 동유럽과 달리 동아시아의 사회주의 국가들은 정치체제를 유지하며 점진적으로 시장화를 추구하는 모습을 보였다. 그리고 동유럽 국가들의 체제전환 사례를 설명하는 요인 중, 아시아나 북한에 적용되는 요인은 거의 없었고, 유일한 것은 외부로부터의 영향, 즉 한국으로부터의 영향력이 가장 중요하다. 즉 이런 변화를 만들어 내는 데 가장 중요한 것은 경제 통합과 발전을 주도하는 국가의 역량(state capacity)이다. 향후 북한의 경제발전에 가장 중요한 통로는 이웃 국가들(한중일)과의 경제 교류가 될 수밖에 없다(김학재, 2018a).

이상의 요인을 고려할 때, 동아시아 차원의 북한과의 경제 협력이 성공적이고 서로에게 바람직한 방향으로 이루어지려면 다음의 몇 가지를 고려해야한다.

우선 정책의 수립과 집행이 상호 소통에 기반해야 한다. 한국 정부가 지금까지 세워 온 여러 경제개발계획은 주로 체제이행 경제 전문가나 투자 주체들의 입장에서 세워진 정책들이다. 원대한 경제 협력의 구상을 세운다는 것은 바람직한 일이지만, 구체적인 도시, 지역, 공간적 구상이 부족하고, 무엇보다 당장 북한에서는 어떤 구상을 갖고 무엇이 필요한지에 대해서 전혀 소통이 부재한 상태에서 세워진 일방적 계획들인 경우가 많았다. 둘째로 정부의 정책은 국내 경제 주체들과 파트너십 형성을 통해 현실화되어야 한다. 즉, 정부의 대북정책에서 특히 경제 협력, 개발 분야는 누가 핵심 이해당사자인지가 분명해야 성공할 수 있다. 불확실한 남북 간의 정치적 관계라는 위험을 무릅쓰고 대북 경제사업에 나설 대기업들은 많지 않을 수 있다. 대북 경제사업에 관한 특별 지원과 혜택 등이 마련되어야 한다. 셋째로는 북한의 핵심 경제 주체와 관료들이 스스로 시장경제에 대해 더 잘 이해해야 한다. 무엇보다 경제교류의 결과가 상보적이 되려면 북한도 시장경제의 메커니즘을 더 이해할 필요가 있고, 북한의 노동력과 인적 자본의 수준이 더 높아져야 할 필요가 있다(김병연, 2017: 213). 이를 위해 싱가포르와 미국 등에서 북한의 관료들에게 시장경제와 기업 운영을 가르치고 훈련시키는 프로그램들이 운영되고 있는데, 남북 경제교류가 확대될 경우 이런 프로그램이 더 체계적으로 이루어져야 할 필요가 있다. 그리고 북한의 경제가 발전하는 것이 목표가 아니라, 남과 북의 경제, 동북아시아의 경제가 서로 상보적인 관계가 될 수 있도록 구체적인 공간, 제도, 사회적 관계의 수준을 면밀히 검토하고 장기적 구상 속에서 관계를 맺어 나가야 할 것이다. 오늘날 경제발전의 문제는 단지 일국적 산업화의 문제가 아니라, 전 세계적 분업관계 속에서 그 사회의 경제적 위치가 무엇인가를 고민해야 하는 문제이다.

이렇듯 남과 북의 경제적 교류는 단지 체제전환과 통일 비용의 문제로만 접근할 것이 아니다. 경제 협력은 북한과의 상호 소통에 기반해야 하고 한국 기업들과의 파트너십 형성을 위한 정책이 필요하며, 북한의 관료, 엘리트와 행위자들 스스로 시장경제에 대한 이해를 높일 필요가 있다. 또한 북의 개혁 개방을 단지 자유시장경제 원칙을 관철하는 문제로 바라볼 것이 아니라, 경제 협력의 결과가 상호 보완적이고, 한반도 차원에서 공정하고 정의로운 사회를 만들 수 있도록 남과 북, 동북아 경제의 유기적 분업과 상보성을 만들어 가기 위한 고민들이 더 필요한 것이다.

북한 경제는 현재 중국과 불균형 통합이 이루어져 있기 때문에, 우선 남한 경제와의 교류의 폭을 넓혀 지나친 중국 의존을 벗어날 필요가 있고, 아울러 국제기구를 통한 장기적 투자로 남북관계 변화로 인한 정치적 불안정성을 벗어날 필요가 있다. 남과 북의 경제교류 역시 불균형 통합의 문제가 발생할 것이기 때문에, 결국은 사회정책적 고려를 병행해야 하며, 궁극적으로는 양국의 공동의 정체성, 정치적 통합의 문제를 어떻게 해결할 것인지에 대한 진지한 고민도 병행해야 할 것이다.

3) 과정으로서의 통일과 남북연합

북핵문제가 해결되며 북미수교, 평화협정 체결이 이루어지고, 평화체제 수립이 궤도에 오르고, 동북아 국가들이 발전을 통한 평화구축, 더 평등한 주권질서하에서 성숙한 공동체적 관계를 발전시킨다는 비전을 공유한다면, 그 안에서 남북한의 정치적 통일에 대한 전망은 어떻게 세울 수 있을까?

독일의 정치적 통일과, 베트남의 무력통일 사례의 폐해를 보았을 때, 가장 현실적인 방안은 무력을 통해 상대를 제압하거나 붕괴된 후 체제를 교체하는 방식도 아니고, 위로부터의 정치 통합도 아니며, 남북이 당장 하나의 단일한 정치체제를 수립하는 것도 아니다. 그것은 남과 북이 오랜 기간 평화공존을 이루고, 아래로부터 장기간의 교류와 협력을 거치며 점진적인 단계들을 밟아 나가는 것이다. 이 과정에서 베트남처럼 무력침공이 이루어지거나, 독일처럼 서독 체제가 북한에 이식(Transplantation)되는 게 아니라 장기적으로 북한이 스스로 사회경제적 · 정치적 변화에 적응(adaptation)해 나가는 것이 가장 바람직할 것이다(Novotna, 2015).

현재 한국 정부의 공식적 입장은 남북연합을 그 중간단계로 두고 있는

3단계 통일론에 서 있다. 남북이 기능주의 이론(functionalist theory)에 입각해 경제적 교류 협력을 하고, 궁극적으로는 하나의 단일 국가를 수립한다는 노태우 정부의 한민족 공동체 통일안과 남과 북 지방정부가 더 많은 정치적 자율성을 보존하는 연방제 통일론이 타협된 형태라 할 수 있다. 단순히 경제 교류를 먼저 하자는 기능주의적 주장과 남북연합(State Union)이라는 정치적 제도화를 먼저 이루자는 주장이 여전히 갈등하고 있기는 하다. 하지만 남북연합이란 중간단계를 통해서 평화 공존을 이루고, 평화 교류를 촉진하며, 통일의 단계로 나아가기 위한 과정 자체를 평화롭게 관리한다는 입장은 상당한 합의를 얻고 있다고 여겨진다(김학재, 2017a).

그간의 논의에 기초해 보면, 남북연합이란 "남과 북이 현존 상태 그대로 상이한 이념과 이질적인 정치, 경제 체제 및 두 정부를 유지하면서 긴밀한 협력기구를 형성하여, '분단 상황을 평화적으로 관리' 하는 한편, '통합 과정을 효율적으로 관리"해 나가는 제도적 장치를 의미한다(아태평화재단, 1995: 36).

남북연합은 남북관계에서 생겨나는 수많은 문제들을 해결하며, 평화체제를 구축하고, 교류 협력을 촉진하며, 정치적 통일과정을 매개하는 복합적 과제를 수행할 가장 강력한 제도적 해법(institutional solution)이다. 일시적인 회담이나, 임시적인 조치와 합의로는 수십 년간 지속된 분단과 갈등을 해소하기 어렵기 때문이다(아태평화재단, 1995: 44-46).

남북연합은 매우 유용한 중간단계지만 그 구체적인 제도적 형태가 어떠하며 어떻게 지속가능할 수 있을지는 불분명하다. 체제의 이질성이 매우 높은 남북한이 일종의 국가연합적 틀을 만들 때 고려해야 할 사안들에 대한 깊은 숙고가 필요하다. 북핵문제로 인해 우리는 더 오랜 기간 주기적으로 긴장이 강화되고, 이를 해결하기 위한 협상이 좌초되며, 교류협력을 이어갈 협상에서 이해관계가 상충하고, 북미수교와 평화협정을 논하는 과정에서 지난한 조율작업이 필요할 것이다. 이 점에서 비핵화 프로세스와 함께 한반도의 평화구축을 위한 노력을 동시적으로 진행하고 경제적 관계를 확대시키는 것이 매우 중요하다. 이 과정에서 한국은 비핵화를 포함한 평화와 통일이라는 가치를 추구하며 이 과정을 주도하고 견인해 갈 수 있어야 한다.

지난 2017~18년 동안 평화 프로세스와 남북 경제 협력, 한반도 신경제지도 구상을 설득하고 협의해 온 결과, 핵개발과 군사훈련이 동시에 중단되고, 평창올림픽 이후의 스포츠 교류, 이산가족 상봉 등 민간 교류가 활성화 되었다. 앞으로 평화 프로세스가 진전되어 비핵화와 평화체제 수립이라는 어려운 과제를 해결해 나간다면 남북 간의 정치체제의 차이를 넘어서 상호 교류를 활성화하고 상호 공존을 넘어 호혜적으로 바꿔 나가기 위해서 많은 노력들이 필요할 것이다.

남북연합은 단순히 남북 간의 지난한 평화체제 구축과정을 조율하는 것뿐 아니라, 한국이 북한체제를 더 포용하고 상호 공존하면서도, 안정적인 관계와 교류에 기반해 장기간에 걸쳐 북한 체제의 평화로운 체제전환을 조율할 수 있도록 지원하는 기능을 맡아야 할 것이다.

남북 간의 큰 격차로 인해 의도하지 않아도 발생하는 다양한 위협들에 대해서도 공동으로 관리할 기구로서 남북연합은 필수적이다. 지금의 휴전선이 국가연합에 가입한 남과 북 사이의 안정적인 경계선이라면 DMZ는 평화체제 수립 이후에도 통일을 지향하는 평화의 경계가 될 수 있을 것이다. 남북 간의 경제 협력도 다양한 갈등과 이해관계 상충이 생겨날 수 있는데 남북연합 같은 범한반도적 조절장치가 있다면, 이에 대한 조율과 협력이 가능할 것이다.[14)]

14) 이에 대한 더 상세한 논의는 백낙청(2018) 참고.

4. 공유된 미래의 꿈

우리와는 다른 종교갈등과 독립문제로 인한 것이지만, 오랜 기간 내전과 무장투쟁으로 고통받은 아일랜드 평화 프로세스가 그 상처를 치유하며 만들어 낸 미래 보고서의 제목은 "공유된 미래(Shared Future)"이다(Office of the First Minister and Deputy First Minister, 2005). 남과 북은 비록 국가를 만들고 유지시키며 발전시키려 했던 시기의 꿈은 서로 달랐지만 두 체제, 사회, 사람들이 만나서 이루게 될 미래의 모습에 대해서는 공유된 꿈을 만들어 가도록 노력할 수 있다. 아일랜드가 종교갈등과 독립문제로 발생한 고통을 치유하고 넘어서려 했듯이, 우리는 우리의 비극과 고통으로부터 승화시킨 가치들을 발판으로 삼아 미래의 꿈들을 꽃피워 내야 할 것이다.

국가건설의 관점에서 보자면, 20세기 한반도는 서로 다른 이념적 지향과 방식으로 추구한 국가건설의 집단적 꿈들이 비극적으로 충돌했던 곳이다. 그런 점에서 우리가 바라는 평화의 꿈은 단순히 국가가 주도하는 집단적 꿈이어선 안 될 것이다. 오늘날의 불안정한 동아시아의 평화가 바로, 냉전 시기 동북아시아의 정치 엘리트들이 민족국가로 집결된 집단적 꿈을 세계로 확산시키려 했던 파괴적 유토피아주의가 충돌한 산물이었던 것을 기억해야 한다. 물론 사람들의 꿈을 소중히 여기고 이런 사회적 염원을 현실화시키기 위해 노력하는 책임 있는 정부와 시민들의 힘이 발현되는 사회에 의해 운영되는 사회적 꿈은 얼마든지 긍정적 역할을 할 수 있을 것이다.

또한 평화의 꿈은 소수의 엘리트들이 만들어 낸 초월적이고 이상적인 기획이어선 안 될 것이다. 30년간 격차가 지속되는 독일의 정치적 통일을 주도한 것도, 오늘날 내부의 경제적 불평등이 심화되는 유럽연합의 화폐통합을 주도한 것도, 베트남의 무력통일을 주도한 것도, 매우 소수의 확신에 가득찬 엘리트들이었음을 기억해야 할 것이다. 물론 민주적 책임성과 역사성에 대한 인식에 기반해 시대를 선도해 온 사람들만이 오랫동안 유지된

중층적인 분단의 장벽들을 넘어서 평화의 길을 열어낼 수 있다는 점도 인정해야 할 것이다.

21세기 한반도 통일과 평화의 꿈을 살펴보기 위해 이 글이 기준으로 삼은 두 가지 기준은 소극적 평화와 적극적 평화이다. 우선 부정적 수준에서나마 평화가 없는 공동체는 존재할 수 없으며, 오늘처럼 지구화된 조건에서 높은 수준의 적극적 평화가 없는 공동체는 매력도 없고 대안이 될 수 없다. 이 글은 소극적 평화의 문턱을 넘고, 적극적 평화의 수준을 높이기 위해 두 가지 수준(동북아, 남북)에서 총 여섯 개의 원칙(인정, 주권, 공동체, 평화 레짐, 대칭적 상호 의존, 국가연합)을 검토해 보았다. 이 가치와 원칙들은 국제관계에서 한반도 평화 프로세스가 추구해야 할 나침반의 역할을 하게 되길 희망한다.

반갑게도 지난 1년간 지속된 평화 프로세스로 과거의 적대적인 의존관계가 평화를 지향하는 협력적 의존관계로 변화하고 있다. 남북관계의 개선이 북미관계를 개선하는 동력이 되고, 동아시아의 평화 프로세스를 키워갈 선순환으로 전환되고 있다. 지금까지 가보지 않은 길을 나서 여전히 걱정과 두려움이 존재하지만, 첫 걸음을 내딛은 것만으로도 지금까지 경험하지 못한 새로운 변화들이 현실로 다가오는 것을 목격하고 있다.

사실 한반도는 지금까지 해결되지 않은 과거의 문제들과, 오늘의 발전을 이루기 위한 선택으로 초래된 현재의 문제들, 세계의 급격한 변화로 인해 도래하고 있는 미래의 문제들이 중첩되어 있다. 미뤄 두고 풀지 않은 과거의 문제들은 오늘의 문제와 만나 증폭되고, 미래의 문제들까지 겹쳐질 경우, 반드시 되돌아와 복수할 가능성이 있다.[15] 따라서 평화 프로세스는

15) 한 사회의 어려움이 누적되어 희망을 잃고 출구를 찾지 못하면, 이웃의 우익 민족주의와 극단주의로 마음이 흘러간다. 어떤 형태건 정치적 극단주의(extremism)란 그 사회가 반드시 대면하고 풀어야 했지만 풀지 않은 문제들의 복수(revenge)이다. 튀니지의 노벨평화상 수상자 Messaoud Romdhani(2017), 서울대학교 통일평화연구원 특별 초청 강연. 2017.12.14.

과거의 문제를 반드시 해결하고 우리의 미래를 열기 위한 필수적 절차이다.

평화 프로세스가 더 진전된다면, 우린 수십 년간 아시아에 평화롭고 번영하는 공동체가 등장하는 것을 가로막아 왔던 균열구조들을 아래로부터 변화시킬 수 있을 것이다. 궁극적으로 우리는 이런 토대의 변화 위에서 동아시아 냉전이 남긴 배제적, 위계적, 양극화된 국가 간 질서를 보다 평등하고 다양성을 포용하는 민주적이고 유연한 관계로 변화시켜 지역통합의 길로 들어설 수 있을 것이다.

이를 위해 반드시 필요한 것은 아주 구체적인 공간에서 서로 살아가고, 함께 협력하고, 서로 연결되어 더 나은 미래를 꿈꾸는 새로운 운명 공동체들이 만들어져야만 한다는 것이다. 서로 적대하며 싸웠던 과거의 정치적 명분 공동체, 하나를 선택하고 나머지를 버리며 성장해 온 불균형 경제 공동체만으로는 오래된 분단과, 깊은 균열을 넘기엔 부족하다. 분단 이전의 역사적 공동체를 복원하고, 분단의 상처들을 포용하고, 분단 너머의 새로운 운명 공동체와 만날 수 있을 때, 우리는 평화의 문을 열고 분단을 과거로 만드는 새로운 변화로 나갈 수 있을 것이다.

인사말

신광영(중앙대/한국사회학회장)

우리는 인류 역사에서 물질적으로 가장 풍요롭고, 기술적으로 가장 발전한 시대에 살고 있다. 돌도끼를 사용하기 시작한 구석기시대부터 인터넷, 스마트폰, 인공위성, 드론, 인공지능을 사용하는 디지털 시대에 이르기까지 인간은 엄청난 변화를 만들어 냈다. 꿈을 꾸는 사람들이 만들어 낸 변화이다.

오늘날 많은 사람들은 과거보다 더 불안하다고 느끼고 있어서 물질적 풍요와 과학기술의 발전이 인간 행복의 증진으로 이어지지 못하고 있다. 무한경쟁으로 승자와 패자의 삶이 극명하게 갈리는 현실을 목도하면서, 많은 사람들은 소박하게 자신의 일자리와 가족의 안위를 걱정하며 산다. 미래에 대한 불안이 청년들로 하여금 꿈을 꾸지 못하게 하고 있다.

아직도 국가수준에서 경제성장, 부국강병과 선진국을 추구하는 집단적인 꿈은 개개인들의 부와 성공에 대한 욕망과 맞물려 있다. 풍요와 행복에 대한 욕망은 때로 선거를 통해서 부추겨지고, 권력에 대한 꿈을 버리지 않은 정치인들에 의해서 이용되기도 한다. 정치는 사람들의 희망, 욕망과 환상을 현실과 조합하는 드라마가 되기도 한다.

〈꿈의 사회학〉은 이러한 변화 속에서 나타나고 있는 희망과 환상 그리고 그것들이 지니는 사회적 속성을 다루고 있다. 꿈이 현실에 대한 부정과 미래에 대한 희망과 갈망을 포함하기 때문에, 꿈은 때로 환상이 될 수 있고, 유토피아로 그칠 수도 있다. 그러나 그 꿈이 환상이나 유토피아인지는 당장 확인할 수 없기 때문에, 그것을 추구하고, 실현하기 위해서 실천을 하게 한다는 점에서 꿈은 사회변혁의 동력이기도 하다.

꿈을 잃어버린 사회나 꿈을 꾸지 않는 사회는 미래에 대한 희망과 갈망을 잃어버린 사회이다. 미래가 오직 불안만을 느끼게 하는 것이라면, 그러한 미래를 희망적인 미래로 바꿀 필요가 있다. 꿈의 사회학은 사회적 행위자들의 인식과 감정에서 출발하여, 사회체제수준에서의 꿈을 동시에 다룬다. 체제의 변화는 행위자들의 인식과 감정에서 시작되기 때문이다.

〈꿈의 사회학〉은 한국사회학회의 사회학 연구총서 시리즈물로 발간되었다. 이 책의 발간에 큰 역할을 한 박명규 전임 한국사회학회 회장과 연구에 참여한 사회학자들의 새로운 통찰이 많은 독자들에게 공감을 불러일으키길 기대한다. 그리하여 더 많은 사람들이 꿈을 꿀 수 있는 사회가 되길 기대한다.

인사말

정진성(서울대/전 한국사회학회장)

사회학은 언론, 행정, 사법, 기업, 복지, 시민사회 분야 전반에 골고루 필요한 지식을 교육하여 취업 분야가 넓을 뿐만 아니라 사회과학 여러 분과학문에 가장 유용한 이론의 공급원이기도 합니다. 최근 법학전문대학원을 비롯하여 여러 새로운 형태의 대학원이 설립되면서, 학부 교육과정에서 사회학이 갖고 있는 종합성과 논리성, 이론적 강점이 새롭게 주목받기 시작했습니다. 더욱이 엄청난 속도의 과학기술 발전과 글로벌리제이션의 진전으로 사회가 더 이상 하나의 분과학문으로 설명할 수 없는 복합적 양상으로 변화하는 상황에서, 사회학의 종합성과 유연성이 학문 간의 융복합을 추동하는 역할을 할 수 있다는 점도 새롭게 조명되기 시작했습니다. 다만 실용적이고 전문화되어 가는 세태에서 '사회'라는 개념이 추상적이고 모호하게 인식되고 있기 때문에, 사회학을 공부하는 학생들에게, 그리고 일반인들에게도 사회학의 개념과 위상을 명확히 정립하여 인식하도록 할 필요가 있다는 것이 사회학총서 기획의 기본 취지입니다.

2011년 6월 사회학회 총회에서 2013년 회장이 선출되고, 곧바로 구성된 새로운 회장단은 사회학총서를 만들자는 데 뜻을 모았습니다. 2011년 회장단에서 '21세기 사회학혁신 특별위원회'를 만들어서 사회학의 영역과 커리큘럼을 조사했으며, 2012년 회장단은 일본에서 사회학총서가 두 차례에 걸쳐 발간되었고 최근 중국사회학회도 총서 발간에 관심을 기울이고 있는 것을 확인하고 한국사회학회에서도 총서작업을 시도하면 좋겠다는 의지를 보인 바 있습니다.

총서 기획은 사회학회 내에서 활동하고 있는 20여 개의 분과학회를 기반으로 이루어졌습니다. 1990년대 후반부터 사회학의 규모가 늘어나면서 여러 분과학회가 속속 만들어졌는데, 이 분과학회들이 전·후기 사회학대회의 발표 세션 구성의 주체가 되고 있습니다. 대부분의 분과학회들은 그 분야의 전반적인 내용을 체계적으로 보여주는 저술의 필요성을 인지하고 있었으며, 사회학회 차원에서 각 분야를 아우르는 총서를 기획하는 데에 매우 적극적인 의사를 표명했습니다. 이미 개설서를 출판한 문화사회학회, 비판사회학회 등을 제외한 16개 분과학회가 2012년 11월에 1차 기획회의를 가지고 총서의 기본적인 가이드라인을 결정했습니다. 총서는 각 사회학 영역의 내용과 방법론 등을 포괄하며 사회학 학부 고학년과 대학원 신입생 수준의 학생들이 그 분야 사회학에 대해 전문지식을 습득할 수 있는 수준과 방식으로 집필하는 것으로 의견을 모았습니다.

총서작업 과정에서 사회학회는 전 분과학회가 참여하는 학술회의를 열었습니다. 모든 분과학회가 발표와 토론에 참여하여 총서 추진과정에서 실제로 집필의 한 부분이 이루어지고 집필의 추진력도 받을 수 있도록 한 것입니다. 4월에 '복지'를 주제로 하여 8개의 학회가 참여하는 심포지엄을 개최했고, 5월에는 '경제민주화' 대토론회를 7개 학회의 참여로 진행했습니다. 각 분과학회들은 매우 성실하고 진지하게 발표원고를 준비하여, 복지와 경제민주화와 같은 사회 전체에 큰 영향을 미치는 문제에 대해서 기존의 좁은 학문의 울타리를 넘어 융복합의 분석을 주도할 수 있는 사회학의 강점을 최대한으로 발휘했습니다.

사회학총서는 사회학의 학문적 특성과 내용을 확실히 할 뿐만 아니라, 각 분과학회가 총서작업을 통해 학문적 수준과 결속력을 높일 것으로 기대합니다. 나아가 분과학회 상호 간의 학문적 교류와 신뢰를 강화하여 한국

사회학회 전체의 정체성과 참여도를 높이고 결과적으로 한국사회학 전체의 수준을 높일 것이라고 믿습니다. 특히 서구의 학문적 업적에 기대온 과거의 관행에서 크게 벗어나 한국사회의 맥락에서 학자들의 문제의식과 시각, 문제해결의 방식을 정립할 수 있는 효과적인 계기가 될 것으로 생각됩니다.

그간에 각 학회장들의 회합이 계속 이어졌고, 6월 전기사회학대회에서는 총서 집필 현황을 서로 점검하는 공동 세션이 열렸으며, 이제 12월 사회학대회에서는 출판기념회를 계획하고 있습니다. 현재, 함께 시작한 16개 학회(몇 개는 개인들의 집필로 이루어지고 있음) 전체가 실제로 12월 사회학회에서 출판된 책을 가질 수 있기를 기대합니다만, 혹시 미처 끝내지 못한 학회는 다음 해를 기약하면 될 것입니다. 또 여러 다른 분과학회나 개인학자들이 속속 총서 작업에 합류하여 사회학총서가 점점 더 완성된 모습을 갖추게 되기를 기원합니다.

집필에 참여하신 사회학회 여러분들께 감사드리며, 총서의 기획으로부터 실무에 이르는 전체 과정을 책임져 주신 강정한 교수와 총서의 출판을 선뜻 맡아주신 다산출판사 분들께 진심으로 고마움을 전합니다.

아무쪼록 수준 높은 책들이 출판되어, 한국사회학의 발전에 큰 기여를 하게 되기를 기대합니다.

발간사

송호근(사회학총서 발간위원장)

한국사회학회에서 처음 시도하는 총서 발간을 진심으로 환영하고 축하한다. 그동안 학회 차원에서, 그리고 뜻있는 사회학자들 간에 총서 발간의 필요성이 심심치 않게 제기된 바 있고, 영역별로 총서 형태의 연구서를 이미 발행한 분과학회가 더러 있지만, 사회학회 차원에서 총서 발간이라는 대사업을 시작한 것은 처음 있는 일이다. 그런 의미에서 조금 늦은 감이 없지 않지만, 20세기 한국사회의 발전상을 바탕으로 21세기 세계화와 더불어 진행되는 한국사회의 변화상을 각 분과별로 정리, 조망해 보는 일은 그야말로 한국사회학의 토대를 다지는 기초 작업이다. 21세기 한국사회는 더 이상 일국경계에 한정된 사회가 아니라 전 지구적 차원의 변화와 맞물린 다국적 · 혼합적 변동의 중심에 놓여 있으며, 그에 따라 20세기 사회학 패러다임으로는 포착되지 않는 신종의 변동 요인들이 대거 집중되거나 자체 생산되고 있다고 봐도 과언이 아니다. 신종 요인들의 유입과 동화과정, 자체 생산되는 신요인들의 본질을 파악하려면 새로운 이론과 분석방법이 필요하다. 고전사회학의 기본 원리와 20세기 사회학 패러다임을 기초로 하되 구본신참, 신구절충의 정신으로 글로벌화의 와중에 있는 한국사회의 변동원리를 포착하고 정립하는 것이 절실한 과제이다. 총서 발간의 가장 중요한 의미는 바로 여기에 있다.

돌이켜보건대, 한국사회학은 사회변동의 척후역할을 담당하던 '호황의 시대'를 지나 사회적 수요가 현격히 줄어든 '위축의 시대'를 맞고 있다. 누구나 사회학적 지혜를 필요로 했던 '격동의 시대'에 오늘날의 수요위기를 예측하고 적절한 대비책을 준비해야 했다는 뒤늦은 반성이 총서를 발간하게 된 주요한 계기일 것이다. 사회학은 수요 위기와 함께 정체성 위기라는 이중적 위기에 당면하고 있다. 인접학문으로 주제와 쟁점이 이관되는 자연스런 학문분화, 산업화와 민주화가 어느 정도 정착함에 따라 변동론적 비전이 상대적으로 설득력을 잃는 현상, 그리고 무엇보다 사회학 내부에서 진행된 과잉전문화로 연구자와 대중이 분리되는 현상 등이 대중독자와 지지기반을 약화시킨 요인들로 보인다. 이는 사회과학 전반에서 목격되는 일반적 모습인데 사회학에서 그 중첩효과가 극대화되었다. 아카데미아에서 사회학의 위상을 회복하는 일, 대중독자들로부터 사랑과 신뢰를 회복하는 일이 무엇보다 절실한 요즘, '풍요한 사회'의 내부 역학을 파헤치고 시민과 시민사회, 그리고 국가권력의 양지와 음지를 날카로운 분석기제와 생생한 언어로 조명하는 것은 사회학의 정체성을 살려내고자 하는 이 시대 사회학자들의 가장 중대한 과제라고 생각한다.

총서발간이 바로 그 작업의 기초를 마련할 것으로 기대한다. 21세기 한국사회의 변동역학과 인과법칙, 그리고 시민생활을 관할하는 객관적 법칙을 밝혀내는 작업이야말로 미시적 지식생산에 함몰된 아카데미아의 근시안적 연구경향을 극복하고 시민사회를 이끌 집단적 지혜와 교양을 증진하는 지름길이기 때문이다. 21세기 사회학이 바로 그 일을 담당해야 한다. 이는 정체성 위기에 처한 사회과학 일반의 지식저변을 넓혀 그 기초를 다지는 공동체적 과업의 첫걸음이라 할 수 있다. 이런 의미에서 총서 발간에 참여하는 집필진들은 사회과학의 공익함양과 공공성 증대라는 시대적 요구를 실천하는 사회학 전사라 해도 과언이 아니다.

총서 발간을 통해 사회학이 새로 태어나고 현재와 미래의 연구과제와 원리를 새롭게 갱신할 수 있기를 기대한다. 21세기 한국사회는 사회학과 더불어 숨 쉬고 사회학과 더불어 진화해 나갈 것을 희망한다. 사회학은 언제나 시민들이 발 딛고 있는 삶의 현장에서 시작해서 새로운 기획을 들고 다시 현장으로 돌아오는 실천적 학문이다. 시민들의 생생한 삶을 생동력 있는 이론과 신선한 언어로 펴 올리는 것이야말로 21세기 사회학의 정체성을 구축하는 기본 원리다. 집필진들의 열정과 헌신을 기대한다.

참고문헌

제1장

김홍중. 2009. 『마음의 사회학』. 문학동네.

———. 2016. 『사회학적 파상력』. 문학동네.

던럽, 팀(Dunlop, Tim). 2016. 『노동 없는 미래』. 엄성수 역. 비즈니스맵.

라이엔, 빌렘(Reijen, Willem van). 2000. 『비판으로서의 철학』. 이상화 역. 서광사.

라이트, 에릭(Wright, Erik O.). 2012. 『리얼 유토피아』. 권화현 역. 들녘.

멈퍼드, 루이스(Mumford, Lewis). 2010. 『유토피아 이야기』. 박홍규 역. 텍스트.

몰트만, 위르겐(Moltmann, Jurgen). 2002. 『희망의 신학』. 이신건 역. 대한기독교서회.

밀즈, 찰스 라이트(Mills, Charles W.). 2004. 『사회학적 상상력』. 강희경 외 역. 돌베개.

바우만. 지그문트(Bauman, Zygmunt). 2016. 『사회주의, 생동하는 유토피아』. 윤태준 역. 오월의 봄.

박명규 · 이재열 편. 2018. 『사회적 가치와 사회혁신』. 한울.

벡, 울리히(Beck, Ulrich). 2014. 『위험사회: 새로운 근대성을 향하여』. 홍성태 역. 새물결.

신용하. 1989. 『한국근대민족주의의 형성과 전개』. 서울대학교 출판부.

아렌트, 한나(Arendt, Hannah). 2015. 『인간의 조건』. 이진우 역. 한길사.

야콥슨, 미켈(Jacobsen, Michael H.). 2014. "유토피아를 찾아서." 『희망, 살아 있는 자의 의무: 지그문트 바우만 인터뷰』. 궁리.

어리, 존(Urry, John). 2014. 『모빌리티』. 강현수 외 역. 아카넷.

월러스틴, 이매뉴얼(Wallerstein, Immanuel M.). 2001. 『우리가 아는 세계의 종언』. 백승욱 역. 창비.

인디고 연구소. 2014. 『희망, 살아 있는 자의 의무: 지그문트 바우만 인터뷰』. 궁리.
카스텔, 마누엘(Castells, Manuel). 2003. 『밀레니엄의 종언』. 박행웅 역. 한울아카데미.
코저, 루이스(Coser, Lewis A.). 2016. 『사회사상사』. 신용하 · 박명규 역. 한길사.
프레인, 데이비드(Frayne, David). 2017. 『일하지 않을 권리』. 정상미 역. 동녘.
프롬, 에리히(Fromm, Erich P.). 2007. 『소유냐 삶이냐』. 정성환 역. 홍신문화사.
톰슨, 윌리(Thompson, Willie). 2017. 『20세기 이데올로기』. 전경훈 역. 산처럼.

제2장

김석호 · 주윤정 · 성연주 · 김지애 · 김은지 · 이상규 · 김홍중. 2017. "한국 청년 세대의 꿈-자본 측정." 『문화와사회』 24.
김유하. 2016. "진정성 기획으로서의 인도여행." 『문화와사회』 22.
김은지. 2018. "'사회혁신', 변화를 '제작'하는 사회운동의 등장." 『문화와사회』 26(2).
김홍중. 2014. "마음의 사회학을 이론화하기." 『한국사회학』 48(4).
———. 2015a. "꿈에 대한 사회학적 성찰." 『경제와사회』 108.
———. 2015b. "파우스트 콤플렉스. 아산 정주영을 통해 본 한국 자본주의의 마음." 『사회사상과 문화』 18(2).
———. 2016. "진정성의 수행과 창조적 자아에의 꿈." 『한국사회학』 50(2).
루이스, 마이클(Lewis, Michael) · 팻 코너티(Pat Conaty). 2015. 『전환의 키워드, 회복력』. 미래가치와 리질리언스 포럼 옮김. 따비.
마페졸리, 미셸(Mafessoli, Michel). 2010. 『영원한 현재』. 신지은 옮김. 이학사.
바우만, 지그문트(Bauman, Zygmunt). 2009. 『액체근대』. 이일수 역. 강.
박주현. 2017. "소박함에의 열망." 『문화와사회』 24.
박해천. 2011. 『콘크리트 유토피아』. 자음과모음.
벅-모스, 수잔(Buck-Morss, Susan). 2004. 『발터 벤야민과 아케이드 프로젝트』. 김정아 옮김, 문학동네.
'비포'(Franco Berardi 'Bifo'). 2013. 『미래 이후』. 강서진 역. 난장.
세넷, 리차드(Sennett, Richard). 2009. 『뉴캐피털리즘』. 유병선 옮김. 위즈덤하우스.

야마다 마사히로(山田昌弘). 2012. 『희망격차사회』. 최기성 옮김. 아침.

윤혜수. 2016. "새로운 소상공인의 취향과 공간적 실천." 『문화와사회』 22.

테일러, 찰스(Talylor, Charles). 2001. 『불안한 현대사회』. 송영배 옮김. 이학사.

퍼트넘, 로버트(Putnam, Robert D.). 2015. 『우리 아이들』. 정태식 옮김. 페이퍼로드.

Andersen, Kurt. 2017. *Fantasyland*. Random House.

Appadurai, Arjun. 2004. "The Capacity to Aspire." in *Culture and Public Action*. edited by V. Rao and M. Walton. Stanford, California. Stanford University Press.

Augustin St. 1964. *Les confessions*. Paris. GF-Flammarion.

Bachelard, Gaston. 1943. *L'air et les songes*. Paris. José Corti.

Bastide, Roger. 2003. *Le rêve, la transe, et la folie*. Paris. Seuil.

Beckert, Jens. 2011. "Imagined Futures." *Max Planck Institute for the Study of Societies*. 11(8).

Benasayag, Miguel and Gerard Schmit. 2003. *Les passions tristes*. Paris. La Découverte.

Benjamin, Walter. 1982. *Gesammelte Schriften V-1*. Frankfurt am Main. Suhrkamp.

Bloch, Ernst. 1977. *L'esprit de l'utopie*. trad. A.-M. Lang et C. Piron-Audard. Paris. Gallimard.

Bourdieu, Pierre. 1977a. *Algérie 60*. Paris. Minuit.

__________. 1977b. *Outline of a Theory of Practice*. Cambridge University Press.

__________. 1979. *Distinction*. Paris. Minuit.

__________. 1986. "The Forms of Capital." in John G. Richardson. ed. *Handbook of Theory and Research for the Sociology of Education*. Westport. CT. Greenwood Press.

__________. 1997. *Méditations pascaliennes*. Paris. Seuil.

__________. 1998. *Contre-feux*. Paris. Raison d'agir.

Castoriadis, Cornelius. 1975. *L'institution imaginaire de la sociéte*. Paris.

Seuil.

————————. 2007. *L'imaginaire comme tel*. Paris. Hermann.

Citeau, Jean-Pierre and Brigitte Engelhardt-Bitrian. 1999. *Introduction à la psychosociologie*. Paris. Armand Colin.

Clarke, Simon and Paul Hoggett(eds.). 2009. *Researching Beneath the Surface*. Karnac.

Cloterfelt, Charles and Philip Cook. 1991. *Selling Hope. State Lotteries in America*. Havard University Press.

Comaroff, Jean and John L. Comaroff. 2001. "Millennial Capitalism." in *Millennial Capitalism and the Culture of Neoliberalism*. edited by J. Comaroff and J. L. Comaroff. Duke University Press.

Cuzzocrea, Valentina and Giuliana Mandich. 2016. " 'Students' Narratives of the Future." *Journal of Youth Studies* 19(4).

Derrida, Jacques. 2006. *Spectres de Marx*. Paris. Galilée.

Duncombe, Stephen. 2007. *Dream. Re-Imgaining Progressive Politics in an Age of Fantasy*. New York, London. New Press.

Durand, Gilbert. 1964. *L'imagination symbolique*. Paris. PUF.

————————. 1993. *Les structures anthropologique de l'imaginaire*. Paris. Dunod.

Emirbayer, Mustafa and Ann Mische. 1998. "What is Agency?" *American Journal of Sociology* 103(4).

Endleman, Robert. 1981. *Psyche and Society*. Columbia University Press.

Fourastié, Jean. 1979. *Les trente glorieuses ou la révolution invisible de 1946 à 1975*. Paris. Fayard.

Frye, Margaret. 2012. "Bright Futures in Malawi's New Dawn." *American Journal of Sociology* 117(6).

Hage, Ghassan. 2000. *White Nation*. Routledge.

————————. 2001. "The Shrinking Society." *Evatt Journal* 1. http://evatt.org.au/papers/shrinking-society.html.

————————. 2003. *Against Paranoid Nationalism*. Pluto Press.

Hart, Caroline S. 2012. *Aspirations, Education and Social Justice*. London,

New Delhi, New York, Sydney. Bloomsbury.

Hochschild, Jennifer. 1996. *Facing up to the American Dream*. Princeton University Press.

——————————. 2004. *American Dream and the Public Schools*. Oxford University Press.

Joas, Hans. 2001. *The Genesis of Values*. University of Chicago Press.

Kagan, Robert. 2009. *The Return of History and the End of Dreams*. Vintage.

Kim Hong Jung. 2018. "Survivalist Modernity and Its Logic of Governmentality." *Japanese Journal of Sociology* 27(1).

Koselleck, Reinhart. 1979. *Vergangene Zukunft*. Frankfurt am Main. Suhrkamp.

Kumar, Krishan. 1995. *From Post-Industrial to Post-Modern Society*. Oxford. Blackwell.

Lahire, Bernard. 2018. *Interprétation sociologique des rêves*. Paris. La Découverte.

Lash, Scott and John Urry. 2014. *The End of Organized Capitalism*. Polity.

Lazarus, Richard S. 1999. "Hope." *Social Research* 66(2).

Leledakis, Kanakis. 1995. *Society & Psyche*. Berg Publisher.

Mariet, François. 1993. *Psychosociologie d'aujourd'hui*. Paris. Bordas.

Massumi, Brian. 1988. "Translator's Foreword." in G. Deleuze & F. Guattari. *A Thousand Plateaus*. London. Athlone.

Michelet, Jules. 1926. "Avenir, avenir." *Europe* n° 73.

Minkowski, Eugène. 1995. *Le temps vécu*. Paris. PUF.

Nowotny, Helga. 1994. *Time. The Modern and Postmodern Experience*. translated by N. Plaice. Cambridge. Polity Press.

Ormrod, James. 2014. *Fantasy and Social Movements*. Palgrave.

Poirier, Nicolas. 2004. *Castoriadis. L'imaginaire radical*. Paris. PUF.

Polak, Fred. 1973. *The Image of the Future*. translated and abridged by Elise Boulding. Amsterdam, London, New York. Elsevier Scientific Publishing Company.

Prades, Jean-Luc. 2014. *Figures de la psychosociologie*. Paris. L' Harmattan.

Putnam, Robert. 2001. *Bowling Alone*. New York. Simon & Schuster.

Seligman, Martin. *et al*. 2007. *The Optimistic Child*. Mariner Books.

Silva, Jennifer M. and Sarah M. Corse. 2018. "Envisoning and Enacting Class Mobility." *American Journal of Cultural Sociology* 6(2).

Skrbis, Zlatko, Ian Woodward and Clive Bean. 2014. "Seeds of Cosmopolitan Future?" *Journal of Youth Studies* 17(5).

Sorel, Georges. 1972. *Réflexions sur la violence*. Paris. Marcel Rivierè et Cie.

Standing, Guy. 2011. *The Precariat*. London. Bloomsbury.

Tadiar, Neferti Xina M. 2004. *Fantasy-Production*. Hong Kong University Press.

Threadgold, Steve. 2012. "I Reckon my Life will be Easy, but My Kids will be Buggered." *Journal of Youth Studies* 15(1).

Urry, John. 2016. *What is the Future?* Polity.

Von Grunebaum, Gustave. E. and Roger Caillois. 1967. *Le rêve et les sociétés humaines*. Paris. Gallimard.

Wang, Zheng. 2014. *Never Forget National Humiliation*. New York. Columbia University Press.

Weinberger, Michel F., Jane R. Zavisca and Jennifer M. Silva. 2017. "Consuming for an Imagined Future." *Journal of Consumer* 44(2).

Woodman, Dan. 2011. "Young People and the Future." *Young* 19(2).

Woodward, Kath. 2015. *Psychosocial Studies*. London, N.Y. Routledge.

Žižek, Slavoj. 1999a. "Fantasy as a Political Category." in E. Wright and E. Wright eds. *The Žižek Reader*. Blackwell.

————. 1999b. "The Seven Veils of Fantasy." in D. Nobus ed. *Key Concepts of Lacanian Psychonalysis*. New York. Other Press.

————. 1999c. "The Spectre of Ideology." in E. Wright and E. Wright eds. *The Žižek Reader*. Blackwell.

제3장

이현송. 2006. 『미국문화의 기초』. 한울.

Beeghley, Leonard. 2000. *The Structure of Social Stratification in the United States*. 3rd ed. Needham Heights. MA: Allyn & Bacon Press.

Bellah, Robert, R. Madsen, W. M. Sullivan, A. Swidler, and S. M. Tipton. 1986. *Habits of Heart: Individualism and Commitment in American Life*. Berkeley. CA: University of California Press.

Chasin, Barbara H. 1997. *Inequality and Violence in the United States: Casualties of Capitalism*. Highlands. NJ: Humanity Press.

Citrin, Jack, E. B. Haas, C. Muste, and B. Reingold. 1994. "Is American Nationalism Changing? Implications for Foreign Policy." *International Studies Quarterly* 38(1): 1–31.

Cullen, Jim. 2004. *The American Dream: A Short History of an Idea that Shaped a Nation*. New York: Oxford University Press.

Florida, Richard. 2002. *The Rise of the Creative Class*. New York: Basic Books.

Gidley, Mick. 1993. *Modern American Culture*. New York: Longman House.

Gifford, Nina and Tom Ingersoll. 1991. *The American Dream and the Gospel of Wealth in Nineteenth–Century American Society: A Unit of Study for Grades 9–12*. Los Angeles. CA: National Center for History in the Schools.

Hampden–Turner, Charles and Alfonso Trompenaars. 1993. *The Seven Cultures of Capitalism: Value Systems for Creating Wealth in the United States, Japan, Germany, France, Britain, Sweden, and the Netherlands*. New York: Doubleday.

Hochschild, Jennifer L. 1995. *Facing Up to the American Dream: Race, Class, and the Soul of the Nation*. Princeton. NJ: Princeton University Press.

Hochschild, Jennifer L. and Bridget Scott. 1998. "The Polls–Trends: Governance and Reform of Public Education in the United States."

Public Opinion Quarterly 62(1): 79-121.

Hofstede, Geert and Gert Jan Hofstede. 2005. *Cultures and Organizations: Software of the Mind*. 2nd ed. New York: McGraw-Hill.

Inglehart, Ronald and Christian Welzel. 2005. *Modernization, Cultural Change, and Democracy: The Human Development Sequence*. Cambridge. MA: Cambridge University Press.

Jantti, Markus *et al*. 2006. "American Exceptionalism in a New Light: A Comparison of Intergenerational Earnings Mobility in the Nordic Countries, the United Kingdom and the United States." IZA Discussion Paper No. 1938.

Karabell, Zachary. 2001. *A Visionary Nation: Four Centuries of American Dreams and What Lies Ahead*. New York: Harper Collins, 2001.

Lipset, Seymour Martin. 1996. *American Exceptionalism: a Double-Edged Sword*. New York: W. W. Norton.

Lukes, Steven. 1972. *Individualism*. New York: Harper & Row.

Marshall, Gordon. 1994. *The Concise Oxford Dictionary of Sociology*. New York: Oxford University Press.

Mills, Nicolaus. 1994. *Arguing Immigration*. New York: Touch Stone.

Norton, Mary B. *et al*. 2007. *A People and A Nation*. 7th ed. New York: Houghton Mifflin Co.

Rank, Mark Robert, Thomas A. Hirschl, and Kirk A. Foster. 2014. *Chasing the American Dream*. New York: Oxford University Press.

Rudnick, Lois P., Judith E. Smith, and Rachel Lee Rubin. 2006. *American Identity*. Malden. MA: Blackwell Publishing.

Shafer, Byron. 1991. Is *America Different?: A New Look at American Exceptionalism*. New York: Oxford University Press.

Sussman, Warren. 1998. "History and the American Intellectual: Uses of a Usable Past." in Lucy Maddox.ed. *Locating American Studies. Baltimore*. MD: Johns Hopkins University Press. pp.17-42.

Triandis, Harry C. 1995. *Individualism and Collectivism*. Boulder CO: Westview Press.

Zelinsky, Wilber. 1992. *The Cultural Geography of the United States*. New York: Prentice-Hall.

제4장

고윤실. 2015. "중국의 포스트 80세대의 '청춘 회고'와 공공담론으로서의 '중국몽'." 『중국현대문학』 72.

김태만. 2013. "시진핑의 '중국몽(中國夢)'과 문화강대국의 길." 『동북아 문화연구』 37.

김홍중. 2015. "꿈에 대한 사회학적 성찰." 『경제와사회』 108.

리시광(李希光). 2013. "'중국몽'에 대한 이해." 리시광 편. 『중국몽과 소프트차이나』. 김용경 옮김. 차이나하우스.

서은영. 2014. "중국의 문화적 국가홍보 전략 : 공익광고〈中國夢 · 講文明樹新風〉을 중심으로." 연세대 중문과 석사학위 논문.

손 열. 2015. "동아시아의 꿈. 1894년과 2014년 지역질서 건축." 『아시아리뷰』 4(2).

시진핑(習近平). 2015. 『시진핑 : 국정운영을 말하다』. 차혜정 옮김. 와이즈베리.

윤미영. 2014. "중국 전지예술의 정체성 분석에 따른 기호학적 상징성 해석." 『藝術論集』 14.

이광수. 2013. "중국공산당의 정치선전과 홍색문화열." 『동북아연구』 28(2).

이찬우. 2014. "중화사상의 전개와 '중국의 꿈'에 대한 고찰." 『인문논총』 34.

장정아. 2008. "'민간문화유산'에서 '위대한 중국의 문화유산'으로." 『한국문화인류학』 41(1).

전인갑. 2013. "'중국몽'과 문화주의 전통." 『철학과 현실』 98.

조영남. 2013. 『중국의 꿈』. 민음사.

페이샤오퉁(費孝通). 2011. 『향토중국 : 중국 사회문화의 원형』. 장영석 옮김. 비봉출판사.

Brady, Anne Marie. 2007. *Marketing Dictatorship: Propaganda and Thought Work in Contemporary China*. Rowman & Littlefield Publishers.

Liou, Chih-Shian and Arthur S. Ding. 2015. *China Dreams : China's New*

Leadership and Future Impacts. World Scientific Publishing Company. Kindle Edition.

Mahoney, Josef Gregory. 2014. "Interpreting the Chinese Dream." *Journal of Chinese Political Science* 19(1).

Ong, Aihwa and Li Zhang. 2008. "Introduction. Privatizing China." *Privatizing China*. edited by A. Ong and L. Zhang. Ithaca & London. Cornell University Press.

Perry, Elizabeth J. 2013. "Cultural Governance in Contemporary China: 'Re-orienting' Party Propaganda." Harvard-Yenching Institute Working Papers. http://citeseerx.ist.psu.edu/viewdoc/download?doi=10.1.1.904.4854&rep=rep1&type=pdf

Rofel, Lisa. 2007. *Desiring China*. Duke University Press.

Wang, Helen. 2010. *The Chinese Dream*. Creatspace Independent Publishing Platform.

Wang, Zheng. 2014. "The Chinese Dream. Concept and Context." *Journal of Chinese Political Science* 19(1).

제5장

권혁태. 2013. 『일본 전후의 붕괴 : 서브컬처 소비사회 그리고 세대』. 제이앤씨.

김홍중. 2007. "삶의 동물/속물화와 참을 수 없는 존재의 귀여움." 『사회비평』 35.

다카하라 모토아키(高原 基彰). 2007. 『한중일 인터넷 세대가 서로 미워하는 진짜 이유』. 정호석 역. 삼인.

다케다 하루히토(武田 晴人). 2013. 『고도성장』. 최우영 역. 어문학사.

드보르, 기(Debord, Guy). 2014. 『스펙타클의 사회』. 유재홍 역. 울력.

박명규. 2004. "세계화와 국민국가 : 동아시아적 시각." 『황해문화』 42.

쓰루미 슌스케(鶴見俊輔). 2010. 『전후 일본의 대중문화 1945-1980』. 김문환 역. 소화.

아즈마 히로키(東 浩紀). 2007. 『동물화하는 포스트모던』. 이은미 역. 문학동네.

야스다 고이치(安田 浩一). 2013. 『거리로 나온 넷우익』. 김현욱 역. 후마니타스.

오사와 마사치(大澤 真幸). 2013.『전자 미디어. 신체 · 타자 · 권력』. 오석철 · 이재민 역. 커뮤니케이션북스.

————————. 2014.『내셔널리즘의 역설』. 김선화 역. 어문학사.

요시미 슌야(吉見 俊哉). 2013. "냉전체제와 '미국'의 소비."『냉전 체제와 자본의 문화』. 허보윤 역. 소명출판.

이마무라 히토시(今村 仁司). 1999.『근대성의 구조』. 이수정 역. 민음사. 1999.

조은하. 2015. "일본 대중문화론 소고 : 전후 일본 대중문화론 형성에 관하여."『글로벌문화콘텐츠』18.

스테인호프, 파트리샤(Steinhoff, Patricia). 2013.『적군파 : 내부폭력의 사회심리학』. 임정은 역. 교양인.

Berman, Marshall. 1983. *All That is Solid Melts into Air: The Experience of Modernity*. London: Verso.

Castells, Manuel *et al.*. 2009. *Mobile Communication and Society: A Global Perspective*. Cambridge: MIT Press.

Dower, John W. 2000. *Embracing Defeat: Japan in the Wake of World War II*. NY: WW Norton & Company.

Gordon, Andrew. 2003. *A Modern History of Japan: From Tokugawa Times to the Present*. New York: Oxford University Press.

Watt, Ian. 1996. *Myths of Modern Individualism: Faust, Don Quixote, Don Juan, Robinson Crusoe*. NY: Cambridge University Press.

浅井 良夫. 2012. "20世紀のなかの日本—高度成長の歴史像."『変わる社会 変わる人びと』. 岩波書店.

市川 孝一. 2016. "1960年代末の若者文化 : フーテン(族)とヒッピー(族)についての覚書."『文芸研究 : 明治大学文学部紀要』128.

宇野田 尚哉 外. 2015.『'サークルの時代' を読む: 戦後文化運動研究への招待』. 影書房.

大澤 真幸. 2008.『不可能性の時代』. 岩波書店.

————. 2009.『増補 虚構の時代の果て』筑摩書房.

北田 暁大. 2005. "舞台としての都市/散逸するまなざし."『東京スタディズ』. 紀伊國屋書店.

袖井 林二郎. 2002.『拝啓マッカーサー元帥様—占領下の日本人の手紙』. 岩波書店.

高岡 裕之. 2012a. "戦時から戦後へ—戦後の起点としての一九五〇年代."『変わる社会, 変わる人びと』. 岩波書店.

————. 2012b. "人口の動きと社会構想."『変わる社会 、変わる人びと』. 岩波書店.

東京都. 1965.『第18回オリンピック競技大会東京都報告書』.

見田 宗介. 1995.『現代日本の感覚と思想』. 講談社.

————. 2006.『社会学入門—人間と社会の未来』. 岩波書店.

————. 2008.『まなざしの地獄—尽きなく生きることの社会学』. 河出書房新社.

宮台 真司. 1998.『終わりなき日常を生きろ—オウム完全克服マニュアル』. 筑摩書房.

吉岡 威史. 2001. "虚構の時代の大人像."『同志社社会学研究』5.

吉見 俊哉. 2008.『都市のドラマトゥルギ——東京・盛り場の社会史, 河出書房新社.

제6장

가세 히데아키. 1989.『한의 한국인 황공해하는 일본인』. 한국브리태니커 회사편집실 옮김. 한국브리태니커회사.

강인철. 1999. "한국전쟁과 사회의식 및 문화의 변화." 한국정신문화연구원 편.『한국전쟁과 사회구조의 변화』. 백산서당.

강정인. 1997. "권위에 대한 한국인의 태도: 권위없는 권위주의." 한국정신문화연구연구원 편.『형성과 창조 2-2: 권위와 문화』pp.3-34. 한국정신문화연구원.

강준만. 2006.『한국인 코드』. 인물과사상사.

구자혁. 2013. "새로운 호명(呼名)과 변화된 공동체: 정치혁명에의 '낮꿈'과 '표층' 정치의 과제."『새로운 정치와 시민사회의 역할』. 비판사회학회 2013년 동계워크샵 자료집. 2013년 1월 18일 성공회대학교.

———. 2014. "한국 정치적 현대성의 젠더화된 구조와 가내성(家內性)의 정치적 부상: 새로운 '시민정치'의 발생적 구조와 본성에 관한 시론(試論)."『한국사회학』48(4): 127-178.

———. 근간. 『한국 집단주의의 형성과 논리: 역동적 현대화와 한국인의 '우리' (1880-1980)』. 한울아카데미.

구자혁 · 김은영. 2016. "〈진격의 거인〉이 꾼 꿈과 그 발달 서사의 현대적 함의: '바깥세계' 를 향한 꿈과 현대성의 젠더화된 추동, 그리고 가내성." 『미디어, 젠더 & 문화』 31(3): 5-52.

권보드래. 2005. "'동포' 의 역사적 경험과 정치성: 〈독립신문〉의 기사분석을 중심으로." 이화여대 한국문화연구원. 『근대계몽기 지식개념의 수용과 그 변용』 pp.97-126. 소명출판.

권태준. 2006. 『한국의 세기 뛰어넘기』. 나남출판사.

김동춘. 1995. 『한국사회노동자 연구: 1987년 이후를 중심으로』. 역사비평사.

김상봉. 2004. 『학벌사회: 사회적 주체성에 대한 철학적 탐구』. 한길사.

김용운. 1985. 『일본인과 한국인의 의식구조: 역사적 체험과 민족성의 논리』. 한길사.

김우창. 1998. "투명성: 경제위기와 도덕." 『정치와 삶의 세계』 pp.23-39. 삼인. 2000.

김은희. 1995. "문화적 관념체로서의 가족." 『한국문화인류학』 27. 한국 문화인류학회편.

김일레인(Kim, Elaine). 2001. "남성들의 이야기." 김일레인 · 최정무 편. 『위험한 여성: 젠더와 한국의 민족주의』 pp.89-152. 박은미 옮김. 삼인.

김종준. 2010. 『일진회의 문명화론과 친일활동』. 신구문화사.

김 준. 2002. "1970년대 여성노동자의 일상생활과 의식." 윤해동 · 천정환 · 허수 · 황병주 · 이용기 · 윤대석 엮음. 『근대를 다시 읽는다 2: 한국근대인식의 새로운 패러다임을 위하여』 pp.563-612. 역사비평사. 2006.

김창현. 2002. 『한일소설형성사: 자본이 이상을 몰아내다』. 책세상.

김행선. 2009. 『6·25 전쟁과 한국사회 문화변동』. 선인.

김형효. 1997. "열광주의와 「추상의 정신」." 한국정신문화연구연구원 편. 『형성과 창조 4: 한국문화에 있어서 이상주의와 열광주의』 pp.109-131. 한국정신문화연구원.

김 훈. 2000. 『자전거 여행』. 생각의나무.

노관범. 2012. "한국 근대 유교의 일독법: 세속화와 공동체." 한형조 외. 『500년 공동체를 움직인 유교의 힘』 pp.149-182. 글항아리.

마르크스, 칼(Marx, Karl). 1988. 『자본론 1-상』. 김수행 옮김. 비봉출판사.

매일경제 분노의 시대 특별취재팀. 2012. 『나는 분노한다: 전 국민이 분노하고 있는 대한민국에서 사는 법』. 매일경제신문사.

박민규. 2002. 『삼미슈퍼스타즈의 마지막 팬클럽』. 한겨레신문사.

박영신. 1995. 『우리 사회의 성찰적 인식: 전통, 구조, 과정』. 현상과인식.

박원재. 2012. "인지상정의 윤리학: 유교적 규범론의 재음미." 한형조 외. 『500년 공동체를 움직인 유교의 힘』. 글항아리.

박주원. 2005. "〈독립신문〉과 근대적 '개인', '사회' 개념의 탄생." 이화여대 한국문화연구원. 『근대계몽기 지식개념의 수용과 그 변용』 pp.127-166. 소명출판.

박헌호. 2001. 『한국인의 애독작품: 향토적 서정소설의 미학』. 책세상.

버거, 피터 · 브리짓 버거 · 한스프리드 켈너(Berger, Peter, Brigitte Berger, and Hansfried Kellner). 1981. 『고향을 잃은 사람들: 근대화의 의식구조』. 이종수 역. 한벗.

베니거, 제임스(Beniger, James). 2009. 『컨트롤 레볼루션: 현대 자본주의의 또 다른 기원』. 윤원화 역. 현실문화.

블로흐, 에른스트(Bloch, Ernst). 2004. 『희망의 원리』 Vol.1-5. 박설호 옮김. 열린책들.

송호근. 2003. 『한국, 무슨 일이 일어나고 있나: 세대, 그 갈등과 조화의 미학』. 삼성경제연구소.

스키토프스키, 티보르(Scitovsky, Tibor). 2014. 『기쁨 없는 경제: 유례없이 풍족한 사회, 행복은 왜 작아지는가』. 김종수 옮김. 중앙BOOKS.

앨퍼드, C. 프레드(Alford, C. Fred). 2000. 『한국인의 심리에 관한 보고서』. 남경태 옮김. 그린비.

유종호. 2012. "한국인의 가치관: 재물과 벼슬." 유종호 외. 『한국인의 가치해체에서 재구성으로』. 푸른역사.

이규태. 1983. 『한국인 시리즈 1: 한국인의 의식구조』. 신원문화사.

이글턴, 테리(Eagleton, Terry). 1995. 『미학사상』. 방대원 옮김. 한신문화사.

이승엽. 2001. "조선인 내선일체론자의 전향과 동화의 논리." 윤해동 · 천정환 · 허수 · 황병주 · 이용기 · 윤대석 엮음. 『근대를 다시 읽는다 1: 한국근대인식의 새로운 패러다임을 위하여』 pp.217-244. 역사비평사. 2006.

이정덕 · 소순열 · 남춘호 · 문만용 · 안승택. 2014. 『아포일기 1: 농민 권순덕의 삶과 기록(개인기록연구총서5)』. 전북대학교출판문화연구원.

이케가미, 아이코(Ikegami, Eiko). 2008. 『사무라이의 나라: 집단주의와 개인성의 이상한 조합』. 남명수 옮김. 지식노마드.

이태동. 1995. "자연과의 친화." 이문열 · 권영민 · 김남호 편. 『한국문학이란 무엇인가』 pp. 51-76. 민음사.

이홍균 · 박종일 · 하홍규. 2010. 『한국인의 삶을 읽다: 창원시를 중심으로』. 나남.

장경섭. 1995. "가족과 정치생활." 여성한국사회연구회 편. 『가족과 한국사회』. 경문사.

장현섭. 1993. "한국사회는 핵가족화되고 있는가." 한국사회사연구회 편. 『한국근현대가족의 재조명』 39. 문학과지성사.

장홍지에(張宏杰). 2005. 『중국인은 한국인보다 무엇이 부족한가?』. 정광훈 옮김. 북폴리오.

정수복. 2007. 『한국인의 문화적 문법: 당연의 세계 낯설게 보기』. 생각의나무.

조경달. 2012. 『식민지기 조선의 지식인과 민중』. 정다운 옮김. 선인.

조혜인. 1995. "전통사회의 구조와 변동: 종교와 사회사상의 흐름." 신용하 · 박명규 · 김필동 엮음. 『한국 사회사의 이해』 pp.235-272. 문학과지성사.

최봉영. 1994. 『한국인의 사회적 성격 I: 일반이론의 구성』. 느티나무.

———. 2005. 『한국 사회의 차별과 억압: 존비어 체계와 형식적 권위주의』. 지식산업사.

———. 2012. 『한국인에게 나는 누구인가』. 지식산업사.

최상진. 2011. 『한국인의 심리학』. 학지사.

최재석. 1976[1965]. 『한국인의 사회적 성격』. 개문사.

최준식. 2013. "죽음에 대한 생각에서 엿보이는 한국인의 가치관." 김문조 외 공저. 『한국인은 누구인가: 38가지 코드로 읽는 우리의 정체성』. 21세기북스.

커밍스, 브루스(Cumings, Bruce). 2001. 『브루스 커밍스의 한국현대사』. 김동노 · 이교선 · 이진준 · 한기욱 옮김. 창작과비평사.

탁석산. 2000. 『한국의 정체성』. 책세상.

———. 2008. 『한국인은 무엇으로 사는가: 위기의 시대를 돌파해 온 한국인의 역동적 생활철학』. 창비.

테일러, 찰스(Taylor, Charles). 2015. 『자아의 원천들』. 권기돈 · 하주영 옮김. 새

물결.

하마구체에슌(濱口惠俊). 1992. "일본적 집단주의란?" 하마구체에슌 · 쿠몬슌페이(濱口惠俊 · 公文俊平) 편. 『일본인과 집단주의』. 황달기 역. 형설출판사.

하버마스, 위르겐(Habermas, Jürgen). 2001. 『공론장의 구조변동: 부르주아 사회의 한 범주에 관한 연구』. 한승완 역. 나남.

하종강. 2011. 『그래도 희망은 노동운동』. 후마니타스.

헨더슨, 그레고리(Henderson, Gregory). 2000. 『소용돌이의 한국정치』. 박행웅 · 이종삼 역. 한울.

홍현길. 2001. 『일본의 도덕과 도덕교육』. 보고사.

Freud, Sigmund. 1921. *Group Psychology and the Analysis of the Ego*. Vol. V. London, UK: IPL/Hogarth.

Hirschman, Albert O. 1982. *Shifting Involvements: Private Interests and Public Action*. Princeton, N. J.: Princeton University Press.

Lasch, Christopher. 1995[1977]. *Haven in a Heartless World: The Family Besieged*. Paperback edition. New York and London: W. W. Norton & Company.

Lerner, Daniel. 1966[1958]. *The Passing of Traditional Society: Modernizing the Middle East*. Paperback edition. Free Press.

Riesmna, David. 1958. "Introduction." in Daniel Lerner. *The Passing of Traditional Society: Modernizing the Middle East*. pp.1-13. Paperback edition. Free Press.

Whyte Jr., William H. 1956. *The Organization Man*. NY: Dobleday Anchor Books.

제7장

강유정. 2017. "강유정의 영화로 세상읽기, N포세대의 로맨스." 『경향신문』 2017년 11월 3일.

기든스, 앤소니(Giddens, Anthony). 1996. 『현대 사회의 성 · 사랑 · 에로티시즘: 친밀성의 구조변동』. 배은경 · 황정미 역. 새물결.

김수영. 2001. "동아시아의 자본주의 발전과 가족: 한국과 일본의 사례." 고려대학교 박사학위논문.

김태홍 외. 2011. 『저출산에 대한 만혼의 영향과 정책과제』. 한국보건사회연구원 보고서.

김혜경. 2006. 『식민지하 근대가족의 형성과 젠더』. 창비.

———. 2007. "여성의 노동사를 통해 본 일과 가족의 접합: 60년대 산업화 이후 친족관계의 변화를 중심으로." 한국여성연구소. 『페미니즘연구』 7(2): 37-82.

———. 2009. "박정희 체제하 '핵가족' 담론의 변화과정과 이원구조 연구: 조선일보를 중심으로." 한국사회사학회. 『사회와 역사』 82: 169-212.

———. 2013. "부계 가족주의의 실패?: IMF 경제위기 세대의 가족주의와 개인화." 한국사회학회. 『한국사회학』 49(2): 101-142.

———. 2017. "'가족 이후'의 대안적 친밀성: 비혼 청년층의 공동주거 사례를 통해 본 돌봄과 우정의 공동체 실험." 한국사회학회. 『한국사회학』 51(1): 155-198.

김혜경 · 마경희. 2015. "베이비부머 세대의 집단주의적 가치관에 관한 연구: 전기 베이비부머 여성을 중심으로." 전북대학교 사회과학연구소. 『사회과학연구』 39(2): 31-70.

김혜경 · 이순미. 2012. "'개인화'와 '위험': 경제위기 이후 청년층 '성인기 이행'의 불확실성과 여성내부의 계층화." 한국여성연구소. 『페미니즘연구』 12(1): 35-75.

김혜영. 2016. "'동원된 가족주의'에서 '가족 위험'의 사회로." 『한국사회』 17(2): 3-44.

남춘호 · 남궁명희. 2012. "생애과정의 탈표준화 경향에 대한 경험적 연구: 성인기 이행의 구조변동을 중심으로." 『지역사회연구』 20(2).

모건, 데이비드(Morgan, David H. J.). 2012. 『가족의 탐구: 가족실행의 새로운 접근』. 안호용 역. 이학사.

박기남. 2011. "20-30대 비혼여성의 고용불안 현실과 선택." 한국여성학회. 『한국여성학』 27(1).

박해천 · 김형재. 2015. 『확률가족: 아파트 키드의 가족 이야기』. 마티.

배은경. 2009. "'경제위기'와 한국여성: 여성의 생애전망과 젠더/계급의 교차." 한국여성연구소. 『페미니즘연구』 9(2): 39-82.

벡, 울리히 · 엘리자베트 벡-게른스하임(Beck, Ulich and Elizabeth Beck-Gernsheim). 1997. 『사랑은 지독한(그러나 너무나 정상적인) 혼란』. 강수영 외 역. 새물결.

신경아. 2012. "서구 사회 개인화 논의에 대한 여성주의적 고찰." 한국여성연구소. 『페미니즘연구』 12(1): 1-33.

언니네트워크+가족구성권연구모임. 2012. 『비.정상가족들의 비범한 미래기획』.

이재경. 1995. "정의의 관점에서 본 가족." 한국여성학회. 『한국여성학』 11(3): 47-71.

장경섭. 2011. "위험회피 시대의 사회재생산." 한국가족학회. 『가족과 문화』 23(3): 1-23.

정성훈. 2011. "현대 도시의 삶에서 친밀공동체의 의의." 서울대학교 철학사상연구소. 『철학사상』 41: 347-377.

전희경. 2013. "1960~80년대 젠더-나이체제와 '여성' 범주의 생산." 『한국여성학』 29(3): 41-79.

조한혜정. 2000. " 'N세대 새로운 행동 패러다임 연구의 방향: '발달 심리학' 에서 '자아 형성학' 으로." 한국심리학회. 『한국심리학회지: 발달』 13(3): 1-8.

청년의 소셜 네트워크 기획단. 2012. 『청년의 소셜 네트워크』.

한경혜. 2010. "한국의 베이비부머: 라이프코스와 생활세계에 대한 이해." 한국노년학회 춘계학술발표대회 기조연설.

혜화붙박이장. 2017. "엄마가 아는 '나' 는 이제 없습니다." 『한겨레신문』 2017년 6월 4일.

Barrett, M. and M. McIntosh. 2015, *The Anti-social Family*. London: Verso.

Beck, U. and E. Beck-Gernsheim. 2002. *Individualization: Institutionalized Individualism and Its Social and Political Consequences*. Sage.

Blatterer, H. 2007. *Coming of Age in Times of Uncertainty*. NY: Berghahn Books.

Bruckner, H. and K. U. Mayer. 2005. "De-standardization of the Life Course: What It Might Mean? and If It Means Anything, Whether It Actually Took Place?" *Advances in Life Course Research* 9: 27-53.

Chambers, D. 2012. *A Sociology of Family Life: Change and Diversity in Intimate Relations*. Cambridge: Polity Press.

Friedman, Marilyn. 1992. "Feminism and Modern Friendship: Dislocating Community." in Eve B. Cole and Susan C. McQuin(eds.). *Explorations in Feminist Ethics: Theory and Practice*. Indiana U. P.

Kim, Hye-Kyung. 2016. "Familist Individualization of Ever-single Korean Youths in Their Late 30s: Individualization and Transformed Familism in the Neoliberal Era." *Korea Journal*. 56(1)(spring 2016): 33-60.

Pahl, Ray and Liz Spencer. 2004. "Personal Communities: Not Simply Family of 'Fate' or 'Choice'." *Current Sociology*. March, 2004.

Shorter, Edward. 1975. *The Making of the Modern Family*. NY: Basic Books.

Stone, Lawrence. 1979. *The Family, Sex, and Marriage in England, 1500~1800*. NY: Harper & Row.

Young, I. Marion. 2000. *Inclusion and Democracy*. Oxford U. P.

제8장

기든스, 앤소니(Giddens, Anthony). 1996.『현대사회의 성 · 사랑 · 에로티시즘: 친밀성의 구조변동』. 배은경 외 역. 새물결.

____________________. 1997.『현대성과 자아정체성 : 후기 현대의 자아와 사회』. 권기돈 역. 새물결.

김명인. 2016. "굿모닝 헬조선: 분노와 혐오로 자욱한 신세계."『황해문화』 90: 2-10.

김애린 · 임혜빈 · 장한슬 · 박주화 · 기승연 · 정윤정 · 김수진 · 신주영 · 이기형. 2016. "'헬조선 현상'의 특징과 함의를 분석하기: 보수언론과 진보언론 간의 재현작용에 대한 텍스트 분석을 중심으로."『한국언론정보학보』 80: 40-114.

김홍중. 2015. "서바이벌, 생존주의, 그리고 청년 세대."『한국사회학』 49(1): 179-212.

류동민. 2016. "능력주의 이데올로기의 위기: 탈조선의 사회심리학." 『황해문화』 90: 45-58.

리프킨, 제러미(Rifkin, Jeremy). 2005. 『유러피안 드림』. 이원기 역. 민음사.

바우만, 지그문트(Bauman, Zygmunt). 2005. 『액체근대』. 이일수 역. 강.

박권일. 2016. "'헬조선', 체제를 유지하는 파국론." 『황해문화』 90.

박소진. 2009. "'자기관리'와 '가족경영' 시대의 불안한 삶." 『경제와사회』 84: 12-39.

박형신. 2017. "식사와 사회적 연대: '함께 먹기'의 감정사회학." 『사회사상과 문화』 20(3): 133-180.

벡, 울리히(Beck, Ulrich). 2006. 『위험사회: 새로운 근대성을 향하여』. 홍성태 역. 새물결.

벡, 울리히 · 안소니 기든스 · 스콧 래쉬(Beck, Ulrich, Anthony Giddens, and Scott Lash). 2010. 『성찰적 근대화』. 임현진 역. 한울.

벡, 울리히 · 엘리자베스 벡-게른스하임(Beck, Ulrich and Elisabeth Beck-Gernsheim). 1997. 『사랑은 지독한(그러나 너무나 정상적인) 혼란』. 강수영 외 역. 새물결.

서동진. 2010. "자기계발하는 주체의 해부학 혹은 그로부터 무엇을 배울 것인가." 『문화과학』 2010년 봄호: 37-54.

송동욱 · 이기형. 2017. "불안정한 현실과 대면하는 이 시대 청년들의 삶에 관한 질적인 분석: '삼포세대', 그리고 '헬조선'이라는 호명에 대한 청년주체들의 체화된 대응과 관점을 중심으로." 『한국언론정보학보』 84: 28-98.

신경아. 2017. "일상의 민주화와 젠더관계의 변화." 한국사회학회 · 한국정치학회 시국대토론회. 「대한민국, 어디로 가고 있으며 어디로 가야만 하는가?」 자료집.

엄혜진. 2016a. "신자유주의 시대 여성의 자아 기획의 이중성과 '속물'의 탄생: 베스트셀러 여성 자기계발서 분석을 중심으로." 『한국여성학』 32(2): 31-69.

———. 2016b. "여성의 자기계발, 소명의 고안과 여성성의 잔여화." 『페미니즘연구』 16(2): 215-265.

오찬호. 2009 "〈자기계발〉에 대한 세대사회학적 접근: 세대별 자기계발 유형에 대한 연구." 한국사회학회 전기학술대회 발표문.

———. 2016. "신계급사회가 정말로 두려운 이유." 『황해문화』 90: 28-44.

이우창. 2016. "헬조선 담론의 기원: 발전론적 서사와 역사의 주체 연구, 1987-2016." 『사회와 철학』 32: 107-158.

이정원. 2013. "자기계발 서적의 거짓말." 『시민인문학』 24: 57-74.

이하준. 2014. "울리히 벡의 개인개념과 한국사회." 『사회와 철학』 28: 67-104.

전상진. 2008. "자기계발의 사회학: 대체 우리는 자기계발 이외에 어떤 대안을 권유할 수 있는가?" 『문화와사회』 5: 103-140.

정정훈. 2016. "헬조선의 N포 세대와 노력의 정의론." 『문화과학』 86: 132-154.

태희원. 2012. "신자유주의적 통치성과 자기계발로서의 미용성형 소비." 『페미니즘 연구』 12(1): 157-191.

편집부. 2017. 『오늘의 문예비평』. 2017년 가을호.

Adams, M. 2007. *Self and Social Change*. Sage Publications.

Bauman, Z. 2001. *The Individualized Society*. Cambridge: Polity Press.

———. 2002. "Forword." *Individualization: Institutionalized Individualism and its Social and Political Consequences*. Sage Publications: London, Thousand Oaks, New Dehli.

Beck, Ulrich. 1986. *Risikogesellschaft: Auf dem Weg in eine andere Moderne*. Erstausg edition.

Beck, Ulrich and Elisabeth Beck-Gernsheim. 1990. *Das ganz normale Chaos der Liebe. Suhrkamp*. Frankfurt a/M.

———. 2002. *Individualization: Institutionalized Individualism and its Social and Political Consequences*. Sage Publications: London, Thousand Oaks, New Dehli.

Beck, Ulrich, Anthony Giddens, and Scott Lash. 1994. *Reflexive Modernization. Politics, Tradition and Aesthetics in the Modern Social Order*. Cambridge : Polity Press.

Bourdieu, P. 1990. *In Other Words: Essays towards a Reflexive Sociology*. Stanford U.P.

Giddens, Anthony. 1991. *Modernity and Self-Identity: Self and Society in the Late Modern Age*. Cambridge: Polity Press.

———. 1992. *Transformation of Intimacy : Sexuality, Love, and Eroticism in Modern*. Polity Press. Cambridge.

———————. 2007. "The Global Revolution in Family and Personal Life." in A. Skolnick and J. Skolnick(eds). *Family in Transition*. Boston: Allyn and Bacon.

Gross, N. 2005. "The Detradtionalization of Intimacy Reconsidered." *Sociological Theory* 23: 3.

Lasch, C. 1991. *The Culture of Narcissism: American Life in An Age of Diminishing Expectations*. New York: Norton.

Lash, Scott. 2002. "Forword." *Individualization: Institutionalized Individualism and its Social and Political Consequences*. Sage Publications: London, Thousand Oaks, New Dehli.

Rifkin, Jeremy. 2004. *The European Dream: How Europe's Vision of the Future Is Quietly Eclipsing the American Dream*. Tarcher Perigee Inc.

제9장

권혁률. 2014. "'문창극 드라마'와 한국교회."『기독교사상』668: 190-197.

김미동 · 김해란. 2018. "1993-2016년 신문기사를 통해 본 명절스트레스 양상에 대한 내용분석."『한국가족관계학회지』22(4): 107-134.

김충환. 2014. "막스 베버의 '자본주의 정신'에서 바라본 한국 개신교의 기복신앙."『현상과인식』38(3): 129-147.

김홍중. 2015a. "파우스트 콤플렉스: 아산 정주영을 통해 본 한국 자본주의의 마음."『사회사상과 문화』18(2): 237-285.

김홍중. 2015b. "꿈에 대한 사회학적 성찰: 부르디외와 벤야민을 중심으로."『경제와사회』108: 32-72.

김홍수. 2000. "기복신앙: 한국전쟁 이후의 기독교 변동."『한국교회사학회지』9: 9-30.

바타이유, 조르주(Bataille Georges). 2004.『저주의 몫』. 조한경 옮김. 문학동네.

신광철. 1999. "기복주의."『역사비평』47: 350-360.

이명박. 2002.『절망이라지만 나는 희망이 보인다』. 말과 창조사.

———. 2005.『청계천은 미래로 흐른다』. 랜덤하우스중앙.

———. 2017. 『생각만 해도 가슴 저미는 어머니』. 2판. 알에치코리아.

이성복. 2015. 『극지의 시』. 문학과지성사.

이진구. 2000. “개신교와 성장주의 이데올로기.” 『당대비평』 12: 225-240.

이채윤. 2006. 『기도하는 리더십 이명박』. 청어람.

전태일. 1988. 『내 죽음을 헛되이 말라: 전태일의 일기 · 수기 · 편지 모음』. 돌베개.

전태일기념관건립위원회. 1983. 『어느 청년노동자의 삶과 죽음: 전태일 평전』. 돌베개.

최종렬. 2008. “뒤르케임 전통에서 본 신자유주의와 문화.” 『사회이론』 34: 189-232.

———. 2010. “무조건적 소모의 사회 2: 가부장적 핵가족의 내파와 사회의 에로틱화.” 『문화와 사회』 8: 128-173.

———. 2012. “사회학, 서사를 어떻게 할 것인가?” 『사회이론』 41: 121-168.

———. 2013. 『지구화의 이방인들: 섹슈얼리티 · 노동 · 탈영토화』. 마음의 거울.

———. 2015. “베버와 ‘바나나’: 한 무슬림 이주자의 이야기에 대한 서사 분석.” 최종렬 · 최인영 · 김영은 · 이예슬. 『베버와 바나나: 이야기가 있는 사회학』 pp. 227-291. 마음의 거울.

———. 2016. “극지의 문화사회학: 어떻게 할 것인가?” 『문화와 사회』 20: 35-77.

캠벨, 콜린(Campbell, Colin). 2010. 『낭만주의 윤리와 근대 소비주의 정신』. 박형신 · 정헌주 옮김. 나남.

Durkheim, Emile. 1995. *The Elementary Forms of Religious Life*. New York: The Free Pres.

Freud, Sigmund. 1965. *The Interpretation of Dreams*. New York: Avon Books.

Frye, Northrop. 1971. *The Anatomy of Criticism: Four Essays*. Princeton, NJ: Princeton University Press.

Jacobs, Ronald and Philip Smith. 1997. “Romance, Irony, and Solidarity.” *Sociological Theory* 15(1): 60-80.

Jenkins, Richard. 1992. *Pierre Bourdieu*. London and New York: Routledge.

Lacan, Jacques. 1977. “The Subversion of the Subject and the Dialectic of Desire in the Freudian Unconscious.” *Ecrits: A Selection*. New York: W.W.Norton & Company.

Nietzsche, Friedrich. 1968. *The Will to Power*. New York: Vintage Book.

—————————. 1989. *On the Genealogy of Morals and Ecce Homo*. New York: Vintage Book.

Rorty, Richard. 1989. *Contingency, Irony, and Solidarity*. Cambridge: Cambridge University Press.

Weber, Max. 1978. *Economy and Society*. ed. Guenther Roth and Claus Wittich. Berkely and Los Angeles, CA: University of California Press.

제10장

김난도. 2017. 『트렌드코리아』. 알키.

김대식. 2016. 『인간 vs 기계: 인공지능이란 무엇인가』. 동아시아.

브린욜프슨, 에릭 · 앤드류 맥아피(Brynjolfsson, Erik and Andrew McAfee). 2014. 『제2의 기계시대』. 이한음 역. 청림출판.

칙센트미하이, 미하이(Csikszentmihalyi, Mihaly). 2004. 『몰입: 미치도록 행복한 나를 만난다』. 최인수 역. 한울림.

클리프턴, 짐(Clifton, Jim). 2015. 『일자리 전쟁』. 정준희 역. 북스넛.

포드, 마틴(Ford, Martin). 2016. 『로봇의 부상: 인공지능의 진화와 미래의 실직 위협』. 이창희 역. 세종서적.

한국고용정보원. 2016.3.24. 인공지능의 발전, 그리고 직업세계의 미래.

Boston Consulting Group. 2015. The Shifting Economics of Global Manufacturing-How a Takeoff in Advanced Robotics will Power the Next Productivity Surge.

Susskind, Richard. 2015. *The Future of the Professions*. Oxford University Press.

World Economic Forum. 2016. The Future of Jobs.

제11장

구도완. 2009. 『마을에서 세상을 바꾸는 사람들』. 창비.

———. 2015. "한국과 일본의 환경운동과 지식의 교류." 이종구 · 이시자키 노리요 외. 『한일관계사 1965-2015 Ⅲ 사회 · 문화』. 역사공간.

———. 2018. 『생태민주주의: 모두의 평화를 위한 정치적 상상력』. 한티재.

유채원 · 구도완. 2015. "원주의 협동운동과 생명운동: 생태민주주의 관점." 『ECO』 19(2).

제12장

김기석. 2017. "금강산 관광 중단과 사회적 패러다임 변화." 서울대학교, 강원대학교 공동 학술회의 자료집 〈금강산 관광사업과 남북교류의 새로운 모색〉. 2017.11.21. 강원대학교.

김병연. 2017. "통일 시나리오와 한국 경제." 정운찬 외 『서울대 경제학자 8인이 말하는 한국 경제』. 율곡출판사.

김석철. 2005. 『희망의 한반도 프로젝트』. 창비.

김학재. 2015. 『판문점 체제의 기원』. 후마니타스.

———. 2017a. "김대중의 통일 · 평화 사상." 『통일과 평화』 9(2): 59-90.

———. 2017b. "냉전과 열전의 지역적 기원." 『사회와 역사』 114: 205-243.

———. 2018a. "중동부 유럽의 탈사회주의 체제전환 비교연구와 북한에의 시사점." 『북한 협력과 발전을 위한 기초연구: 통합과 전망』. 서울대학교 통일평화연구원.

———. 2018b. "판문점 체제의 기원과 변화: 한반도 평화의 제도적 변화에 대한 역사적 분석." 『경제와 사회』 119: 98-132.

김홍중. 2015. "꿈에 대한 사회학적 성찰: 부르디외와 벤야민을 중심으로." 『경제와 사회』 108: 32-72.

———. 2017. "서울대인은 무엇을 꿈꾸는가? 서바이벌, 인정, 향유." 〈서울대학교 교육, 위기를 넘어 희망으로〉. 2017.11.13. 서울대학교 사회발전연구소.

라종일. 2016. 『장성택의 길』. 알마.

박명규 외. 2010. 『연성복합통일론』. 서울대학교 통일평화연구원.

박삼옥 외. 2006. 『북한 산업개발 및 남북협력방안』, 서울대학교 출판부.

백낙청. 2018. "어떤 남북 연합을 만들 것인가." 『창작과 비평』 46(3): 17-34.

백낙청 외. 2000. "좌담: 통일시대를 어떻게 살아갈 것인가." 『창작과 비평』 28(3): 6-75.

———. 2018. 『변화의 시대를 공부하다: 분단체제론과 변혁적 중도주의』. 창비.

백영서. 2013. 『핵심 현장에서 동아시아를 다시 묻다』. 창비.

보걸, 에즈라(Vogel, Ezra). 2011. 『덩샤오핑 평전』. 민음사.

션즈화(沈志華). 2017. 『최후의 천조: 모택동, 김일성 시대의 중국과 북한』. 김동길 외 옮김. 선인.

아태평화재단. 1995. 『김대중의 3단계 통일론』. 아태평화출판사.

얀센, 빌헬름(Janssen, Wilhelm). 2010. 『코젤렉의 개념사 사전 5: 평화』. 한상희 역. 푸른역사.

연세대학교 김대중도서관. 2015. 『김대중 전집 I 제10권』. 연세대학교출판문화원.

전봉근. 2017. "북핵동향 평가와 한반도 비핵. 평화체제 구축." 서울대학교 통일평화연구원 제72차 통일정책포럼 발표문 〈북한 핵. 미사일 위기의 성격과 대응전략〉. 2017.11.15.

최현 · 정영신 · 윤여일. 2017. 『공동자원론, 오늘의 한국 사회를 묻다』. 진인진.

최현 · 정영신 · 윤여일 편. 2017. 『동아시아의 공동자원: 가능성에서 현실로』. 진인진.

튜더, 다니엘 · 제임스 피어슨(Tudor, Daniel and James Pearson). 2017. 『조선자본주의공화국』. 전병근 역. 비아북.

Agamben, G. 2000. *Means without End*. University of Minnesota Press.

Beresford, Melanie. 1989. *National Unification and Economic Development in Vietnam*. Palgrave Macmillan UK.

Bertelsmann Stiftung. 2015. *Social Justice in the EU-Index Report 2015: Social inclusion Monitor Europe*. Bertelsmann Stiftung.

Chekel, Jeffrey T. 2005. "International Institutions and Socialization in Europe: Introduction and Framework." *International Organization* 59(4): 801-826.

Copeland, D. 2015. *Economic Interdependence and War*. Princeton University

Press.

Enkhsaikan, Jargalsaikhany. 2014. "Mongolian Foreign Policy: A Small State with Big Aspirations." East Asia Forum.

Gerschenkron, A. 1962. *Economic Backwardness in Historical Perspective: A Book of Essays*. The Belknap Press of Harvard University Press.

Helgesen, Geir. 2017. "North Korea in the Eyes of Nordic Countries: Untouchable North Korea." Paper Presented at the International Workshop on the North Korea in the Eyes of Nordic Countries. Organized by Asia Center of Seoul National University. 22th June 2017 at Seoul.

Institute for Economics & Peace. 2017. *Positive Peace Report: A Compilation of the Leading Research on Positive Peace and Resilience*. IEP.

Kim, Sung Chull. 2017. *Partnership within Hierarchy*. SUNY Press.

Krasner, Stephen D. 2005. "The Case for Shared Sovereignty." *Journal of Democracy* 16(1): 69–83.

Loth, Wilfried. 2015. *Building Europe: A History of European Unification*. De Gruyter Oldenbourg.

Mattlin, Mikael. 2005. "Structural and Institutional Integration: Asymmetric Integration and Symmestricity Tendencies." *Cooperation and Conflict: Journal of the Nordic International Studies Association* 40(4): 403–421.

Novotna, Tereza. 2015. *How Germany Unified and The EU Enlarged: Negotiating the Accession throught Transplantation and adaptation*. Palgrave Macmillan.

Office of the First Minister and Deputy First Minister. 2005. *A Shared Future: Policy and Strategic Framework for Good Relations in Northern Ireland*.

United Nation. 2016. *Towards Sustainable and Resilient Human Development: Strategic Framework For Cooperation between the United Nation and the Democratic People's republic of Korea*(2017–2021).

Wada, Haruki. 2014. "Historical legacies and regional integration." in Kimie

Hara(eds.). *The San Francisco System and Its Legacies: Continuation, Transformation and Historical Reconciliation in the Asia-Pacific*. Routledge.

國務院新聞辦公室. 2011.『中國的和平發展』.

찾아보기

ㅇ

ㅈ

ㅊ

ㅋ

ㅌ

ㅍ

ㅎ

〔저 자 약 력〕

박명규는 서울대 사회학과와 동대학원을 졸업하고 동아시아 근대국가형성 비교연구로 박사학위를 받았다. 주요 분야는 역사사회학, 근현대 사회사이고, 최근 남북관계와 민족정체성, 기술혁명에 따른 사회통합과 사회적 가치에 대해 연구하고 있다.

김홍중은 서울대 사회학과와 동대학원을 졸업하고 프랑스 파리 사회과학고등연구원(EHESS)에서 박사학위를 받았다. 주요 분야는 사회이론과 문화사회학이고, 한국 사회의 생존주의적 통치성과 문화를 탐구하고 있다.

구도완은 서울대 언어학과를 졸업하고 같은 대학 대학원 사회학과에서 석사와 박사 학위를 받았다. 주요 분야는 환경사회학이고 환경운동, 지속가능한 발전, 생태민주주의 등을 탐구하고 있다.

구자혁은 서울대 공법학과와 대학원 사회학과를 졸업하고 미국 버지니아대학교(University of Virginia)에서 사회학 박사학위를 취득하였다. 주요 연구 분야는 집합행동과 커뮤니케이션미디어, 정치 · 사회이론 등이며, 현재 한국 사회의 정치문화와 현대성의 특징적 면모를 역사사회학적, 사회이론적으로 분석하고, 그 정치 · 사회사상적 요체를 이론화하는 작업에 집중하고 있다.

김학재는 서울대 사회학과 대학원을 졸업하고, 베를린 자유대학 동아시아 대학원 전임 연구원으로 일했다. 주요 분야는 역사사회학과 평화연구이고, 한국과 동아시아의 평화 체제의 역사, 사상, 제도, 정치경제학적 전망에 대해 연구하고 있다.

김혜경은 이화여대 사회학과와 동대학원 여성학과를 졸업하고 이화여대 사회학과에서 박사학위를 받았다. 주요 분야는 가족사회학과 젠더사회학이고, 한국 가족의 역사적 변화를 연구해 왔으며, 최근에는 소위 정상가족 이외의 다양한 친밀성의 실천양식, 청년들의 생애과정, 지역 기반의 생애설계를 탐구하고 있다.

박해남은 충남대학교 사회학과를 졸업하고 서울대학교 사회학과에서 석사와 박사 학위를 받았다. 주요 분야는 문화사회학, 이론사회학, 역사사회학이며, '사회적인 것' 이 동아시아와 한국에서 자리를 잡고 변화해 가는 방식에 대하여 탐구하고 있다.

배 영은 연세대 사회학과와 동대학원에서 석사와 박사 학위를 받았다. 주요 연구 분야는 정보사회의 제도와 문화를 중심으로 한 정보사회학이고, 데이터에 기반하여 사회와 개인의 변화를 탐구하고 있다.

신경아는 한림대 사회학과 교수이다. 서울대와 서강대에서 사회학 석사와 박사 학위를 받았고 가족사회학, 젠더사회학 분야를 가르치고 있다. 시장화된 개인과 가족, 젠더와 일의 연관성에 대한 연구를 하고 있다.

이현송은 서울대 사회학과와 동대학원을 졸업하고 미국 오하이오 주립대학에서 박사학위를 받았다. 주요 분야는 사회변동과 미국 지역연구이고, 미국인의 불평등 의식과 사회변화를 탐구하고 있다.

주윤정은 한국외국어대 영어과를 졸업하고 서울대 사회학과에서 박사학위를 받았다. 주요 분야는 소수자 사회운동, 동아시아 사회연구이고, 동아시아의 청년, 소수자, 문화를 탐구하고 있다.

최종렬은 연세대 사회학과를 졸업하고 미국 네바다주립대학에서 사회학 석사, 박사 학위를 받았다. 주요 분야는 문화사회학과 질적 방법론이고, 한국 사회의 문화변동을 탐구하고 있다.

사회학총서 11

꿈의 사회학

2018년 12월 1일 제1판 1쇄 인쇄
2018년 12월 5일 제1판 1쇄 발행

저 자 박 명 규 · 김 홍 중 외

발행인 강 희 일 · 박 은 자

발행처 **다 산 출 판 사**

서울특별시 마포구 용강동 494 - 85
등 록 1979. 6. 5. 제 3-86 호(윤)
전 화 717-3661~2, 718-1751~2
FAX 716-9945

정가 22,000원 파본은 바꾸어 드립니다.

http://www.dasanbooks.co.kr
ISBN 978-89-7110-561-0 94330
ISBN 978-89-7110-412-5(세트)